Raphael Breidenbach

Umweltschutz in der betrieblichen Praxis

Erfolgsfaktoren zukunftsorientierten Umweltengagements

Ökologie - Gesellschaft - Ökonomie

2., aktualisierte Auflage

GABLER

Die Deutsche Bibliothek – CIP-Einheitsaufnahme
Ein Titeldatensatz für diese Publikation ist bei
Der Deutschen Bibliothek erhältlich

Professor Dr. Raphael Breidenbach lehrt an der Fachhochschule Koblenz Umweltwirtschaft, Umweltmanagement, Freizeitwirtschaft und Tourismus sowie Human Resource Management. Außerdem berät er Unternehmen in den Bereichen Personal-/Organisationsentwicklung und betrieblicher Umweltschutz.

1. Auflage März 1999
2. Auflage März 2002

Alle Rechte vorbehalten
© Betriebswirtschaftlicher Verlag Dr. Th. Gabler GmbH, Wiesbaden 2002

Lektorat: Ralf Wettlaufer / Irene Buttkus

Der Gabler Verlag ist ein Unternehmen der Fachverlagsgruppe BertelsmannSpringer.
www.gabler.de

Umschlaggestaltung: Ulrike Weigel, www.CorporateDesignGroup.de
Druck und buchbinderische Verarbeitung: Lengericher Handelsdruckerei, Lengerich/Westf.
Gedruckt auf säurefreiem und chlorfrei gebleichtem Papier
Printed in Germany

ISBN 3-409-21443-7

Raphael Breidenbach

Umweltschutz in der betrieblichen Praxis

Geleitwort

Wenige Bereiche finden heute in der Öffentlichkeit und damit in den Medien ein so starkes Interesse wie der Umweltschutz. Waldsterben, Verschmutzung von Luft, Wasser und Boden, Verwüstung ganzer Landstriche, Änderung des Klimas usw. sind seit längerem allgegenwärtige Themen, die uns darauf hinweisen, dass die Ökosysteme der Erde vielfach an den Grenzen ihrer Belastbarkeit angelangt sind.

Unstreitig hat die Relevanz der Umweltfrage vielfältige und erhebliche Auswirkungen auf den Bereich der Wirtschaft, auf das einzelne Unternehmen. So haben z.B. das rapide gewachsene Umweltbewusstsein der Bevölkerung, das Entstehen von Protestwellen gegen bestimmte Techniken und Praktiken einzelner Unternehmen, aber auch das Bekanntwerden gravierender wirtschaftsbedingter Umweltbelastungen, den Druck auf Unternehmen anwachsen lassen, sich verstärkt mit Umweltaspekten auseinander zu setzen.

Die Bedeutung ökologischer Fragen für das Unternehmen wird auch durch die verstärkte Hinwendung des Gesetzgebers zu einer Politik der Umweltvorsorge deutlich, mit Instrumenten, mit denen verstärkt die Unternehmenstätigkeit beeinflusst werden soll. Wohl kaum ein Unternehmen wird sich auf Dauer erfolgreich am Markt etablieren können, wenn es nicht die Bedeutung eines betrieblichen Umweltengagements erkennt und seiner Umweltverantwortung nachkommt. Konkret: Es bedarf einer umfassenden Berücksichtigung von Umweltaspekten in allen Planungs- und Entscheidungsprozessen des Unternehmens.

Eine Reihe von Unternehmen haben mittlerweile Umweltmanagementsysteme aufgebaut und Umweltpolitiken bzw. Umweltprogramme entwickelt und in die Praxis umgesetzt. Auch wurden bedeutende Umweltschutzinvestitionen vorgenommen, um Altanlagen nachzurüsten oder umweltschonende Produktionsverfahren einzuführen. Zu diesen Entwicklungen haben ohne Frage betriebswirtschaftliche Vorteile beigetragen, die sich aus einem effizienten Umweltmanagement ergeben können.

Trotz der unbestreitbar positiven Entwicklungen der letzten Jahre zeigt die nüchterne Bestandsaufnahme, dass das freiwillige Engagement von Unternehmen zur Vermeidung, zumindest aber zur Reduktion von Umweltbelastungen und -risiken noch ausgeprägter sein könnte. Allerdings sind Pauschalurteile über Reichweite und Wirkung des Umweltengagements „der" Wirtschaft wenig dienlich. Vielmehr bedarf es einer sorgfältigen Betrachtung des einzelnen Unternehmens hinsichtlich der Umweltauswirkungen seiner Aktivitäten, der in der Umweltpolitik zum Ausdruck kommenden Umweltorientierung und der Qualität der Umweltschutzleistungen.

Berücksichtigung müssen aber auch Schwierigkeiten bei der Realisierung betrieblicher Umweltvorsorge finden. Nicht zu Unrecht weisen vor allem die Vertreter kleinerer und mittlerer Unternehmen mit Sorge auf die wachsende Regelungsdichte im Bereich des Umweltschutzes und auf die Unsicherheiten bei betrieblichen Entscheidungen unter der Bedingung sich ständig verändernder Umweltschutzbestimmungen hin. Vielfach wird hier der (monetäre) Nutzen eines formalen Umweltmanagementsystems und dessen Eignung für betriebliche Abläufe angezweifelt. Zu bedenken ist auch, dass die gegenwärtigen Kosten des Umweltschutzes vor allem in den Betrieben, die sich einem starken Wettbewerbsdruck auf den globalen Märkten ausgesetzt sehen, zu Belastungen der Wettbewerbsfähigkeit bzw. des Betriebsergebnisses führen können. Wenn es auch keine Alternative zu einer verstärkten Hinwendung zum umweltverträglichen Wirtschaften gibt, so müssen doch diese einzelbetrieblichen Probleme bei der Fortschreibung politischer Rahmenbedingungen berücksichtigt werden, z.B. in Form von angemessenen Übergangsbestimmungen.

Das vorliegende Buch möchte Bemühungen zu einem verstärkten betrieblichen Umweltengagement unterstützen und zu einem Mehr an Umweltorientierung in Planungs- und Entscheidungsprozessen auffordern. Es setzt an der Schnittstelle Umwelt-Wirtschaft-Gesellschaft an, dort, wo aktives Umweltmanagement seinen Platz hat und seine größte Wirkung entfalten kann. Es bleibt zu wünschen, dass die praxisnahen und konkreten Hilfestellungen im alltäglichen Betriebsablauf breite Anwendung finden.

Prof. Dr. Schlagheck

Vorwort

Moderne, zukunftsoffene Unternehmen integrieren heutzutage Umweltschutzaspekte in ihre Gesamtplanung und in ihr Zielsystem. Sie betrachten dies u.a. als Anreiz für Innovation, Mitarbeitermotivation und Steigerung der Effektivität. Zugleich geht es aber auch um die nachweisbare Fähigkeit, mindestens gesetzlich bestimmte Umweltleistungen systematisch und fortwährend zu erbringen.
Die Umweltqualitätsfähigkeit von Organisationen unter Berücksichtigung ökonomischer, sozial-gesellschaftlicher und ökologischer Rahmenbedingungen entwickeln helfen, dies ist ein zentrales Anliegen dieses Buches. Dabei wird ein integrierter Denk- und Handlungsansatz verfolgt, der betriebliches Umweltengagement als relevanten Teil einer längerfristigen Perspektive für nachhaltigen Unternehmenserfolg versteht. In diesem Zusammenhang kommt der Markt- bzw. Kundenorientierung ein zentraler Stellenwert zu.

Das *erste Kapitel* nimmt zunächst eine Positionsbestimmung vor, indem nach wirtschaftsbedingten Umweltbeeinträchtigungen, nach umweltbezogenen Anforderungen externer Anspruchsgruppen an das Unternehmen und nach ersten Reaktionen von Unternehmensverantwortlichen auf kritische Anfragen aus der Öffentlichkeit gefragt wird. Inwieweit Umweltschutzaktivitäten in dem Maße wettbewerbsrelevant sind, als dass sie die Konkurrenzfähigkeit des Unternehmens am Markt beeinflussen und welche beschäftigungspolitischen Impulse vom Umweltschutz ausgehen, wird kritisch nachgefragt.

Eine angemessene Auseinandersetzung mit der Umweltfrage schließt stets ökologische Aspekte mit ein. Wichtige ökologische Grundlagen der Umweltproblematik werden deshalb im *zweiten Kapitel* angesprochen.

Im *dritten Kapitel* wird der Frage nachgegangen, welche Entwicklungen und Prioritätensetzungen in Politik, Wirtschaft und Gesellschaft einen wenig sachgerechten Umgang mit den natürlichen Lebensgrundlagen des Menschen begünstigen. Dabei wird auch auf Möglichkeiten und Chancen eines Umweltengagements unter den Bedingungen globalisierter Wirtschaftsbeziehungen eingegangen.

Weil die Analyse umwelt- und entwicklungsrelevanter Problemstellungen das Bild einer facettenreichen Weltproblematik entstehen lässt, müssen Problemlösungsansätze entsprechend umfassend angelegt sein. Dies wird von dem Konzept des „Sustainable Development" erwartet, das seit der Konferenz der Vereinten Nationen für Umwelt und Entwicklung in Rio de Janeiro in 1992 die umweltpolitische Agenda beherrscht. Das *vierte Kapitel* stellt wichtige sozial-, umwelt- und wirtschaftspolitische Implikationen des Konzepts des Sustainable Development bis hin zu umweltethischen Aspekten dar und verdeutlicht deren Relevanz für das Unternehmen. Des Weiteren werden Prinzipien und Instrumente staatlicher Umweltpolitik vorgestellt und in ihren Auswirkungen diskutiert.

Das *fünfte Kapitel* wendet sich schwerpunktmäßig der Praxis betrieblichen Umweltschutzes zu. Zunächst wird nach Nutzenpotenzialen des Umweltengagements gefragt und Möglichkeiten der Feststellung von Umweltauswirkungen der betrieblichen Praxis vorgestellt. Es folgen Grundlagen für die Entwicklung von Umweltzielsetzungen und Handlungsgrundsätzen sowie konkrete Hinweise zur Integration des Umweltschutzes in die betriebliche Aufbau- und Ablauforganisation.

Wichtige Impulse für die Praxis des betrieblichen Umweltschutzes werden von der Einrichtung von Umweltmanagementsystemen erwartet. Diese Systeme können in Orientierung an die im Sprachgebrauch mit EG-Öko-Audit bezeichnete Verordnung der Europäischen Gemeinschaft Nr. 761/2001 oder die 14000er-Normenreihe der International Organization for Standardisation (ISO) eingerichtet werden. Beide Normen sehen u.a. Umweltbetriebsprüfungen mit der Möglichkeit einer Zertifizierung des Betriebes vor. Die ISO-Normen und die EG-Verordnung werden ausführlich vorgestellt bzw. miteinander verglichen und in ihren einzelnen Prozessschritten dargestellt. Eine erste Bestandsaufnahme über die Auswirkungen der ISO-Normen und der EG-Verordnung schließt sich an.

Ohne Frage wird die Fähigkeit des Unternehmens, sein Umweltengagement der interessierten Öffentlichkeit plausibel zu machen, ein wichtiger Erfolgsfaktor für die Unternehmung sein. Zeitgemäße Umweltkommunikation und Umweltberichterstattung, die hier vorgestellt werden, tragen entscheidend dazu bei, die Umweltleistungen des Unternehmens angemessen darzustellen und damit zugleich glaubwürdiger, vertrauenswürdiger zu werden.

Die Vermarktung von Produkten und Dienstleistungen, also das Marketing, stellt ein weiteres wichtiges betriebliches Handlungsfeld mit Umweltbezug dar. Das hier in seinen Grundstrukturen vorgestellte Öko-Marketing zielt auf die erfolgreiche Erstellung und Vermarktung von umweltverträglichen Produkten und Leistungen. Es ist kunden- und marktorientiert und umfasst den gesamten Prozess der Produkt- bzw. Leistungserstellung am Anfang und am Ende der betrieblichen Wertschöpfungskette.

Das Kapitel schließt mit Vorschlägen zu einer zeitgemäßen Mitarbeiterbeteiligung und Personalförderung. Human Resource Management umweltorientiert – das macht nicht zuletzt deshalb Sinn, da die Umweltpolitik eines Unternehmens nur dann erfolgreich sein kann, wenn möglichst alle Mitarbeiterinnen und Mitarbeiter sie mittragen und an ihrer Umsetzung mitwirken. Ebenso wird das Unternehmen für eine permanente Aktualisierung von Qualifikation und Kompetenz Sorge tragen müssen.

Raphael Breidenbach

Inhaltsverzeichnis

Kapitel I: Zur Klärung der Ausgangslage

1. Problemskizze

Seit längerem überschlagen sich geradezu die Botschaften, die darauf hinweisen, dass das Ökosystem Erde an die Grenzen seiner Belastbarkeit gelangt ist. Waldsterben, Verschmutzung von Luft, Wasser und Boden, Verwüstung ganzer Landstriche, Änderung des Klimas usw. werden als Symptome für die ökologische Krise benannt.
Sicher, Turbulenzen an den Finanzmärkten, die Schwäche nationaler Wirtschaften, Fragen der inneren und äußeren Sicherheit oder die hohe Arbeitslosigkeit haben die Umweltfrage zumindest in Deutschland etwas in den Hintergrund treten lassen, was angesichts der vielfältigen politischen, ökonomischen und sozialen Auswirkungen dieser Problemlagen sicher nachvollziehbar ist. Gleichwohl ändert diese Verlagerung des öffentlichen Interesses nichts an der Gegenwarts- und Zukunftsbedeutung der ökologischen Krise: Sie bedeutet die Gefährdung der natürlichen Lebensgrundlagen der Menschen und, wie noch zu sehen sein wird, Verschlechterungen der ökonomischen und sozialen Lebensbedingungen bis hin zu Destabilisierungen der Gesellschaft, was in letzter Konsequenz die Zukunft der Gesellschaft in Frage zu stellen vermag.

An dieser Stelle ließe sich einwenden, dass menschliche Existenz und Lebensweise auch früher schon zu Belastungen der Ökosysteme geführt hat – Umweltprobleme also kein neuartiges Phänomen unserer Zeit sind. Auch scheint es so, als wäre es den Menschen bisher immer gelungen sich damit in welcher Form auch immer zu arrangieren. Inwieweit besteht also heute eine Berechtigung, im Zusammenhang mit den Auswirkungen von Umweltbeeinträchtigungen von einer Gefährdung der Zukunft der Menschheit zu sprechen ?

Zweifelsohne gab es schon früher Umweltprobleme mit katastrophenartigen Auswirkungen. Beispiele sind z.B. aus der Antike dokumentiert, wo nach Abholzung der Wälder im Mittelmeerraum durch den zunehmenden Schiffsbau Erdrutsche, der Verlust an bewirtschaftbarer Fläche und gravierende Störungen des Wasserhaushalts auftraten. Im Mittelalter verursachten das Wachstum der Städte und die damit einhergehenden Müllberge beträchtliche Hygieneprobleme, die allerdings in ihrer Gefährlichkeit nicht erkannt wurden. Seuchen, Pest, Pocken und Cholera waren vielfach die Folgen. Allein die Pestjahre 1348 bis 1350 dürften 25 Millionen Menschen das Leben gekostet haben. Erste Luftverschmutzungen sind aus dem London des 13. Jahrhunderts bekannt, wo z.B. das Verbrennen stark schwefelhaltiger Kohle zu einer erheblichen Rauch- und Rußbelastung der Atemluft führte. Eine andere Qualität nahmen Umweltprobleme in der Phase der Industrialisierung Europas an. Das rapide Wachstum der Industriestädte und die

Folgen der industriellen Produktion sorgten für Umweltprobleme und Umweltzerstörungen großen Ausmaßes. Gleichwohl waren diese Problemlagen eher
lokaler Natur, von der nur eine relativ begrenzte Anzahl von Menschen hart betroffen wurde.

Umweltprobleme unserer Zeit, wie z.B. die Verschmutzungen der Weltmeere, die
Anzeichen für einen globalen Klimawechsel, der weltweit festzustellende Verlust
der „grünen Lunge" unserer Erde, die Wälder, können als Beleg für einen Prozess
globaler Umweltbelastung bzw. –zerstörung herangezogen werden. Von den Folgen sind alle Menschen auf unserer Erde betroffen, ob sie nun aktiv dazu beigetragen haben oder nicht. Allerdings werden die unmittelbaren Auswirkungen auf
Leben und Wohlfahrt der Menschen höchst unterschiedlich sein.
Gerade in den Ländern der Dritten Welt haben im Verlauf der letzten Jahrzehnte
die Umweltprobleme sprunghaft zugenommen. Die ländlichen Regionen, aber
auch die Städte, geraten hier zunehmend unter den Druck einer größeren Zahl
von Menschen und ihrer Bedürfnisse. In deren Folge kommt es zu einer Erschöpfung lokaler Ressourcen und Verarmung ganzer Landstriche. Diese Länder
werden deshalb z.B. vom Treibhauseffekt viel stärker betroffen sein als Industrieländer, weil sie aufgrund der gegenwärtigen Belastungen nur über einen geringen
Spielraum zur Anpassung an eine weitere Verschlechterungen der Lebensbedingungen verfügen.

Auch lassen sich deutliche Unterschiede hinsichtlich der Intensität und Dauer
„moderner" Umweltbeeinträchtigungen ausmachen. Dies gilt sicher um so mehr,
wenn es sich z.B. um Havarien in Atomkraftwerken handelt. Bei genauerem Hin-
sehen zeigt sich zudem eine starke Verflechtung heutiger Umweltprobleme mit
der Wirkung problemverstärkender Rückkopplungen. So wirken z.B. Brand-
rodungen der Wälder verstärkend auf den sogenannten Treibhauseffekt. Umgekehrt wird ein Anstieg der Temperatur durch einen weltweiten Klimawandel
verheerende Auswirkungen auf die Pflanzen der Erde haben. Globalität und Verflechtung, das sind wesentliche Merkmale heutiger Umweltprobleme, deren Auswirkungen für Menschen und Ökosysteme eine bisher nicht beobachtete Qualität
annehmen können.

Als *unmittelbare* Gründe für die Umweltzerstörung können die uneingeschränkte
Nutzung der natürlichen Ressourcen und die Freisetzung schlecht abbaubarer
Schadstoffe genannt werden, die die Grenzen dessen überschreiten, was das Öko-
system Erde verkraften kann. Bereits 1972 verwies MEADOWS in seinem
Bericht an den Club of Rome auf Grenzen der Belastbarkeit des Ökosystems
Erde. Vor allem die hohe Geschwindigkeit, mit der *Grenzüberschreitungen* und
in deren Folge Umweltbelastungen durch menschliche Aktivitäten stattfinden,

führe zu einem Zustand permanenter Überlastung, der das übersteige, was natürliche Regenerationsprozesse auszugleichen vermögen.

Als Hauptquellen ständiger Grenzüberschreitungen macht MEADOWS in seinem Bericht an den Club of Rome unkontrolliertes materielles Wachstum aus, welches zu einer ständigen Überbeanspruchung der Quellen und Senken führe. Mit seiner Studie griff MEADOWS das Zentrum des damaligen Entwicklungskonzepts „Fortschritt durch Wirtschaftswachstum und Technologie" an und relativierte damit zugleich den bis dahin nicht in Frage gestellten Vorbildcharakter der Industrieländer. Die von ihm diagnostizierten Wachstumsbegrenzungen durch Umweltzerstörung ließen zudem Zweifel an dem von den meisten Entwicklungsländern favorisierten Konzept der „aufholenden Entwicklung" aufkommen.

In seinem zweiten Bericht 1992 beleuchtete MEADOWS die Tatsache der Endlichkeit des Ökosystems Erde nicht nur vom Standpunkt möglicher Grenzen materiellen (Wirtschafts-) Wachstums aus, sondern erweiterte die Betrachtung um gesellschaftspolitische Aspekte bzw. Grenzen. Des weiteren kommt er zu der wenig erfreulichen Feststellung, dass die zwanzig Jahre zuvor aufgezeigten Problemfelder an Aktualität nichts eingebüßt, ja sogar an Brisanz gewonnen haben. Es scheint sich also in diesem Zeitraum wenig ereignet zu haben, was zu einer positiven Entwicklung, zu einem Umschwenken geführt hätte.[1]

Insofern MEADOWS Entwicklungen in Politik, Wirtschaft und Gesellschaft mit einem wenig behutsamen Umgang mit den natürlichen Lebensgrundlagen des Menschen in Verbindung bringt und in diesem Zusammenhang nach Zielen künftiger Entwicklungen menschlicher Gesellschaften fragt, fordert er zu einer kritische Betrachtung der Verfasstheit der Gesellschaft auf. Dieser Blick hinter die Fassade des äußerlich sichtbaren Phänomens Umweltproblem zeigt seine gesellschaftliche Bedingtheit. Anders ausgedrückt, Umweltprobleme gehen unauflöslich mit sozialen, ökonomischen und politischen Problemlagen einher, die sich zudem gegenseitig verstärken können.

So leben gegenwärtig ungefähr 750 Millionen Menschen in Elend und Armut. Jeder Dritte in den Entwicklungsländern lebt derzeit unter dem Existenzminimum. Hunger, Arbeitslosigkeit und Armut, politische Spannungen und Überbevölkerung können in diesen Ländern als Hauptursachen für Umweltzerstörungen angenommen werden. Während die Länder des Nordens mit den Folgen von unkontrolliertem Wachstum und Überentwicklung beschäftigt sind, kämpfen Menschen in den armen Ländern um ihr Überleben. Sie müssen Böden übernutzen, Wasser und andere Ressourcen über deren Regenerationsfähigkeit hinaus beanspruchen, um die täglich wachsende Bevölkerung halbwegs zu ernähren.

---

[1] Vgl. Meadows, 1972 und 1992

An dieser Stelle wird bereits deutlich, dass Ansätze zur Lösung der Umweltprobleme, die sich auf den Schutz natürlicher Lebensgrundlagen beschränken, wenig erfolgreich sein können. Die Weltkommission für Umwelt und Entwicklung stellte deshalb in ihrem Bericht „Unsere gemeinsame Zukunft", dem sogenannten Brundtland-Bericht, 1987 die Forderung nach einem Umbau der Industriegesellschaften bzw. menschlicher Gesellschaften überhaupt zu einer dauerhaft existenzfähigen Gesellschaft auf. Angestrebt wird eine Entwicklung, „ ...die den gegenwärtigen Bedarf zu decken vermag, ohne gleichzeitig späteren Generationen die Möglichkeit zur Deckung des ihren zu verbauen".[2]
Der wichtigste Erkenntnisfortschritt, der mit dem Leitbild einer dauerhaft existenzfähigen Gesellschaft erreicht worden ist, liegt in der Einsicht, dass ökologische, soziale und ökonomische Entwicklungen nicht voneinander abgespalten und gegeneinander ausgespielt werden dürfen. Soll menschliche Entwicklung auf Dauer gesichert sein, sind diese drei Komponenten als eine immer neu herzustellende Einheit zu betrachten. Auch wurde deutlich, dass Maßnahmen zur Zukunftssicherung auf die Lösung gegenwärtiger Probleme abzielen müssen, die Frage der Zukunft also als Problem der Gegenwart zu betrachten ist.

Mit dem Ziel, den Herausforderungen der Gegenwart begegnen zu können und konkretes gemeinschaftliches Handeln zu initiieren, wurde durch die Konferenz der Vereinten Nationen für Umwelt und Entwicklung im Juni 1992 in Rio de Janeiro eine umfassende politische Zielstimmung „Sustainable Development" als wegweisende Programmatik für die Bewältigung der gemeinsamen Zukunft der Menschheit entwickelt. Sie fand in der Agenda 21 ihren allerdings nicht völkerrechtsverbindlichen Niederschlag.
Wenngleich die Agenda 21 nur als politische Willenserklärung, als „ ...demonstration of universal good will..."[3] zu verstehen ist, so ist sie doch mindestens Ausdruck der Erkenntnis, dass eine Fixierung auf den status quo mit der Sicherung der Überlebensbedingungen humaner Gesellschaften schlechterdings vereinbar ist. Ebenso wie der Brundtland-Bericht ist die Agenda 21 getragen von der Hoffnung, dass ein sofortiges entschlossenes Vorgehen der Menschheit den Abbau von Spannungen zwischen menschlichen Gesellschaften und den Erhalt der natürlichen Lebensgrundlagen bewerkstelligen könnte. Auf diese Weise könnten Voraussetzungen für eine Zukunft geschaffen werden, „ ...die geprägt ist von einem Mehr an sozialer Gerechtigkeit, Sicherheit und Wohlstand für alle".[4]
Bleibt es jedoch bei reinen Absichtserklärungen und sollten die gegenwärtigen Entwicklungstrends sich fortsetzen, werden Armut, Überbevölkerung, soziale Ungleichheit und Umweltzerstörung noch drastisch zunehmen. Für viele Millionen Menschen wird sich die Aussicht auf Freiheit, Nahrungsmittel und andere

---

[2]   Weltkommission für Umwelt und Entwicklung, S. 9-10
[3]   Boutros-Ghali, 1992, S. 5
[4]   Weltkommission für Umwelt und Entwicklung, 1987, S. 1

Lebensnotwendigkeiten nicht verbessern - für viele wird sie sich sogar verschlechtern.

2. Wirtschaftsbedingte Umweltbelastungen

Umweltkatastrophen wie Seveso, Bhopal, Tschernobyl, illegale Müllentsorgung und -transporte haben wie Paukenschläge zum Bewusstsein gebracht, dass eine umweltorientierte Wirtschaftsweise, eine aktive ausgestaltete betriebliche Umweltvorsorge, kurz die umfassende Wahrnehmung der Umweltverantwortung im Bereich der Wirtschaft ein Gebot der Stunde ist. Dies gilt auch für die gesellschaftliche Akzeptanz und damit letztlich für den Fortbestand der Unternehmung.

Zweifellos ist es in den letzten Jahrzehnten nicht zuletzt aufgrund industrieller Produktionsweisen und dem damit einhergehenden Wirtschaftswachstum gelungen, die Versorgung der Bevölkerung mit lebensnotwendigen Gütern zumindest in industrialisierten Staaten entscheidend zu verbessern. Intensive Bewirtschaftungsformen und industrielle Produktion haben aber auch Umweltprobleme großen Ausmaßes mit sich gebracht. Vielfach sind deshalb Zweifel an der Richtigkeit einer ernergie- material- und flächenintensiven Wirtschaftsweise aufgetaucht. Allerdings stellt sich die Frage, ob Umweltprobleme unvermeidbare Begleiterscheinungen gegenwärtiger Wirtschaftsweisen sind. Auch wäre zu prüfen, wo innerhalb des ökonomischen Systems welche Umweltbelastungen mit welcher Intensität auftreten.

Jede Produktion ist mit einem entsprechenden Rohstoffbedarf verbunden. Steigt die Produktion, wird ein zunehmender Input benötigt. Wirtschaftswachstum zieht aber unter Umständen auch eine Vermehrung der „unerwünschten" Outputs in Form von Umweltbelastungen nach sich. Differenziert man aber nach Wirtschaftssektoren[5], lassen sich ggf. unterschiedliche Umweltbelastungen ausmachen:

Im *primären* Bereich der Volkswirtschaft, wie z.B. der Land- und Forstwirtschaft, zieht Wachstum zunehmende Eingriffe und Veränderungen der Ökosysteme nach sich. Die Anlage von Monokulturen, Übernutzungen, Einsätze von Herbiziden, Pestiziden und Düngemitteln tragen zwar zur Steigerung der Erträge und Gewinne (zumindest zeitweise) bei, sie ziehen aber erhebliche Beeinträchtigungen der natürlichen Lebensgrundlagen der Menschen nach sich.

---

[5] Die Einteilung der Wirtschaft in drei Sektoren wird auf Colin Clark (1940) und Jean Fourasteé (1949) zurückgeführt.

Unter dem *sekundären* Bereich versteht man z.B. die Energie- und Wasserversorgung sowie Bergbau, Stahlerzeugung, Maschinenbau, das verarbeitende Gewerbe und das Baugewerbe. Hier werden etwa 45 % des Bruttosozialprodukts in Deutschland erwirtschaftet. Mit dem industriellen Wachstum werden Rohstoffe und fossile Energie verbraucht und große Mengen Schadstoffe freigesetzt.

So entfallen in Deutschland etwa 80-85 % der Wasserentnahmen auf den industriellen Bereich. Rund 62 % der Wasserentnahmen werden von Wärmekraftwerken und rund 26 % vom verarbeitenden Gewerbe genutzt, 12 % entfallen auf die öffentliche Wasserversorgung. Wasserintensive Industrien in dem Sinne, dass mehr als 15 % der Wasserentnahme verbraucht werden, sind z.B. die Zellulose- und Papierherstellung. Kreislaufführungen und produktionstechnische Neuerungen haben jedoch zu einer Steigerung des Nutzungsfaktors auf 2,0 bis 3,9, und damit zu einer effizienteren Wassernutzung geführt. Das in den (ökologischen) Wasserkreislauf zurückgeführte Wasser ist allerdings überwiegend erheblich verschmutzt oder erwärmt.[6]

Ein weiteres Beispiel für Umweltinanspruchnahmen des sekundären Wirtschaftssektors ist die Schadstoffbelastung der Luft, die ein erhebliches Gesundheitsrisiko für den Menschen darstellt und komplexe Wirkungen auf das Weltklima hat. Sie beeinträchtigt auf dem Wege der Deposition auch die Umweltmedien Wasser und Boden und wirkt mittelbar auf Tiere und Pflanzen und damit auch auf Nahrungsmittel ein. Es sollte aber nicht unerwähnt bleiben, dass in Deutschland zwischen 1990 und 1996 die Emission von Schwefeldioxid um 65 %, von Stickoxiden um 31 % und von Staub um 74 % reduziert werden konnten (was allerdings auch auf Betriebsschließungen in den neuen Bundesländern zurückzuführen ist).

Der *tertiäre* Bereich umfasst den gesamten Dienstleistungssektor. Fast die Hälfte aller Erwerbstätigen ist darin beschäftigt und erwirtschaftet ca. 27 % des BSP. Dieser Sektor verzeichnet seit Anfang der 70er Jahre die größten Wachstumsraten. Prinzipiell ziehen Tätigkeiten im Dienstleistungsbereich ebenso wie in den anderen Bereichen Umweltbelastungen nach sich. So zeigt z.B. der Landschafts- und Energieverbrauch durch touristische Erschließung weiter Landstriche, dass auch von diesem Sektor Beeinträchtigungen der Ökosysteme ausgehen, die vielfach die Grenze der Tragfähigkeit übersteigen.

Schätzungsweise die Hälfte aller Pkw-Fahrten und rund 60 % der Flugkilometer können dem Freizeit- und Urlaubsbereich zugerechnet werden. Sie verursachen entsprechend hohe Schadstoff- und Klimagasemissionen. Hotelbauten und Freizeitaktivitäten schädigen sehr oft Flora und Fauna in ökologisch empfindlichen Küsten- und Bergregionen. Sie verursachen Verkehr, Lärm, Abfälle und Abwässer und führen zu einer Urbanisierung attraktiver Naturräume.

---

[6] Vgl. Wissenschaftlicher Beirat der Bundesregierung Globale Umweltveränderungen, 1998, S. 7 t

Jedoch: Tourismus- und Freizeitangebote bieten in strukturschwachen Gebieten oftmals die einzigen Arbeitsplätze und Einkommensquellen !

- In den vergangenen dreißig Jahren gingen rund 50 % der Wälder, vornehmlich aufgrund industrieller Holznutzung, verloren.
- Rund 30 % der landwirtschaftlichen Nutzfläche zeigt deutliche Erosionsschäden.
- Die Fischbestände sind auf etwa die Hälfte geschrumpft.
- Viele Flüsse und Seen sind mit Schadstoffen hoch belastet; die bakteriellen Verseuchungen sind ca. fünfzig mal so hoch, wie die Weltgesundheitsorganisation (WHO) als gesundheitlich noch verträglich erachtet.
- Die Menschen sind extremen Belastungen durch Smog ausgesetzt. In zehn von elf Megastädten übersteigt die Luftverschmutzung durch Ruß- und Staubpartikel die Richtwerte der WHO um das Dreifache.
- Ca. 30 % der Asiaten haben keinen Zugang zu sauberem Wasser, 50 % verfügen über keinerlei sanitäre Einrichtungen.

Abbildung 1: Umweltsituation in den sog. Wachstumsökonomien Südostasiens, Studie der Harvard University im Auftrag der Weltbank, 1997.

Auch wenn Produktion und Dienstleistungen mitunter zu erheblichen Umweltschäden geführt haben, muss darauf hingewiesen werden, dass ökonomisches Handeln und Wirtschaftswachstum nicht zwangsläufig Umweltschäden nach sich ziehen müssen. Umweltprobleme sind also keinesfalls schicksalhafte Zwangsläufigkeiten, die sich ereignen, ohne dass sie abgewendet werden könnten. So ist auch in Zukunft wirtschaftliches Wachstum unter Beachtung einer für die Quellen und Senken tragbaren Durchsatzmenge durchaus denkbar ist, wenn auch nicht unbegrenzt.
Eine wichtige Voraussetzung dafür wäre die Entkoppelung von wirtschaftlicher Entwicklung und Ressourcenverbrauch. Ebenso ist eine erhebliche Reduktion wirtschaftsbedingter Umweltbelastungen z.B. durch technische Innovationen unabdingbar, ggf. auch der Verzicht auf profitable, aber nicht sozial- bzw. umweltverträgliche Geschäfte. Leider werden die derzeit verfügbaren Möglichkeiten für eine umweltschonende Wirtschaftsweise nicht vollständig ausgeschöpft. So setzen in Europa immer noch rd. 80 % der Investitionen zum Umweltschutz am Ende der Produktionskette an: z.B. „Filtertechnologie" (End-of-pipe-Technologien). Dabei fallen erhebliche Schadstoffmengen an, die ent-

sorgt werden müssen. Nur ca. 20 % sind gegenwärtig auf die Umgestaltung der Herstellungsprozesse mit dem Ziel der Emissionsvermeidung gerichtet.[7]

Maßnahmen zum Schutz der Umwelt müssen deshalb verstärkt Bestandteil des eigentlichen Produktionsprozesses sein und nicht diesem nachgeschaltet werden (z.B. Built-in -Technologien, Kreislaufwirtschaft). Bewirtschaftungs- und Produktionsprozesse sollten so modifiziert werden, dass Umweltbelastungen erst gar nicht entstehen. Auch sollten sogenannte „intelligente Technologien" verstärkt gefördert und weiterentwickelt werden. Das sind z.B. Vergärungsanlagen für Abwasser und Abfall, bei denen neben dem Schadstoffabbau Energie produziert werden kann. In allen Wirtschaftssektoren muss zudem die kritische Frage gestellt werden, ob auf eine Produktgestaltung geachtet wird, die eine längere Nutzungszeit erlaubt bzw. ein späteres Recycling möglich macht. Anders ausgedrückt, es geht um den Einstieg in eine umweltorientierte Wirtschaftsweise.

2.1 Erste Reaktionen der Unternehmen

Seit den achtziger Jahren sind Forderungen, wirtschaftsbedingte Umweltschäden deutlich zu reduzieren, unüberhörbar geworden. Ein rapide gewachsenes Umweltbewusstsein, das Entstehen von Protestwellen gegen bestimmte Technologien und die Zunahme der Bedeutung ökologischer Themen im politischen Tagesgeschehen sowie in der Gesetzgebung haben ein „Geschäftsklima" entstehen lassen, das von den Unternehmern eine Überprüfung ihrer Geschäftspraktiken hinsichtlich der Umwelteinflüsse erforderte. Zuvor galt Umweltschutz überwiegend als lästiges, kostenintensives Nebenthema, das unter Einbringung des Vorwands, die Kosten von Umweltschutzmaßnahmen schränkten die Konkurrenzfähigkeit ein, tunlichst zu vermeiden war. Mit dieser Verteidigungshaltung sollten sämtliche Ansprüche aufgrund von Umweltschäden oder eine Verpflichtung von Unternehmen auf umweltschonende Produkte und Produktionsweisen abgewehrt werden.

Heute ist allmählich ein Umdenken zu erkennen. Waren es zunächst nur einige Pionierunternehmen, zumeist aus dem mittelständischen Bereich, so wird in jüngster Zeit die Notwendigkeit einer Integration der ökologischen und sozialen Dimension in wirtschaftliches Handeln generell kaum mehr angezweifelt. Die ökologische und gesellschaftliche Verantwortung der Unternehmen wird, zumindest im Ansatz, allgemein akzeptiert. Eine Vielzahl von Unternehmen haben, Umweltmanagementsysteme aufgebaut und Umweltpolitiken bzw. Umweltprogramme entwickelt und in die Praxis umgesetzt. Auch wurden bedeutende Umweltschutzinvestitionen vorgenommen, um industrielle Altanlagen nachzu-

---

[7] Vgl. Meadows, 1992, S. 129

rüsten oder umweltschonende Produktionsverfahren einzuführen. Zu diesen Entwicklungen haben ohne Frage betriebswirtschaftliche Vorteile beigetragen, die
sich aus einem effizienten Umweltmanagement ergeben können.
Wie umweltbewusst sich ein Unternehmen verhält und wie sehr es bei der Entwicklung von Produkten der Schutz der Umwelt berücksichtigt, ist zunehmend
für den Unternehmenserfolg entscheidend ist. So machen z.B. immer mehr Ver-
braucher/-innen ihre Kaufentscheidung nicht nur vom Produkt- und Gebrauchsnutzen allein, sondern auch vom ökologischen Nutzen abhängig.

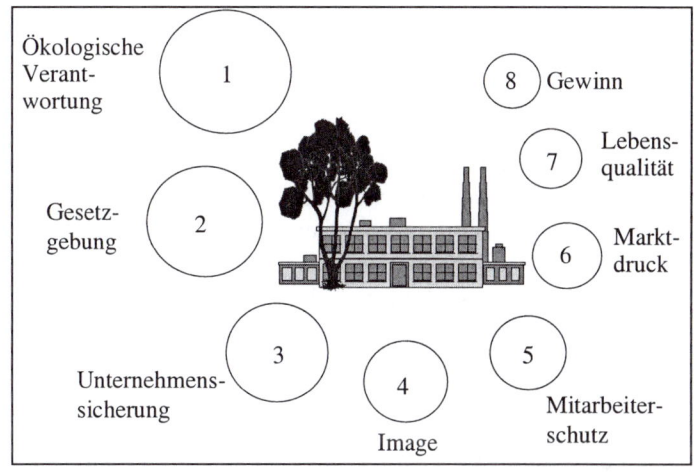

Abbildung 2:   Motive betrieblichen Umweltschutzes, Umweltbundes-
                   amt, 1990

Eine Untersuchung des Umweltbundesamtes aus 1990 lässt eine breit gefächerte
Palette von Gründen und Motiven für betriebliche Umweltschutzaktivitäten
erkennbar werden. Die Einsicht in die Notwendigkeit einer umweltorientierten
Unternehmensführung ist demnach nur ein Grund unter vielen für die Einleitung
entsprechender Maßnahmen.[8]

Die Reaktionen von Unternehmen auf zunehmende Umweltschutzanforderungen
lassen folgende (idealtypische) Klassifizierung zu:
1. Der Innovations-Typ
   Er betreibt eine aktive Umweltpolitik und nutzt neueste Technologien, die ein
   effizientes und umweltverträgliches Produzieren ermöglichen sowie schädi-
   gende Umwelteinwirkungen deutlich absenken. Umweltnormen werden einge-

---

[8]   Vgl. Winter, 1993, S. 106-109

halten, möglichst noch unterschritten. Offensives umweltorientiertes Marketing. Grundhaltung: Sozial-ökologische Verantwortung wird bejaht.

2. Der Trittbrettfahrer

Tut, was gerade „in" ist; Ist auch nicht darum verlegen, Produkte anzubieten, deren Umweltverträglichkeit unklar ist. Keine wirkliche Überzeugung.

3. Der Adaptionstyp

Betreibt soviel Umweltschutz wie unumgänglich. Je nach Gesetzeslage, jedoch keinesfalls mehr als gefordert.

4. Der Ignoranztyp

Betreibt keine aktive Umweltpolitik; Sozial-ökologische Fragen sind für ihn irrelevant. Gesetzliche Bestimmungen werden heftig beklagt, wenn möglich unterlaufen.

Drohung mit Auslagerung von Teilen der Produktion wird ausgesprochen.[9]

Eine Reihe von Unternehmen haben Verhaltensgrundsätze und Leitlinien entwickelt, die dokumentieren, dass Umweltschutz und soziale Verpflichtungen zu einem integralen Bestandteil der Unternehmenspolitik werden soll.

Trotz der positiven Entwicklungen der vergangenen Jahre zeigt die nüchterne Bestandsaufnahme jedoch, dass konkrete Maßnahmen, wie z.B. Bestrebungen nach einem offensiven, integrierten Umweltmanagement in der Praxis noch ganz am Anfang stehen. Zwar werden die Befürworter einer aktiven Umweltschutzpolitik nicht müde, die Vorteile eines Umweltmanagements aufzuzeigen. Dabei wird auf Kostensenkungseffekte durch vorsorgenden Umweltschutz, auf die Erschließung neuer Märkte durch sogenannte „Öko-Produkte", auf zusätzliche Finanzierungsmittel durch Wirtschaftsförderung, auf eine Imageverbesserung durch praktizierten Umweltschutz usw. verwiesen. Gleichwohl bleibt das Gefühl, dass sich die Gesamtsituation im Bereich des vorsorgenden Umweltschutzes durch die Unternehmen, trotz der Chancen, die ein Umweltmanagement in sich birgt, nicht grundlegend entspannt hat:

- Nach wie vor wird überwiegend erst am Ende der Produktion „nachsorgend" angesetzt, statt Prozesse so zu gestalten, dass bestimmte Schadstoffe gar nicht erst entstehen (von End-of-pipe-Technologie zum „integrated environmental management").
- An die Stelle der (reduzierten) Schadstoffe sind neue getreten.
- Die nachsorgende Technik bezieht sich immer nur auf einige Schadstoffe, andere bleiben unbeachtet.
- Ein Reduzierungserfolg wird oft überlagert durch den Mengeneffekt des gesteigerten Outputs.

  Leider haben einige Unternehmen die freiwillige Selbstverpflichtung im Unternehmensalltag nicht allzu ernst genommen.

---

[9] Vgl. Hopfenbeck, 1994[2], S. 147

- Es gibt immer noch Unternehmen, deren Umweltengagement sich auf das be-schränkt, was gerade „in" ist oder die Umweltaktivitäten völlig ablehnend gegenüber stehen und versuchen, gesetzliche Bestimmungen zu unterlaufen.

Andere Autoren diagnostizieren in der „Ökologischen-Frage" gegenwärtig eine merkwürdige Ruhe. So wären in einer Zeit wirtschaftlicher Probleme im Umweltschutz bereits Zeichen eines „Roll-back" zu erkennen. Sie stellen deshalb die Frage, ob „ ...umweltorientiertes Management auch nur eines der zahlreichen Modethemen ist, von denen die Unternehmen zyklisch heimgesucht werden".[10] Dabei sollte man sich auch nicht von den unübersehbaren Spuren einer „Öko-welle" in den Regalen (Produktzusatz „Bio...", „umweltfreundlich" usw.) täu-schen lassen. Der Bundestagsausschuss für Ernährung schätzt nämlich ein, dass rund doppelt so viele Produkte unter „Bio" angeboten wie produziert werden, also „ ...ein Umweltzug mit Trittbrettfahrern gegeben ist".[11]

Nicht wenige Unternehmensverantwortliche scheinen also entdeckt zu haben, dass sich mit „Öko-Argumenten" gut verkaufen lässt. Ein Wettbewerb der Worte ist entbrannt, bei dem jeder die Nummer Eins sein möchte: „Wer ist der beste Umweltschützer im Land?" Die Automobilindustrie z.B. platziert mit stimmungsvollen Landschaftsbildern und darauf abgestimmter Musik ihre Produkte in der Werbung so, dass Autofahren geradezu als aktiver Beitrag zum Umweltschutz erscheinen muss. Kraftwerksbetreiber verweisen auf die Kern-energie als die ideale Verbindung von Ökonomie und Ökologie, da hier keine CO_2-Emissionen auftreten. In der „relativen Umweltfreundlichkeit" der Kern-energie, so die Kraftwerksbetreiber, müsse die Chance ihrer „Renaissance" bzw. „Neubewertung" liegen. Fragen der Reaktorsicherheit oder der Entsorgung sollen durch die Konzentration auf die sicherlich bedrückende CO_2-Problematik in den Hintergrund treten.[12]
Zu nennen ist auch eine boomende Verwendung von Öko-Gütesiegeln, die zu einer massiven Verunsicherung der Verbraucher geführt hat.

Pauschalurteile über Reichweite und Wirkung des Umweltengagements „der" Wirtschaft sind jedoch wenig dienlich. Vielmehr bedarf es einer sorgfältigen Betrachtung des einzelnen Unternehmens hinsichtlich der Umweltauswirkungen seiner Aktivitäten, der in der Umweltpolitik zum Ausdruck kommenden Umwelt-orientierung und der Qualität der Umweltschutzleistungen.
Berücksichtigung müssen auch Schwierigkeiten bei der Realisierung betrieblicher Umweltvorsorge finden. Nicht zu Unrecht weisen z.B. Vertreter kleinerer und mittlerer Unternehmen mit Sorge auf die wachsende Regelungsdichte im Bereich

---

[10] A.a.O., 1994², S. 23
[11] A.a.O., S. 21
[12] A.a.O., S. 215

des Umweltschutzes und auf die Unsicherheit ständig veränderter Umweltschutzbestimmungen hin. Vielfach wird hier der (monetäre) Nutzen eines
formalen Umweltmanagementsystems und dessen Eignung für betriebliche Abläufe angezweifelt.

Zu bedenken ist auch, dass die gegenwärtigen Kosten des Umweltschutzes vor
allem in den Betrieben, die sich einem starken Wettbewerbsdruck auf den globalen Märkten ausgesetzt sehen, zur Schwächung der Wettbewerbsfähigkeit führen
können. Hier wird wohl eher über weitere Rationalisierungsmaßnahmen nachgedacht werden, die nicht zuletzt die Bereitstellung von Personal und Finanzmittel
für den Aufbau und Einrichtung eines Umweltmanagementsystems betreffen.
Dies gilt um so mehr, wenn über ein Umweltengagement über gesetzliche Auflagen und Bestimmungen hinaus nachgedacht werden soll. Befürchtete organisatorische Probleme bzw. hoher Verwaltungsaufwand tun dann rasch ein übriges,
sich im Umweltbereich Zurückhaltung aufzuerlegen.

Hemmnisse und Probleme auf dem Weg zu mehr Umweltverträglichkeit sind
sicherlich nicht unüberwindbar und bilden auch keine Rechtfertigung dafür, sich
unternehmerischer Umweltverantwortung generell zu entziehen. Angesichts der
Relevanz der Umweltproblematik gibt es keine Alternative zu einer verstärkten
Hinwendung zu umweltverträglichem Wirtschaften. Gleichwohl müssen vorhandene „Stolpersteine" wahrgenommen und bei Planungs- und Entscheidungsprozessen angemessen berücksichtigt werden.

2.2   Selbstverpflichtungen der Wirtschaft

Seit etwa Mitte der 70er Jahre wird im umweltpolitischen Raum der sogenannten
freiwilligen Selbstverpflichtung der Wirtschaft große Bedeutung beigemessen.
Sie wird vielfach als eine Bedingung für die langfristige Umstrukturierung zu
umweltschonenden Produktionsprozessen und Produkten gesehen. Als umweltpolitisches Instrument bietet die Selbstverpflichtung im Prinzip die Möglichkeit,
bestimmte umweltpolitische Ziele in einer bestimmten Frist durch eigenverantwortliches Handeln zu verwirklichen.

Freiwillige Selbstverpflichtungen werden in Deutschland als einseitig abgege-
bene, in der Regel rechtlich nicht bindende Erklärungen von Wirtschaftsverbän-
den oder -unternehmen verstanden, bestimmte Umweltanstrengungen zu unternehmen. Die Vertragsform als Rechtsform von Selbstverpflichtungen wird bisher
in der Praxis relativ selten eingesetzt.

Selbstverpflichtungen werden vom Staat informell entgegengenommen, ohne dass der Staat rechtliche Verpflichtungen eingeht. In der Regel liegt jedoch der Abgabe einer Selbstverpflichtungserklärung die politische Erwartung zugrunde, dass der Staat im Gegenzug auf den Erlass von Rechtsvorschriften verzichtet. Soweit nämlich der Inhalt der Selbstverpflichtung und insbesondere deren Zielfestlegung mit den umweltpolitischen Zielsetzungen des Staates übereinstimmen und solange die Verpflichtungen eingehalten werden, besteht für den Staat in der Regel keine Veranlassung, zur Erreichung dieses Ziels gegenüber den betreffenden Wirtschaftsakteuren auf gesetzgeberische Eingriffe zurückzugreifen.
Übrigens sind auf Seiten der Wirtschaft Kosteneinsparungen durch eine frühzeitige Spezifizierung der zu erreichenden Umweltziele bei gleichzeitiger Einräumung angemessener Anpassungsfristen erreichbar. Absprachen zwischen Industrie und Gesetzgeber erlauben es, Anpassungsmaßnahmen langfristig zu planen, so dass zum Schutze der Umwelt erforderliche Umrüstmaßnahmen im Rahmen des Investitionszyklus erfolgen können. Fehlinvestitionen werden auf diese Weise vermieden. Zudem eröffnen die Selbstverpflichtungen Handlungsspielräume, da sie wahlweise am Produkt oder am Produktionsverfahren ansetzen, nach Betriebsgrößen variieren, als Rahmen- oder Stufenplan oder in Kombination mit Beihilfen und sonstigen flankierenden Maßnahmen ausgestaltet werden können. Erforderliche Maßnahmen können so an der jeweils kostengünstigsten Stelle vorgenommen werden. Und schließlich eröffnet die medienwirksame Bekanntmachung einer Selbstverpflichtung dem Unternehmen die Chance, Umweltbewusstsein zu demonstrieren und auf diese Weise das Käuferverhalten zu beeinflussen.[13]

Trotz des Prinzips der Freiwilligkeit und der Selbstverantwortung der Wirtschaft übt der Staat ein erhebliches Maß an Einfluss und Kontrolle aus. So gehen Selbstverpflichtungen in der Regel intensive Diskussionen mit den jeweils zuständigen Ministerien voraus. Die Zielerreichung soll über die in den Selbstverpflichtungen enthaltenen Berichtspflichten überwacht werden.
Eine besonders intensive Beteiligung des Staates findet sich z.B. bei der Selbstverpflichtung der Automobilindustrie über die Rücknahme und Verwertung von Altautos vom 21.02.1996, der die Bundesregierung am 4. Juli 1997 eine „schlanke“ Verordnung vorangestellt hat. Die Automobilindustrie erklärt, die zu beseitigenden Abfälle aus der Altautoentsorgung von derzeit 25 Gewichtsprozente bis zum Jahr 2002 auf maximal 15 Gewichtsprozente und bis zum Jahr 2015 auf maximal 5 Gewichtsprozente verringern zu wollen. Die staatliche Verordnung verpflichtet die Hersteller zur Rücknahme und Verwertung von Altautos, die nach April 1998 in Verkehr gebracht wurden. Die Regelung der Sammlung und Verwertung überlässt sie aber der Industrie. Zu den bisherigen Er-

---

[13] Vgl. Hucklenbruch, 2000, S.82-86

folgen dieser Regelungen zählen der Aufbau und die Dokumentation eines nahezu flächendeckenden Entsorgungssystems (ca. 15.000 Annahmestellen, mehr als 1.000 Verwertungsbetriebe und 65 Schredderanlagen) und die Festlegung einheitlicher baulicher, technischer und organisatorischer Standards.

Zwischenzeitlich hat auch die Europäische Union eine Altauto-Verordnung erlassen, aus der sich ein nationaler Anpassungsbedarf ergibt. Die am 21.09.2000 in Kraft getretene europäische Richtlinie muss bis spätestens 21. April 2002 in nationales Recht umgesetzt werden. Ziel der Richtlinie ist es, eine ordnungsgemäße und umweltgerechte Entsorgung der jährlich ca. 8 Mio. Tonnen Autoschrott sicher zu stellen. So soll bis 2006 europaweit eine Wiederverwertung von 85 % des durchschnittlichen Gewichts eines Altfahrzeugs gesichert bzw. eine Recyclingquote von 80 % erreicht werden. Bis 2015 sind diese Verwertungsziele auf 95 % (Verwertung) bzw. 85 % Recycling zu steigern. Bei der Produktion von Fahrzeugen und Bauteilen ist ab 2003 auf die Verwendung von Schwermetallen wie Cadmium, Quecksilber, Blei grundsätzlich zu verzichten.[14]

Bislang hat die deutsche Wirtschaft etwa 70 Selbstverpflichtungserklärungen abgegeben, einschließlich einiger „formellen" Vereinbarungen. Hinzu kommen noch über 20 rein interne Selbstverpflichtungen, die nicht an die Bundesregierung und die Öffentlichkeit gerichtet sind. Würde man die einzelnen Branchenverpflichtungen, die im Rahmen der Selbstverpflichtung der deutschen Industrie zum Klimaschutz abgegeben wurden, separat zählen, so würde sich diese Zahl um 34 weitere Selbstverpflichtungen erhöhen. Im europäischen Vergleich ist damit die Zahl der Selbstverpflichtungen relativ hoch.

Selbstverpflichtungen betreffen gegenwärtig insbesondere die Einstellung der Herstellung bestimmter Produkte oder die Verwendung bestimmter Stoffe in Produkten (z.B. Asbest, FCKW, Inhaltsstoffe von Wasch- und Reinigungsmitteln usw.), die Erfassung und Bewertung von chemischen Zwischenprodukten, die Kennzeichnung und Anwender- und Behördeninformation für Wasch- und Reinigungsmittel sowie bestimmte Textilbehandlungsmittel. Des weiteren gibt es Selbstverpflichtungen im Entsorgungsbereich (Batterien, Verpackungen, Papier, FCKW, Altautos, Elektronikabfälle), zur Reduktion von CO_2-Emissionen, zur Erhöhung der Energieeffizienz in einer Reihe von Sektoren usw.

---

[14] Vgl. Bundesumweltministerium, 2001, S.1-2

Tabelle 1:   Selbstverpflichtungen der Industrie, im Anhalt an LAUTERBACH et al., 1992

	Informationsverpflichtung	Selbstverpflichtung	Kooperationsabkommen
Art der Vereinbarung	Freiwillige einseitige Erklärung	Freiwillige einseitige Erklärung	Freiwillige vertragliche Regelung
Hauptbeteiligte	Eine oder mehrere Branchen (Verbände) und der Staat	Eine oder mehrere Branchen (Verbände) und der Staat	Eine oder mehrere Branchen (Verbände) und der Staat
Anwendungsbereich und/oder Organisationsform	Freiwillige Erklärung der Industrie zur Mitteilung von Informationen zur Lösung von Umweltproblemen	Freiwillige Erklärung der Industrie, negative Umweltwirkungen ihrer wirtschaftlichen Tätigkeiten zu reduzieren oder zu vermeiden	Gemeinsam geschaffenes Gremium; Zusammenführung von Know how und Finanzierungsmitteln

Die bedeutendste Selbstverpflichtung, nicht zuletzt wegen ihrer großen Reichweite und ihrer Verknüpfung mit zentralen Zielsetzungen nationaler und internationaler Umweltpolitik, ist die „Erklärung der deutschen Industrie zur Reduzierung der CO^2-Emissionen und zur Steigerung der Energieeffizienz" aus dem Jahre 1995. Die 1996 modifiziert und ausgeweitet wurde. Sie umfasst nunmehr 19 verschiedene Branchen der deutschen Wirtschaft, auf die etwa 70 % des Energieverbrauchs der Industrie entfallen.[15]

2.2.1   Struktur der Selbstverpflichtungen

Die Struktur der Selbstverpflichtungen ist recht unterschiedlich. Einfache Formen von Selbstverpflichtungen enthalten das Versprechen der entsprechenden Branche in einem kurzen Text, innerhalb einer bestimmten Zeit die Verwendung eines Einsatzstoffes ganz oder teilweise zu beenden. Gelegentlich handelt es sich dabei um eine vorgezogene Einstellung der Verwendung eines Stoffes, der zu einem späteren Zeitpunkt durch eine Verordnung verboten wird.
Selbstverpflichtungen im Bereich der Verwertung und Beseitigung von Produktionsabfällen können ebenfalls einfach strukturiert ein. Dies gilt z.B. bei Selbstverpflichtungen für die Rücknahme und die Verwendung von FCKW in Kühl-

---

[15]   Vgl. Rat der Sachverständigen für Umweltfragen, 1998, S. 130-132

schränken und Klimaanlagen oder die Rücknahme und Verwertung von Altbatterien.

In vielen Fällen weisen Selbstverpflichtungen jedoch eine komplexe Struktur auf
und sind zu einem erheblichen Teil organisatorischer Natur. Sie entfalten qualifizierte Zielbestimmungen über die Verwertung von Materialien, organisatorische
Verpflichtungen (z.B. über die Einrichtung eines Sammel- und Rücknahmesy-
stems), Vorschriften hinsichtlich der Behandlung der gesammelten Abfälle, Vorschriften zur Gestaltung und Zusammensetzung von Erzeugnissen (z.B. Verwendung von recyclingfähigen Materialien), Regelungen über die Forschung und
Vorschriften zur Kostenverteilung. Hinzu kommen detaillierte Berichts- und
Monitoring-Erfordernisse und Vereinbarungen zur Einrichtung eines Über-
wachungs- oder Begleitgremiums, in dem auch die jeweiligen Behörden und die
Wissenschaft vertreten sind. Die Parteien dieser Selbstverpflichtungen sind
regelmäßig mehrere Branchen, deren Aktivitäten durch die Selbstverpflichtung
miteinander verknüpft werden.[16]

2.2.2 Umweltwirksamkeit

Die Frage, ob die freiwilligen Selbstverpflichtungen der Industrie die intendierten
Wirkungen entfalten, wird derzeit kontrovers diskutiert. Konkrete Aussagen über
die Wirksamkeit sind auch insofern problematisch, als dass die Nachweisung der
Umweltwirksamkeit der Selbstverpflichtungen aufgrund fehlender methodisch
abgesicherter Untersuchungen nicht hinreichend abgesichert werden kann.

Für die Bundesregierung sind Selbstverpflichtungen ein wichtiges Instrument der
Umweltpolitik. Sie werden als Instrument zur Stärkung der Selbstverantwortlich-
keit der Wirtschaft, als wichtiger Baustein unternehmerischer Selbstverantwortung im Umweltbereich gesehen. Es wird erwartet, dass sich über dieses Instrument wichtige Umweltziele schneller und mit besseren Ergebnissen umsetzen
lassen. So macht aus Sicht des Gesetzgebers z.B. die schnell voranschreitende
technische Entwicklung die Formulierung spezifischer Standards auf Gesetzes-
ebene weitgehend unmöglich. Selbstverpflichtungen scheinen der Verwaltung die
Möglichkeit zu geben, sich ständig geänderten Bedingungen anzupassen. Freiwillige Selbstverpflichtungen sollen jedoch nur eine Ergänzung, nicht einen
Ersatz für verbindliche rechtliche Bestimmungen darstellen.[17]

Eine Stärkung unternehmerischer Eigenverantwortlichkeit wird auch von betrieblichen Umweltmanagementsystemen und Umweltbetriebsprüfungen angenom-

---

[16]   A.a.O., S. 129-130
[17]   Vgl. Bundesumweltministerium, 1997, S. 15. sowie Hucklenbruch, 2000, S. 85

men, von denen an späterer Stelle ausführlich die Rede sein wird. Bis Januar 2001 haben sich rund 2.625 Unternehmensstandorte nach der EG-Öko-Audit Verordnung und rund 1.300 Betriebe (bis März 1999) nach der ISO 14001-Norm einer Umweltbetriebsprüfung erfolgreich unterzogen und so ihre Umweltschutzbemühungen belegt. Diese durchaus positive Bilanz, so die Bundesregierung, bestätige die Grundhaltung, Selbstverpflichtungen und anderem freiwilligen Umweltengagement den Vorrang vor ordnungspolitischen Lösungen zu geben.[18]

Zu einer kritischeren Bewertung der Umsetzung von Selbstverpflichtungen in den Unternehmen kommt der Rat der Sachverständigen für Umweltfragen in seinem Umweltgutachten 1996. Zwar werden Selbstverpflichtungen der Wirtschaft grundsätzlich als Möglichkeit zur Stärkung der Eigenkräfte der Unternehmen im Dienst umweltgerechter Produkt- und Verfahrensinnovationen angesehen. Zugleich wird jedoch darauf hingewiesen, dass Selbstverpflichtungen meist ihren Ursprung im Druck der Öffentlichkeit und in drohenden ordnungsrechtlichen Maßnahmen, denn in einer grundlegenden Umorientierung im Sinne einer vorsorgenden Umweltpolitik haben. Außerdem wird angemerkt, dass, wenn mit den Verpflichtungen aufwendige Prozessveränderungen oder Anwendungsnachteile verbunden waren, die sich außerdem relativ schlecht vermarkten lassen, Abschluss und Umsetzung der Selbstverpflichtungen sich meist schwieriger gestalteten. Befürchtungen, dass „ ...die Wirtschaft sich nur zu Zielen verpflichtet, die sie ohnehin ansteuert..." sind für den Sachverständigenrat deshalb nicht von der Hand zu weisen.[19]

Als weniger wirksam erwiesen sich, so der Rat der Sachverständigen für Umweltfragen, einige abfallbezogene Selbstverpflichtungen. So konnte z.B. die Rücknahmeverpflichtung für Altbatterien hinsichtlich der Eliminierung von Schwermetallen die gesetzten Ziele zwar erfüllen. Die Rücklaufquote ist jedoch wegen mangelnder Akzeptanz der Verbraucher und des sinkenden wirtschaftlichen Interesses der Verwertungsunternehmen, das vor allem auf die Rückgewinnung von Schwermetallen gerichtet ist, nicht erfüllt worden und liegt gegenwärtig nur bei rund 30 %.
Kontrovers diskutiert wird auch die Wirkung der bereits erwähnten freiwilligen Verpflichtung zur Klimavorsorge der deutschen Wirtschaft. Die deutsche Wirtschaft hat sich zum Ziel gesetzt, die spezifischen (d.h. auf die Produktionsmenge bezogenen) CO_2-Emissionen um 20 % zu verringern. Absenkungen bei den spezifischen CO_2-Emissionen können jedoch durch einen erhöhten Mengenausstoß mehr als kompensiert werden, d.h. die absoluten CO_2-Emissionen können weiter ansteigen. Allerdings haben 12 der 19 Vertreter, die sich der Selbstverpflichtung

---

[18] Dasselbe, 1998, S. 30-31
[19] Rat der Sachverständigen für Umweltfragen, 1996, S. 97-98

angeschlossen haben, zugesagt, im Zeitraum von 1995 bis 2005 nicht nur ihren spezifischen, sondern auch ihren absoluten CO_2-Ausstoß zu reduzieren.[20]

Eine Studie des Zentrums für Europäische Wirtschaftsforschung (ZEW) im Auftrag des Bundesministeriums für Wirtschaft kommt zu weit unbefriedigenderen Ergebnissen. Angesichts der festgestellten Resultate werden Selbstverpflichtungen als „weich, unfreiwillig und nicht marktwirtschaftlich" bezeichnet.

Insgesamt scheint ein wichtiger Mangel in der „Weichheit" von Selbstverpflichtungen zu liegen. Mangels rechtlicher Verbindlichkeit und Verfügbarkeit von Sanktionen für den Staat, kann Trittbrettfahrerverhalten seitens der Mitgliedsfirmen kaum verhindert werden. Damit soll der Selbstverpflichtung als umweltpolitisches Instrument keinesfalls Untauglichkeit bescheinigt werden. Als wichtige Voraussetzung für die Wirksamkeit, müssen jedoch konkrete Umweltziele mit messbaren Umweltwirkungen, effiziente Kontrollmechanismen und Sanktionsmöglichkeiten bei Nichterreichung des gesetzten Ziels mit der Abgabe einer solchen Erklärung festgeschrieben werden. Inhalt und Ergebnis der Selbstverpflichtung sollten einer breiten Öffentlichkeit zugänglich gemacht werden.

2.3 Klage der Industrie: Umweltschutzleistungen werden nicht ausreichend anerkannt

Der Bundesverband der Deutschen Industrie e.V. (BDI) beklagt, dass die öffentliche Diskussion um die Umweltleistungen der Unternehmen verzerrt geführt werde. So stiegen derzeit die Erwartungen und Ansprüche an Unternehmen, Erfolge und Leistungen würden dagegen unzureichend gewürdigt. Der BDI verweist darauf, dass vorsorgender Umweltschutz auch von der Industrie als notwendig erachtet wird. Er dürfe jedoch nicht zu einem strukturellen Standortnachteil werden. Dies gelte vor allem in Hinblick auf die Diskussion um eine „ökologische Steuerreform" und in bezug auf die Dichte gesetzlicher Bestimmungen im Umweltbereich.
An die Adresse der Umweltverbände gerichtet weist der BDI darauf hin, dass durch die Verdrängung umweltbelastender Sektoren der Industrie aus Deutschland das ökologische Problem nicht lösbar sei. Dies komme vielmehr einem Export von Umweltbelastung und von Arbeitsplätzen gleich.[21]

---

[20] Derselbe, 1998, S. 150-153
[21] Vgl. Necker, 1995, S. 15

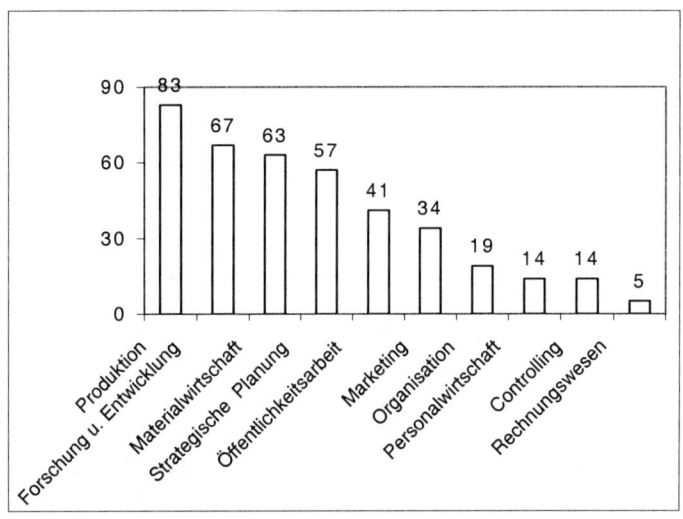

Abbildung 3: Mit Umweltfragen konfrontiert fühlt sich das Management von...[22]

Die VIAG verweist auf den bereits funktionierenden „offensiven Umweltschutz" in den meisten Unternehmen. Angesichts der Schärfe der Umweltdiskussion in der Öffentlichkeit erscheint es an der Zeit, das Erreichte zu bewerten und für die Zukunft kühl zwischen Wünschbarem und Machbaren zu unterscheiden. Neben der Akzeptanz der Leistungen der Industrie im Umweltbereich, müsse endlich zur Kenntnis genommen werden, dass ein offensiver Umweltschutz derzeit eher zu Wettbewerbsnachteilen führe. Betriebliche Maßnahmen in diesem Bereich schlügen sich erheblich als finanzielle Belastung nieder. Nutzen im Sinne von Erträgen fiele dagegen entweder sehr viel später oder an anderer Stelle an.

Erhebliche Wettbewerbsnachteile ergäben sich zudem aus der Erfüllung der Umweltauflagen, die anderorts nicht vorhanden wären. Weitere ordnungsrechtliche oder gar fiskalische Belastungen (Öko-Steuern) würden die Standortdebatte forcieren. Im übrigen: Umweltschutz sei kein originärer Unternehmenszweck, auch wenn die Industrie ihrer Umweltverantwortung nachkomme. Hierzu gehörten vielmehr die Herstellung von Produkten und die Erbringung von Dienstleistungen, die Schaffung und Erhaltung von Arbeitsplätzen, Bemühungen um eine angemessene Verzinsung des eingesetzten Kapitals.[23]

---

[22] Vgl. Umweltbundesamt, 1990
[23] Vgl. Grohe, 1995, S. 25-34

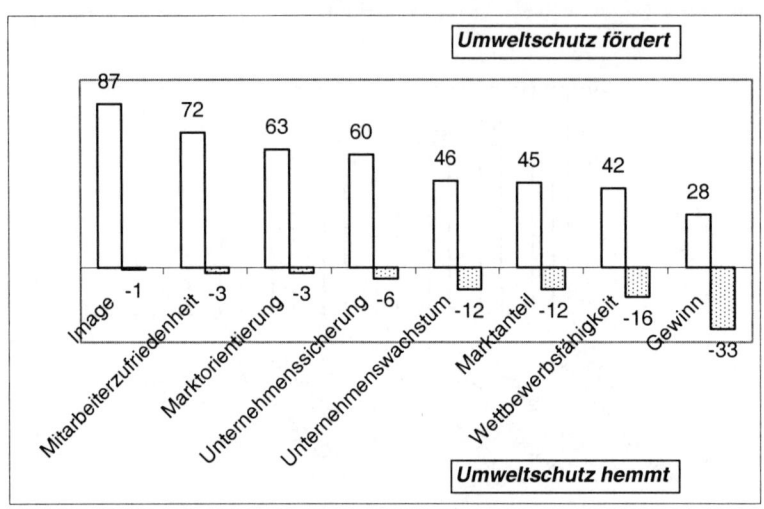

Abbildung 4:   Umweltschutz kontra Unternehmensziele (Angaben in %)[24]

Industrievertreter kritisieren auch die in der Öffentlichkeit vielfach anzutreffende romantisierte Vorstellung von der Mensch-Natur-Beziehung. Da wird z.B. von natürlicher Lebensweise, naturgemäßen Produktionsverfahren usw. gesprochen, ohne dass dabei deutlich würde, was damit gemeint ist. Ebenso erwiesen sich Forderungen nach Nutzungsverzicht natürlicher Ressourcen oder nach Totalschutz von Gebieten nicht als sonderlich hilfreich, wenn es um die Entwicklung eines tragfähigen Lebens- und Wirtschaftsstils geht. Da in der Zukunft die Bedürfnisse einer noch wachsenden Bevölkerung an Kleidung, Nahrung, Wohnung oder Mobilität noch zunehmen werden, erscheint eine leistungsfähige Ökonomie mehr denn je als nötig.

Die Öffentlichkeit, so die BAYER AG, solle endlich zur Kenntnis nehmen, dass die deutsche Industrie Umweltschutz durchaus als Chance und nicht verengt als Belastung begriffen habe. Auch käme sie ihrer sozial-ökologischen Verant-wortung nach. Dies ließe sich auch aus den Leitlinien des Unternehmens ablesen: „Umfassender Umweltschutz und größtmögliche Sicherheit, hohe Qualität der Produkte und optimale Wirtschaftlichkeit sind gleichrangige Unternehmens-ziele."[25] Für 1989 wurden bei der BAYER AG z.B. Umweltschutzinvestitionen in

---

[24]   Umweltbundesamt, 1990
[25]   Becher, 1995, S. 35

Höhe von 300 Mio. EURO geplant. Diese sind Teil eines über 8 Jahre angelegten Programms mit einem Gesamtvolumen von ca. 4 Mrd. EURO.[26]

Einige Unternehmen fordern auch dazu auf, aus ökonomischen Gründen nicht von maximalen Umweltschutzniveaus auszugehen, die das ausdrücken, was nach derzeitigem Stand der Technik überhaupt möglich ist. Zwar sind Umweltschutzmaßnahmen, die für die Erhaltung der natürlichen Lebensgrundlagen des Menschen bzw. für die Sicherung der ökologischen Tragfähigkeit der Erde notwendig sind, zu vertreten. Hierfür bietet sich als Richtgröße oder Meßlatte eine Orientierung an Grenzwerten an, die es mit möglichst geringen Kosten zu erreichen gilt. Zusätzliche Maßnahmen könnten dagegen aus ökonomischer Perspektive nur dann sinnvoll ein, wenn die damit verursachten Kosten dem gestifteten Nutzen entsprechen (vgl. Grenzkosten und Grenznutzen).[27]
Heute könne die Industrie mit Fug und Recht behaupten, dass durch erhebliche Mittelaufwendungen die Umweltbelastungen in einem wirtschaftlich noch vertretbaren Maß deutlich zurückgeführt werden konnte. Weitere Anstrengungen würden dagegen in vielen Bereichen zu einer deutlichen Kostensteigerung führen, ohne dass dadurch eine wesentliche Verbesserung der Umweltsituation erreicht würde.[28]

3. Das Unternehmen im Spannungsfeld seiner Anspruchsgruppen

Mit der zunehmenden Berücksichtigung ökologischer Themen in der öffentlichen Diskussion, mit der Zunahme der Umweltprobleme und einer breit gestreuten Berichterstattung über wirtschaftsbedingte Umweltbelastungen, wächst der Anspruch an die Unternehmen, ein aktives Umweltmanagement zu betreiben. Ebenso müssen Unternehmen in Zukunft verstärkt damit rechnen, von der Öffentlichkeit in Sachen Umweltschutz stärker „kontrolliert", zu Verlautbarungen und Erklärungen über Umweltauswirkungen betrieblicher Aktivitäten aufgefordert zu werden.
Auch die Ansprüche der Marktpartner und Kunden steigen in diesem Zusammenhang deutlich. Sie reichen von Herkunftsnachweisen für verwendete Rohstoffe, über Auskünfte über sozial-ökologische Auswirkungen der Unternehmenstätigkeit bis hin zur eindeutigen Kennzeichnung von Produkten, deren Herstellung als ökologisch und sozial verträglich angesehen werden kann. Hinzu kommt ein vom Staat entwickeltes differenziertes Instrumentarium von Gesetzen, Verordnungen,

---

[26] Vgl. Winter, 1993, S. 126
[27] Vgl. Evers/Rennings, 1996, S. 153-167
[28] Vgl. Becher, 1995, S. 40

Auflagen usw., das einer direkten Einflussnahmen auf die Unternehmenstätigkeit gleichkommt.

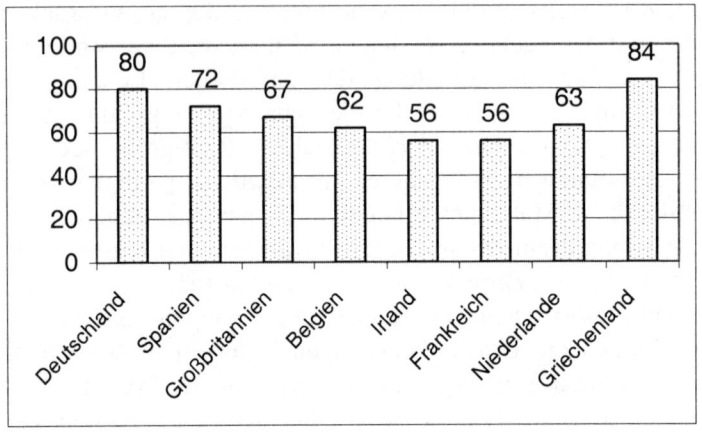

Abbildung 5:   Umweltschutz ist nicht aufschiebbar, das meinen von je
                   100 Einwohnern in[29]

Betriebsunfälle, die Intransparenz des Güterangebots und eine fast ausschließlich auf die Realisierung von ökonomischen Zielen ausgerichtete Produkt- und Informationspolitik haben jedoch vielfach zu einer nachhaltigen Verunsicherung der Verbraucher und zu einem tiefen Misstrauen gegenüber den Unternehmen geführt. Wenn dann auch noch „Hochglanzwerbestrategien" als Ablenkungsmanöver für unterlassene Umweltschutzmaßnahmen erkannt werden, sind neben einem Vertrauensverlust deutliche ökonomische Einbußen für die Unternehmen nicht auszuschließen.

Mittlerweile haben viele Unternehmen erkannt, dass eine ausschließliche Absatzmarktorientierung ihrer Produkt- und Informationspolitik langfristig den Unternehmenserfolg nicht zu sichern vermag: Wirtschaftlicher Erfolg allein sichert noch keine gesellschaftliche Akzeptanz. Sie sind deshalb bemüht, neben der Einrichtung eines Umweltmanagementsystems, in einen offenen und kritischen Dialog mit Konsumenten und Marktpartnern zu treten und umweltrelevante Informationen für die Öffentlichkeit bereitzustellen, die die tatsächlichen Gegebenheiten widerspiegeln, die belegbar sind. Die Glaubwürdigkeit des Unternehmens, die Effizienz seines Umweltmanagementsystems sowie die Transparenz des Güterangebots werden hier als wichtige Faktoren für die Akzeptanz der Unternehmenstätigkeiten durch die Öffentlichkeit, für eine tragfähige Geschäftsbeziehung bzw.

---

[29]   Vgl. Umweltbundesamt, 1988

für eine langfristige Bindung des Kunden an das Unternehmen und damit letztendlich für den langfristigen Erfolg der Unternehmung verstanden.

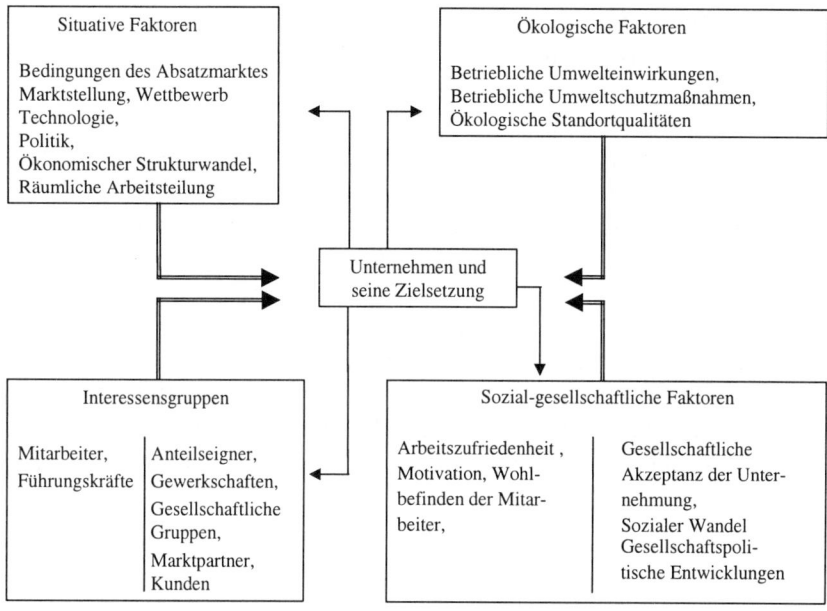

Abbildung 6:   Relevante Einflussfaktoren für das Unternehmen

Die von den verschiedenen internen und externen Anspruchsgruppen vorge-
brachten Interessen sind jedoch nicht nur vielfältig, teilweise widersprechen sie
sich sogar. Für das Unternehmen ergibt sich damit das Problem, einen Ausgleich
zwischen konkurrierenden Einflüssen und Interessen herstellen zu müssen (soweit dies möglich ist), der auch ökonomisch sinnvoll ist.

3.1   Gesellschaftliche Ansprüche

Heute fordern gesellschaftliche Gruppen zunehmend eine Verstärkung der
Umweltleistungen der Unternehmen sowie eine Transparenz und Nachvollzieh-
barkeit unternehmerischer Aktivitäten. Umweltverbände und Bürgerinitiativen
verlangen nach Aufklärung über die tatsächlichen sozialen und ökologischen
Auswirkungen der Unternehmung. Sie wollen über Maßnahmen und deren Fortgang unterrichtet werden, die Unternehmen zur Einhaltung gesetzlicher oder
selbst auferlegter Umwelt- und Sozialstandards ergriffen haben.

Wie in jüngster Zeit zu sehen war, werden diese Forderungen z.T. außerordentlich wirkungsvoll an die Unternehmen herangetragen. Mit unkonventionellen,
spektakulären Aktionen wie Besetzungen oder Blockaden legen Umweltakti-
visten oftmals ihre Finger in die „offene Wunde" betrieblicher Umweltschutz. Sie
berufen sich dabei auf Forschungsergebnisse oder stellen eigene unabhängige
Untersuchungen an. Mit ihren Kampagnen sind sie durchaus in der Lage, Unternehmen in Bedrängnis zu bringen.

Die Shell AG geriet z.B. 1995 durch die Protestaktionen von Greenpeace gegen
die Versenkung der Öl-Verladeplattform „Brent Spar" erheblich unter den Druck
der Öffentlichkeit (Vertrauens- und Imageverlust). Hinzu kam ein Kaufboykott
von Bürgern, aber auch von öffentlich-rechtlichen Einrichtungen, was zu Um-
satzeinbußen führte. Vor allem die intensive Medienbegleitung der Schlagab-
tauschs Shell-Greenpeace hat zu diesen negativen Auswirkungen beigetragen.
Der Fall hatte allerdings auch eine Kehrseite: Greenpeace musste einige Wochen
nach den Ereignissen zugeben, dass die auf der Verladeplattform verbliebenen
Chemikalien und Rohölreste weder in der Menge noch in der Beschaffenheit tatsächlich so umweltbelastend waren, wie in der Kampagne behauptet wurde.

3.2   Ansprüche der Kunden und Marktpartner

Was für die gesellschaftlichen Erwartungen an das Unternehmen gilt, kann auch
für die Ansprüche der Kunden und Marktpartner angenommen werden. Neben
den Informationen über die Unternehmung selbst fordern Kunden und Marktpartner heute vermehrt die Verfügbarkeit von Informationen über ein Produkt. Die
Auswertung dieser Informationen dient dann als wichtige Hilfestellung für ihre
Kaufentscheidung bzw. für Angebote zur Kooperation.

- Nur 6 % der Bevölkerung halten den Umweltschutz für weniger wichtig
- 59 % der deutschen Verbraucherinnen und Verbraucher wären bereit, höhere Preise für Produkte zu bezahlen, die weniger umweltbelastend sind.
- 54 % der Befragten halten eine verstärkte Hinwendung zu umweltverträg- lichen Produktionsweisen für „sehr wichtig".
- 42 % der Bevölkerung würden keine Produkte von Firmen kaufen, die in bezug auf den Umweltschutz ins Gerede gekommen sind.
- In Sachen Problemlösungskompetenz im Umweltbereich ergibt sich für die Industrie auf einer Skala von 1= volles Vertrauen bis 5=kein Vertrauen ein Mittelwert von 4.0.

Abbildung 7:   Umwelteinstellungen, Umfrage des Umweltbundesamts, 2000.

Unter Umständen wenden sich durch die öffentliche Diskussion sensibilisierte und informierte Kunden den Angeboten der Konkurrenz zu, insofern Zweifel bezüglich der Sozial- und Umweltverträglichkeit der Produkte bestehen. Zukünftige Marktpartner werden schon allein aus Sorge um ihr Image aus den gleichen Gründen zurückhaltend sein.

Zahlreiche Firmen versuchen bei der Stoffauswahl Umweltprobleme schon im Vorfeld der eigenen Produktion zu vermeiden. Die Bewertung der Vorprodukte auf ihre Umweltverträglichkeit und das Erkennen von Umweltrisiken hat für sie deshalb einen großen Stellenwert.

3.3   Ansprüche der Behörden

In keinem Bereich entwickelt sich die Gesetzgebung so dynamisch wie im Umweltrecht. Die öffentliche Meinung drängt zu strengeren Gesetzen, härteren Auflagen und konsequentem Vollzug. Dies hat bereits zu einer Reihe von Verschärfungen geführt, auf die die Betriebe reagieren müssen.
Für Unternehmen empfiehlt es sich, ihren gesetzlichen Verpflichtungen präzise nachzukommen. Ist ein Unternehmen erst einmal in den Ruf geraten, es zögere die Umsetzung von Vorgaben hinaus oder versuche, diese zu umgehen und dieses Vorhaben durch entsprechend „aufbereitete" Berichte und Auskünfte zu verschleiern, werden die Behörden mit entsprechenden Beanstandungen reagieren und das Unternehmen unter Druck setzen. Auch werden sie bei der Ausschöpfung bestehender Ermessensspielräume ausgesprochen zurückhaltend sein.

3.4   Banken und Versicherungen

Die kreditgebenden Banken haben erkannt, dass Umweltrisiken auch Umsatz- und Ertragsrisiken bedeuten und die Kreditwürdigkeit der kreditierten Unternehmen gefährden können. So kann die Beteiligung der Banken an Investitionsvorhaben von Unternehmen schnell zum Verlustgeschäft werden, wenn das mitfinanzierte Unternehmen bei seinen Planungen umweltrelevante Sachverhalte unzureichend berücksichtigt hat. Angesichts von geschätzten 80.000 bis 100.000 Altlasten in Deutschland, dürften auch viele Grundschulden nicht auf wertvollen Betriebsgrundstücken, sondern auf teuren, sanierungsbedürftigen Altlasten ruhen und deshalb im Verwertungsfall unter Umständen nutzlos sein.

Für Betriebshaftpflichtversicherungen ist vorbeugender Umweltschutz eine Minderung des Haftungsrisikos. Zugleich drängen sie auf Überprüfung bestehender

Policen mit dem Ziel, bei erhöhtem Haftungsrisiko eine Anpassung der Prämien-
zahlung vorzunehmen.

Wegen seiner erheblichen wirtschaftlichen Bedeutung, legen Banken und Versicherungen besonderen Wert auf ein effizientes Umweltmanagement, das sich
dem vorsorgenden Umweltschutz verschreibt und ökologische Fragestellungen in
die betrieblichen Planungs- und Entscheidungsprozesse einfließen lässt.
Dies gilt auch für die eigenen Geschäftsbereiche. Bereits 1992 und 1995 hat die
internationale Kredit- und Versicherungswirtschaft zwei umweltpolitische Selbstverpflichtungserklärungen abgegeben, die inzwischen auch von einer Reihe nam-
hafter deutscher Institute unterzeichnet wurde:

- Banking and the Environment – A Statement of Banks on the Environment and
  Sustainable Development, 1992.
- Statement of Environmental Commitment by the Inshurance Industrie, 1995.

Für Banken ergibt sich im Bereich der Kapitalanlagen ein zusätzlicher Aspekt.
Spezialfonds, die ihre Gelder in Unternehmen der Umwelttechnik oder in anerkannt umweltorientiert wirtschaftende Unternehmen aller Branchen investieren
wollen, könnten angesichts des steigenden Umweltbewusstseins in Zukunft an
Attraktivität gewinnen. Zugleich wäre damit ein Imagegewinn für die anbieten-
den Banken verbunden.[30]

3.5   Mitarbeiterinnen und Mitarbeiter

Mitarbeiterinnen und Mitarbeiter geben ihr Umweltbewusstsein, das sie im privaten Bereich u.U. sehr aktiv praktizieren, nicht am Werkstor oder an der Bürotür
ab. Wird der Umweltschutz im Unternehmen nicht ernst genug genommen, geraten sie rasch in einen Loyalitätskonflikt, in extremen Fällen bis hin zur inneren
oder tatsächlichen Kündigung. Es sind aber die Mitarbeiterinnen und Mitarbeiter,
die einen entscheidenden Beitrag zur Realisierung der Unternehmensziele leisten
und erheblich zum Bild der Unternehmung in der Öffentlichkeit beitragen.
Die Beschäftigten sind allerdings nicht nur „Aktivposten" bei der Umsetzung von
Umweltschutzzielen. Sie sind zugleich auch Begünstigte des betrieblichen
Umweltschutzes. Dies betrifft ihren Schutz vor Umweltbelastungen (Lärm,
Staub, schädliche Stoffe und Gase, usw.) am Arbeitsplatz. Hier werden
zunehmend Verbesserungen gefordert.

---

[30] Vgl. Winter, 1993, S. 47

3.6 Gewerkschaften

Auch bei den Gewerkschaften hat die Umweltproblematik inzwischen zu entsprechenden Reaktionen geführt. Bis in die 80er Jahre hinein wurde die Umweltpolitik als primäre Aufgabe des Staates und weniger als die des Betriebes oder
der Gewerkschaften gesehen. Diese Zurückhaltung mag auf die Sorge um den
Erhalt von Arbeitsplätzen begründet sein, um die man aufgrund von Umweltauflagen für die Betriebe fürchtete.

Heute haben die meisten Einzelgewerkschaften Umweltabteilungen eingerichtet
und Umweltschutz in die Grundsätze ihrer Arbeit aufgenommen. Sie sprechen
sich für ein aktives Umweltmanagement in den Betrieben aus und wollen sich an
dessen Implementierung und Arbeit im Rahmen innerbetrieblicher Mitwirkungsmöglichkeiten beteiligen. In diesem Zusammenhang wurden z.B. Betriebsvereinbarungen, insbesondere in der chemischen Industrie abgeschlossen, die vor allem
auf den Schutz der Mitarbeiterinnen und Mitarbeiter vor gesundheitsschädigen-
den Einwirkungen und auf Informationsrechte der Beschäftigten und Betriebsräte
zielen.

Tabelle 2:   Betriebliche Umweltvorsorge im Kontext gesellschaftlicher Anforderungen

Anspruchsgruppe	Erfolgskriterien für das Unternehmen
Gesellschaft	Sicherung gesellschaftlicher Akzeptanz und Legitimität
Kunden, Konsumenten, Marktpartner	- Information über Unternehmenspolitik und Produkte - Optimale Ressourcenbewirtschaftung - Sorgfältige Auswahl der Marktpartner
Banken, Versiche-rungen	Absenkung des Finanzierungs- und Haftungsrisikos
Medien	Medienmanagement
Gewerkschaften	Mitwirkung bei organisatorischen und personellen Maßnahmen
Mitarbeiterinnen und Mitarbeiter	Zeitgemäßes Personalmanagement
Behörden	Erfolgreiche Politik der Umweltvorsorge

3.7 Medien

Die Medien zeigen sich schon seit längerem besonders sensibel für ökologische Fragestellungen. Dabei werden nicht nur tatsächliche, sondern mitunter auch vermutete Umweltprobleme sofort, häufig auch kritiklos, aufgegriffen und für die Öffentlichkeit in Szene gesetzt. Aggressive Berichterstattungen bringen für Unternehmen viele Reibungsverluste mit sich. Stellungnahmen, Gegendarstellungen und Interviews sind dann abzugeben und Anfragen einer besorgten Öffentlichkeit zu beantworten. Gleichzeitig müssen die in Rede stehenden Umweltprobleme im Brennpunkt der Öffentlichkeit unter Zeitdruck gelöst werden.

Medien bieten aber auch eine gute Chance, Positivbeispiele umweltorientierten Managements der interessierten Öffentlichkeit vorzustellen.

4.   Umweltstandort Bundesrepublik Deutschland

4.1 Kostenbelastung und Wettbewerbsfähigkeit - einige Argumente

Einer Untersuchung unter Managern zufolge („Kirchgeorg-Studie" in Zusammenarbeit mit dem *EMNID-Institut*, 1988) wird Umweltschutz im Zielsystem der Unternehmen ein sehr hoher Stellenwert beigemessen. Ca. 87 % der Befragten verwiesen auf die Umweltorientierung ihrer Betriebe. Zugleich sehen die befragten Manager vor allem kleinerer und mittlerer Betriebe Konflikte zwischen der Umweltorientierung und monetären Zielsetzungen. Insgesamt 68 % sehen in den hohen Investitions- und Betriebskosten ein großes Hindernis für die Umsetzung von Umweltschutzmaßnahmen. So meinten rd. 60 %, dass die bisher realisierten Umweltschutzaktivitäten zu andauernden Kostenerhöhungen geführt haben, während nur 5 % von Kosteneinsparungen berichteten.

Da die Verbraucher wenig Neigung zeigen, teurere umweltpflegelichere Produkte zu erwerben, ließen sich diese Kostenbelastungen am Markt nicht durch höhere Preise ausgleichen. Weniger aus Kostenvorteilen, sondern vor allem aus Image- und Akzeptanzgründen sowie aus Gründen der Mitarbeitermotivation und teilweise auch zur Erschließung neuer Märkte, engagiere sich die Industrie im Umweltbereich.[31]

Andere Industrievertreter sehen in einer weiteren Zunahme der Umweltauflagen, der Unübersichtlichkeit ständig veränderter Umweltschutzbestimmungen eine weitere Schwächung des Wirtschaftsstandortes Deutschland. Die im inter-

---

[31] Vgl. Freimann, 1996, S. 232-238

nationalen Wettbewerb stehenden Unternehmen würden dadurch erheblich in ihrer Konkurrenzfähigkeit belastet, oder sie würden von weiteren Standortgründungen Abstand nehmen und in das industriefreundlichere benachbarte Ausland wechseln.

Hinzu kämen unerträglich lange Genehmigungszeiträume. Dauert z.B. die Erstellung der Unterlagen für einen Konzessionsantrag in Deutschland sechs bis 15 Monate, so seien es in den USA nur drei bis sechs Monate. Die Sicherheitsanalyse, die auch in den USA gefordert wird, hat in der Regel fünf bis zehn Seiten, in Deutschland dagegen mehrere hundert. Für Anlagen, die unter die Störfallverordnung fallen, liegen in Deutschland die Genehmigungszeiten zwischen 15 und 24 Monaten, in den USA bei drei Monaten.[32]

Das Umweltbundesamt verweist dagegen auf die wirtschaftlichen Chancen des Umweltschutzes. Durch den Einsatz der „richtigen" Materialien, durch Einsparungen an Energie und Material ergäben sich erhebliche Kostenvorteile im Vergleich zu herkömmlichen Produktionsweisen. In der Regel würden sich Umweltschutzinvestitionen deshalb relativ schnell amortisieren. Zudem stelle der Umweltschutz ein Erfolgsmarkt der Zukunft dar. Wer heute mit der Herstellung umweltverträglicher Produkte beginne, habe morgen einen erheblichen Wettbewerbsvorteil: Der Markt der Zukunft gehöre umweltschonenden Produkten. Diesen Zukunftsmarkt gilt es dann zu bedienen.

Eine umweltorientierte Wirtschaftsweise bedeute zugleich eine Herabsetzung des Haftungsrisikos, was sich auch in niedrigeren Versicherungsprämien niederschlagen würde. Nicht zu vergessen die Verbesserung des betrieblichen Leistungsklimas durch aktiven Umweltschutz (u.a. Steigerung der Motivation).[33]

Deutschland hat mit gegenwärtig mit rd. 18,7 % (1995) an weltweiten Ausfuhren von Umweltschutzgütern eine Spitzenstellung inne (USA 19 %, Japan 15 %). Laut dem *Ifo-Institut* soll sich der Markt für Umweltschutztechnik bis zum Jahre 2005 mit knapp 650 Mrd. EURO verdoppeln. Trends weisen vor allem auf eine Zunahme des Angebots von integrierter Umwelttechnik, als ein Produktionsverfahren, bei dem Schadstoffe, Abfälle und schwer verwertbare Nebenprodukte gar nicht erst oder in möglichst geringem Umfang, anfallen. Nachsorgende Umwelttechnik wie Kläranlagen oder Rauchgasfilter werden jedoch nach wie vor gute Exportchancen eingeräumt. In Deutschland bieten derzeit rd. 4.000 Unternehmen Umweltschutzgüter an.[34]

---

[32] Vgl. Becher, 1995, S. 36-39
[33] Vgl. Umweltbundesamt, 1995, S. 8-16
[34] Vgl. Die Bundesregierung, 1996, S. 17

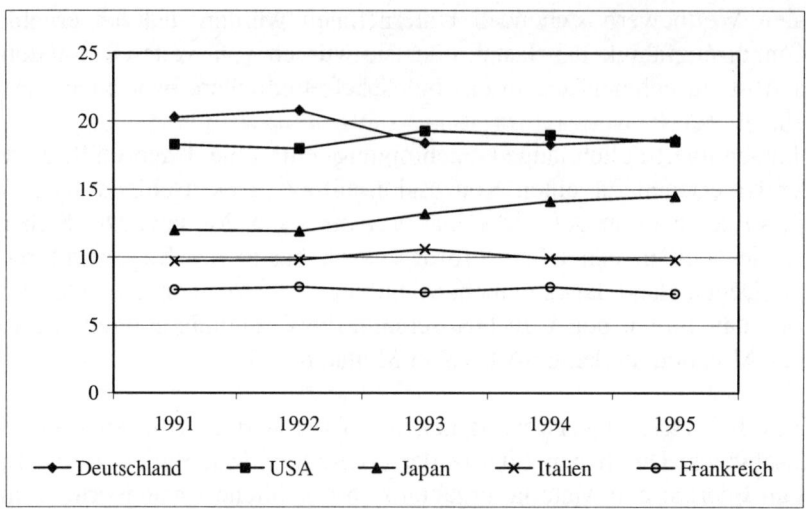

Abbildung 8: Welthandelsanteile für Umweltschutzgüter in Prozent, Umweltbundesamt 1997.

Ein gutes Beispiel für expandierende Umweltschutzmärkte ist die Entsorgungs-
industrie. In den vergangenen 15 Jahren wurden hier rd. 37,5 Mrd. EURO umgesetzt. Der „Bundesverband der Deutschen Entsorgungswirtschaft" (BDE) rechnet
bis zum Jahr 2005 mit einer Steigerung auf 500 Mrd. EURO.
Derzeit sind etwa 1.000 Firmen mit der Entsorgung befasst, ca. 180.000 bis
200.000 Personen sind in dieser Branche beschäftigt. Dabei teilen sich zehn
Großunternehmen rd. 1/3 des Marktes. Mit dem Inkrafttreten des neuen Kreis-
laufwirtschaftsgesetzes werden weitere Umsatzsteigerungen erwartet.[35]

4.1.1 Versuch einer kritischen Würdigung

Wenn es auch stimmt, dass Unternehmen durch die zunehmenden weltwirtschaft-
lichen Verflechtungen einem starken Wettbewerbsdruck ausgesetzt sind, so bleibt
doch fraglich, ob Auslandsinvestitionen deutscher Unternehmen primär auf
Kostenbelastungen durch Umweltschutz zurückführbar sind. Diese Investitionen
dienen wohl vor allem der Erschließung und Sicherung von Absatzmärkten.

Mit Umweltschutzausgaben in Höhe von 1,4 % des BIP nimmt Deutschland weltweit zwar eine Spitzenstellung ein. Der Abstand zu anderen Industrienationen
(USA 1,4 % des BIP) ist jedoch zu gering, um daraus auf einen Wettbewerbs-

---

[35] A.a.O., S. 10-11

nachteil schließen zu können. Auch ist die Kostenbelastung durch Umweltschutz-ausgaben im Vergleich mit anderen Kostenblöcken gering. In Deutschland liegt sie bei 0,7 % des Produktionswertes.[36] Umweltschutzkosten können also nicht allein für die Wettbewerbsfähigkeit und die Standortwahl von ausschlaggebender Bedeutung sein. Zwar berücksichtigen Unternehmen bei ihren Standortentschei-dungen Umweltschutzaspekte, doch nur bei 10 % war dies der entscheidende Faktor für die Standortwahl, so eine Untersuchung.[37] „Den Unternehmen ist es bisher offensichtlich gelungen, die von ihnen zu tragenden Umweltschutzkosten im politischen Markt auf ein verkraftbares Maß zu begrenzen."[38]
Da Standortverlagerungen aus Umweltschutzgründen allein praktisch nicht statt-finden, zeigt sich, dass das Argument der Standortverlagerung als „Droh-strategie" eingesetzt wird. Umweltschutzbezogene Kosten entfalten eher eine Lenkungswirkung in bezug auf die Standortentscheidung des Unternehmens. Diese Entscheidung ist das Ergebnis eines Abwägungsprozesses zwischen den Erfordernissen und Interessen des Betriebes und den spezifischen räumlich-standörtlichen Gegebenheiten.
Allerdings verteilen sich die Umweltinvestitionen auf die Branchen unterschied-lich, was zu unterschiedlichen Belastungen und damit auch zu unterschiedlichen Entscheidungslagen für die Unternehmen führt. So schwanken die Kostenbe-lastungen von Branche zu Branche zwischen 0,8 % und 24,9 % (1991). Weit überdurchschnittlich (24,9 %) waren die Investitionsanteile bei der Ledererzeu-gung, der chemischen Industrie (15 %), der Erzeugung von Nichteisenmetallen (13,3 %) sowie der Mineralölverarbeitung (13 %) bzw. der Energieerzeuger (9,6 %).[39]

Rückschlüsse auf die Wettbewerbsfähigkeit lassen sich aus diesen Zahlen allein jedoch nicht ziehen. Die chem. Industrie oder die Mineralölverarbeitung gehören z.B. nach wie vor zu den Wachstumsbranchen.
Außerdem müssen ausgleichende Effekte, dort wo sie anfallen, in die Überlegungen mit einbezogen werden. So können negative Wettbewerbseffekte von Umweltschutzkosten durch den positiven Beitrag umweltschutzbezogener Investitionen kompensiert werden: Geringere Input-Kosten, technologische Inno-vation, größere Effizienz der Produktion, niedrigere Kosten für Altlasten-sanierung sowie die Vermarktung von Umweltschutzgütern und -diensten können ein Gegengewicht zu Umweltschutzkosten schaffen. Inwieweit Umwelt-schutzgüter und -dienste am Markt erfolgreich sind, dürfte sicher auch davon abhängen, ob der Wettbewerb auf der Basis von Preisen oder (Umwelt-) Qualität

---

[36] Bundesumweltministerium, 1998, S. 22
[37] Vgl. Freimann, 1996, S. 238
[38] Endres/Fines, 1996, S. 89
[39] Vgl. von Weizsäcker, 1994, S. 80-82

geführt wird, und welcher Nutzen aus der Vermarktung umweltfreundlicher Produkte gezogen werden kann.

Wettbewerbsrelevante Effekte von Umweltleistungen ergeben sich auch aus Stärken und Schwächen im Hinblick auf nicht-umweltbezogene Faktoren wie Arbeit, Kapital und Technologie. Je nach Situation des jeweiligen Unternehmens, können Umweltschutzkosten verstärkend, eher neutral oder abschwächend wirken. Technologisch fortgeschrittene Unternehmen können z.B. durch Innovation Nutzen aus der Einhaltung von Umweltauflagen ziehen.

Aus der Art und des Ausmaßes des internationalen Wettbewerbs, ergeben sich weitere Wettbewerbseffekte. Unternehmen, die überwiegend lokale oder regionale Märkte bedienen, dürften z.B. durch strengere oder laxe Umweltschutzvorschriften in ihrer Wettbewerbsfähigkeit weniger beeinflusst werden.[40]

Es kann jedoch festgehalten werden, dass die Teile der Industrie, die mit besonders starkem Einfluss auf die Umwelt produzieren, unter stärkerem Anpassungsdruck stehen. Dies gilt auch für kleinere und mittlere Betriebe. Ihre Situation ist von der allgemeinen Standortqualität zu unterscheiden. Für kleinere und mittlere Betriebe dürfte es z.B. vergleichsweise schwierig sein, finanzielle und technische Ressourcen für Investitionen zur Verbesserung der Umweltqualität zu mobilisieren, um sich so auf eine „ökologische" Orientierung umzustellen.

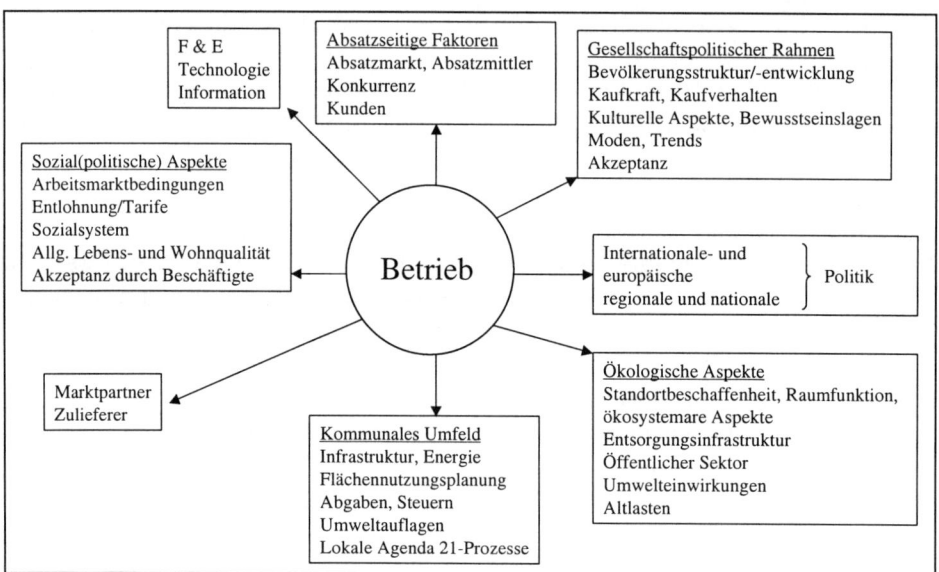

Abbildung 9: Relevante Faktoren für die Standortentscheidung

---

[40] Vgl. OECD, 1998[3], S. 23

Anzumerken ist noch, dass die Standortdebatte vornehmlich aus dem Blickwinkel der Kostenbelastungen der Betriebe geführt wird. Gesamtgesellschaftliche Betrachtungen sind in der öffentlichen Diskussion seltener anzutreffen. Fließen z.B. die geschätzten wirtschaftsbedingten Umweltbelastungen mit ein, für die in der Regel die Allgemeinheit letztlich aufzukommen hat. Was für den einzelnen Betrieb unter Umständen vorteilhaft sein mag (niedrige Umweltschutzkosten), kann sich für die Gesellschaft schnell als teuer herausstellen.

Konservativen Schätzungen zufolge, können die jährlichen Kosten der Umweltbelastungen auf rd. 55 Mrd. EURO veranschlagt werden. Dies entspricht etwa 6 % des BSP. Nicht erfasst, weil nicht in Geldgrößen übersetzbar, wurden bei diesen Berechnungen Beeinträchtigungen der Gesundheit (Lärm, Rauch, Stoffeinwirkungen), der Verlust an Arten und Biotopen, der Verlust an Lebensqualität und Landschaftsästhetik usw.[41]

Umweltabgaben bzw. Umweltauflagen begründen sich aus der Tatsache, dass Umwelt ein knappes Gut ist. Wenn diese Knappheit in anderen Ländern nicht in politische Handlungen (z.B. Umweltschutzregelungen) umgesetzt werden, kann dies nicht für Deutschland bedeuten, Umwelt als freies Gut, das beliebig genutzt werden kann, anzusehen. Eine Dominanz des „ökonomischen Optimums", der Verzicht auf Umweltschutz und in deren Folge eine Verringerung der Kostenbelastung der Unternehmen, hebt nicht die Knappheit und den Zwang zum sparsamen Umgang mit den natürlichen Lebensgrundlagen auf. Insofern also Wirtschaftspolitik es versäumt, die Erhaltung der Umweltqualität eines Landes zu gewährleisten, betreibt sie Verschwendung knapper Ressourcen. Sie setzt sich nicht nur dem Vorwurf aus, gesamtwirtschaftliche Effizienzverluste zuzulassen.[42] Zugleich gefährdet sie den Erhalt der vitalen Basis des Menschen.

Um es noch einmal zu sagen: Es soll nicht verkannt werden, dass Kostenbelastungen durch Umweltschutzmaßnahmen vor allem in den Wirtschaftsbereichen eine wichtige Rolle spielen, die sich gegenwärtig verstärkten Preiskämpfen auf dem Weltmarkt ausgesetzt sehen. Gleichwohl bleibt der Erhalt der natürlichen Lebensgrundlagen eine unverzichtbare Notwendigkeit. Für die Betriebe mag jedoch die Nutzung von Kostensenkungspotentialen (z.B. durch eine Verringerung der Energie- und Materialintensität) und soweit möglich, die Erschließung neuer Märkte für umweltverträgliche Produkte, entlastend wirken.

Der nachsorgende Umweltschutz, in dessen Folge hohe „Defensivausgaben"[43] entstehen, muss, insofern die entsprechende Technologie zu erschwinglichen Preisen zur Verfügung steht, durch vorsorgenden Umweltschutz abgelöst werden. Diese „Modernisierung" des Umweltschutzes verfolgt das Ziel, Umweltbe-

---

[41] Vgl. Wicke, 1993, S. 63
[42] Vgl. Hoffmann, 1996, S. 59-62
[43] Vgl. dazu van Dieren, 1995, S. 289

lastungen schon zu Beginn der Unternehmenstätigkeit und damit umweltbedingte Kosten zu vermeiden.

4.2   Arbeit und Umwelt - Beschäftigungseffekte des Umweltschutzes

1993 brach in den USA ein Streit zwischen Holzindustrie und Umweltschützer aus über die Nutzung von Waldbeständen, in denen eine seltene Eulenart behei-matet ist. Die Umweltschützer forderten einen Totalschutz des Eulenbiotops, das auf eine Größe von 1 Mio. Hektar geschätzt wurde (=1/2 so groß wie Hessen). Die Holzindustrie befürchtete bei einem vollständigen Nutzungsverbot der Wälder den Verlust von 150.000 Arbeitsplätzen. Anwohner und Gemeinden unterstützten die Holzindustrie. Für sie stellte die Holzwirtschaft den Lebensnerv der ansonsten strukturschwachen Region dar.

Das o.g. Beispiel scheint die weitverbreitete Auffassung zu bestätigen, dass Umweltschutz Arbeitsplätze kostet.

Auch in Deutschland wird, vornehmlich aus dem Bereich der Industrie, auf mög-liche negative Auswirkungen der Umweltschutzpolitik auf den Industriestandort Deutschland hingewiesen. Als massive Probleme werden dabei die zusätzlichen Kostenbelastungen der Industrie, die Dichte der Umweltschutzregelungen, die schnelle Folge der Umweltauflagenänderung und die Überbürokratisierung be-nannt. In der Konsequenz müsse mit weiteren Abwanderungen in Ausland bzw. mit einer Verstärkung der Investitionstätigkeit deutscher Unternehmen im Aus-land, gerechnet werden. Dies würde zu einer Verschärfung des Problems der Arbeitslosigkeit führen. Insofern die Politik auf die Entstehung neuer Arbeits-plätze durch Umweltschutz hinweise, so z.B. der BDI, würde gerne vergessen, dass diese positiven Beschäftigungseffekte für die Unternehmen zunächst eine Kostenposition darstellen.[44]

Andere Stimmen verweisen dagegen auf positive Beschäftigungseffekte des Umwelt-schutzes. So sichere Umweltschutz langfristig Arbeitsplätze. Da wären zum einen Beschäftigte, die *unmittelbar* mit Umweltschutzaufgaben befasst sind (etwa 53 % der insgesamt mit Umweltschutz Beschäftigten). Das sind z.B. Betriebsbeauf-tragte für Umweltschutz, Beschäftigte in der Entsorgungswirtschaft, Kunden-berater bei Unternehmen und Kommunen, mit Sanierungsarbeiten Beschäftigte usw. Der andere Wirtschaftssektor betrifft die *Herstellung* und *Verteilung* von Umweltschutzgütern durch Industrie- und Dienstleistungsunternehmen. Dazu gehört z.B. der Bau von Abgasreinigungs- oder Kläranlagen, die Herstellung von Wärmedämm-Material, der Verkauf ökologisch verträglicher Produkte u.a.[45]

---

[44]   Vgl. BDI, 1995, S. 30
[45]   Vgl. Die Bundesregierung, 1996, S. 6-9

4.2.1 Umweltschutz als beschäftigungspolitischer Problemlöser ?

Richtig ist, dass von der Nachfrage nach Umweltschutzgütern positive Beschäftigungseffekte ausgehen. Dies ist vor allem dann der Fall, wenn Umweltschutzmaßnahmen sich sowohl ökonomisch als auch ökologisch lohnen: Eingesparte Mittel können dann anderweitig investiert und damit neue Arbeitsplätze geschaffen werden.

Nach einer Untersuchung des Deutschen Instituts für Wirtschaftsforschung waren 1990 insgesamt 680.000 Menschen über den Umweltschutz beschäftigt. Auf der Basis von Bedarfsschätzungen und Szenarioanalysen geht das Institut davon aus, dass im Jahr 2000 in Westdeutschland rd. 790.000 Personen und in Ostdeutschland rd. 340.000 für den Umweltschutz tätig sein werden.[46]

Das Büro für Technikfolgen-Abschätzung sieht tendenziell eine starke Verlagerung auf die integrierte Umweltschutztechnik mit Beschäftigungseinbußen im nachsorgenden Umweltschutzsektor (z.B. Entsorgungsbereich) durch den Rückgang des Abfallaufkommens. Auch bei den Anbietern von additiver Umwelttechnik werden durch die verstärkte Hinwendung zu integrierten Lösungen Beschäftigungseinbußen erwartet.

Beschäftigungseinbußen durch Einsparung von Material und Energie durch Umwelttechnik können sich auch in der Energiegewinnungs- und -verarbeitungsindustrie sowie in der Rohstoffgewinnungs- und -verarbeitungswirtschaft ergeben. Die Anbieter ernergie- und rohstoffschonender Techniken werden dagegen einen Zuwachs an Personal aufweisen.[47]

Als wichtigster Faktor für die Nachfrageentwicklung auf dem Umweltschutzmarkt benennen befragte Unternehmen die neue Umweltgesetzgebung sowie den Vollzug bestehender Umweltschutzauflagen. Existierende und künftige Umweltschutzgesetze stellen demnach die wichtigsten Nachfrageimpulse für den Umweltschutzmarkt dar.[48]

Abschließende Aussagen über die Beschäftigungseffekte des Umweltschutzes lassen sich derzeit noch nicht treffen. So sind z.B. Arbeitsplätze, die direkt mit Umweltschutz zu tun haben, nur sehr schwer abgrenzen. Techniker, die Wärmetauscher einbauen sind z.B. zugleich mit Montagearbeiten in anderen Bereichen tätig. Auch ist nicht abschätzbar, inwieweit steigende Aufwendungen für den Umweltschutz Investitionen an anderer Stelle vermindern. WICKE (1993) verweist auf ca. 80.000 Arbeitsplätze, die aufgrund von erhöhten Umweltschutzkosten und Investitionsstaus (= Be- und Verhinderungen von geplanten Investi-

---

[46] Vgl. Studie des Deutschen Instituts für Wirtschaftsforschung, 1996.
[47] Vgl. BDI, 1996., S. 19
[48] A.a.O., S. 12

tionen aus Umweltschutzgründen) jährlich verloren gingen.[49] Saldiert man die Schaffung zusätzlicher Arbeitsplätze mit den Verlusten durch Umweltschutzmaßnahmen, scheint es so zu sein, dass sich dies die Waage hält. Damit ist zumindest das generelle Argument, dass Umweltschutz Arbeitsplätze vernichte, nach den gegenwärtigen Erkenntnissen nicht stichhaltig.[50]

Es sollte jedoch klar sein, dass Arbeitsplätze, die durch „teuren Umweltschutz" geschaffen werden, außerordentlich problematisch sind, nicht nur wenn es um ihren Bestand aus dem Blickwinkel der Wirtschaftlichkeit geht. Hierzu gehören auch Arbeitsplätze, die aufgrund von Versäumnissen der Vergangenheit. Sicher, diese Maßnahmen dürften unumgänglich sein. Auch mögen sich aus Sicht der in solchen Projekten Beschäftigten ihre künftigen Arbeitsmarktchancen in gewissem Sinne verbessern. Jedoch haben solche kapitalintensiven Arbeitsbeschaffungsmaßnahmen im Umweltbereich bisher kaum einen wesentlichen Beitrag zur Reduzierung der Gesamtarbeitslosigkeit geleistet. Zur Reduzierung der strukturbedingten Arbeitslosigkeit dürfte die Schaffung von befristeten Arbeitsplätzen im Umweltschutzsektor jedenfalls kaum beitragen.[51]

Tabelle 3:   Beschäftigte im Umweltschutz

Bundesrepublik Deutschland	**1990**	**2000**
Alte Bundesländer:	*546.000*	*786.000*
- Unmittelbar Beschäftigte	206.000	290.000
- Beschäftigte durch die Erstellung von Umweltschutzgütern	341.000	458.000
- Beschäftigte durch die ökologische Sanierung Ostdeutschlands		38.000
Neue Bundesländer:	*134.000*	*336.00*
- Unmittelbar Beschäftigte	28.500	66.000
- Beschäftigte durch die Erstellung von Umweltschutzgütern	45.000	270.000
- Umwelt-ABM	60.000	
Umweltbeschäftigte insgesamt	*680.000*	*1.122.000*

---

[49]   Vgl. Wicke, 1993, S. 490
[50]   Vgl. Endres/Finis, 1996, S. 87-89
[51]   Vgl. OECD, 1998³, S. 68

Kapitel II: Umweltprobleme - Annäherung an ein komplexes Phänomen

1. Ökologische Aspekte der Umweltproblematik

„Ökologie" leitet sich von dem griechischen Wörtern *oikos*: Wohnung, Haus, Platz um zu leben, Haushalt und *logos*: Lehre ab.

ERNST HAECKEL (1843-1919) definierte Ökologie 1866 erstmals wie folgt: „Unter Ökologie verstehen wir die gesamte Wissenschaft von den Beziehungen des Organismus zur umgebenden Außenwelt, wohin wir im weiteren Sinne alle Existenzbedingungen rechnen können."[1]

Der Begriff „Umwelt" ist in der deutschen Sprache seit Anfang des 19. Jahrhunderts im Sinne von 'umgebendem Land' in Gebrauch. Er wurde zu Anfang des 20. Jahrhunderts durch J.J. von UEXHÜLL im Sinne einer physischen Umwelt eingeführt: Umwelt wurde von ihm auf den wahrgenommenen Teil der Qualitäten und Informationen der Außenwelt durch die Art verstanden. So gesehen verfügt also jede Art über eine eigene Umwelt.
Heutige Umweltdefinitionen sehen Umwelt als den Gesamtkomplex aller direkten und indirekten Beziehungen eines Organismus zur übrigen Welt, sowie eine Wirkung und Gegenwirkung besteht.
Die Umweltpolitik versteht unter Umwelt vor allem die Medien Luft, Wasser und Boden sowie die Pflanzen- und Tierwelt.[2]

Seit den 50er Jahren hat in der Ökologie das *Ökosystem*konzept weite Verbreitung gefunden. Dieses geht davon aus, dass es auf unserem Planeten abgrenzbare funktionale Einheiten gibt, die als Wirkungsgefüge aus verschiedenen Organismenarten (biotische Elemente) und unbelebten Bestandteilen (abiotische Elemente) aufzufassen sind. Die Organismen stehen untereinander und mit den unbelebten Bedingungen des Lebensraumes in so enger Beziehung, dass ein übergeordnetes Ganzes entsteht, eben das Ökosystem. Die verschiedenen Ökosysteme der Erde können miteinander in Kontakt treten und ein globales Ökosystem bilden.

Ökologische Aspekte der Umweltproblematik und damit die *direkten* Ursachen von Umweltproblemen, lassen sich vor allem in Orientierung an das Ökosystemkonzept darstellen. Fragen des Energieflusses und der Stoffkreisläufe, System-

---

[1] Haeckel in Brick, 1993, S. 1
[2] Vgl. Streit, 1994, S. 14-15

stabilität und Tragfähigkeitsgrenzen sowie Interaktionen zwischen Lebensgemeinschaften und mit unbelebter Umwelt sind hier von Bedeutung.

1.1   Einige wichtige Fachbegriffe

Im Folgenden werden einige wichtige Fachbegriffe erläutert, die im Zusammenhang mit der Darstellung der Umweltproblematik häufig Verwendung finden und zu einem allgemeinen Verständnis ihrer ökologischen Dimension benötigt werden.

1. Umweltfaktoren
Ein Umweltfaktor ist eine auf den Organismus wirkende Umweltkraft. Die Summe aller Umweltfaktoren, die direkt oder indirekt auf den Organismus einwirken, ist im ökologischen Sinne die Umwelt. Die Summe der Umweltfaktoren in einem bestimmten Lebensraum, bestimmen die Daseinsbedingungen für Pflanzen, Tiere und Menschen.

Umweltfaktoren eines Lebensraums wirken nie für sich allein, sondern stets zusammen mit anderen Faktoren. So lässt sich zum Beispiel die Verbreitung vieler Pflanzenarten unmittelbar mit Klimabedingungen in Beziehung setzen; und natürlich kommen Pflanzen nur auf ihnen zusagenden Böden vor. Hier wirken also zwei verschiedene Faktoren unabhängig voneinander.
Umweltfaktoren können sich jedoch auch gegenseitig beeinflussen und auf diese Weise die Lebensbedingungen eines Organismus gestalten. Dies gilt zum Beispiel für die Temperatur und den Sauerstoffgehalt des Wassers: In kaltem Wasser löst sich Sauerstoff besser als in warmen. Den Fischen steht somit mehr Sauerstoff zur Verfügung. Diese Tatsache ist insofern von Bedeutung, da mit erhöhter Wassertemperatur der Stoffwechsel der Fische (sie sind wechselwarm) steigt. Ihr Sauerstoffbedarf steigt also, während die Menge des zur Verfügung stehenden Sauerstoffs sinkt.[3]

Umweltfaktoren können wie folgt zusammengefasst werden:
a)   Natürliche Umweltfaktoren,
       d.h. ohne Zutun des Menschen vorhandene Umweltfaktoren.
b)   Anthropogene Umweltfaktoren,
       die es ohne Zutun des Menschen nicht gäbe (z.B. synthetisch hergestellte Stoffe) bzw. die zwar auch natürlicherweise vorkommen, vom Menschen jedoch in ihrer Konzentration wesentlich verändert werden, so dass z.B.

---

[3]   Vgl. Remmert, 1992, S. 101-105

Umweltschäden auftreten (z.B. Schwefeldioxid, Kohlendioxid, Phosphor aus Waschmitteln usw.).

Die *natürlichen Umweltfaktoren* werden in zwei Gruppen eingeteilt:

a) Unbelebte (=abiotische) Umweltfaktoren

Dazu gehören:

- Klimatische Umweltfaktoren wie Wärme, Licht, Temperatur, Niederschläge.
- Chemische Umweltfaktoren wie z.B. Sauerstoff, Kohlendioxid, Wasser und Nährstoffe.

Sauerstoff wird von der Mehrzahl der Organismen zur Atmung benötigt (Ausnahme: Anaerobier, die bei Abwesenheit von Sauerstoff leben).

Kohlendioxid ist unverzichtbar für den Aufbau von organischer Substanz in den Pflanzen durch die Photosynthese (Einbindung von Kohlenstoff; ca. 58 % der organischen Substanz besteht aus Kohlenstoff.)

Wasser benötigt jeder Organismus, wenn auch in unterschiedlicher Menge.

Nährstoffe (Nährsalze) sind alle Elemente oder deren Verbindungen, die von den Pflanzen zur Ernährung benötigt werden.

- Mechanische Umweltfaktoren

Feuer ist z.B. in vielen Lebensräumen ein wesentlicher Faktor (z.B. Waldregeneration in borealen Wäldern). In Gewässern spielt z.B. die Strömung oder der Wellenschlag als Umweltfaktor eine bedeutende Rolle (Auswirkungen auf den Sauerstoffgehalt, Möglichkeiten der Eiablage für Fische usw.)

- Orographische Umweltfaktoren

Die Höhenlage eines Gebietes, die Oberflächenstruktur, die Hangneigung und seine Lage zur Himmelsrichtung sind typische Beispiele für diesen Faktorentyp.

- Edaphische Umweltfaktoren

Physikalische und chemische Eigenschaften des Bodens.[4]

b) Als biotische Umweltfaktoren können alle Wirkungen, die Mikroorganismen, Pflanzen, Tiere und Menschen aufeinander ausüben, bezeichnet werden.

Hierzu gehören z.B. die Konkurrenz um Nahrung mit den Artgenossen oder mit anderen Arten, Parasitismus, Räuber-Beute-Verhältnisse usw.[5]

---

[4] Vgl. Bick, 1993, S.
[5] A.a.O., S. 8-10

2. Biozönose
Lebensgemeinschaft der in einem Biotop regelmäßig vorkommenden Arten von
Pflanzen, Tieren und Mikroorganismen. Diese stehen alle untereinander und mit
den Angehörigen anderer Arten in Wechselbeziehung.
Die Zusammensetzung der Biozönosen nach Arten- und Individuenzahlen hängt
von verschiedenen ökologischen Faktoren ab.

3. Biotop
ist der Lebensraum der Biozönose. Das Gebiet, das durch eine spezielle Kombination von abiotischen Umweltfaktoren (z.B. Klima, chemische Umweltfaktoren
usw.) geprägt ist und sich dadurch von benachbarten Lebensräumen abhebt.

4. Habitat
bezeichnet den Ort, die „Adresse", wo eine Organismenart zuhause ist, wo sie
lebt.
Habitat ist ein Bereich eines Biotops. Der Begriff Habitat bezieht sich stets auf
eine Art, während der Begriff Biotop mit einer Artengemeinschaft verbunden ist.

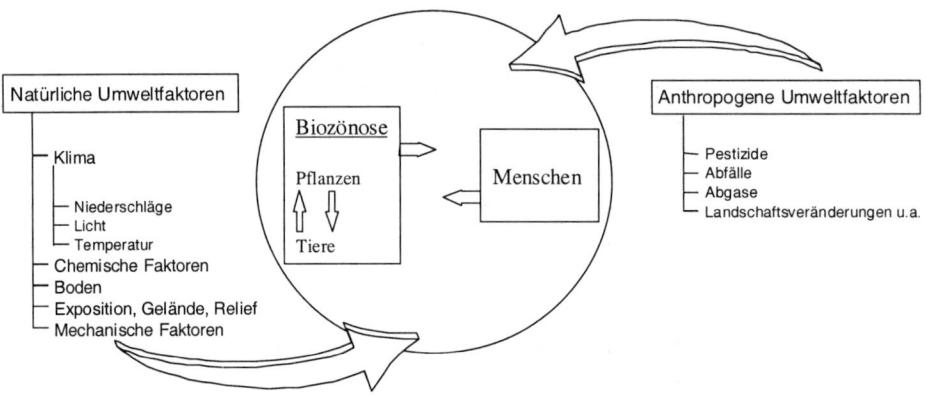

Abbildung 10:   Ökosystem als vereinfachtes Wirkungsgefüge

1.2 Theorie und Entwicklung von Ökosystemen - eine Einführung

Ein Ökosystem ist, wie bereits gesagt, eine funktionelle Einheit der Biosphäre
(Gesamtlebensraum), d.h. ein Wirkungsgefüge aus Organismen und unbelebten
natürlichen wie anthropogenen Umweltfaktoren, die untereinander und mit ihrer
Umgebung in energetischen, stofflichen und informatorischen Wechselwirkungen
stehen.

Schlagwortartig kann formuliert werden: Ein Ökosystem ist eine funktionelle Einheit aus Biotop und Biozönose. Die verschiedenen Organismenarten, aus denen die Biozönose aufgebaut ist, sind aufeinander und auf die unbelebten Umweltfaktoren so eingespielt, dass eine übergeordnete Ganzheit entsteht.

Ökosysteme sind *offene Systeme*, d.h. sie stehen untereinander und mit der Atmosphäre durch Energie- und Stoffaustausch in Verbindung. Sie beziehen Strahlungsenergie von der Sonne und zeigen infolge von Materialtransport (vor allem durch Wasserströmung) und Organismenwanderungen Import und Export energiehaltiger, organischer Substanz.[6] Dies macht Ökosysteme zu *Durchflusssystemen*.

Jedes Ökosystem hat einen typischen Energie- und Stofffluss, der sich in der Nahrungskette widerspiegelt:
a) Die Produzenten bauen mit Hilfe der Sonnenenergie lebende und tote organische Substanz auf.
b) Die Konsumenten verbrauchen organische Substanz und bauen diese um.
c) Die Destruenten zersetzen organische Substanz und führen sie zurück in anorganische Form, womit sie wieder für die Produzenten verfügbar gemacht werden.

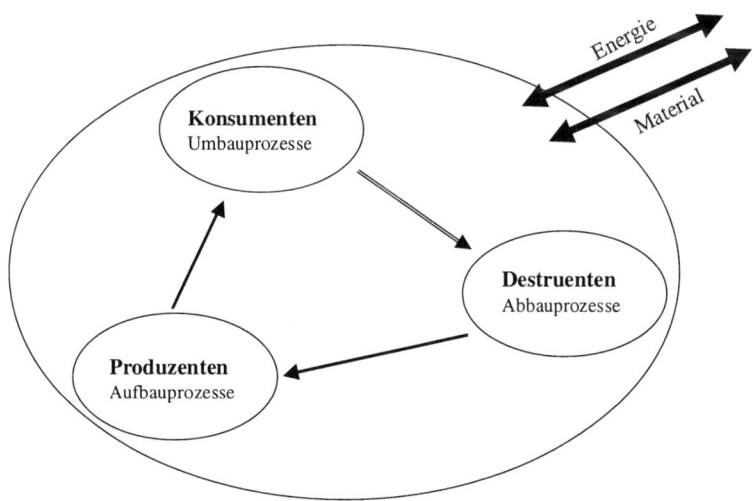

Abbildung 11: Stoff- und Energieströme im Ökosystem

---

6 Vgl. Brick, 1993, S. 22-23

Innerhalb eines Ökosystems können also Auf-, Umbau- und Abbauprozesse unterscheiden. Durch diese systeminternen Prozesse erhält und entwickelt sich das System. Die abgeführte Energie ist gemäß dem Entropiegesetz degradiert und für Lebensvorgänge nicht mehr nutzbar. Die zur Aufrechterhaltung des Systems notwendige qualitativ hochwertige Energie wird von der Sonne geliefert.[7]

Ökosysteme sind keine starren, unveränderlichen Einheiten. Sie zeigen mehr oder weniger starke Veränderungen über bestimmte Zeiträume.
Neben periodischen Veränderungen (z.B. Laubabfall im Herbst) gibt es Veränderungen, die von in unregelmäßigen Zeitabständen auftretenden Ereignissen (z.B. Waldbrand) ausgelöst werden. Überlässt man z.B. eine Waldfläche nach einem Brand sich selbst, dann treten Prozesse der *natürlichen Sukzession* auf, d.h. es lässt sich ein Besiedlungsprozess, eine zeitliche Aufeinanderfolge verschiedener Organismengemeinschaften an der gleichen Stelle beobachten.

Ebenso lassen sich sogenannte *Alterungs-* und *Verjüngungsprozesse* beobachten. So weisen z.B. Urwälder auf Teilbereichen unterschiedliche Altersstadien auf:
1. Eine Jugendphase mit hohem Anteil niedrigwüchsiger Kräuter, Sträucher und Sämlingen von Bäumen.
2. Die Hochwaldphase mit vergleichsweise geringem Bodenbewuchs.
3. Eine Altersphase, die in die Zerfallsphase übergeht, d.h. Bäume sterben ab, stürzen um und schlagen dadurch Schneisen, die am Boden hohe Lichtintensität haben und zum Ausgangspunkt der Verjüngungsphase werden.

Wie das Beispiel der Entwicklung von Waldökosystemen verdeutlicht, finden systemare Entwicklungsprozesse nicht auf einmal und auf ganzer Fläche, sondern zu unterschiedlichen Zeitpunkten in wechselnden Teilbereichen statt. Man spricht vom *Mosaik-Zyklus-Konzept* der Ökosysteme.[8]

Ökosysteme weisen eine *fortlaufende Entwicklung* auf, weshalb sie auch nicht den Zustand eines absoluten Gleichgewichts einnehmen, obwohl sie von außen betrachtet eine gewisse Konstanz aufweisen. Diese Konstanz im Auge des Betrachters ist auch eine Folge der Lebensdauer des Menschen. Entwicklungen der Ökosysteme erstrecken sich nämlich über lange Zeiträume, wobei Phasen stärkerer oder schwächerer Dynamik auftreten.

Komplexe Systeme wie Ökosysteme weisen *dynamische Entwicklungsverläufe* auf. Diese sind ein Ergebnis von Wechselbeziehungen zwischen den Systemkomponenten. Wegen ihrer Dynamik ist die Entwicklung von Ökosystemen prinzipiell nicht vorhersehbar. Obwohl sie selbst naturgesetzlich determiniert

---

[7]   Vgl. Haber, 1997, S. 1
[8]   Vgl. Remmert, 1992, S. 220

scheinen, sind Ökosysteme wegen der Vielzahl an Wechselbeziehungen extrem abhängig von den jeweiligen Ausgangsbedingungen. Selbst kleinste Veränderungen der Ausgangsbedingungen können sich innerhalb kürzester Zeit aufgrund von Rückkopplungen zu größten Veränderungen „hochschaukeln". Diese Tatsache macht es auch so schwierig, in sogenannten Umweltverträglichkeitsprüfungen mögliche Umweltauswirkungen z.B. von Straßenbauprojekten oder Industrieanlagen zu bestimmen.

Obwohl in fortlaufender Entwicklung begriffen, sind Ökosysteme durch gleichgewichtsähnliche Zustände charakterisiert. Auf diese Zeitspanne könnte dann der heute vielfach verwendete Begriff *ökologisches Gleichgewicht* angewendet werden.
Ständige Auf-, Umbau- und Abbauprozesse im System und der ständige stoffliche- und energetische Austausch mit anderen Ökosystemen, führen jedoch eher zu einem *Fließgleichgewicht*.
Ebenso gibt es ein *biozönotisches Gleichgewicht*, d.h. ein bewegliches Gleichgewicht, bei dem trotz der von Jahr zu Jahr erheblichen Schwankungen im Bestand einzelner Organismen die Biozönose in ihrem Gefüge erhalten bleibt.

Tabelle 4: Formen ökologischen Gleichgewichts, Gigon, 1983

Organisationsstufe	Bezeichnung des Gleichgewichts		
Ökosphäre	Globales ökologisches Gleichgewicht		Ökologisches Gleichgewicht
Ökosystem	Ökosystemgleichgewicht		
Biozönose	Biozönotisches Gleichgewicht	Biologisches Gleichgewicht i.w.S.	
Art und seine Umwelt	Biologisches Gleichgewicht i.e.S.		

Grundlage der verschiedenen gleichgewichtsähnlichen Zustände in Ökosystemen ist dessen Fähigkeit zur *Regulation*. Unter Regulation werden Vorgänge zusammengefaßt (z.B. Prozesse der „Selbstreinigung", Sukzession, Alters- und Verjüngungsprozesse usw.), die nach einer Störung auf die Wiederherstellung eines dem Ausgangszustand ähnlichen Zustand abzielen.

2. Umweltprobleme als Folge von Grenzüberschreitungen

Ökosysteme können wie gesagt als *Durchflusssysteme* bezeichnet werden. Sie zeigen „Ausfuhren" und „Einfuhren" von Energie und Stoffen, die durch vielfältige, systemtypische Umsetzungsprozesse verkoppelt sind.

Auch der Menschen steht mit Ökosystemen in einem Austauschprozess:
Menschen müssen essen und brauchen Rohstoffe, Wasser, Luft und Energie, um zu existieren. *Quelle* menschlicher Existenz ist dabei das globale Ökosystem mit seinen vielfältigen Subsystemen bzw. seinen Ressourcen.
Gemäß des ersten Hauptsatzes der Thermodynamik, dem Massen- und Energieerhaltungssatz, kann Material auf der Erde weder neu erschaffen werden, noch verloren gehen. Jede Stoffentnahme aus der Natur ist deshalb an anderer Stelle und zu einem anderen Zeitpunkt mit einem Stoffeintrag verbunden. Insofern ist das Ökosystem auch zugleich *Senke*, da es ja die u.a. vom Menschen erzeugten Abfälle aufnimmt.

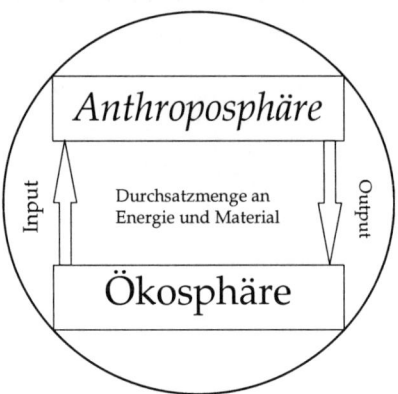

Abbildung 12: Wechselbeziehung zwischen Mensch und Ökosystem

Menschliche Existenz bedeutet in diesem Zusammenhang also einen ständigen Strom von Materialien und Energie von den Quellen als *Durchsatz* (Nahrungsmittel, Rohstoffe, Energie, Wasser usw.) durch das Wirtschafts- und Sozialsystem zu den Senken.

Es gibt allerdings *Grenzen* für die Materialmengen, die man den Quellen entnehmen kann. Auch die Kapazität der Senken ist begrenzt. Der Durchsatz wird also letztenendes von der Leistungsfähigkeit der Quellen und der Senken bestimmt und zwar von beiden gleichermaßen. Selbst wenn es gelänge, bei Knappheit eine Ressource durch eine andere zu substituieren, wäre damit zwar die

Begrenztheit einer Quelle im gewissen Sinne umgangen, die Kapazitätsgrenze der Senken würde jedoch weiterhin als Regulativ für den Durchsatz wirken.[9]

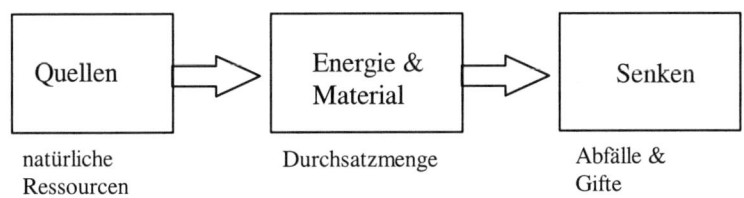

Abbildung 13: Energie- und Materialumsatz

Quellen und Senken stehen zudem in einem wechselseitigen Verhältnis. So kann ein Gebiet der Erde zugleich als Quelle und als Senke wirken: Wald ist z.B. Quelle für den Rohstoff Holz und Senke für Luftschadstoffe und Treibhausgase. Die Quellenfunktion könnte durch Übernutzung oder Zersiedlung gestört werden. Damit ginge die Senkenfunktion des Waldes ebenfalls zurück. Die isolierte Betrachtung der Belastbarkeit des Waldes in seiner Quellfunktion wäre deshalb nicht zielführend.

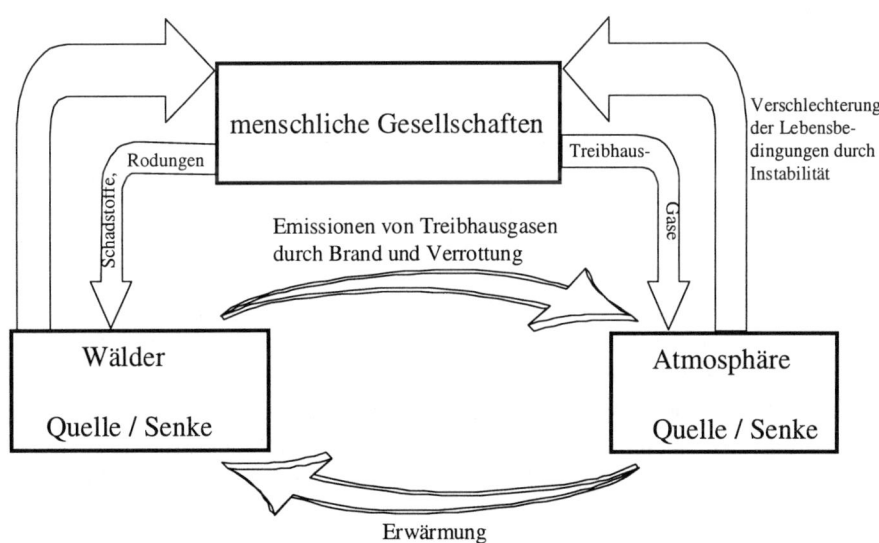

Abbildung 14: Belastungen von Quellen und Senken vernetzter (Sub-) Systeme

---

[9] Vgl. Meadows, 1992, S. 70

Aber auch (sub-) systemübergreifende Beziehungen sind bei der Diskussion um die Leistungsfähigkeit von Quellen und Senken relevant: Wälder z.B. haben aufgrund ihres Vermögens, CO_2 zu binden, einen gewissen Einfluss auf die Belastung der Atmosphäre mit Treibhausgasen. Zerstörte Wälder verlieren also nicht nur ihre Senken- und Quellenfunktion, zugleich wird die Klimaregulation mit der Folge eines Temperaturanstiegs beeinträchtigt. Dieser wirkt wiederum beeinträchtigend auf die verbliebenen Wälder zurück (Rückkopplung).

Sich regenerierende/ sich nicht regenerierende Quellen

Üblicherweise werden Quellen in sich regenerierende und sich nicht regenerierende Quellen unterschieden. Diese Unterscheidung ist allerdings eine Vereinfachung eines komplexen Sachverhalts. So kann z.B. Wasser, eine der wenigen abiotischen Quellen, als sich regenerierend verstanden werden, da es in ungestörten klimabedingten Kreisläufen in ständig regenerierter Form zur Verfügung steht. Wird aber die Neubildung brauchbaren Grundwassers z.B. durch Bodendegradation verhindert, kann Wasser zur nicht regenerierbaren Quelle werden. Die Erneuerbarkeit oder Nichterneuerbarkeit von Quellen ist deshalb nicht eine feststehende Eigenschaft. Sie hängt vielfach von der Nutzungsintensität und der Nutzungsart ab.[10]

Sich *nicht regenerierende Quellen* sind z.B. fossile Brennstoffe, Erzlager, Mineralien usw. Werden sie genutzt, nimmt ihr Bestand kontinuierlich ab, ohne dass sie sich erneuern (zumindest nicht in einem für eine Nutzung relevanten Zeitraum). Gerade im Bereich der fossilen Energieträger (Kohle, Erdöl, Gas) - als derzeit wichtigste Energieträger erbringen sie global rd. 88 % der kommerziell gelieferten Energie - hat es in der Vergangenheit immer wieder Warnungen vor Verknappung und Erschöpfung der Ressourcen gegeben. Berechnungen über noch verfügbare Mengen mussten jedoch stets korrigiert werden. Neue Lagerstätten dieser Brennstoffe wurden gefunden, so dass die Größe bereits bekannter Bestände weiter anwuchs. Wer jedoch die Neuentdeckungen von Lagerstätten als Beweis dafür werten will, dass es keine Begrenzungen für fossile Brennstoffe gibt, irrt. Jede neuentdeckte Lagerstätte ist letztlich Teil des Grundbestandes der überhaupt vorhandenen fossilen Brennstoffe. Wie hoch dieser auch immer sein mag, unendlich ist er keinesfalls, und er regeneriert sich auch nicht. Wenn also heutige Gesellschaften sich nicht regenerierende Quellen nutzen, wird der für zukünftige Generationen zur Verfügung stehende Bestand um das gleiche Maß

---

[10] Vgl. Enquête-Kommission „Vorsorge zum Schutz der Erdatmosphäre" des Deutschen Bundestages, 1994[2], S. 44-46

reduziert. „Gegenwart und Zukunft rivalisieren hier vollständig um die Ressourcen."[11]

Die Abgrenzung zwischen sich regenerierenden und sich nicht regenerierenden Quellen erfolgt, trotz der obigen Relativierung, mittels der sogenannten natürlichen Regenerationsfähigkeit. Die prinzipielle Recyclierbarkeit vieler Mineralien und Metalle genügt dagegen nicht, diese als sich regenerierbare Quellen einzuordnen. Schließlich ist für das Recyclen regelmäßig eine umfangreiche Prozesshilfe notwendig. Sich erneuernde Quellen können sich dagegen ohne menschliches Zutun innerhalb bestimmter Zeiträume in Abhängigkeit vom jeweils aktuellen Regenerationspotential regenerieren oder vermehren. Sie sind aber keineswegs unerschöpflich. Grundsätzlich lässt sich jedoch im Gegensatz zu den sich nicht regenerierenden Quellen eine bestandserhaltende Nutzung verwirklichen.[12]

2.1 Drohende Erschöpfung von Quellen und Senken durch Grenzüberschreitungen

Wie bereits gesagt, verfügen ökologische Systeme über eine gewisse Stabilität gegenüber äußeren Störfaktoren. Im Rahmen der systemeigenen Elastizität können diese über gewisse Zeiträume ertragen werden, ohne den grundsätzlichen Systemcharakter zu verändern. Bedingung ist allerdings, dass die Beanspruchung nicht über eine bestimmte Elastizitätsgrenze hinausgeht.[13]

Belastungen können jedoch nicht nur ertragen, sondern auch durch systemimmanente Ausgleichsmechanismen abgebaut werden. Dabei spielt die sogenannte *biologische Selbstreinigung* bei Regulationsprozessen in einem Ökosystem eine wichtige Rolle (darunter versteht man die Fähigkeit von Boden- und Gewässerorganismen, bestimmte organische Belastungen abzubauen).[14] Eine andere Variante des Störungsausgleichs ist die Fähigkeit von Ökosystemen, sich selbst innerhalb eines bestimmten Zeitraumes zu reproduzieren. Auch die Aufnahme- oder Ablagerungskapazität bestimmter systemeigener Senken spielt eine gewichtige Rolle.

Inwieweit eine Einwirkung überhaupt zu Störungen eines Ökosystems führt, ist vor allem von deren *Ausmaß* und *Dauer* abhängig. Diese beiden Variablen sind auch relevant, wenn es um die Frage geht, ob ein beeinträchtigtes Ökosystem durch Kräfte der Selbstregulation nach einer gewissen Zeit in einen Zustand

---

[11] Enders/Querner, 1993, S. II
[12] A.a.O., S. 100-101
[13] Vgl. Streit, 1995, S. 49-51
[14] Vgl. Bick, 1985, S. 24

zurückkehrt, der der Ausgangssituation ähnelt oder einen neuen Gleichgewichts-
zustand einnimmt.[15]

Da wie gesagt Menschen konsumieren müssen, um zu überleben, bedeutet
menschliche Existenz letztlich stetige Einflussnahme auf das Ökosystem Erde
und seiner Quellen und Senken. Ob diese Einwirkungen zur Störung werden, ist
davon abhängig, ob die Konsumtion innerhalb bestimmter Grenzen verbleibt. Tut
sie dies, wird sie getragen und im Falle sich regenerierender Quellen sogar ausgeglichen, d.h. es entsteht so etwas wie ein Gleichgewicht zwischen Konsumtion
und dem damit einhergehenden Verbrauch von Naturgütern und den verschiedenen Kompensationsmöglichkeiten des Ökosystems. Anders ausgedrückt, damit es
nicht zu Grenzüberschreitungen kommt, muss der Durchsatz an Material und
Energie der Ausgleichsfähigkeit bzw. der Kapazität der Quellen und der Senken
angepasst sein. Grundsätzlich lässt sich davon das zwingende Gebot, menschliche
Aktivitäten innerhalb der *Tragfähigkeitsgrenzen* des Ökosystems Erde zu halten,
ableiten.

2.2   Folgen von Grenzüberschreitungen

Menschen greifen laufend auf die Quellen zurück und nutzen diese über deren
Leistungsfähigkeit hinaus. Über die vielfach ungebremste Abgabe von Emissionen und Abfällen in das Ökosystem wird zugleich die begrenzte Deponiekapazi-
tät der Senken überlastet.
Wenn nur einige wenige Quellen und Senken überlastet und die anderen stabil
blieben, könnte man eine Ressource gegen die andere austauschen, insofern eine
Substitutionsmöglichkeit besteht. Da aber viele Quellen gleichzeitig abnehmen
und zahlreiche Senken Spuren von Überlastung zeigen, ist kein Zweifel am bestehenden Zustand der Grenzüberschreitung mehr zulässig. Dem Ökosystem
werden auf diese Weise Lasten aufgebürdet, die seine Tragfähigkeit überschreiten. Die Folge ist eine Überschreitung der Systemelastizität bzw. der system-
immanenten Fähigkeiten zum Störungsausgleich.[16]

Grenzüberschreitungen müssen nicht zwangsläufig zum Zerfall führen. So sind
z.B. Wälder oder fruchtbare Böden grundsätzlich regenerationsfähig. Sie können
sich erholen, wenn ihre Störung nicht zu lange angedauert hat und ihr Grundbe-
stand nicht allzu sehr geschädigt wurde. Wälder erholen sich wieder, wenn man
ihnen Zeit lässt und die Böden noch tauglich sind, genügend Pflanz- oder Saatgut
zur Verfügung steht und das Klima noch entsprechend ist. Wenn also während

---

[15] Vgl. Enquête-Kommission „Vorsorge zum Schutz der Erdatmosphäre" des Deutschen
      Bundestages, 1994², S. 454-455
[16] Vgl. Goodland, 1992, S. 130

des Zeitraums der Überlastung das System sich noch erhalten konnte und über ausreichende Möglichkeiten der Kompensation verfügt, kann es zu einem „Einschwenken" nach einer Grenzüberschreitung kommen.[17]

Allerdings setzt der Prozess des Einschwenkens eine Periode des Rückgangs voraus: z.B. den Verzicht auf die Nutzung im Bestand bedrohter Fischarten, Holzeinschlagsstopp in gefährdeten Waldgebieten usw.

Manche Form der Grenzüberschreitung dürfte jedoch irreversibel sein. Eine ausgestorbene Art kann nicht wieder zum Leben erweckt werden. Der Verbrauch sich nicht regenerierender Quellen ist ebenfalls nicht rückgängig zu machen. Viele Schadstoffe wie z.B. radioaktive Materialien oder toxische Schwermetalle können nicht so einfach „deaktiviert" werden. Aus diesem Grunde ist Grenzüberschreitung mit Einschwenken nicht die einzige mögliche Verhaltensform des Systems. Vielmehr steht ein auf Dauer geschwächtes Ökosystem in der Gefahr zusammenzubrechen. Rückkopplungen tragen ein übriges dazu bei. Sollten die Fundamente des Systems soweit erodiert sein, dass eine Stabilisierung nicht mehr erfolgen kann, ist der Zusammenbruch[18] unvermeidlich.

Von großer Bedeutung ist auch, mit welcher Geschwindigkeit die Veränderungen stattfinden, denen sich die Ökosysteme anpassen müssen. Sollte die Geschwindigkeit der Veränderung die maximale Anpassungsgeschwindigkeit überschreiten, kann es zum Zusammenbruch kommen, selbst wenn das System unter den Ausgangsbedingungen noch existenzfähig wäre.[19]

Ein Zusammenbruch bedeutet jedoch nicht das Ende der Welt. Vielmehr wird sich ein neuer Regelmechanismus entwickeln, der zu einem neuen, veränderten gleichgewichtsähnlichen Zustand führt. Die Frage ist jedoch, welche Lebensbedingungen sich dann für Menschen ergeben.

2.3   Schwierigkeiten der Diagnose

Es mehren sich die Zeichen dafür, dass die Nutzung der Quellen und Senken so wie sie heute stattfindet nicht länger durchgehalten werden kann, ohne die „vitale Basis" der Menschen zu gefährden. Die Klimaproblematik kann hier als Beispiel genannt werden. Die negativen Auswirkungen dieser Grenzüberschreitung schla-

---

[17] Vgl. Meadows, 1992, S. 155-162

[18] Dazu Meadows, 1992, S. 302: Zusammenbruch im Sinne eines unkontrollierbar verlaufenden Rückgangs der dann eintritt, wenn bestimmte nicht erweiterbare Grenzen überschritten worden sind und durch ein vorhandenes Ausgleichs- und Anpassungspotential nicht mehr ausgeglichen werden können.

[19] Vgl. Enquête-Kommission „Vorsorge zum Schutz der Erdatmosphäre des Deutschen Bundestages, 1994[2], S. 456

gen im Sinne einer problemverstärkenden Rückkopplung auf die Ökosysteme und auf die von ihnen abhängigen Menschen zurück.

Es ist allerdings nicht so einfach, eine sich anbahnende Grenzüberschreitung zu erkennen. Werden z.B. Grenzen überschritten, stößt man nicht gegen eine Mauer. Der Durchsatz an Energie und Material kann sogar noch weiter ansteigen, ehe negative Regelkreise, die mit den überlasteten Quellen und Senken gekoppelt sind, das Durchsatzwachstum „abwürgen". Grenzüberschreitungen stellen vielmehr einen Prozess dar, der oft nur bei genauerer Beobachtung über einen längeren Zeitraum erkannt werden kann. Die im Prozessverlauf sich zeigenden Symptome sind oft noch nicht so eindeutig, dass sie zu Korrekturen unmissverständlich auffordern. Erschwerend kommt noch hinzu, dass die von den Begrenzungen des Systems kündenden Signale möglicherweise erst dann als unwiderlegbar gelten, wenn sich die ersten krisenhaften Folgen zeigen.[20]

Ein weiteres Problem stellt fehlendes Wissen um die möglichen Folgen menschlichen Handelns für die Ökosysteme dar. So müssten hinreichende Informationen
- über die möglichen Einwirkungen auf die Umwelt (z.B.: ab wann überschreitet die Konzentration eines freigesetzten Stoffes für bestimmte Organismen eine tolerable Schwelle ? Betrachtungsebene Ökosystem: Wo liegen eigentlich genau die Kapazitätsgrenzen der Senken und die Grenzen der Leistungsfähigkeit von Quellen an denen sich unser Handeln orientieren kann ?
- für die Beurteilung der Gefährlichkeit bestimmter Wirkungen (Welches Ausmaß an Umweltveränderungen kann toleriert werden, welche Vorgänge werden als Schaden oder Gefahr eingestuft ? Hier spielen auch subjektive Einschätzungen und gesellschaftlich vereinbarte Grenzwerte oder Umweltqualitätsziele als Ergebnisse von Abwägungsprozessen eine Rolle),
- über das Ursachen-Wirkungsgefüge von der Aktivität bis zur möglichen Grenzüberziehung (Komplexe Wechselwirkungen der Ökosysteme verhindern sehr oft die Zuordnung von Akteur bzw. Aktivität und Auswirkung. Veränderungen an einer Stelle können sich an ganz anderer Stelle zu einem anderen Zeitpunkt auswirken, d.h. Ursachen-Wirkungsgefüge sind vielfach unbekannt.)
- über Belastungspotentiale bestimmter Aktivitäten und Prozesse (z.B. Energie- oder Materialverbrauch)
verfügbar sein, was vielfach nicht der Fall ist.

Es kann also ein Mangel an Wissen über die Zusammenhänge zwischen menschlichen Aktivitäten und seinen umweltbezogenen Folgen festgestellt werden. Die Bewertungskriterien für menschliches Handeln (umweltverträglich oder nicht umweltverträglich) lassen sich vielfach erst aus den später zu beobachtenden

---

[20] A.a.O. S. 130

Auswirkungen des Tuns ermitteln und dann unterliegen sie auch noch gesellschaftlicher Interpretation. Auch ist es nicht möglich, die Wirkungen einer Handlung (z.B. Freisetzung eines Stoffes) auf ein gesamtes Ökosystem mit seinen komplexen Wechselbeziehungen sicher zu quantifizieren und zu prognostizieren. Nur für einzelne spezifische Wirkungen gibt es einigermaßen gesicherte Erkenntnisse.[21]

Der Versuch, umweltverträglich zu handeln, die Tragfähigkeitsgrenzen der Ökosysteme mit ihren Quellen und Senken zu respektieren, steht deshalb vielfach unter der Bedingung unvollständiger Informationen.

Ein weiteres Problem liegt in der asymmetrischen Informationsverteilung. Die Akteure verfügen jeweils über unterschiedliches Wissen bzw. über unterschiedliche Kompetenzen, dieses auszuwerten und auf eine konkrete Handlungs- oder Entscheidungssituation zu beziehen.

Ursachen der asymmetrischen Informationsverteilung sind z.B. sprachliche und räumliche Barrieren, eingeschränkte Zugänge zu Informationen, unterschiedliche Bildungsstände, auch aufgrund unterschiedlicher Zugangsmöglichkeiten zu Bildung, aber auch eine Flut von Informationen, die es dem Empfänger schwer macht zwischen verwertbarer und redundanter Information zu unterscheiden.

Versuche verschiedener Interessensgruppen, Ausmaß, Ursachen und Folgen einer bestimmten Grenzüberziehung abzuschwächen führen auch zu asymmetrischen Informationsverteilungen. Dies geschieht z.B. durch das Vorenthalten von Informationen, durch den Hinweis auf die vielfach noch ausstehende wissenschaftliche Beweisführung, gezielte Desinformation, durch Umbenennungen (z.B. Waldschadens- in Waldzustandsbericht, demnächst vielleicht Waldgesundheitsbericht) oder durch Umdeutung bestehender Krisen in Herausforderungen.

---

[21] Vgl. Bringezu, 1996, S. 5-12

Kapitel III: Der sozial-gesellschaftliche Hintergrund

Wer über den Zustand unserer Umwelt nachdenkt, wer versucht, Gründe für die Umweltprobleme (Grenzüberschreitungen) zu benennen, muss immer auch gesell schaftspolitischen Fragestellungen nachgehen. So macht lässt z.B. die Klima- problematik deutlich werden, dass Umweltbeeinträchtigungen mit bestimmten Interessenslagen in Politik, Wirtschaft und Gesellschaft in Verbindung gebracht werden können. Ökologische Aspekte und sozial-gesellschaftliche Hintergründe stellen demnach zwei Seiten ein und derselben Medaille dar.

Konsequenter Weise darf ein umfassende Analyse von Umweltproblemen, die ohne Zweifel eine zentrale Voraussetzung für deren Bewältigung darstellt, keinesfalls auf klassische ökologische Zusammenhänge und Fragestellungen be- schränkt bleiben. Vielmehr müssen alle gesellschaftlichen Handlungsfelder in ihren „Beiträgen" zur ökologischen Krise einbezogen werden.

1.   Umweltprobleme als gesamtgesellschaftlicher Problemkomplex

Der Blick hinter die Fassade des äußerlich sichtbaren Phänomens „Umweltpro- blem" verweist auf dessen gesellschaftliche Wurzeln. Der Problemkomplex Armut - Bevölkerungsentwicklung – Umweltprobleme, der im Folgenden kurz erörtert wird, stellt dafür nur ein Beispiel unter vielen dar.

Vor allem in den Ländern der sogenannten Dritten Welt ist Armut eine der Hauptursachen für Umweltzerstörung. Arme Menschen zerstören ihre natürlichen Lebensgrundlagen nicht, weil sie unwissend sind oder sich eine komfortable Lebensweise sichern wollen, sondern um zu überleben. Sie müssen ihre nähr- stoffarmen und flachgründigen Böden in unangemessener Weise bewirtschaften, empfindliches Grünland überweiden und Wälder zur Brennstoffversorgung und zur Gewinnung landwirtschaftlich nutzbarer Flächen roden, um die Bevölkerung halbwegs zu ernähren.
Da es kaum eine Aussicht auf allmähliche Verbesserung der Lebensbedingungen gibt, bleibt nur die Hoffnung, mittels einer möglichst großen Familie, in der viele Kinder zum Einkommen beitragen sollen, zumindest das Existenzminimum zu sichern. Das anhaltende Bevölkerungswachstum zieht einen ständig steigenden Bedarf an Schulen, Krankenhäusern, Rohstoffen, Nahrungsmitteln, Energie und anderen Grundbedürfnissen nach sich, der die oftmals geringen Entwicklungs- fortschritte aufzehrt und letztlich zum Sinken des Lebensstandards führt. Bevöl-

kerungswachstum verstärkt also nicht nur die Armut, Armut ist auch Ursache von Bevölkerungswachstum.[1]

Armut und das Wachstum bzw. die räumliche Konzentration der Weltbevölkerung stehen wiederum in engem Zusammenhang mit dem lokalen und globalen Zustand der Ökosysteme. Bevölkerungswachstum bedeutet eine Zunahme des Drucks, den die Menschen auf ihre natürlichen Lebensgrundlagen ausüben. Sie benötigen in zunehmenden Maße Rohstoffe, Wasser, Energie, landwirtschaftlich nutzbare Fläche usw. und belasten die Senken mit Müll, Abfallstoffen und Abwässern. Um den täglichen Bedarf zu befriedigen, müssen Grenzüberschreitungen in Kauf genommen werden.

Die Auswirkungen auf die natürlichen Lebensgrundlagen sind verheerend: Der Verlust forst- und landwirtschaftlicher Produktionsfläche bedeutet eine Gefährdung bzw. Zerstörung der Existenzgrundlage. Armut kann also zur Zerstörung der natürlichen Lebensgrundlagen führen und dadurch den Prozess der Verelendung beschleunigen, d.h. neue Armut entstehen lassen.[2]

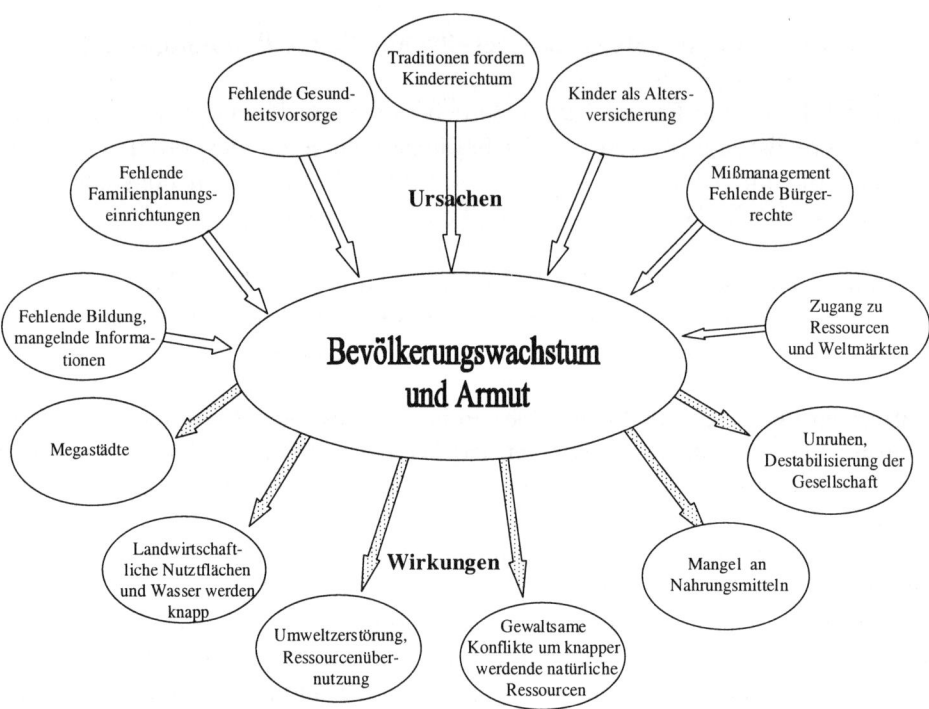

Abbildung 15:   Problemkomplex Armut – Bevölkerungsentwicklung – Umweltprobleme

---

[1]   Vgl. UNFPA, 1994, S. 13
[2]   Vgl. Weltkommission für Umwelt und Entwicklung, 1987, S. XVI

Will man in den Ländern der Dritten Welt die Umweltproblematik entschärfen, bedarf es einer gezielten Armutsbekämpfung die die Menschen in die Lage versetzt, einen menschenwürdigen und umweltverträglichen Lebensstil zu leben. Eine positive Folge wäre ein deutlich nachlassender Druck auf die Ökosysteme.

Der Problemzusammenhang Armut-Bevölkerungsentwicklung-Umweltzerstörung verdeutlicht, dass Umweltprobleme vorrangig in der Gesellschaft zu lösende Problemlagen sind. Das Ausweisen von Naturschutzgebieten, so sinnvoll dies auch im Einzelfall sein mag, dürfte deshalb auch keinen umfassenden Beitrag zur Bewältigung von Umweltproblemen darstellen. Zwar würde damit ein Stück „Natur" menschlichen Zugriffen zum Teil entzogen. Die gesellschaftlichen Entwicklungen und Problemlagen, die eine vermehrte Umweltinanspruchnahme nach sich ziehen, bestünden jedoch nach wie vor. Sie gilt es sowohl in ihren grenzüberschreitenden Wirkungen als auch in ihren sozial-gesellschaftlichen Folgen zu erkennen.

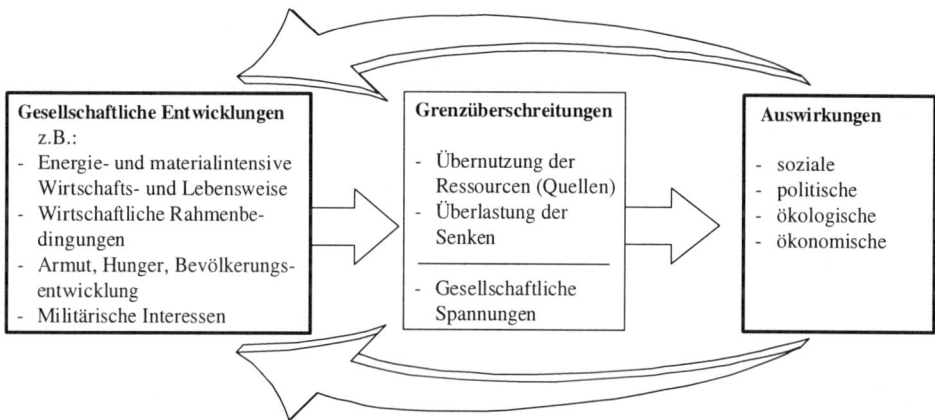

Abbildung 16:   Umweltprobleme als gesamtgesellschaftlicher Problemkomplex

1.1   Zentrale Stellung der Ökonomie

Zweifellos ist es in den letzten Jahrzehnten nicht zuletzt aufgrund industrieller Produktionsweisen und dem damit einhergehenden Wirtschaftswachstum gelungen, die Versorgung der Bevölkerung mit lebensnotwendigen Gütern zumindest in industrialisierten Staaten entscheidend zu verbessern. Für viele Menschen bedeutete dies die Befreiung von der Angst des Mangels. Auch die Entwicklungsländer konnten für Teile ihrer Bevölkerung eine rasche Zunahme des materiellen Wohlstands verzeichnen.

Intensive Bewirtschaftungsformen und industrielle Produktion haben aber auch Umweltprobleme großen Ausmaßes mit sich gebracht. Zugleich hat, weltweit betrachtet, der soziale Fortschritt mit der wirschaftlichen Entwicklung nicht Schritt halten können. Wirtschaftliche und soziale Disparitäten zwischen Kontinenten, Regionen und Staaten sind unübersehbar. Vielfach sind deshalb Zweifel an der Richtigkeit des zunehmenden Expansionsdrangs einer ernergie- und materialintensiven, profitorientierten Weltwirtschaft aufgetaucht, deren gesamtgesellschaftlichen Wohlfahrtswirkung vielfach nicht zu erkennen ist.

Ebenso wird befürchtet, dass im Zuge verschärfter internationaler Konkurrenz von Unternehmen und Standorten bisherige Formen von Sozialstaatlichkeit sowie von Lohn-, Arbeits- und Umweltstandards nicht länger aufrecht erhalten bzw. erst gar nicht angemessen entwickelt werden können.

Das Modell der marktwirtschaftlichen Ordnungen sieht die Produktion im wesentlichen an die mit Kaufkraft versehenen Menschen und deren Bedarf ausgerichtet. Die Konsumenten bestimmen mittels der am Markt in der Nachfrage zum Ausdruck gebrachten Bedürfnisse über Art, Umfang und Qualität der Produktion. Dadurch können sie ihre kaufkräftigen Bedürfnisse durchsetzen. Eine Konkurrenz am freien Markt sorgt dann dafür, dass die Bedürfnisse der Verbraucher so weitgehend und so kostengünstig befriedigt werden, wie es das verfügbare Ressourcenpotential und der herrschende Stand der Technik gestatten. Damit wird die Wirkung des Strebens nach Gewinn durch den Produzenten eingeschränkt, so dass dieser kein ungerechtfertigtes Einkommen erzielt.[3] Auch würde sich mit wachsendem Wohlstand ein Einpendeln der industriellen Produktion auf dem Niveau eines vermutlich gleichbleibenden Bedarfs (bei ungefähr gleichbleibender Bevölkerungsentwicklung) ergeben.[4]

Gemäß dieser Modellvorstellungen, verfügt Wirtschaft über kein eigenes Ziel. Die konkreten Ziele ihres Handelns leitet sie vielmehr „ ...aus autonomen Verbraucherwünschen ab und versucht diese auf die unter herrschenden technischen und natürlichen Bedingungen jeweils effizienteste Weise zu befriedigen".[5]

Das Modell kann allerdings nur dann funktionieren und es ist in soweit auch nur vernünftig, wenn
- die Verbraucherwünsche wirklich autonom und vernünftig sind,
- die Inanspruchnahme der Quellen und die Belastung der Senken innerhalb der vom Ökosystem Erde gesetzten Grenzen bleiben, da ansonsten der materielle Wohlstand zu Lasten der Lebensqualität gehen würde,
- ein freier Markt mit angemessenen Wettbewerbsbedingungen gegeben ist,

---

[3] Vgl. May, 1992, S. 15
[4] Vgl. Wicke, 1993, S. 544
[5] Weinschenck, 1994, S. 162

- prinzipiell alle Menschen am materiellen Wohlstand teilhaben können.[6]

In vielen Ländern sind diese Bedingungen jedoch nicht erfüllt. Die Verbraucherwünsche sind nicht autonom und angesichts der Folgen auf Mensch und Natur
auch nicht immer vernünftig, die Intensität der Nutzung natürlicher Ressourcen
führt permanent zu Grenzüberschreitungen und die Märkte unterliegen auch nicht
immer dem freien Wettbewerb. Zudem sorgen die ungleiche Verteilung des materiellen Wohlstands und die geringe Beschäftigungsintensität wirtschaftlichen
Wachstums für erhebliche Spannungen und Probleme innerhalb der Gesellschaft.

1.1.1 Globalisierung unternehmerischer Aktivitäten

Globalisierung ist in den letzten Jahren zu einem zentralen Begriff geworden. Die
politischen Veränderungen in Zentral- und Ost-Europa und in der ehemaligen
Soviet Union, die zugleich das Ende des „Kalten Krieges" bedeuteten, haben dem
Prozess der Globalisierung erheblichen Auftrieb verliehen. „Motoren" der Globa-
lisierung stellen jedoch gegenwärtig Wirtschaft und Handel dar.
Aber auch staatliche Maßnahmen, die auf eine stärkere Liberalisierung des
Handels und der Investitionen abzielen und für wettbewerbsfreundlichere Markt-
bedingungen sorgen, haben diesen Prozess gefördert.

> „Globalisierung der Wirtschaft bezeichnet das Entstehen eines Geflechts
> grenzüberschreitender Aktivitäten zwischen und innerhalb von Unter-
> nehmen, das sämtliche Funktionsbereiche des Unternehmens erfasst, die
> technologische Entwicklung ebenso, wie die über verschiedene Standorte
> verteilten Phasen der Produktgestaltung, der Produktion, der Beschaffung
> und des Marketing."
> OECD, 1996.

Vor allem die großen transnationalen Unternehmen gelten vielfach als Protago-
nisten und Triebfeder der Globalisierung. So operieren weltweit tätige Unternehmen mit global angelegten Strategien und bedienen sich der verschiedensten
Informations- und Produktionsnetze, um die an ihren zahlreichen internationalen
Standorten jeweils gegebenen Vorteile in bezug auf Technologie, Produktion-
und Marketingkapazitäten optimal zu nutzen. Dabei schaffen sie hochkoordi-

---

[6] A.a.O., S. 162

nierte, global optimierte Systeme, die eine deutliche Weiterentwicklung bisheriger international tätiger Unternehmen und ihrer Struktur darstellen.[7]
Die transnationalen Unternehmen richten ihre Leistungserstellung, ihr Management und Marketing zunehmend global aus. Rund ein Drittel der Weltproduktion wird mittlerweile durch die transnationalen Konzerne erbracht. Ihr Umsatz entspricht rund ¼ des Welt-BIP und sie wickeln zwei Drittel des Welthandels ab. Davon wiederum ist die Hälfte Handel innerhalb der transnationalen Konzerne (entspricht in etwa 25-30 % des Welthandels).[8]

Moderne Kommunikationstechnologien, verbesserte Verkehrssysteme und eine drastische Verringerung der Transportkosten und -zeiten, in fast alle Teile der Welt können wichtige Komponenten per Flugzeug kurzfristig eingeflogen werden, haben dazu geführt, das z.B. Entwicklungsteams eines Unternehmens in der Lage sind, in Europa, Asien oder Amerika an ein und demselben Produkt an verschiedenen Standorten zu unterschiedlichen Zeiten kontinuierlich zu arbeiten: Ein Team übernimmt jeweils die Arbeitsergebnisse des anderen Teams, arbeitet daran weiter und leitet eigene Ergebnisse an ein drittes Team weiter. Ein typisches globales Produkt ist z.B. das Auto. Es ist nicht länger „Made in Germany" oder „Made in USA", sondern immer häufiger „Made in the World". Das gilt wie gesagt nicht nur für die Produktion, sondern für das gesamte System, das die Herstellung, den Vertrieb und Verkauf von rd. 30 Mio. Wagen pro Jahr ermöglicht. Landesgrenzen und geographische Entfernungen scheinen weitgehend an Bedeutung verloren zu haben.[9]

„Die Welt ist zu einer globalen Forschungs-, Entwicklungs- und Produktionseinheit geworden." Henkel, 1995, S. 1994

Eine wichtige Triebfeder für wirtschaftliches Handeln und Innovation ist der Wettbewerb. Wettbewerb um effiziente Nutzung von Rohstoffen und die Schaffung neuer Wege zur Befriedigung individueller und kollektiver Bedürfnisse zu immer niedrigeren Kosten und bei immer höherer Qualität, hat wesentlich zur Verbesserung des materiellen Wohlstands beigetragen. Wettbewerb findet heute nicht nur innerhalb nationaler Grenzen oder größeren Wirtschaftsregionen statt. Durch die zunehmenden weltweiten wirtschaftlichen Verflechtungen, wird das Wirtschaftsgeschehen und damit auch der Wettbewerb global.

---

[7] Vgl. OECD, 1996, S. 15-16
[8] Vgl. Deutscher Bundestag, 1999, S. 33
[9] Vgl. Gruppe von Lissabon, 1997, S. 58-59

Über die Dimensionen und die zu erwartenden Folgen der Globalisierung bestehen jedoch sehr unterschiedliche Einschätzungen. In der öffentlichen Debatte
scheint Globalisierung gegenwärtig vom Eindruck eines Verhängnisses begleitet.
Mit dem Verweis auf Globalisierungsprozesse, von denen eine Verringerung politischer Handlungsspielräume erwartet wird, entsteht leicht der Eindruck, es gäbe
angesichts des Wandels in der ökonomischen Umwelt der Nationalstaaten wenig
zu klären, zu erwägen oder zu entscheiden. Handlungsohnmacht oder gar das
Absterben von Nationalstaaten werden befürchtet.

Allerdings können über die tatsächlichen Wirkungen und Folgen der Globalisierung derzeit nur wenige Aussagen gemacht werden. Es existiert heute wenig
„gesichertes" Wissen von den künftigen Folgen des vieldimensionalen und
globalen Wandels, der vom Fortgang der Globalisierung zu erwarten ist. Ansich-
ten und Erwartungen sind zudem vielfach von den praktischen Interessen unterschiedlicher Akteure geprägt. Zudem sollten Aussagen über Auswirkungen der
Globalisierung daraufhin überprüft werden, ob diese nicht Folge versäumter Ausgestaltung von Rahmenbedingungen für wirtschaftliches Handeln und weniger
eine direkte Konsequenz der Globalisierungsprozesse selber sind.[10]

Sich abzeichnende Trends

Zutreffend ist, dass im Zeitalter globaler Märkte Wettbewerb aber auch „den
Kampf aller gegen alle und zugleich den Kampf aller um alle" bedeutet.[11] So
steht ein Unternehmen zum anderen in Konkurrenz, beide bemühen sich jedoch
auch um die Gunst der Konsumenten. Ein Ergebnis ist ein immer stärker werden-
der Leistungs- und Preiskampf auf den Güter- und Dienstleistungsmärkten.

Für einige Autoren liegt gerade hier eine besondere *Chance* der Globalisierung:
Die Weltwirtschaft entwickelt sich dank der rasch anwachsenden Zahl globaler
Akteure zur „echten" Marktwirtschaft. Die Entwicklungen sind kaum mehr von
den Entscheidungen weniger „Großakteure" bestimmt, die zudem weniger als
Gestalter der Globalökonomie denn als „Mitspieler" erscheinen. Als „global
players" müssen sie im Rahmen eigendynamischer Gegebenheiten mitwirken, die
bestenfalls in Teilen vorhersehbar, aber kaum steuerbar oder beherrschbar sein
dürften. Wechselseitige Abhängigkeiten und Verflechtungen würden ebenfalls
regulierend auf Dominanzbestrebungen wirken.[12] Ein verschärfter Preis- und
Qualitätswettbewerb sowie stetige Produktinnovation stärken zudem die Konsu-
mentenrolle.

---

[10] Vgl. Wiesenthal, 1997, S. 8
[11] Hondrich, 1996, S. 3
[12] Vgl. Bernauer, 1997, S. 50-52

Und schließlich böten sich gerade für eine exportorientierte Ökonomie wie die der Bundesrepublik Deutschland besondere Chancen in der Globalisierung, vorausgesetzt, auf globale Entwicklungen wird zeitnah und angemessen reagiert.

Auch für die Entwicklungsländer werden positive Entwicklungen im Zuge der Globalisierung von Wirtschaft und Handel angenommen. Ein verbesserter Marktzugang und die Förderung des Technologietransfers wird hier vor allem erwartet.[13]

Die Annahme einer verbesserten Integration der Entwicklungsländer in die Weltwirtschaft ist jedoch präzisierungsbedürftig. So trifft es zu, dass seit den 80er Jahren die Entwicklungsländer ihren Anteil am Weltexport von Produkten nahezu verdoppelt haben. Auch wurden 1994 rd. 40 % der weltweiten Direktinvestitionen in Entwicklungsländern getätigt. Davon profitierten vor allem die Länder in Fernost. Für Afrika, Latein-Amerika und auch Ost-Europa scheint die Entwicklung jedoch gegenläufig zu verlaufen. Ihr Abstand zu den entwickelten Staaten hat in der gleichen Zeit weiter zugenommen.[14]

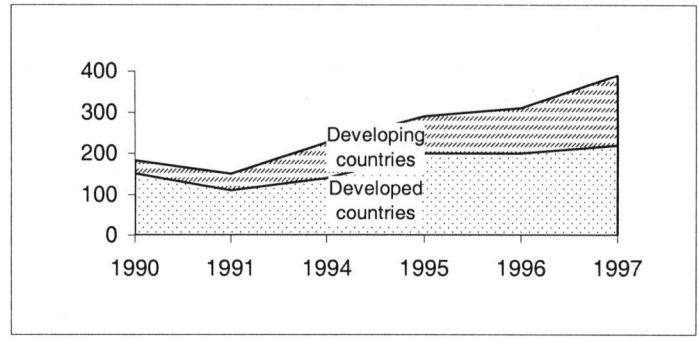

Abbildung 17:   Foreign direct investment inflows into: (US $ bn),
                     The Economist, 1998.

Eine wahrscheinliche Folge der Globalisierung ist die Abnahme der Steuerungskapazitäten (z.B. durch Veränderung von Steuern, Zinsen, Geldmengen, Währungskursen u.a.) von Staaten in einigen Bereichen den innerstaatlichen und internationalen Wirtschaftspolitik. Gleichzeitig werfen tiefgreifende technologische, ökonomische und gesellschaftliche Veränderungsprozesse die Frage auf, ob und inwiefern Staaten und internationale Organisationen noch wirklich hand-

---

[13] Vgl. dazu Simarmata, 1998, S. 53-54
[14] Vgl. Nunnenkamp, 1996, S. 18-19

lungsfähig sind, was die Gestaltung dieser Prozesse anbelangt. Vermeintliche Ohnmacht angesichts weltweit steigender Arbeitslosigkeit z.B. hat dieser Fragestellung eine enorme Bedeutung verliehen. Mancherorts wird auch um die Erfolge der Umweltpolitik und deren Weiterentwicklung gebangt.

Bei genauerer Betrachtung wird jedoch deutlich, dass sehr oft voreilig Globalisierungsprozesse als treibende Kraft für sozial-ökologische Probleme und Handlungsohnmacht benannt werden. So werden Staaten auch in Zukunft die Möglichkeiten und Mittel haben, um in stabilitätsfördernder und wohlfahrtfördernder Weise unter Beachtung ökologischer Notwendigkeiten im innerstaatlichen und grenzüberschreitenden Bereich steuernd einzugreifen. Wenn auch Unternehmen z.B. immer wieder versuchen, Umweltauflagen zu verhindern oder zu unterlaufen, so hat sich doch die These, dass transnationale Unternehmen im Zeichen der Globalisierung zunehmend in Ländern mit niedrigen Umwelt- und Sozialauflagen abwandern, für viele Wirtschaftsbereiche als nicht stichhaltig erwiesen.

Tabelle 5: Function of the State and Activities in a fast moving globalised World, Weltbank, 1997

	Addressing Market Failure			Improving Equity
Minimal Functions	Providing pure public goods: - Defence - Law and order - Property rights - Macro-economic management - Public health			Protecting the poor: - Antipoverty programmes - Disaster relief
Intermediate Functions	Addressing externalties: - Basic education - Environment protection	Regulating Monopoly: - Utility regulation - Antitrust policy	Overcoming imperfect information: - Insurance (health, life, pensions) - Financial regulation - Consumer protection	Providing social insurance - Redistributive pensions - Family allowances - Unemployment - Insurance
Activist Functions	Co-ordinating private activity: - Fostering markets - Cluster initiatives			Redistribution Asset redistribution

Im übrigen sind auch die transnationalen Unternehmen auf die Nähe zu Märkten, auf eine bestimmte Infrastruktur, gesellschaftliche Stabilität und andere Standortfaktoren an ihrem jeweiligen Niederlassungsort angewiesen. Sie brauchen Staaten, die mittels internationaler Abkommen berechenbare Handelsregeln, Besitz- und Nutzungsrechte, Wechselkursstabilität, Schutz des geistigen Eigentums u.a. bereitstellen. Dieser Regelungsbedarf, die Notwendigkeit verlässlicher gesellschaftlicher und wirtschaftlicher Rahmenbedingungen, stellt für Unternehmen eine zentrale Grundlage für ihre wirtschaftlichen Aktivitäten, die sie nicht selbst schaffen können. Versuche, staatliche Regelungen zu unterlaufen, ändern an dieser Feststellung wenig. Allerdings stellt sich die Frage, inwieweit Globalisierung nicht als vorgeschobener Grund für Untätigkeit und Dominanz von Partikularinteressen im politischen Raum angesehen werden kann.[15]

Die Interaktion zwischen weltweit tätigen Unternehmen und den nationalen Systemen, in deren Rahmen sie operieren, lassen allerdings jede größere Differenz zwischen den Systemen, die z.B. durch unterschiedliche Reglementierungen entstehen, zu einem potentiellen Spannungsherd werden.[16]

Andere Autoren nehmen eine eher *skeptische Haltung* in Bezug auf die erwarteten Auswirkungen von Globalisierungsprozessen der Ökonomie ein. Sie befürchten einen „exzessiven Wettbewerb", der in einen „Akt der Vernichtung von Konkurrenten" endet was letztlich den Wettbewerb wiederum beeinträchtigt bzw. beendet. Konzentrationsprozesse, Dominanzbestrebungen und Gewinnerzielung seien die wesentlichen Charakteristika der globalisierten Ökonomie.[17]

Strategische Unternehmensallianzen widerlegen diese Feststellung nicht. Als Hauptgründe solcher Zusammenschlüsse können z.B. die Reduktion von Forschungs- und Entwicklungskosten, die Teilhabe am Wissen und an der Technologie des Partners, die Sicherung des Zugangs zu Märkten usw. genannt werden. Sie sind in der Regel auf einen Zugewinn an finanzieller und wirtschaftlicher Macht gerichtet.[18]

Fusionen und Übernahmen, die als ein zentrales Element der Sicherung von Marktpräsenz angesehen werden müssen, können ebenfalls zu starken Konzentrationsprozessen bis hin zu marktbeherrschenden Stellungen führen und so den Zugang zu den Märken effektiv verschließen.

Unternehmen könnten sich versucht sehen, konkurrierende Produkte und Dienstleistungen gezielt aus ihren Märkten auszuschließen, um so dem Wettbewerbsdruck zu entgehen:
- Bemühungen eines Rivalen, auf dem Markt vorzustoßen, könnten von einem marktbeherrschenden Unternehmen oder von einer Gruppe mit abgestimmten Verhalten abgewehrt werden. Preisunterbietung oder die Androhung eines

---

[15] Vgl. Bernauer, 1997, S. 49
[16] Vgl. OECD, 1996, S. 17
[17] Vgl. Gruppe von Lissabon, 1997, S. 16
[18] A.a.O., S. 60-61

Boykotts gegenüber Händlern und Lieferanten, die Geschäftsbeziehungen zum Rivalen unterhalten, wären Beispiele hierfür. Eine andere Möglichkeit ist die Bindung der Einzelhändler an einen etablierten Hersteller, z.B. durch Exklusivverträge. Wird einem Newcomer auf diese Weise der Zugang zu bestehenden Vertriebsnetzen verwehrt, sieht sich dieser Hindernissen in Form von höheren Kosten und Risiken gegenüber, die sich für ihn aus dem Aufbau eines eigenen Distributionsnetzes ergeben. Kleinere Unternehmen, die auf neue Märkte vorstoßen wollen, verfügen in solchen Fällen kaum über das benötigte Kapital.

- Mit der wachsenden Bedeutung des Handels innerhalb von Unternehmen und Unternehmensverflechtungen haben sich weitere vielfältige Möglichkeiten ergeben, Marktmacht auszuüben und mit wettbewerbsunfreundlichen Praktiken wie Marktaufteilung, Preisabsprachen, internen Auftragsvergaben usw. zu arbeiten.

- Durch die strategische Nutzung von Wettbewerbsvorteilen, insbesondere wenn diese immaterieller Art sind (z.B. Produktionstechnologie oder Rechte an geistigem Eigentum), können sich Unternehmen ein so starke Marktposition verschaffen, dass sie Konkurrenten den Aufbau einer effektiven Marktpräsenz nahezu unmöglich machen.[19]

Eine weitere Option, dem zunehmenden Wettbewerbsdruck zu begegnen, ist die Auslagerung ganzer Produktionszweige. So verspürt in Europa z.B. die Textil- und Bekleidungsindustrie den harten Wettbewerb durch Anbieter aus Billiglohnländern. Sie reagiert darauf mit Produktionsverlagerungen in diese Länder. Auch im Hochtechnologiebereich bieten sich Länder mit niedrigerem Lohnniveau als kostengünstigere Standorte an.

Damit, so die Skeptiker der Globalisierung, führe die globale Wettbewerbssituation zusehends zu einem Standortwettbewerb um Direktinvestitionen. Standorte, weniger die Unternehmen, konkurrieren dann miteinander. Um Investoren zu locken, streben unter Druck geratene Länder und Regionen vielfach eine Deregulierung von Handel, Produktion und Finanzmärkten an. „Günstige" Standorte sind in diesem Zusammenhang Länder mit niedrigen Löhnen, niedriger Unternehmensbesteuerung, schwachen sozialen Sicherungssystemen, ungeschützten Arbeitsverhältnissen oder geringen Umweltauflagen. Wirtschaftliche Entwicklung und damit Arbeit und Einkommen werden sich somit in wettbewerbsstarken Räumen, in denen kostengünstig und hochwertig produziert werden kann, wo ausreichende politische Unterstützung besteht und wo sich die Absatzmärkte befinden, konzentrieren. Bei Veränderungen dieser Rahmenbedingungen werden global operierende Unternehmen umgehend nach anderen Produktionsstandorten Ausschau halten.

---

[19] Vgl. OECD, 1996, S. 23-24

> „To attract new investment, economically depressed regions whose
> industries are „not competitive" are forced to bid and counterbid against
> each other. Companies with capital to invest play one regional government
> off against another in order to gain the best overall package: the lowest
> corporate taxes, the weakest unions, the most 'flexible' rules of working
> conditions, the most lax health and safety regulations."
> Hildyard/Hines/Lang, 1996, S. 132.

Aufgrund von Globalisierungsprozessen ist auch der politische Einfluss weltweit
operierender Unternehmen erheblich angestiegen. Wegen ihrer großen Bedeutung
für die regionale bzw. nationale Wirtschaft, üben sie einen erheblichen Einfluss
aus. Bereits 1988 ist es den 100 größten Firmen gelungen, 1/6 des Weltbruttoso-
zialprodukts auf sich zu konzentrieren. In puncto Wirtschaftskraft haben diese
„global players" ganze Länder hinter sich gelassen. Die Einnahmen der 17 größten Industriebetriebe entsprachen z.B. 1988 den Einkünften der 50 ärmsten
Länder der Welt, in denen rund 65 % der Weltbevölkerung leben. Rund ein
Drittel des gesamten Welthandels findet innerhalb von Unternehmensgruppen
statt. Einzelne kleinere Staaten könnten sich etwaigen Forderungen der „global
players" kaum erwehren.[20]

Es sind aber nicht nur Konzerne, die versuchen, Märkte zu beeinflussen oder zu
kontrollieren. Zusammenschlüsse von Staaten und Handelsabkommen können
ähnliche Wirkung haben. Hier treten dann Staatengemeinschaften als Partner und
Handelsmächte auf dem Weltmarkt auf. In diesem Zusammenhang wird auch auf
die sogenannte *Triadisierung* der globalen Ökonomie verwiesen, auf die Heraus-
bildung weltwirtschaftlicher Blöcke, auf die sich die Kernprozesse der grenzüberschreitenden ökonomischen Transaktionen konzentrieren. Welthandels-
ströme fließen heute im wesentlichen zwischen den westeuropäischen, nord-
amerikanischen und asiatisch-pazifischen Regionen. Diese Triade verbuchte
Anfang der 90er Jahre einen Welthandelsanteil von rd. 90 %. Ebenso wurden rd.
80 % der Weltkapitalströme innerhalb diese drei Regionen bewegt. Allein der
Handel zwischen den Triadeökonomien macht knapp drei Viertel des gesamten
Welthandels aus. Für den „Rest" der Weltwirtschaft, insbesondere für die Gruppe
der Entwicklungsländer, bedeutet dies einen stetigen Bedeutungsverlust. Sie
haben an der beschleunigten Globalisierung nur unterproportional teil, oder
besser, sie werden davon abgekoppelt.[21]

---

[20] Vgl. Laszlo, 1992, S. 36
[21] Vgl. Hübner, 1997, S. 12-13 sowie Gruppe von Lissabon, 1997, S. 56-57

Zusammenschlüsse dieser Art bedeuten unbestreitbar eine Konzentration von wirtschaftlicher und politischer Macht. Was für die Mitgliedstaaten oder transnationale Unternehmen und ihre Allianzen von Vorteil ist, kann für andere Nationen leicht zum Nachteil werden. Sie werden neben diesen Zusammenschlüssen eine Nebenrolle im Welthandelsgeschehen einnehmen und sich den „Großen" anpassen müssen.

1.1.2 Wirtschaftliche Entwicklung und sozialer Fortschritt

Da das Sozialprodukt lediglich eine rechnerische Größe für das Wachstum einer Volkswirtschaft ist, lassen sich keine Aussagen über die Entwicklung des materiellen Wohlstands pro Kopf der Bevölkerung treffen. Erst bei genauerer Betrachtung wird deutlich, dass die Früchte des Wachstums und des wirtschaftlichen Erfolgs innerhalb einer Gesellschaft unterschiedlich verteilt sind.

In der Mehrzahl der Länder Lateinamerikas z.B. sank trotz Wirtschaftswachstum das Pro-Kopf-Einkommen in den letzten Jahren. Vergleichbares muss aus Indien berichtet werden: Indien verzeichnet z.Zt. ein Wirtschaftswachstum von ca. 5,3 %, die industrielle Produktion erreicht sogar 8,7 %. Gleichzeitig leben aber ungefähr 50 % der Inder unter der Armutsgrenze. Soziale Spannungen zeigen in den Ländern der Dritten Welt deutlich, dass viele der von der Armut Betroffenen ihre Lebensumstände nicht mehr hinnehmen wollen.[22] Weltweit sind derzeit rund 1,5 Mrd. Menschen von fallenden Einkünften betroffen. 1,3 Mrd. Menschen leben in Armut.

Auch in Deutschland gibt es trotz der Entwicklung des materiellen Wohlstands der letzten Jahrzehnte offene und versteckte Armut in einem Umfang, „ ...die eine geordnete Politik der Armutsbekämpfung erforderlich macht...".[23] Etwa 150.000 Obdachlose leben auf der Straße, weitere 800.000 Menschen in Notunterkünften. Besonders betroffen von dieser *neuen Armut* sind Alleinerziehende, kinderreiche Familien mit geringem Einkommen, ältere Menschen sowie Langzeitarbeitslose. Ganz offensichtlich ist es auch in Deutschland, trotz stetigem Wachstum, nicht gelungen, eine angemessene materielle Absicherung aller Bevölkerungsgruppen sicherzustellen.[24]

Es kann deshalb festgehalten werden, dass aus den verschiedensten Gründen die Einkommensentwicklung großer Bevölkerungsteile mit der wirtschaftlichen Entwicklung nicht Schritt halten konnte. Zugleich wurde die Verteilung von Einkommen und Vermögen dahingehend beeinflusst, dass diejenigen, die bereits

---

[22] Vgl. Venzky, 1995, S. 44
[23] Sekretariat der Deutschen Bischofskonferenz/Kirchenamt der evangelischen Kirche in Deutschland, 1995, S. 35
[24] A.a.O., S. 35-36

Vermögen haben aufgrund der Vermögenssteigerung durch Teilhabe am wirtschaftlichen Erfolg, überproportional begünstigt werden. Die Folge ist eine Konzentration des privaten Vermögens in den Händen weniger. Der „Bericht über die menschliche Entwicklung" des United Nations Development Programme (UNDP) beziffert das Einkommensgefälle zwischen reichen und armen Haushalten in Industrieländern auf ungefähr 6:1.[25]

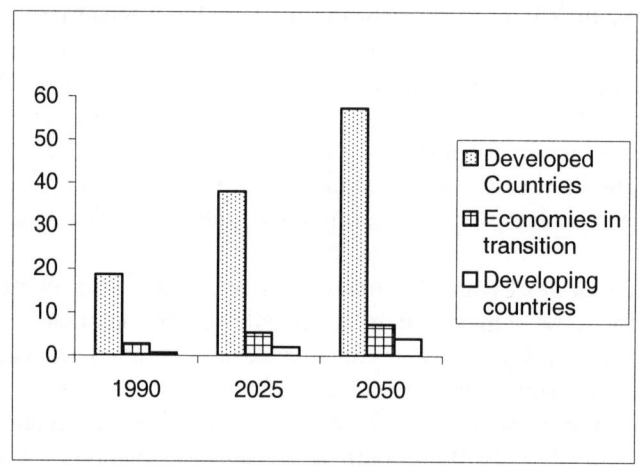

Abbildung 18:   Projected per capita income (US$ 1990), 1990-2050, Commission on Sustainable Development, 1997

Auch auf internationaler Ebene partizipieren die einzelnen Staaten unterschiedlich an der Entwicklung der Weltwirtschaft. Gegenwärtig erwirtschaften 20 % der Weltbevölkerung rund 84,7 % des BSP. Das ärmste Fünftel erwirtschaftet nur noch 1,4 %.

Um aus ihrer schwierigen Lage herauszukommen, setzen die Entwicklungsländer verstärkt auf Wirtschaftswachstum. Sie haben auch kaum eine Alternative, angesichts ihrer relativ schwachen wirtschaftlichen Kräfte, die kaum zur Befriedigung elementarer Bedürfnisse ihrer Bevölkerung ausreichen. Wirtschaftswachstum soll den Lebensstandard der Bevölkerung auf ein akzeptables Niveau heben und ihnen besseren Zugang zu Nahrung, Gütern und Dienstleistungen, zu Energie verschaffen. Die Folgen sind, neben einer zunehmenden Urbanisierung und dem Anwachsen der Slums, wachsende Umweltprobleme aufgrund veralteter Produktionstechnologie und fehlender Schutzmaßnahmen.[26] Es kann also festgestellt

---

[25]   Vgl. UNDP, 1994, S. 15
[26]   Vgl. Pestel, 1988, S. 148-149

werden, dass die sogenannte Einkommensschwere zwischen reichen und armen Staaten auch in Zukunft weiter auseinandergehen wird. Aber auch die Einkommensdisparitäten innerhalb eines Staates werden deutlicher sichtbar.

1.2 Umweltschutz und internationaler Handel

Unbestritten ist, dass die zunehmende Globalisierung von Wirtschaft und Handel auch Folgen für die Ökosysteme der Erde haben wird. Allerdings werden die Auswirkungen der Globalisierungstendenzen auf die Umwelt durchaus uneinheitlich gesehen.

Als mögliche negative Effekte werden z.B. die durch die weltweiten Transportaktivitäten verursachten höheren Umweltbelastungen wie Emissionen, Landschafts- und Flächenverbrauch gesehen. Vertiefte internationale Handelsbeziehungen könnten ebenso zu ökologischen Risiken führen, wenn gefährdete (z.B. bedrohte Tier- und Pflanzenarten) oder selbst gefährdende Güter (z.B. gefährliche Abfälle) Objekte außenwirtschaftlicher Transaktionen sind.
Befürchtet wird auch, dass der weltweite Konkurrenz- und Kostendruck zu einer Senkung der Umweltstandards und zu einer Verlagerung der Produktion in Länder, wo Umweltbestimmungen entweder gänzlich fehlen oder weniger kostenträchtig in Erscheinung treten, führt. Zudem wird erwartet, dass die Globalisierung ein energie- und materialintensives Wirtschaftswachstum stimuliert, was die Beanspruchung von Umweltressourcen dramatisch anwachsen ließe. Einsparungseffekte durch eine Erhöhung der Energieeffizienz und Absenkungen in der Materialintensität würden somit durch Mengeneffekte mehr als kompensiert. Globalisierung in Wirtschaft und Handel führt deshalb unausweichlich zu weiterer Destabilisierung der Ökosysteme.

Andere sehen gerade in der Globalisierung und dem zunehmenden Wettbewerb eine Chance zur Steigerung der Ressourcenproduktivität, aus der sich umweltentlastende Effekte ergeben können. Außerdem dürfte sich eine weltweite Angleichung der Umweltstandards durch internationale Abkommen und durch vermehrten Technologietransfer einstellen. Technologien mit hohem Wirkungsgrad, die oft auch Umweltbelastungen senken, könnten schon bald weltweiter Standard sein.
Vorteile als „first mover" auf dem erweiterten weltweiten Markt für Umwelttechnologien und umweltverträglich produzierte Produkte sowie die breite gesellschaftliche Akzeptanz für umweltbewusstes Management, die sich positiv auf Marktstellung und Image auswirken, werden ebenfalls stimulierend auf ein Umweltengagement der Wirtschaft wirken. In diesem Zusammenhang sollte nicht vergessen werden, dass sich bereits viele Großunternehmen aus Industrieländern

verpflichtet sehen, weltweit ähnliche Umweltstandards wie in ihren Heimat-
ländern anzuwenden. Und schließlich dürfte eine hohe Umweltqualität als positiver Standortfaktor im Kampf um Direktinvestitionen ein Pfund sein, mit dem
sich trefflich wuchern lässt.

Als weiteres Argument gegen die befürchtete Verstärkung der Umweltbelastungen wird ins Feld geführt, dass die Sensibilisierung der Öffentlichkeit für
die weltweiten Konsequenzen der Umweltzerstörung bereits zu einschneidenden
Umweltschutzgesetzen geführt hat.

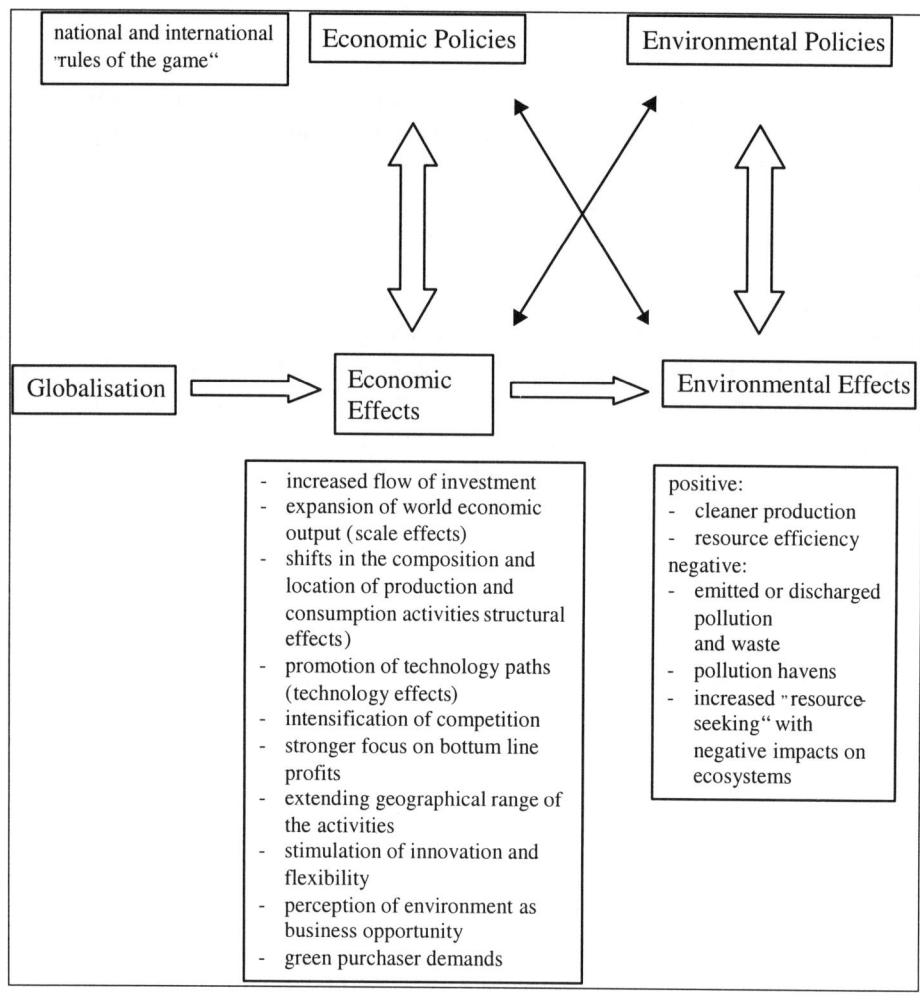

Abbildung 19:   Strukture of Globalisation-Environment Linkage

Aus nationaler Perspektive betrachtet, dürfte der durch Globalisierung verstärkte internationale Konkurrenzdruck einen nationalen Alleingang in Sachen Umweltvorsorge erheblich erschweren: Jede Mark, die Unternehmen für Umweltschutz ausgeben, führt, zumindest bei konstanter Produktivität, zu einer Verringerung der Kapitalrendite. Fehlen Kostensenkungseffekte durch Umweltschutz (z.B. durch sparsameren Ressourceneinsatz, fallende Entsorgungskosten usw.) oder bleiben Produktivitätssteigerungen durch neue, „saubere" Technologien aus, wird Umweltschutz leicht ein negativer Standortfaktor. Da Kapital ein mobiler Produktionsfaktor ist, könnte die Verringerung der Kapitalrendite durch Umweltaufwendungen zu einer „Umlenkung" der Kapitalströme führen.[27]

> „Profit maximisation is the crucial factor in business strategies in all types of companies, and the intensification of competition associated with globalisation will put further pressure on profit margins. In sectors where competition is primarily determinded by price – as in a number of traditional industrial sectors – there will be a resistance to environmental or other expenditures that might compromise competitiveness."[28]

Käme es zu Verschiebungen der Kapitalströme in Länder mit niedrigeren Umweltstandards und hätte dies eine Zunahme umweltbelastender wirtschaftlicher Aktivitäten zur Folge, würde sich vor allem die regionale und lokale Umweltqualität erheblich verschlechtern. Der materielle Vorteil einzelner Investoren und Anteilseigner könnte sich zu einer schweren Hypothek für die Zukunft vieler Menschen entwickeln.

An dieser Stelle muss jedoch darauf hingewiesen werden, dass Umweltschutz keineswegs der entscheidende Standortfaktor ist. Schließlich werden einer Studie der OECD zufolge ausländische Direktinvestitionen nach wie vor auch dort in großer Höhe getätigt, wo Umweltauflagen und Umweltkontrollen einen relativ hohen Stand erreicht haben. Außerdem würden nur wenige Staaten ihre Umweltstandards absenken bzw. niedrig halten, um ausländische Investoren anzuziehen. Weitere Untersuchungen haben zudem belegt, dass Umweltstandards die internationale Wettbewerbsfähigkeit beim Handel mit umweltsensiblen Gütern nicht nennenswert beeinträchtigen.[29]

Unter (umwelt-) politischen Gesichtspunkten ist die Frage, ob Globalisierung zur Bewältigung der Umweltprobleme eher hilfreich oder hinderlich ist, ambivalent. Das Zusammenwachsen der Ökonomie verstärkt zwar sowohl die internationale

---

[27] Vgl. Fees/Steger, 1998, S. 52-52
[28] Chung/Gillespie, 1998, S. 10
[29] Vgl. OECD, 1998[2], S. 23

als auch die bilaterale Zusammenarbeit. Dadurch wird die Kommunikation
zwischen Staaten gefördert und der Blick für gemeinsame Interessen geschärft,
was zugleich auch die Chancen zur Kooperation bei der Lösung grenzüber-
schreitender und globaler Umweltprobleme verbessert. Dies kann z.B. durch die
Berücksichtigung von Umweltaspekten, etwa innerhalb der World Trade Organisation (WTO), dienen. So spricht die Präambel der WTO von einer „optimalen
Nutzung der natürlichen Ressourcen auf einem nachhaltigen Niveau.
Konkrete Umweltschutzbestimmungen finden sich in den WTO-Zusatzab-
kommen, so im Agrarabkommen (Ausnahme der Umweltschutzprogramme vom
Abbau interner Subventionen) oder im Abkommen über Subventions- und Aus-
gleichsmaßnahmen, dass die Subvention aus Umweltschutzgründen ausdrücklich
erlaubt.[30]

Auch andere internationale Umweltschutzabkommen enthalten wichtige Handels-
bestimmungen. Die für den Handel wohl wichtigsten Umweltschutzabkommen
sind das Washingtoner Abkommen von 1973 über den internationalen Handel mit
gefährdeten Arten freilebender Tiere und Pflanzen, das Wiener Abkommen von
1985 zum Schutz der Ozonschicht und das Basler Übereinkommen von 1989
über die Kontrolle des Handels mit gefährlichen Abfällen.
Ebenso bemüht sich die Europäischen Union, Umweltbelange in neu abzu-
schließende Freihandelsabkommen einzubeziehen.

In Bezug auf die Zulässigkeit von Handelsbeschränkungen aus Gründen des
Umweltschutzes ist der Schiedsspruch eines Berufungsausschusses der WTO
bezüglich einer Beschwerde von Indien, Malaysia, Pakistan und Thailand gegen
eine Umweltschutzmaßnahme der USA von Bedeutung. Die USA hatten Importe
von Garnelen verboten, die nicht nachweislich mit schildkrötensicheren Netzen
gefangen werden. Die vier asiatischen Länder hielten die Maßnahme für eine
unerlaubte Handelsdiskriminierung. Laut WTO darf der freie Welthandel durch
Umweltschutzmaßnahmen prinzipiell eingeschränkt werden. Allerdings dürfen
nicht einzelne Länder diskriminiert werden (Grundsatz der Gleichbehandlung).
Die USA wurden deshalb aufgefordert, die Maßnahme gegen alle Länder gleich
strikt durchzusetzen.[31]

Grundsätzlich sind der Möglichkeit der Einschränkung des Welthandels aus
Umweltschutzgründen jedoch enge Grenzen gesetzt. Das Allgemeine Zoll- und
Handelsabkommen (GATT) und die WTO haben hohe Hürden gegen Handels-
maßnahmen zur extraterritorialen Durchsetzung von Umweltstandards errichtet.
Soll eine Aufweichung vermieden werden, muss nach Alternativen gesucht
werden, um souveräne Staaten zum Einhalt relevanter Standards zu motivieren.

---

[30] Vgl. Senti, 1998, S. 54
[31] Vgl. WTO, 1998

GATT differenziert sorgfältig zwischen *Produktstandards* und *Standards für Produktionsprozesse*. So darf jedes Land die Einhaltung seiner technischen, Sicherheits-, Gesundheits- und Umweltnormen auch von importierten Produkten verlangen. Dazu gehören z.B. die Nichtanwendung bestimmter Chemikalien in Textilien und Bekleidung, oder die Wahrung bestimmter Abgasnormen für Kraftfahrzeuge. Während also die Einhaltung bestimmter Produktstandards durch Importverbote erzwungen werden darf, erlaubt das GATT nicht, einem anderen Land vorzuschreiben, wie, d.h. mit welchen Produktionsverfahren (process and production methods – PPMs) und mit welchen Umweltbelastungen die Exportprodukte hergestellt werden, solange ihre umwelt- und ihre hygienische Qualität nicht beeinträchtigt wird. Das GATT untersagt damit seinen Mitgliedstaaten, sich in die inneren Angelegenheiten anderer Mitgliedstaaten einzumischen, also in die Art und Weise, wie die Exportprodukte hergestellt werden.

Artikel XX des GATT sieht jedoch eine Ausnahme vom generellen Verbot der Anwendung von Handelsmaßnahmen. Umweltschutz wird hier zwar nicht explizit genannt, aber die Forderung „Schutz von Leben und Gesundheit von Menschen, Tieren und Pflanzen" (XX:b) und „Konservierung erschöpfbarer natürlicher Ressourcen" (XX:g) lassen sich soweit auslegen, dass u.U. Handelsbeschränkung aus Umweltschutzgründen erlaubt sein können.

Es sollte nicht unerwähnt bleiben, dass einzelne Entwicklungsländer die Integration von Umweltschutzregelungen in Handelsvereinbarungen strikt ablehnen. Sie sehen darin vor allem den Versuch der Industrieländer, neue Handelsbarrieren zu errichten, um damit den Entwicklungsländern der Marktzugang zu erschweren. Im Bewusstsein des hohen Standards im Bereich von Umwelttechnologie und Umweltgesetzgebung, könnten Industrieländer ruhig auf hohe Anforderungen im Umweltschutzbereich setzen. Anforderungen, die Entwicklungsländer, wenn überhaupt, nur mit hohem Aufwand erfüllen könnten, was wiederum ihre Wettbewerbsfähigkeit einschränkt. Über internationale Umweltschutzregelungen in Handelsvereinbarungen könnte nur dann geredet werden, wenn Konsens darüber besteht, dass markt- und handelsverzerrenden Effekte vermieden werden müssten.

Die jüngsten Gespräche um Umweltstandards im Rahmen der WTO sind auf diese Problemlagen gerichtet. Derzeit kreist die Debatte im WTO-Umweltausschuss um drei Komplexe:

- Zum ersten geht es um die Feststellung der Auswirkungen des Umwelt- und Ressourcenschutzes auf den internationalen Handel. Dies gilt insbesondere im Hinblick auf den Marktzugang für Entwicklungsländer. Dabei ist u.a. zu klären, ob Umweltsteuern und Umweltabgaben durch Grenzausgleichsabgaben auf importierte Güter kompensiert werden dürfen, um mögliche Wettbewerbsnachteile für einheimische Produzenten zu vermeiden.

- Zum zweiten geht es um die Umweltwirkungen von Handelspolitik, einschließlich handelspolitischer Liberalisierung. Hier wird von allen Seiten
  hervorgehoben, dass handelspolitische Liberalisierung i.d.R. positive Umwelteffekte mit sich bringt. Dies sollen z.B. Effizienzsteigerungen der Ressourcen-
  verwendung oder die Förderung des technischen Fortschritts durch weltweiten
  Wettbewerb bewirken.
- Drittens geht es um die Instrumentalisierung der Handelspolitik für umweltpolitische Ziele. Hier zeichnet sich ein Konsens darüber ab, dass Handelsmaßnahmen zum Schutz der Umwelt, gefährdeter Arten und Ressourcenschonung
  mit dem GATT vereinbar sein sollen, sofern sie durch ein entsprechendes
  multilaterales Umweltabkommen gedeckt sind. Gegen Handelsmaßnahmen als
  Sanktionsinstrument für multilaterale Umweltabkommen soll im Prinzip nichts
  einzuwenden sein, wenn sie bestimmten Anforderungen an Transparenz und
  Nichtdiskriminierung genügen.

Insgesamt lassen die bisherigen Erkenntnisse über die Beziehung von Weltwirtschaft bzw. Welthandel und Umweltgütern keine abschließende Aussagen
darüber zu, ob Globalisierung langfristig überwiegend positive oder negative
Auswirkungen auf die Umweltqualität hat. Konflikte zwischen der Entwicklung
der Weltwirtschaft und dem Erhalt der Umweltgüter bestehen nicht unbedingt
grundsätzlich. Umweltschutzmotivierte Eingriffe in den freien Warenverkehr
sollten deshalb eher zurückhaltend beurteilt werden. Gleichwohl dürfen deutliche
Konfliktfelder nicht verkannt werden.

Umweltdumping, das dadurch entsteht, dass negative Umwelteffekte an vielen
Produktionsstandorten der Welt nicht oder nur unzureichend in die Wirtschaft-
lichkeitsberechnungen einbezogen (internalisiert) werden, muss auf jeden Fall
vermieden werden. Für Betriebe an Standorten mit vergleichsweise hohen
Umweltstandards entstehen durch Umweltdumping wettbewerbsverzerrende
Kostennachteile, die ihre Konkurrenzfähigkeit beeinträchtigen.

Sollte es in Folge zunehmender Globalisierung von Wirtschaft und Handel zu
nicht vertretbaren Umweltbelastungen kommen, müssen politische Maßnahmen,
seien sie nun umwelt- oder wirtschaftspolitischer Art, ergriffen werden, um dem
entgegenzuwirken. Grundsätzlich sind die Einzelstaaten, wie auch Staatengemeinschaften dazu aufgerufen, für eine angemessene Berücksichtigung von
Umweltbelangen in Wirtschaft und Handel zu sorgen. Sie müssen die Rahmenbedingungen für wirtschaftliches Handeln so gestalten, dass umweltverträgliches
Verhalten der Wirtschaftsakteure nicht zu Wettbewerbsnachteilen führt bzw. dass
die Erbringung von Umweltleistungen attraktiv wird

Kapitel IV: Vorsorgende Umweltpolitik

1. Bewältigung der Umweltprobleme als Gegenwarts- und Zukunftsaufgabe

Die langfristige Sicherung der natürlichen Lebensgrundlagen und die Verbesserung bzw. Stabilisierung der ökonomischen und sozialen Lebensbedingungen, das sind Handlungsmaxime, die sich aus der Analyse der Umweltproblematik ergeben. In der allgemeinen politischen Diskussion unserer Tage werden sie dem Konzept des *Sustainable Development*, dem Leitbild einer dauerhaft sozial- und umweltgerechten Entwicklung, zugeordnet.

In den ersten Kapiteln dieses Buches konnte festgestellt werden, dass menschliches Einwirken auf die Ökosysteme ursächlich für deren Überbeanspruchung und in deren Folge verantwortlich für den kontinuierlichen Verlust der positiven Wirkungen der Ökosysteme auf Menschen ist. Hier soll nicht die Nutzung der natürlichen Lebensgrundlagen durch den Menschen als solche in Frage gestellt werden. Sie ist eine Bedingung für unsere Existenz. Kritisch ist dagegen die nahezu uneingeschränkte Ausbeutung der natürlichen Ressourcen und die Freisetzung schlecht abbaubarer Schadstoffe, die die Grenzen dessen überschreiten, was die Ökosysteme verkraften können (vgl. Grenzüberschreitungen).
Als Gründe für Grenzüberschreitungen konnten Entwicklungen in der Gesellschaft ausgemacht werden, die nicht nur einem angemessenen Umgang mit natürlichen Lebensgrundlagen entgegen stehen, sondern zugleich auch zu Ungleichgewichtszuständen, zu Spannungen innerhalb der Gesellschaft selber führen.
Kurz, Umweltprobleme sind Ausdruck und Folge eines gesamtgesellschaftlichen Problemzusammenhangs, der durch wechselseitig aufeinander bezogene ökologische, sozial-gesellschaftliche und ökonomische Ursachenfaktoren gekennzeichnet ist.

Das Konzept des Sustainable Development und die daraus ableitbaren Handlungsmaxime verstehen soziale, ökologische und ökonomische Entwicklung als eine dynamische Einheit. Neben angemessenen Reaktionen auf aktuelle Gefahren und Spannungen geht es hier auch um die Frage nach Zielen für die zukünftige Entwicklung unserer Gesellschaft und um eine dieser Zielsetzung gemäßen Anpassung gesellschaftlicher Strukturen. Also um nicht mehr und nicht weniger als den Entwurf einer umfassenden Entwicklungsperspektive. Diese muss einerseits die Belastungsgrenzen der Ökosysteme und damit die Verwiesenheit menschlicher Existenz auf natürliche Lebensgrundlagen berücksichtigen und andererseits das Recht aller Menschen auf eine menschenwürdige Lebensweise und personale Entfaltung einschließen. Bei Planungen und Handlungsentscheiden werden ökologische, soziale und ökonomische Interessen als gleichrangig betrachtet.

So schnell Leitbilder und Handlungsmaxime auch formuliert werden können, so schwer und langwierig ist es doch, angemessene Reaktionen auf den beobachteten Zustand der menschlichen und außermenschlichen Umwelt zu entwickeln, zu vereinbaren und umzusetzen. Hierzu sind weitreichende Veränderungen der Gesellschaft und ihrer Strukturen, ihrer Wirtschafts- und Lebensweise unumgänglich. Dieser Wandel wird konfliktreich sein, weil die damit verbundenen Korrekturen für den einzelnen und die Gesellschaft erhebliche Einschnitte mit sich bringen können. So ist zu erwarten, dass die aus Sicht einer dauerhaft sozial- und umweltgerechten Entwicklung notwendigen Grenzziehungen mit starken privaten Interessen kollidieren. Auch dürfte der Versuch, natürliche Lebensgrundlagen in ihrer Substanz zu erhalten, etablierte Konsummustern und liebgewonnene Gewohnheiten zumindest in Frage stellen.
Wegen der vielfältigen Interessen ist eine politische Konsensfähigkeit der Zielsetzungen und Maßnahmen notwendig. Es muss versucht werden, mit den betroffenen Akteuren gemeinsam jenen Prozess zu organisieren, der auf der einen Seite ökologisch notwendig ist und auf der anderen Seite aber auch von den einzelnen Akteuren mitgetragen werden kann.

Einsichtig ist auch, dass Sustainable Development letztlich nur im internationalen Zusammenhang und unter gemeinsamen Anstrengungen vieler Staaten umgesetzt werden kann; international abgestimmtes Handeln ist erforderlich. Es geht folglich um eine globale Perspektive, um internationale Kooperation und nicht um einzelstaatliches Denken und Handeln.
Gleichwohl sind regionale Charakteristika von zentraler Bedeutung. So unterscheiden sich Regionen aufgrund unterschiedlicher ökologischer und sozialgesellschaftlicher Daseinsbedingungen und damit auch in ihren Tragekapazitäten und Tragfähigkeitsgrenzen. Mit anderen Worten, die mit Blick auf die globale Situation zu formulierenden Zielsetzungen und Handlungsentscheide müssen an die jeweiligen regionalen sozial-gesellschaftlichen und ökologischen Rahmenbedingungen angepasst werden. Sie sind also nicht einfach übertragbar. Bei der regionalen Anpassung dürfen globale Belange jedoch nicht außer acht gelassen werden.

Der Prozess dauerhafter Entwicklung weist außerdem einen vorausschauenden, vorsorgenden Charakter auf (Vorsorgegebot), damit auf Probleme rechtzeitig und angemessen reagiert werden kann, bzw. bestimmte Problemlagen erst gar nicht entstehen. Außerdem muss das Konzept auch mit den Forderungen des Tages, d.h. mit den Problemen von Gegenwart und naher Zukunft, wirksam umgehen können.

Ohne Frage werden notwendige gesellschaftliche Umstrukturierungsprozesse und Veränderungen in der Lebensweise nicht von heute auf morgen Platz greifen können. Ökonomische und soziale Systeme könnten sich neuen Orientierungen nicht unmittelbar anpassen, so wie dies das Konzept des „radikalen Bruchs" unterstellt. Es wird also einen Zeitraum des Übergangs geben müssen, der mit Blick auf die Gesamtperspektive zu gestalten ist. Ob und wieviel Zeit für eine Kurskorrektur zur Verfügung steht, bevor der Grenzüberschreitung ein Zusammenbruch folgt, das vermögen auch die Apologeten des Untergangs nicht schlüssig darzulegen. Eines dürfte jedoch gesichert sein: Je früher wir damit beginnen, desto größer sind unsere Chancen, erfolgreich zu sein.

Katastrophenszenarien als „Impulsgeber" sollten jedoch vermieden werden. Unbestreitbar wird eine Gesellschaft, die durch ihren Lebensstil und Konsumgewohnheiten ihre natürlichen Lebensgrundlagen zunehmend gefährdet Gefahr laufen, ihre vitale Basis und damit ihre Zukunft zu „verspielen". Angesichts der Komplexität der Umweltproblematik und der vielfach noch ungesicherten Aussagen über die Folgen, sind jedoch Behauptungen über einen bevorstehenden Kollaps der Ökosysteme und der Gesellschaft derzeit nicht vertretbar.

Einmal abgesehen davon, dass ständig wiederholte Katastrophenszenarien mit der Zeit sowieso kaum auf Aufmerksamkeit stoßen, dürften Aussagen wie „Zu spät, ich sehe keine Hoffnung mehr" (SKINNER, Verhaltenspsychologe) oder „Die endgültige Weltkatastrophe ist eine rationale und wissenschaftlich fundierte Vision" (FROMM, Philosoph) wenig hilfreich sein. Für einen Patienten, dessen Ende eine unumstößliche Tatsache zu sein scheint, wird wohl keiner die Mühe auf sich nehmen, eine Therapie zu entwickeln.

Veränderungsprozesse in „offenen Gesellschaften" (POPPER) sind zäh und ziemlich unromantisch, mitunter werden sie von der Öffentlichkeit nicht einmal bemerkt. Doch alle Reformen, alle sozialen Fortschritte gingen von Menschen aus, die an eine bessere Zukunft, an menschenwürdige Lebensverhältnisse glaubten und nicht an den bevorstehenden Weltuntergang.

1.1   Auf dem Weg zu einer Politik der Nachhaltigkeit

„Die Menschheit steht an einem entscheidenden Punkt ihrer Geschichte. Wir erleben eine zunehmende Ungleichheit zwischen den Völkern und innerhalb von Völkern, eine immer größere Armut, immer mehr Hunger, Krankheit und Analphabetentum sowie eine fortschreitende Schädigung der Ökosysteme, von denen unser Wohlergehen abhängt."[1] Es sind dies die ersten beiden Sätze aus der Präambel zur Agenda 21, dem zentralen Schlussdokument der Konferenz der

---

[1]   Konferenz der Vereinten Nationen, 1992, S. 3

Vereinten Nationen für Umwelt und Entwicklung in Rio 1992. Aus ihnen lässt sich deutlich die Sorge der Konferenzteilnehmer um die Zukunft der Menschheit angesichts des besorgniserregenden Zustands des Ökosystems Erde und der menschlichen Gesellschaften ablesen.

In der Einsicht, dass die gegenwärtige Entwicklung der menschlichen Zivilisation langfristig nicht zukunftsfähig ist, im Bewusstsein für prinzipielle Belastungs-grenzen (Tragfähigkeitsgrenzen), in der Erkenntnis der Tatsache, dass diese Grenzen verschiedentlich lokal bzw. regional bereits überschritten sind und ange-sichts der daraus bereits heute spürbaren globalen ökologischen und sozial-gesellschaftlichen Folgen, rückte die Rio-Konferenz das Prinzip der *Nachhaltig-keit* in den Mittelpunkt ihrer Arbeit. Nachhaltige Entwicklung oder *Sustainable Development* sollte das Leitbild für zu treffende internationale Vereinbarungen werden.

„Sustainable Development" wird allerdings sehr unterschiedlich ins Deutsche übersetzt. Z.B. „dauerhafte", „langfristige", „durchhaltbare", „natürliche", „naturerhaltende", „dauerhaft umweltverträgliche" oder „nachhaltige" Entwick-lung. Trotz der weitverbreiteten Popularität des Begriffs, der mittlerweile nicht nur von Politikern, Entwicklungsexperten und Umweltschützern verwendet wird, sondern auch in industriellen Kreisen, Gewerkschaften und kirchlichen Institu-tionen Eingang gefunden hat, bestehen bislang immer noch erhebliche unter-schiedliche Vorstellungen darüber, wie Sustainable Development inhaltlich exakt zu bestimmen ist. So bestehen z.B. erhebliche Meinungsverschiedenheiten in bezug auf die Gewichtung der politischen, sozialen, ökonomischen und ökologi-schen Anforderungen und Implikationen von Sustainable Development. Ebenso umstritten ist der Weg, auf dem das Konzept realisiert werden soll.

Historisch kann Sustainable Development übrigens der deutschen Forstwirtschaft des 18. und 19. Jahrhunderts zugeordnet werden, wenngleich dieser Begriff damit eine Einschränkung seines Bedeutungsgehalts erfährt: Einer drohenden Holznot durch Übernutzung wurden damals Forstordnungen entgegengesetzt, die zu einer Holznutzung unterhalb bzw. in Höhe des jährlichen Zuwachses führten. In den Anfängen der sogenannten nachhaltigen Forstwirtschaft dominierte also das Bild von der produzierenden Natur, die wegen der Stetigkeit der Holzlieferung nicht überlastet werden durfte (Holz war Garant wirtschaftlicher Entwicklung). Der Erhalt des wirtschaftlich nutzbaren Baumkollektivs und damit die Stetigkeit der Holzlieferung waren demnach handlungsleitend für die Forstwirtschaft dieser Zeit.[2] Gleichwohl fußte diese Vorstellung von Nachhaltigkeit auf der Erkenntnis

---

[2]   Vgl. Schramm, 1989, S. 39

der Abhängigkeit menschlicher Existenz von der Verfügbarkeit natürlicher Ressourcen und der Unversehrtheit natürlicher Lebensgrundlagen.

So richtig in das Bewusstsein der Öffentlichkeit dürfte die Ungewissheit menschlicher Zukunft allerdings mit der 1972 veröffentlichen Studie „Die Grenzen des Wachstums" gelangt sein. In dieser Studie versuchte MEADOWS neben den Variablen Bevölkerungsentwicklung und Nahrungsproduktion auch die Industrieproduktion, die Umweltbelastung sowie die Ausbeutung der Rohstoffe unter Einschluss ihrer komplizierten Wechselwirkungen in einem Modell zusammenzufassen, das Auskunft über die Zukunft menschlicher Gesellschaften geben sollte. Das Ergebnis der Arbeit, die Möglichkeit einer ökologischen Selbstzerstörung, bestärkte MEADOWS in seiner Skepsis gegenüber einem im Schwerpunkt auf Wachstum, Wissenschaft und Technik ausgelegten Wirtschafts- und Gesellschaftssystem und führte zur Forderung nach inhaltlicher Ausgestaltung eines neuen Fortschrittsbegriffs. MEADOWS fordert in diesem Zusammenhang auch einen verantwortlichen Umgang mit den natürlichen Lebensgrundlagen des Menschen und ein solidarisches Miteinander bei der Lösung der anstehenden Probleme.
Insgesamt wurden die „Grenzen des Wachstums" zum Angelpunkt einer hitzigen Kontroverse, die allerdings nicht unbedingt in Überlegungen zu einer Kurskorrektur mündeten. Vielfach wurde versucht, die aufgezeigten Grenzen zu verdrängen bzw. den jeweils bevorstehenden Knappheiten durch unaufhörliche wirtschaftliche Expansion und technische Innovation immer einen Schritt voraus zu sein. Einige Kritiker der MEADOWS-Studie waren der Meinung, dass knapp werdende Rohstoffe in einem funktionierenden marktwirtschaftlichen System stets durch andere Stoffe substituiert werden könnten, oder aber der Markt über den Preis zu einem sparsamen Umgang mit den Ressourcen, aber auch zur Schonung der Senken zwingen würde. Scharfe Kritik brachte MEADOWS auch die Tatsache ein, dass er auf die Begrenzung des industriellen Wachstums besonderen Wert legte, während die Voraussetzung „Bedürfnisbefriedigung" bei einem großem und wachsenden Teil der Weltbevölkerung nicht gegeben war.

Anlässlich der 1972 von den Vereinten Nationen in Stockholm ausgerichteten „Conference on Human Environment" wurde das Problem der globalen Umweltzerstörung und der Unterentwicklung auf die Tagesordnung gesetzt und damit erstmals im internationalen Rahmen Umwelt und Entwicklungsfragen gemeinsam diskutiert. Im gleichen Jahr wurde das „United Nations Environmental Programme" (UNEP) gegründet.

Weiterhin erlangte das Konzept des „Ecodevelopment", das von der UNEP 1983 entwickelt wurde, in der entwicklungspolitischen Debatte eine grundlegende Bedeutung. Entwicklung wurde dabei als eine „Nutzung aller regional spezifischen Potentiale bei der Erhaltung der ökologischen Systeme und Befriedigung der Grundbedürfnisse aller Menschen" verstanden.[3] Die Industrieländer wurden als „fehl-" bzw. „überentwickelt" identifiziert. Diese Tatsache wurde in Zusammenhang mit der Unterentwicklung der Entwicklungsländer gebracht und damit die Industriestaaten mitverantwortlich gemacht. Die politischen Forderungen des Konzepts, die an Begriffen wie soziale Sicherheit, Lebensqualität, Partizipation, Solidarität, Ressourcen- und Umweltschonung festzumachen sind, galten jedoch wegen ihrer möglichen politischen Konsequenzen als nicht mehrheitsfähig.

Einen wichtigen Beitrag zum Thema „dauerhafte Entwicklung" (bzw. Sustainable Development) und zu dessen inhaltlicher Ausgestaltung lieferte die von den Vereinten Nationen 1983 beauftragte „Weltkommission für Umwelt und Entwicklung". Mit ihrem Bericht „Our Common Future" (Brundtland-Bericht) stellte sie 1987 zugleich ein „weltweites Programm des Wandels" mit „langfristigen Umweltstrategien" vor, mit dessen Hilfe „ ...bis zum Jahr 2000 und darüber hinaus dauerhafte Entwicklung zu erreichen [wäre]".[4] Mit der Arbeit der Kommission erhielt der Begriff des Sustainable Development einen festen Platz in der internationalen politischen Diskussion.

Die Kommission will Umwelt nicht losgelöst von menschlichem Handeln verstanden wissen und zum Ausdruck bringen, dass eine bloße Umverteilung von Gütern nicht ausreichen wird, den Zustand des Ungleichgewichts zwischen menschlichen Gesellschaften aufzuheben. Angesichts der Globalität der Umweltprobleme und ihrer gesellschaftsbedingten Entstehung, sollen gemeinschaftliche, solidarische Problemlösungen und neue Formen globaler Zusammenarbeit initiiert werden, wobei die jeweils unterschiedlichen Phasen wirtschaftlicher und sozialer Entwicklung der Partnerländer Berücksichtigung finden sollen. Der Begriff der dauerhaften Entwicklung soll darüber hinaus vor allem kenntlich machen, dass soziale, ökonomische, politische und ökologische Entwicklung notwendig als eine innere Einheit zu sehen sind.
Einer gewaltsamen Umsetzung des Konzepts wird zugunsten eines solidarischen Miteinanders eine klare Absage erteilt. Damit Menschen gemeinsam Zielsetzungen entwickeln und solidarisch handeln können, sei allerdings ein politisches System Voraussetzung, das eine wirksame Beteiligung der Bürger an Entscheidungsprozessen sicherstellt. Wie ein solches politisches System aussehen soll, darüber sagt der Brundtland-Bericht nichts. Des weiteren wird ein Wirtschaftssystem gefordert, das weniger material- und energieintensiv und gerechter in seinen Folgen ist.

---

[3]   Zitiert nach Braun, 1991, S. 18
[4]   Brundtland, 1987, S. XIX

Im Konzept der „dauerhaften Entwicklung", deren Ziel letztlich eine „dauerhaft existenzfähige Gesellschaft" ist, können klare Wertentscheidungen ausgemacht werden. So sollen z.B. „ ...die Bedürfnisse der Gegenwart befriedigt [werden], ohne zu riskieren, dass künftige Generationen ihre eigenen Bedürfnisse nicht befriedigen können".[5] Dauerhafte Entwicklung meint damit zum einen, Verantwortung für die Nachwelt zu übernehmen, und zum anderen, alle erforderlichen Anstrengungen zu unternehmen, um ein menschenwürdiges Dasein im Hier und Jetzt sicherzustellen. In diesem Zusammenhang wird auch ein verantwortungsvoller Umgang mit den natürlichen Lebensgrundlagen angemahnt. Von einer prinzipiellen Gleichheit aller Menschen ist übrigens nicht die Rede. In bezug auf die Grundrechte des Menschen heißt es nur: „Alle Menschen haben ein Grundrecht auf eine Umwelt, die ihrer Gesundheit und ihrem Wohlergehen angemessen ist."[6]

1.1.1 Die Konferenz der Vereinten Nationen für Umwelt und Entwicklung von Rio

Insbesondere seit der großen Konferenz der Vereinten Nationen (UNCED) im Sommer 1992 in Rio hat das Thema „Sustainable Development" eine zentrale Bedeutung in der weltweit geführten Diskussion um die Zukunft menschlicher Gesellschaften und ihrer Entwicklung eingenommen. Im wesentlichen werden die Kernpunkte des Brundtland-Berichts aufgegriffen und in überarbeiteter Form in der Agenda 21 niedergelegt.

Agenda 21 steht für ein 40 Kapitel umfassendes Aktionsprogramm, mit dem eine umweltverträgliche und nachhaltige (dauerhafte) Entwicklung menschlicher Gesellschaften sichergestellt werden soll. Mit Sustainable Development als Leitbegriff ist das Programm Ausdruck des Bemühens, die gesellschaftliche Entwicklung an der Tragekapazität ökologischer Systeme auszurichten, die personale Würde aller Menschen zu schützen sowie für soziale Gerechtigkeit Sorge zu tragen.

Das Aktionsprogramm richtet sich sowohl an Industrie- als auch an Entwicklungsländer und enthält Festlegungen in den Bereichen Armutsbekämpfung, Bevölkerungspolitik, Handel und Umwelt, Abfall-, Chemikalien-, Klima- und Energiepolitik, sowie Maßnahmen zur finanziellen und technologischen Zusammenarbeit und zur Stärkung der Rolle wichtiger gesellschaftlicher Gruppen. Im Bereich der Sofortmaßnahmen geht es zunächst darum, einer weiteren Verschlechterung der Situation entgegenzuwirken, eine umweltschonende Ressourcennutzung zu erreichen und eine schrittweise Verbesserung der Ausgangssituation einzuleiten.

---

[5] Weltkommission für Umwelt und Entwicklung, 1987, S. 46
[6] A.a.O., S. 387

Die Agenda 21 war jedoch nicht das einzige Ergebnis von Rio. Daneben wurden zwei wichtige Konventionen beschlossen: die Klimaschutzkonvention und die Artenvielfaltskonvention, an deren Konkretisierung seither gearbeitet wird.

Die Bedeutung bzw. die Auswirkungen der Rio-Konferenz für die weitere Entwicklung werden unterschiedlich bewertet und kontrovers diskutiert. Für die Bundesregierung sind mit den Beschlüssen von Rio „ ...die Voraussetzung für das Inkrafttreten ...völkerrechtlich verbindlicher Vertragswerke ...geschaffen worden".[7] Schließlich hätten 178 Staaten den dringenden Handlungsbedarf zur Erhaltung der Erde anerkannt und die konzeptionellen Grundlagen für eine qualitativ neue Zusammenarbeit in der Umwelt- und Entwicklungspolitik geschaffen.[8] Gleichwohl wird auf eine lange, noch zurückzulegende Wegstrecke verwiesen, bis das Ziel einer sozial- und umweltgerechten (nachhaltigen) Gesellschaft erreicht werden kann. Andere sehen das wichtigste Ergebnis vor allem im Bewusstwerden des besorgniserregenden Zustands unserer Umwelt und in einer damit einhergehenden „ ...weltweiten Bewusstseinsveränderung, deren Tiefe noch nicht zu ermessen ist".[9] So sei in Rio der Traum von einer fortgesetzten Steigerung des material- und energieintensiven Konsums begraben und erstmalig im Bereich der offiziellen Politik der industrialisierte Norden als Hauptverursacher der Umweltkrise benannt worden.

Direkte Auswirkungen der Rio-Konferenz lassen sich jedoch am besten am Verlauf und an den Ergebnissen des Rio-Nachfolgeprozesses ablesen: Mit der Überwachung der Umsetzung sowie der Fortentwicklung der in Rio erzielten Ergebnisse wurde die neu eingerichtete „Kommission der Vereinten Nationen für nachhaltige Entwicklung" (CSD) beauftragt. Bereits deren erste Sitzungen 1993 und 1994 zeigten, wie schwierig es sein würde, die Beschlüsse von Rio mit Leben zu erfüllen. Unterschiedliche Interessenslagen bzw. Vorstellungen vom Wesen des Sustainable Development und sich daraus ergebende unterschiedliche Prioritätensetzungen bildeten hier die wichtigsten Hemmnisse bei der Entwicklung konkreter, völkerrechtsverbindlicher Maßnahmen. Allerdings galt schon in der Rio-Konferenz das Interesse der Entwicklungsländer eher dem entwicklungspolitischen Teil, den sie mit dem Konzept der „nachholenden Entwicklung" verbunden wissen wollten. Scheinbar bedeutet Sustainable Development für sie in erster Linie eine Neuordnung der Weltwirtschaft mit dem Ziel, ihren Anteil an der internationalen Verwertung ihrer natürlichen Ressourcen zu erhöhen, den Zugang zu neuen Technologien zu erhalten und den finanziellen Spielraum für die Durchführung von Entwicklungsvorhaben zu erweitern. Angesichts der bedrückenden ökonomischen Lage ihrer Staaten ein durchaus verständliches

---

[7]   Bundesumweltministerium, 1993, S. 3
[8]   Dasselbe, 1997, S. 10
[9]   von Weizsäcker, 1993, S. 166

Ansinnen. Zudem befürchteten die Entwicklungsländer, dass der industrialisierte Norden unter dem Deckmantel von Sustainable Development versuchen würde, ihnen den ohnehin geringen wirtschafts- und entwicklungspolitischen Handlungsspielraum einzuengen, indem ihnen Umweltschutzmaßnahmen abverlangt werden.

Auch der industrialisierte Norden verfolgte seine eigenen Interessen und warf seinen Einfluss und politische Macht in die Waagschale, um diese möglichst weitgehend zu realisieren. Ihm ging es scheinbar vor allem um den (möglichst kostengünstigen) Zugang zu den Ressourcen und um die Bewahrung seiner marktdominierenden Stellung bzw. seines technologischen Vorsprungs. Gleichzeitig wurde den Entwicklungsländern z.B. abverlangt, das „gemeinsame Menschheitserbe" Regenwald zu erhalten, d.h. teilweise auf eine Nutzung tropischer Hölzer zu verzichten bzw. diese durch eine pflegliche, aber auch kostenintensivere Bewirtschaftung zu nutzen. Mit dem Verweis auf die schonungslose Ausbeutung der Ressourcen in den Ländern des Nordens, und auf ihre Souveränitätsrechte wurde diese Forderung postwendend von den Regenwaldländern abgelehnt.

1.1.2   Rio-Nachfolgeprozess

Der sogenannte Rio-Nachfolgeprozess ist vor allem durch das Stattfinden von Weltkonferenzen zu folgenden Themen gekennzeichnet:
- Bevölkerung und Entwicklung (Kairo 1994)
- Soziale Sicherung (Kopenhagen 1995)
- Frauen (Peking 1995)
- Stadtentwicklung (Istanbul 1996)
- Ernährung (Rom 1996)

Diese Konferenzen sollten ein Forum darstellen, auf dem Industrie- und Entwicklungsländer auf hoher politischer Ebene wichtige Fragen der Umwelt- und Entwicklungspolitik und ihre Integration in alle Politikbereiche diskutieren können.

Die Resultate dieser Konferenzen wurden ebenso wie die Rio-Konferenz uneinheitlich bewertet. So verwiesen die bei den Sitzungen der CSD anwesenden Vertreter der über 100 Nicht-Regierungs-Organisationen auf die eher mageren Ergebnisse und kritisierten, dass sich nach wie vor die von offizieller Seite postulierten Fortschritte hauptsächlich auf die Ebene unverbindlicher Appelle beschränken und es nicht gelungen sei, konkrete politische Ziele, Maßnahmen und Zeitpläne festzuschreiben. Insgesamt sei „ ...in der globalen Umwelt- und

Entwicklungspolitik die Diskrepanz zwischen Worten und Taten eher noch
größer geworden".[10]

Ebenso wird bemängelt, dass in der politischen Realität nicht das Leitbild des
Sustainable Development die weltweite Tagesordnung prägt. Statt dessen
bestimmen auf internationaler Ebene die Auseinandersetzung um Globalisierung,
auf nationaler Ebene die Debatte um Standort- und Wettbewerbsvorteile die politische Agenda. Vor allem der starke ökonomische Druck, ausgelöst durch
zunehmenden globalen Wettbewerb, habe letztlich zur Ausblendung ökologischer
Fragestellungen geführt.[11]

Im Juni 1997 fand in New York eine Sondergeneralversammlung der Vereinten
Nationen statt, auf der eine erste Bestandsaufnahme des Rio-Nachfolgeprozesses
erfolgen sollte. Während offizielle Stellungnahmen von befriedigenden Ergebnissen angesichts der schwierigen Verhandlungsbedingungen sprachen, sahen
Nicht-Regierungsorganisationen einen Rückfall hinter die in Rio bereits erreichten Positionen. Heute, fünf Jahre nach Rio, ließe sich nicht erkennen, dass die
Agenda 21 konkrete Impulse für eine dauerhaft sozial- und umweltgerechte Entwicklung gebracht hätte.[12]

Neben den Schwierigkeiten bei der inhaltlichen Ausgestaltung des Konzepts des
Sustainable Development, gibt es auch noch eine Reihe prinzipieller metho-
discher Probleme bei der Operationalisierung der sozial-gesellschaftlichen und
ökologischen Zielbereiche. So ist es bisher nur in wenigen Fällen gelungen, die
Tragfähigkeitsgrenzen der Quellen und Senken zu bestimmen. Hier fehlen verlässliche Abgaben über sogenannte *critical loads* für eine bestimmte Region, die
als Richtmaß für die Inanspruchnahme der Aufnahmekapazitäten der Ökosysteme
fungieren können. Dabei muss auch die „angeeignete Tragekapazität" (appropria-
ted carrying capacity) bedacht werden: bedingt durch den Handel zwischen
Regionen, kommt es zu einem Import oder Export an Tragekapazität. So kann der
Import an Energie oder Material die Tragekapazität der importierenden Region
erhöhen, durch Exporte jedoch absenken. Die Ausrichtung auf die Tragfähigkeitsgrenzen der jeweiligen Regionen berücksichtigt deshalb die „ökologischen
Rucksäcke"[13], die mit Importen und Exporten verbunden sind.

Ebenso gibt es kaum konsensfähige Kriterien und Indikatoren, die es ermöglichen
würden, die Erreichung potenzieller sozial-gesellschaftlicher Schutz- und Gestaltungsziele zu überprüfen.

---

[10]   Evangelischer Pressedienst, 1994, S. 42
[11]   Vgl. Forum Umwelt & Entwicklung, 1997, S. 6-10
[12]   A.a.O., S. 11-12
[13]   Wuppertal Institut, 1996, S. 98

Derzeit wird vor allem für den ökologischen Zielbereich eine intensive Diskussion um verfügbare Kriterien und Indikatoren geführt mit dem Ziel, die ökologischen Entwicklungen ermitteln und beurteilen zu können.

Auf regionaler und lokaler Ebene haben sich eine Reihe von Initiativen gebildet, die sich unter dem Stichwort „lokale Agenda 21" zusammenfassen lassen. Angestrebt wird hier die Umsetzung der Agenda 21 im Einflussbereich von Städten und Gemeinden. Über „runde Tische" versuchen hier die verschiedensten gesellschaftlichen Gruppen einen Konsens über die Ziele zukünftiger Entwicklung in ihrem unmittelbaren Lebensbereich herzustellen und diese in Form von Aktionsplänen umzusetzen.

1.2 Ökologische, sozial-gesellschaftliche und ökonomische Aspekte nachhaltiger Entwicklung

Die Zielvorstellung einer dauerhaft sozial und umweltverträgliche Entwicklung (im Folgenden nur noch nachhaltige Entwicklung genannt) impliziert zwar, dass es Entwicklungsziele bzw. -zustände gibt, die nicht auf Dauer Bestand haben können, weil sie über kurz oder lang die natürlichen Lebensgrundlagen des Menschen zu zerstören drohen und zu Spannungen und Konflikten innerhalb menschlicher Gesellschaften führen. Gleichwohl wird Entwicklung als Ziel keinesfalls aufgegeben, wobei diese Entwicklung, wenn der Begriff nicht widersprüchlich sein soll, eine andere als die bisher verfolgte sein muss. Wie aber die geforderte „andere" Entwicklung aussehen kann, darüber wird noch heftig gestritten.

Derzeit gibt es noch kein ausgereiftes, konsensfähiges Konzept für eine nachhaltige Entwicklung, das verschiedenen gesellschaftlichen Entwicklungszuständen, Bedürfnissen und ökologischen Ausgangsbedingungen überzeugend Rechnung trägt. Es muss erst noch erarbeitet werden.
Vor diesem Hintergrund wird deutlich, dass nachhaltige Entwicklung konzeptionell genauer zu bestimmen ist und die Voraussetzungen für eine praktische Umsetzung noch zu benennen sind.
An dieser Stelle soll jetzt nicht der Versuch unternommen werden, eine geschlossene Konzeption oder Strategie für eine nachhaltige Entwicklung zu entwerfen. Einige wichtige Prinzipien sollen aber dennoch angesprochen werden. Das Konzept nachhaltiger Entwicklung lässt sich in drei Bezugsebenen gliedern:

1. Ökologische Nachhaltigkeit
   - Es geht um einen Ausgleich zwischen den Bedürfnissen menschlicher Gesellschaften, und den Belangen der außermenschlichen Umwelt, d.h.

um eine Entwicklung menschlicher Gesellschaften innerhalb der Tragfähigkeitsgrenzen der Ökosysteme.
- Dieser stützt sich auf die Erkenntnis der Abhängigkeit menschlicher
  Existenz und Wohlfahrt von der Verfügbarkeit natürlicher Ressourcen
  und der Stabilität der Ökosysteme.

2. Sozial-gesellschaftlicher Zielbereich; Humanisierung der Gesellschaft.
   - Schutz der personalen Würde aller Menschen, Recht auf personale Ent-
     faltung
   - Schutz der Gesundheit
   - Herstellung sozialer Gerechtigkeit
   - Friedenssicherung
   - Mitsprache- und Mitwirkungsmöglichkeiten bei der demokratischen
     Willensbildung

3. Ökonomische Nachhaltigkeit
   Entwicklung einer lebensdienlichen Ökonomie, z.B. durch
   - Befriedigung individueller und gesellschaftlicher Bedürfnisse in effi-
     zienter Weise
   - Koppelung der Quantität wirtschaftlichen Erfolgs (Gewinn) an die sozial-
     politischen und ökologischen Qualitäten der eingesetzten Mittel und
     Strategien
   - Aufrechterhaltung bzw. Verbesserung der ökonomischen Leistungs-
     fähigkeit einer Gesellschaft und ihres Produktiv-, Sozial- und Human-
     potentials
   - Einbindung der Marktwirtschaft in eine globale Wirtschaftsrahmenord-
     nung, die funktionsfähige Märkte entstehen lässt und aufrechterhält

1.2.1 Ökologische Nachhaltigkeit

Unsere Gesellschaft mit ihren sozialen, wirtschaftlichen und politischen Strukturen ist Teil des Gesamtökosystems Erde. In unserer Existenz sind wir angewiesen auf das langfristige Funktionieren außermenschlicher Systeme, die unsere
natürlichen Lebensgrundlagen darstellen. Gleichwohl ist der Mensch wie kein
anderes Lebewesen in der Lage, die außermenschliche Umwelt seinen Bedürfnissen gemäß mit weitreichenden Folgen zu verändern. Diese Folgen können
irreversible Schäden nach sich ziehen, sie müssen es aber nicht, wenn bestimmte
Grenzen eingehalten werden.
Um ihre natürlichen Lebensgrundlagen und damit zugleich ihren Fortbestand
nicht zu gefährden, orientiert sich eine dem Nachhaltigkeitsprinzip verpflichtete
Gesellschaft in ihrer Entwicklung und ihrem Konsum an der Tragekapazität der

Ökosysteme. Sie richtet die Befriedigung menschlicher Bedürfnisse an der langfristigen Beständigkeit der Ökosysteme und deren Belastungsgrenzen aus (= ökologische Nachhaltigkeit).

1. Schutz und Erhalt der Struktur (Integrität von Atmosphäre, Wasser und Boden, Artenvielfalt und Ökosystemstabilität) sowie der Funktion von Ökosystemen (bezogen auf den Erhalt des Systems, hier aber vor allem für den Menschen: Erhalt der positiven Wirkungen der Ökosysteme wie z.B. Schutz der Gesundheit, Erholungswirkung, nachhaltige Produktionsfunktionen der Gewässer, der Wälder, der Böden usw.).
2. Ressourcenschonung.

Abbildung 20: Ökologische Schutz- und Gestaltungsziele[14]

Für die weitere Entwicklung unserer Wirtschafts- und Lebensweise bedeutet die Orientierung an der ökologischen Nachhaltigkeit folgendes: Material und Energieverbrauch müssen innerhalb der Grenzen der Belastbarkeit von Quellen und Senken bleiben. D.h. Emissionen müssen innerhalb der Aufnahmekapazitäten der Ökosysteme liegen, so dass diese nicht geschädigt werden und der Verbrauch erneuerbarer Ressourcen darf deren Regenerationsfähigkeit nicht überschreiten. Nicht erneuerbare Ressourcen dürfen nur in dem Umfang genutzt werden, in dem ein physisch und funktionell gleichwertiger Ersatz in Form der erneuerbaren sowie nicht-erneuerbaren Ressourcen geschaffen wird.[15]
Eine weitere wichtige Regel verlangt nach einer Beachtung der Zeitmaße. Damit ist eine Verknüpfung der Zeitmaße anthropogener Eingriffe und natürlicher reaktiver Prozesse gemeint: Das Zeitmaß anthropogener Einträge bzw. Eingriffe in die Umwelt muss in ausgewogenem Verhältnis zum Zeitmaß der für das Reaktionsvermögen der Umwelt relevanten Prozesse stehen.[16]
Es stellt sich jedoch die Frage, wie ein Wirtschaftssystem, das in starkem Maße auf der Nutzung nicht-erneuerbarer Ressourcen beruht, auf eben diese Ressourcen verzichten soll, ohne dass es zu Verwerfungen im ökonomischen und sozialen System kommt. Von wesentlicher Bedeutung dürfte es hier sein, die Innovationskraft in eine Richtung zu lenken, bei der die Abhängigkeit von nicht-erneuerbaren Ressourcen abnimmt und der Anteil erneuerbarer Ressourcen

---

[14] Im Anhalt an Enquête-Kommission „Schutz des Menschen und der Umwelt" des Deutschen Bundestages, 1994, S. 446-447
[15] Große Bedeutung kommt in diesem Zusammenhang der Reduktion des Flächenverbrauchs zu. Böden stellen eine nicht-erneuerbare und damit begrenzte Ressource dar.
[16] Vgl. Enquête-Kommission „Schutz des Menschen und der Umwelt", 1994, S. 48-53

kontinuierlich zunimmt. Es gilt, eine Entkoppelung wirtschaftlicher Entwicklung von dem Verbrauch nicht-erneuerbarer Ressourcen zu erreichen.[17]

Mitunter kann das Eintreten für ökologische Nachhaltigkeit bedeuten, engagiert für den Schutz der natürlichen Lebensgrundlagen des Menschen einzutreten. Dieses Engagement kann sich jedoch nicht auf die Einrichtung von Reservaten beschränken, in denen die außermenschliche Umwelt sich selbst überlassen wird, um sie letztlich zu „konservieren". Ein so verstandenes Konzept vom Schutz der natürlichen Lebensgrundlagen sieht diese von der menschlichen Gemeinschaft getrennt. Der angestrebte Ausgleich zwischen menschlichen Bedürfnissen und den Belangen der außermenschlichen Umwelt, der seinen Ausdruck in einem sachgemäßen und pfleglichen Umgang mit den natürlichen Lebensgrundlagen finden muss, kann so sicher nicht hergestellt werden. Befürworter einer musealen Rettungsideologie sollten deshalb akzeptieren, dass die Gestaltung der außermenschlichen Umwelt an sich keinen Sündenfall darstellt.

1.2.2 Sozial-gesellschaftlicher Zielbereich

Auf ihrer sozial-gesellschaftlichen Bezugsebene setzt nachhaltige Entwicklung Organisationsformen, Strukturen und Verhaltensweisen voraus, die einer Stabilisierung menschlicher Gesellschaften förderlich sind und einen pfleglichen Umgang mit den natürlichen Lebensgrundlagen ermöglichen. Letztlich wird eine Verbesserung der sozialen und ökonomischen Lebensbedingungen angestrebt, die ein menschenwürdiges Dasein in Selbstbestimmung, Mitbestimmung, Verteilungsgerechtigkeit, materieller Absicherung, Gleichberechtigung und Frieden ermöglichen.

Soziale Nachhaltigkeit ist eng verbunden mit ökologischer Nachhaltigkeit. So ist der Erhalt natürlicher Lebensgrundlagen eine wesentliche Voraussetzung für die Funktionsfähigkeit und die Fortentwicklung einer Gesellschaft. Gesundheitsschutz ist z.B. ohne stabile Ökosysteme ebenso wenig möglich wie die wirtschaftliche Entwicklung. Beide setzen die positiven Wirkungen der außermenschlichen Umwelt (Klima, UV-Schutz der Atmosphäre, Luftreinheit, Verfügbarkeit von Trinkwasser, Bereitstellung von Ressourcen usw.) voraus.
Umgekehrt werden realistischerweise in Gesellschaften, in denen weder ein angemessener Wohlstand für den einzelnen besteht noch ausreichend Arbeitsplätze zur Verfügung stehen, ökologisch motivierte Vorstellungen einen geringen Stellenwert einnehmen.

---

[17] A.a.O., S. 49

Die Voraussetzungen für soziale Nachhaltigkeit sind weltweit betrachtet nur unvollständig gegeben. So können beispielsweise viele Menschen noch nicht einmal die dringendsten materiellen Grundbedürfnisse befriedigen. Wer aber am Rande des Existenzminimums lebt, dessen Streben und Trachten ist auf die Befriedigung der täglichen Grundbedürfnisse ausgerichtet. Eine freie Entfaltung von Lebensentwürfen, so wie es soziale Nachhaltigkeit intendiert, ist in dieser Lebenssituation sicher nicht möglich.

Auch sollte nicht verschwiegen werden, dass keinesfalls alle Gesellschaften die o.g. (abendländischen) Vorstellungen von einer liberalen, demokratisch verfassten Gesellschaft in Gänze teilen. Vertreter des sogenannten „Asianismus" bauen z.B. lieber auf einen „sanften Autoritarismus". Disziplin, Pflichterfüllung, reglementierte Mitspracherechte, wirtschaftlicher Pragmatismus, Gesetz und Ordnung sind für sie Garanten des „guten Lebens". Liberalismus, Individualisierung und Mehrparteiensysteme werden dagegen mit gesellschaftlicher Instabilität, politischer Lähmung und einem anarchistischen Zerfall der überkommenen Werteordnung gleichgesetzt. In dieser Grundhaltung, die sie als Grundlagen eines „good government" bezeichnen, sehen sich die Befürworter des Asianismus vor allem durch ihre wirtschaftlichen Erfolge bestärkt.[18]

Der sozial-gesellschaftliche Zielbereich nachhaltiger Entwicklung umfasst vor allem:

1. Entwicklung gemeinsamer Zielsetzungen

Bedingt durch die Globalisierung und Verflechtung der Umweltprobleme sind von ihnen nicht nur eine Gruppe, sondern alle Länder, wenn auch in unterschiedlicher Weise, betroffen. Deshalb sollte gelten: Gemeinsame grenzüberschreitende Probleme erfordern gemeinsame Problemlösungen. Dauerhafte Entwicklung kann nur praktisch werden, wenn alle Menschen einer Gesellschaft bzw. alle menschlichen Gesellschaften gemeinsam um ihre Umsetzung bemüht sind. Von Beginn an sollte deshalb ein interaktiver partizipativer Prozess in Gang gesetzt werden, in den alle gesellschaftlichen Gruppen und die verschiedenen Ebenen der Regierungen (lokal, regional, national) eingebunden sind. Dabei muss es gelingen, Zielkonflikte, wenn nicht zu beseitigen, dann doch mit demokratischen Mitteln auszutragen.

2. Partizipation und soziale Gerechtigkeit

Die Hoffnung, durch Gesetze, Paragraphen oder Gewalt sozial-gesellschaftliche Voraussetzungen für eine dauerhafte Entwicklung zu schaffen, muss, wo sie noch besteht, aufgegeben werden. Dirigismus und (Öko-) Diktatur blockieren durch immanent hohen Anpassungsdruck bzw. Unflexibilität das schöpferische, krea-

---

[18] Vgl. Kuan Yew, 1995, S. 19-22

tive Potential des einzelnen, das zu wirkungsvollen Problemlösungsstrategien führen kann. Wenn es aber gelingt, möglichst viele Menschen an Entscheidungsprozessen zu beteiligen, dann werden die sich daraus ergebenden Maßnahmen auch eher akzeptiert und mitgetragen. So könnte von gemeinschaftlich erarbeiteten und beschlossenen Entwicklungszielen eine Identifikationskraft ausgehen, die alle am Prozess beteiligten Bürger zum Mitmachen auffordert. Auch würde die Bereitschaft an der Mitwirkung bei öffentlichen Angelegenheiten steigen, wenn erkennbar wird, dass jede einzelne Stimme im Abstimmungsprozess etwas gilt. Nachhaltige Entwicklung benötigt deshalb gesellschaftspolitische Strukturen, die eine wirksame Partizipation aller Bürger ermöglichen. Gesellschaftliche Institutionen wie Gewerkschaften, Arbeitgeberverbände, Parteien, Kirchen oder Administrationen sind aufgerufen, die Bedeutung einer wirksamen Teilhabe aller Bürger an Entscheidungsprozessen nicht nur anzuerkennen, sondern auch zu fördern. Ein erster Anfang dafür wäre z.B. der Zugang zu Informationen und transparente Prozesse der Entscheidungsfindung.[19]

Neben seiner gesellschaftspolitischen Dimension (Beteiligung) hat Partizipation auch noch eine individuelle Dimension: Selbstbestimmung. Hier geht es um die prinzipielle Möglichkeit, sein eigenes Leben in die Hand zu nehmen und zu gestalten. Diese Dimension von Partizipation verdeutlicht zugleich den Unwillen, sich mit einer festgelegten Rolle zufriedenzugeben, eine Abseitsposition oder einen untergeordneten Status zu akzeptieren, und den Wunsch nach einem erfüllten Leben.

Mit dem Begriff der Partizipation ist immer auch die Hoffnung auf soziale Gerechtigkeit verbunden. Diese baut auf dem Grundsatz der prinzipiellen Gleichheit aller Menschen auf. Prinzipielle Gleichheit meint, „ ...dass niemand allein aufgrund seiner Abstammung für sich ein Vorrecht oder Privilegien beanspruchen kann. Alle Menschen sind vielmehr gleichberechtigt".[20] Soziale Gerechtigkeit schließt ausdrücklich auch die Berücksichtigung ungleicher Beiträge, Leistungen und Verdienste der Gesellschaftsmitglieder, an denen ein *allgemeines* Interesse besteht sowie die Achtung bestehender Rechte und Pflichten mit ein. Jedoch muss trotz unterschiedlicher Beiträge oder bei reduzierter Leistungsfähigkeit oder gesteigerter Bedürftigkeit eine Grundversorgung sichergestellt werden, die an einem umweltverträglichen Lebensstil orientiert ist. Umgekehrt müssen individuelle Leistungen auch „Privilegien" nach sich ziehen, sofern diese mit dem Ziel einer nachhaltigen Gesellschaft übereinstimmen.

---

[19] Vgl. Croft/Bevesford, 1993, S: 439-454
[20] Koller, 1994, S. 135

Keinesfalls können Ungleichverteilungen bei folgenden Rechten hingenommen werden:

- Allgemeine Rechte des Menschen, also jene Rechte, die der einzelnen Person unabhängig von ihren persönlichen Lebensumständen zukommen. Dazu gehört auch das Recht auf Bildung.
- Politische Beteiligungsrechte der Gesellschaftsmitglieder.
- Recht der Teilhabe am materiellen Wohlstand und Recht auf menschenwürdige Lebensumstände.[21]

Wenngleich dauerhafte Entwicklung für die Ausübung von Freiheitsrechten wie die o.g. steht, ist unverkennbar, dass sie auch mit Freiheitsbeeinträchtigungen verbunden sein kann. Es kann nicht hingenommen werden, dass Abfall willkürlich entsorgt, Abwässer illegal in Flüsse geleitet wird, die Filteranlagen von Industrieanlagen nachts ausgestellt oder Autos an Bachläufen gereinigt werden. Hier ist es dann Aufgabe des Rechtsstaats bzw. der Staatengemeinschaft auf der Grundlage einer bestehenden Grundrechtsordnung und Rechtsstaatlichkeit entsprechende Instrumente zur Schadenabwehr zu entwickeln und Maßnahmen einzuleiten. In diesem Zusammenhang ist eine sozial- und umweltgerechte Gesellschaft durchaus auch eine wehrhafte Gesellschaft.

3. Überprüfung und Anpassung der Lebensstile
Die Annäherung an das Leitbild einer dauerhaften Entwicklung verlangt nach Überprüfung und gegebenenfalls Änderung der Konsumgewohnheiten. Als Meßlatte wird allerdings nicht der Lebensstil moderner Industriegesellschaften dienen können. Würden z.B. die Entwicklungs- und Schwellenländer den in hochindustrialisierten Industrieländern vorherrschenden Lebensstil übernehmen, wäre dies mit nicht mehr tragbaren ökologischen Folgen verbunden.[22] Akteure einer Änderung dürften deshalb vor allem die Bürger industrialisierter Staaten sein, sofern ihre materielle Situation dies zulässt.

Der Wandel der Lebensstile sollte jedoch nicht mit unzähligen und wohlfeilen Plädoyers für mehr Askese, für eine Kultur des Verzichts, für die moralische Erneuerung des Menschen, mit Anforderungen, dass der Mensch ein anderer werden müsse, mit „grundlegendem Wandel seines Verhaltens", eingefordert werden. Solche moralischen Angriffe und Appelle zur Umkehr mögen derzeit zwar Hochkonjunktur haben. Zur Lösung der anstehenden Aufgaben eignen sie sich jedoch nicht besonders gut: Zum einen stehen sie im Zeichen eines moralischen Zwangs und nicht selbstgewonnener Einsichten. Zum anderen differenzieren sie nicht ausreichend nach Verantwortungsgraden und schließlich, ein

---

[21] A.a.O., S. 137-138
[22] Enquête-Kommission „Schutz des Menschen und der Umwelt" des Deutschen Bundestages, 1994, S. 30

Wohlhabender vermag schon eher einmal darauf hinzuweisen, dass der Mensch nicht vom Brot allein lebt. Moralisierende Debatten stehen zudem stets in der Gefahr, reale sozial-gesellschaftliche Problemlagen zu verschleiern, deren Ursprung nicht in Moraldefiziten zu suchen sind.

4. Friedenssichernde Maßnahmen

Der erste Schritt zu Frieden und Sicherheit führt über die Vergegenwärtigung der Ursachen für Instabilität und Unfrieden. Konflikte können nicht nur aus politischen und militärischen Bedrohungen entstehen, sie können auch Folge von Umweltzerstörungen, Unterdrückung und Unterentwicklung sein. Auch sollte jedermann bewusst sein, dass Aufrüstung Konflikte nicht verhindert. Weil sie nicht an deren Ursachen heranreicht, wird sie die Wahrscheinlichkeit gewaltsamer Auseinandersetzungen eher noch erhöhen.

Sicherheit wird im übrigen auch nicht dadurch zu erreichen sein, dass die nationale Hoheit wieder betont wird. Die gegenseitige Abhängigkeit in den Bereichen Wirtschaft, natürliche Lebensgrundlagen und Sicherheit haben nationale Grenzen längst durchlässig, wenn nicht überflüssig gemacht. Sicherheit lässt sich vielmehr durch Kooperation, Abbau von Mangelsituationen und Bedrohungen, Transparenz, Ende von Unterdrückung und Ausbeutung sowie durch weltweite Abrüstung erreichen. Waffenexporte müssen endlich international geächtet, ein Ab- bzw. Umbau des militärisch-industriellen Komplexes muss eingeleitet werden. „Die Länder müssen sich auf ihre gemeinsame Zukunft konzentrieren statt auf die destruktive Logik einer Waffenkultur."[23]

5. Sicherung der Gesundheit/Gesundheitsvorsorge

Durch den medizinisch-technischen Fortschritt, zumindest in unseren Breiten, konnte die Lebenserwartung verlängert und die medizinische Versorgung deutlich verbessert werden. Die Anzahl der sogenannten Zivilisationskrankheiten hat jedoch zugenommen. Hier gibt es z.B. deutliche Zusammenhänge zwischen wirtschaftsbedingten Umweltbeeinträchtigungen und der gesundheitlichen Verfassung der Bevölkerung. Zerstörte Landschaften, schlechte Luftqualität, vergiftete Strände belasten zudem das psychische Wohlbefinden.

Unterernährung, unzureichende medizinische Versorgung, Überbeanspruchung der Quellen und Senken der Ökosysteme, fehlende materielle Absicherung und hohe Arbeitslosigkeit, aber auch kriegerische Auseinandersetzungen sind dagegen wichtige Gründe für den vielfach katastrophalen Gesundheitszustand von Menschen in den sogenannten Entwicklungsländern.

---

[23] Weltkommission für Umwelt und Entwicklung, 1987, S. 300

Der Erhalt der natürlichen Lebensgrundlagen, die Vermeidung von gesundheitlichen Beeinträchtigungen von Personen entlang der Produktlinie (Rohstoffgewinnung, Verarbeitung, Ver- und Gebrauch, Entsorgung), ein konsequenter
Gesundheits- und Verbraucherschutz, eine angemessene materielle Grundversorgung, mit oder ohne Arbeit, sind Kennzeichen einer um Gesundheitsvorsorge
bemühten nachhaltigen Gesellschaft.

1.2.3 Ökonomische Nachhaltigkeit

Eine ausschließlich Nutzen-Kosten kalkulierende Ökonomie führt unter den
gegebenen Bedingungen vielfach nicht nur zu großen Belastungen der Ökosysteme. Zudem werden, weltweit betrachtet, große Bevölkerungsteile von der
Teilhabe am wirtschaftlichen Erfolg ausgeschlossen, was zu erheblichen sozialen
und gesellschaftlichen Spannungen führt.
Hinzu kommt das Problem der Massenarbeitslosigkeit, dessen Relevanz für die
Gesellschaft wohl nicht gesondert begründet werden muss. Angesichts der unbe-
friedigenden Beschäftigungsintensität der wirtschaftlichen Entwicklung der
letzten Jahre ist hier dringender Handlungsbedarf gegeben. Eine länger anhaltende Unterbeschäftigung sowie starke Schwankungen auf dem Arbeitsmarkt
sind jedenfalls, sowohl für die Betroffenen, als auch für die Gesellschaft, schwer
erträglich.

Wegen dieser Entwicklungen und trotz der durchaus respektablen Leistungen
einiger Unternehmen zur Umweltvorsorge, erscheint eine kritische Betrachtung
des gesellschaftlichen Subsystems Wirtschaft als unumgänglich. Hier gilt es dann
auch zu prüfen, inwieweit wirtschaftliche Erfolge den Bedürfnissen der Bevölkerung und den jeweiligen Umweltbelangen zugeordnet werden können.
Eine konstruktive Wirtschafts- bzw. Wachstumskritik führt allerdings keineswegs
direkt zu sogenannten Nullwachstumsmodellen oder zur Planwirtschaft. Auch ein
Ausstieg aus der Industrie- und Dienstleistungsgesellschaft wird keine Lösung
bringen, da er sozial-gesellschaftlich und ökologisch nicht zwangsläufig Vorteile,
ökonomisch aber nur Nachteile bringt.

Die Orientierung des gesellschaftlichen Subsystems Wirtschaft am Nachhaltig-
keitsprinzip sollte eine Anbindung an die Bedürfnisse des Menschen (humane
Arbeitsbedingungen, materielle Absicherung und personale Entfaltung) unter
Berücksichtigung der Umweltbelange (Erhalt des Naturkapitals) zum Ziel haben.
Um die Ökonomie auf den Kurs der Nachhaltigkeit hin zu orientieren, bieten sich
insbesondere marktwirtschaftliche Strukturen wegen ihrer Anpassungs- und
Leistungsfähigkeit an. Jedoch müssen die Rahmenbedingungen des Marktes so
gesetzt werden, dass der Selektionsmechanismus des Marktes die besten

Lösungen für die Produktion finden kann, die auch den sozialen Notwendigkeiten und den Umweltbedingungen genügen. Überdies sollte persönliche Initiative gefördert und das Eigeninteresse auch in den Dienst der Gemeinheit gestellt werden, um das Wohlergehen der derzeitigen und künftigen Gesellschaft zu sichern. Preise sollten dauerhaft die wesentlichen Lenkungsfunktionen auf den Märkten wahrnehmen, indem sie die Knappheit der Ressourcen, Senken, Produktionsfaktoren, Güter und Dienstleistungen wiedergeben.

---

1. Individuelle Ebene
   Materielle Absicherung
   Beschäftigungssicherheit
   Chance der Realisierung eigener Lebensentwürfe
   Humane Arbeitsbedingungen, Sicherheit am Arbeitsplatz
2. Wirtschaftliche Stabilität
   Angemessene, stetige wirtschaftliche Entwicklung
   Stabilität der Beschäftigung
   Wettbewerbsfähigkeit
   Außenhandelsbilanz
   Geldwertstabilität
3. Weiterentwicklung marktwirtschaftlicher Strukturen; öko-
   soziale Marktwirtschaft
   Verlässliche Rahmenbedingungen
   Unternehmens- und Branchenvielfalt
   Gleiche Durchsetzungschancen
   Wirkungsvolle Steuerungsinstrumente
4. Erhalt des Naturkapitals
   Absenkung der Energie-, Material- und Flächenintensität
   sowie der Emissionen
   Sicherung der Ressourcenverfügbarkeit, Vermeidung von
   Versorgungskrisen

Abbildung 21:   Ökonomische Schutz- und Gestaltungsziele[24]

Für die Unternehmen müssen die politischen Rahmenbedingungen kalkulierbar sein, damit eine Verlässlichkeit für wirtschaftliche Entscheidungen gewährleistet ist. Außerdem muss der unternehmerische Handlungsspielraum gewahrt bleiben. Weniger direkte Vorschriften, als vielmehr angemessene flexible Rahmenbedingungen, welche die individuelle Anpassung den Unternehmen selbst überlässt,

---

[24] Im Anhalt an Enquête-Kommission „Schutz des Menschen und der Umwelt" des Deutschen Bundestages, 1994, S. 483-491

wirtschaftliche Anreize für sozial- und umweltgerechtes Unternehmertum, sind hier gefragt.

Ökonomischer Zielbereich
z.B.:
Wettbewerbsfähigkeit
Marktstellung
Profitabilität

Ökonomische Ziele

Soziale Ziele

**Zielsetzung
und Tätigkeit
des Unternehmens**

Ökologische Ziele

**Sozial-gesellschaftlicher
Zielbereich**
z.B.:
Arbeitszufriedenheit
Arbeitsplatzsicherheit
Angemessene Entlohnung
Sinnvolle und
anspruchsvolle
Tätigkeit
Commitment
Kultur der Verantwortung
Gesellschaftliche
Akzeptanz

Ökologischer Zielbereich
Ressourcenschutz
Emissionsbegrenzung
Risikobegrenzung

Abbildung 22:   Umsetzung von Sustainable Development auf Ebene des Unternehmens

Wirtschaftspolitik unter dem Primat nachhaltiger Entwicklung wird auch dafür sorgen müssen, dass die am Markt Beteiligten über annähernd gleiche Wettbewerbschancen verfügen, damit sich faire Handelsbedingungen, wirkliche Konkurrenz, ein wirklich freier Markt entfalten können. Die Gleichheit der Wettbewerbschancen ist keineswegs nur moralisch-politischer Art, sondern eine Funktionsbedingung des ökonomischen Mechanismus. In diesem Zusammenhang bedarf es auch internationaler Übereinkünfte und die Einrichtung geeigneter Mechanismen, die verhindern, dass einzelne Regionen, Nationen oder gesellschaftliche Gruppen zu Lasten anderer Menschen leben.

Zur Entwicklung ökonomischer Rahmenbedingungen bedarf es politischer Organisationsstrukturen und Machtinstanzen, die auf die Ebene hinaufreichen, auf der der freie Handel stattfindet: auf die Weltebene. Allein auf die Fähigkeit nationaler Regierungen zu hoffen, diese globale Wirtschaftsentwicklungen im Alleingang zu steuern oder maßgeblich zu beeinflussen, erscheint als unrealistisch.

1.3   Entscheidungen mit Blick auf die Folgen treffen – umweltethische Fragestellungen

Ethik fragt nach der Verantwortbarkeit dessen, was der Mensch tut, wie er sein Leben führt, was er aus sich macht und wie er mit seinen Mitmenschen bzw. mit seinen natürlichen Lebensgrundlagen umgeht. Der Mensch wird dabei als ein moralisches Wesen gesehen, das eine eigene, undeligierbare Verantwortung wahrzunehmen hat.

Im Kontext von Sustainable Development, werden mit der Frage nach der Zukunft des Menschen, nach Gerechtigkeit oder nach intakter Umwelt grundlegende ethische Aspekte aufgegriffen. So weist z.B. das Bemühen um Nachhaltigkeit und Zukunftsvorsorge, um Wahrung der Lebenschancen zukünftiger Generationen einen zutiefst ethischen Gehalt auf.
Die ethische Frage im Zusammenhang mit Sustainable Development zielt vor allem auf die Verantwortbarkeit der sozialen, ökonomischen und ökologischen Auswirkungen menschlichen Handelns. Hier geht es dann um die ethische Reflexion der Maßstäbe und Kriterien, die Staaten und ihre Regierungen, Gesellschaften und ihre Individuen als Rechtfertigungsgrößen für ihr Verhalten heranziehen. Es gilt zu prüfen, inwieweit diese Rechtfertigungsgrößen mit ethischen Forderungen wie Achtung der Menschenwürde, Eintreten für Gerechtigkeit, Wahrung der natürlichen Lebensgrundlagen vereinbar sind.

Eine ethische Reflexion, die sich nicht nur dem Mitmenschen zuwendet, sondern auch die außermenschliche Umwelt einbezieht, betritt allerdings noch weitgehend Neuland. Neuland insofern, als dass auf dem Boden des Abendlandes „ ...die sittliche Frage nach dem guten und erfüllten Leben bis in die Neuzeit und in die Moderne hinein ...vornehmlich an Prinzipien orientiert [war], die sich auf den vernünftigen Umgang des Menschen mit sich selbst und seinem Mitmenschen bezog...".[25]

Von einer rein naturwissenschaftlichen bzw. systemtheoretischen Denkweise kann keine zufriedenstellende Antwort auf die ethische Frage erwartet werden. Zwar verdanken wir den neuzeitlich-modernen Naturwissenschaften erhebliche Einsichten und Eingriffsmöglichkeiten in „die Natur". Auch ist das, was die modernen Biowissenschaften über Evolution und Selbstorganisation der Natur zu sagen haben, von einer nicht zu unterschätzenden Bedeutung für die Beantwortung der ethischen Frage. System, Stabilität oder Biodiversität sind jedoch deskriptive Begriffe des Biologen, die ihre Bedeutung innerhalb von Theorien finden, die wiederum einzelne Phänomene oder Phänomenbereiche der Natur zu

---

[25]   Mertens, 1989, S. 144

erklären versuchen. Sie sind nicht selbst schon Norm oder normative Kriterien, sondern für die Normbildung wichtige deskriptive Prämissen.[26] Sicher wäre es z.B. vernünftig, das sinnvoll zusammengefügte Gesamtsystem Erde in seiner Stabilität und Artenvielfalt zu erhalten und deshalb für eine Passung zwischen anthropogenen und nichtmenschlichen (Sub-) Systemen zu sorgen. Gleichwohl lässt sich daraus kein Maßstab für richtige und falsche, für erstrebenswerte und veränderungswürdige Zustände ableiten.

Die Beschäftigung mit Ökologie liefert zwar wichtige Beiträge zum Verständnis unseres Eingebundenseins in ein Ganzes und verdeutlicht die Bedeutung biotischer und abiotischer Elemente der Ökosysteme. Die zu treffenden Handlungsentscheide unterliegen aber menschlichen Wertmaßstäben, die sozial bedingt und in den jeweiligen Kulturen höchst unterschiedlich geprägt sind. Zudem geht die systemtheoretische Sichtweise nicht über eine funktionale Sichtweise „Systemerhaltung als Selbstzweck" hinaus. Entscheidungen, die unter Umständen zu partiellem Verzicht, solidarischem Handeln, zu mehr sozialer Gerechtigkeit führen, lassen sich jedoch nicht auf rein funktionaler Ebene herbeiführen oder begründen. Die Ökologie „ ...kann uns deshalb stets nur sagen, wie sich die Natur unter bestimmten Bedingungen verhält, ...nicht aber, wie wir leben sollen...".[27]

1.3.1 Elemente für die Entfaltung der ethischen Dimension nachhaltiger Entwicklung

Ohne Frage stellen die anthropogenen Beeinträchtigungen der Ökosysteme und die Spannungen innerhalb menschlicher Gesellschaften eine Herausforderung auch aus ethischer Sicht dar. Sie führen zu der Frage nach einer ethischen Bestimmung des menschlichen Umgangs mit seinesgleichen und mit seinen natürlichen Lebensgrundlagen. Die ethische Frage muss deshalb im Zusammenhang mit Überlegungen für Ziele zukünftiger Entwicklungen menschlicher Gesellschaften gestellt werden.

Auf der Suche nach einem tragfähigen Fundament für die ethische Dimension dauerhafter Entwicklung stößt man oft auf ein Misstrauen, das man dem beim Menschen als Person ansetzenden anthropozentrischen Ethikverständnis entgegen bringt. Mit Verweis auf die beobachtbaren Entwicklungen, scheint den Kritikern des anthropozentrischen Ansatzes dieser als nicht gerade zureichend. Statt dessen glaubt man, über das die Sonderstellung des Menschen zementierende anthropozentrische Prinzip hinausgehen und sich auf eine andere Legitimationsgrundlage für umweltschonendes Verhalten besinnen zu müssen (vgl. MEYER-ABICH).

---

[26] Vgl. Honnefelder, 1998², S. 32
[27] Birnbacher, 1980, S. 108

Was dem Vorwurf des naturzerstörerischen Anthropozentrismus seine Berechtigung gibt, ist die Verbindung der neuzeitlichen Zentralstellung des Menschen mit einer Segmentierung der Betrachtungsweise der ihn umgebenden Wirklichkeit (Gesellschaft, außermenschliche Natur). Natur wird auf diese Weise über ihre Verfügbarkeit und Dienstbarkeit bzw. in Form von Teilelementen ohne eine Gesamtschau wahrgenommen, was einem pfleglichen Umgang mit den natürlichen Lebensgrundlagen nicht gerade förderlich ist. Im ökonomischen Bereich wird Natur z.B. überwiegend im Sinne einer Zweck-Mittel Rationalität wahrgenommen. Natur, das sind hier verfügbare Ressourcen, derer sich das wirtschaftende Subjekt bedienen kann, um seine Wirtschaftsziele möglichst effizient zu erreichen. Dies kann aber nicht dazu führen, moralische Forderungen wie die nach einem sorgsamen, verantwortlichen Umgang mit natürlichen Lebensgrundlagen unmittelbar aus der Natur selbst abzuleiten. Die Beantwortung der ethischen Frage im Kontext von Sustainable Development muss vielmehr am Menschen als handelndem Subjekt ansetzen. Dieser wird als das Lebewesen gesehen, das sein Leben nicht einfach leben, sondern führen muss. In der Selbstbestimmung, in der Wahl der Zielsetzung und Sinnfindung für sein Leben ist er vor die Situation der Wahlfreiheit gestellt. Das „richtige" Maß ist ihm dabei nicht einfach vorgegeben, es muss von ihm gefunden werden.

Der Mensch ist also das Lebewesen, das in seinem Verhalten nicht einfach darin aufgeht, den Zielen seiner artspezifischen Antriebe zu folgen, sondern das seine Ziele verfolgt, indem es um die Ziele als Ziele weiß. Nur ein Wesen, das handelt, indem es Intentionen verfolgt, um die es weiß und zu denen es Stellung nehmen kann, ist in der Lage, für sein Handeln Verantwortung zu übernehmen d.h. rechtfertigende Gründe anzugeben. Der Anspruch des Ethischen ist somit auf den Menschen als intentional handelndes Subjekt gerichtet und lässt sich nicht aus der ihn umgebenden außermenschlichen Umwelt ableiten.[28]

Anthropozentrismus im Sinne eines Bezugs auf den Menschen als Normadressaten ist demnach unvermeidlich. Allerdings soll damit nicht ausgedrückt werden, daß der Mensch alleiniger Inhalt der moralischen Norm wäre. Vielmehr geht es um eine differenzierte Ausgestaltung seiner moralischen Pflichten im Umgang mit den übrigen Kreaturen bzw. den abiotischen Elementen des Ökosystems Erde.

Konsensfähige ethische Prinzipien; Weltethos

Die ethische Dimension von Sustainable Development muss ebenso wie der sozial-gesellschaftliche Zielbereich und die ökologischen Schutz- und Gestaltungsziele im globalen Kontext reflektiert werden. Gesucht wird nach einem ethi-

---

[28] Vgl. Honnefelder, 1998², S. 34-35

schen Konsens, nach einer Übereinstimmung bestimmter Werte, Maßstäbe und Haltungen, als Grundlage für die heraufkommende Weltgesellschaft. Wie aber soll ein solcher Konsens, ein Weltethos[29] für Weltbürger und Institutionen, beschaffen sein angesichts der schon immer gegebenen Verschiedenheit der Nationen, Kulturen, angesichts des weit verbreiteten Fundamentalismus und Nationalismus ? Oder besser: Ist ein ethischer Konsens angesichts der dogmatischen Differenzen überhaupt möglich ?

HANS KÜNG sieht in einem Weltethos das „notwendige Minimum gemeinsamer humaner Werte, Maßstäbe und Grundhaltungen aller Religionen und Kulturen" repräsentiert.[30] Gedacht ist also nicht an einen „ethischen Totalkonsens", der sich angesichts verschiedener Nationen, Kulturen und Religionen und ihrer verschiedenen Lebensformen, Wirtschaftssysteme, Sozialmodelle und Glaubensgemeinschaften kaum erreichen ließe. Hier geht es vielmehr um einen ethischen Minimalkonsens, der trotz aller politischer, sozialer oder religiöser Orientierungen die kleinstmögliche Grundlage für menschliches Zusammenleben und gemeinsames Handeln einer Weltgesellschaft darstellen und von Institutionen, Gesellschaften und ihren Gruppen sowie von einzelnen mitgetragen werden könnte.[31]
Auch MICHAEL WALZER vertritt die Auffassung, dass es so etwas wie eine „Kernmoral" gibt, die handlungsleitend wirkt: ein Bündel an ethischen Standards, zu denen z.B. das grundsätzliche Recht auf Leben, auf gerechte Behandlung oder auf leibliche und psychische Unversehrtheit zählen.[32]

Überlegungen zu einer Konkretisierung eines Weltethos sollten folgendes berücksichtigen:
- Das Weltethos muss wirklichkeitsbezogen sein, d.h. die Welt muss realistisch gesehen werden, wie sie wirklich ist, nicht, wie sie sein sollte. Ausgangsbasis der Überlegungen ist damit der Ist-Zustand, ohne diesen für unveränderlich zu halten.
- Es muss allgemein verständlich sein, d.h. alles ist in einer Sprache zu formulieren, die möglichst viele zu verstehen vermögen und die auch in verschiedene Sprachen übersetzbar ist.
- Konsensfähigkeit muss gegeben sein.[33]

Somit schließt sich die Frage nach konsensfähigen Inhalten eines Weltethos, nach ethisch begründeten Regeln und Prinzipien, die auf den Umgang des Menschen

---

[29] Dazu Küng, 1997, S. 133: Ethos meint die sittliche Grundhaltung eines Menschen, während Ethik die Lehre von den sittlichen Werten, Normen und Haltungen umfasst.
[30] Küng, 1997, S. 136
[31] A.a.O., S. 138
[32] Vgl. Walzer in Küng, 1997, S. 134-135
[33] Vgl. Küng, 1997, S. 150-151

mit seinesgleichen und der ihn tragenden außermenschlichen Umwelt anwendbar sind. In dieser Hinsicht kommen vor allem dem Prinzip der *Menschlichkeit*, der *Verantwortung* sowie der *Achtung vor dem Leben* bzw. Achtung vor dem sinnvoll zusammengefügten Lebenszusammenhang große Bedeutung zu:

1. Menschlichkeit im Sinne von Humanität

   Die unantastbare Würde des Menschen, seine Freiheit und seine Mitwirkungsrechte an der Gestaltung seines Lebenszusammenhangs, stellt für Sustainable Development eine unabdingbare Basis dar. Jeder Mensch, ohne Unterschied von Alter, Geschlecht, Rasse, Hautfarbe, körperlicher oder geistiger Fähigkeiten, Sprache, Religion, politische Anschauung, nationaler oder sozialer Herkunft, besitzt eine unveräußerliche und unantastbare Würde.

   Er muss die Gelegenheit zur Entfaltung seiner Persönlichkeit und eines individuellen Lebensstils sowie zur Mitgestaltung seiner Lebensumstände erhalten.

2. Verantwortung

   Der Mensch muss sich als das in die Pflicht genommene Wesen begreifen, das aufgrund seiner besonderen Fähigkeiten (Vernunftbegabtheit und Fähigkeit zur Erkenntnis, bzw. Gestaltung seines Lebensraums) Verantwortung für die menschliche und außermenschliche Umwelt trägt. „Verantwortung kann es [jedoch] nur in bezug auf personale Instanzen geben: vor dem eigenen Gewissen, vor der Person des anderen, ...nicht jedoch vor der außermenschlichen Umwelt".[34]

   Verantwortung *für* die außermenschliche Umwelt muss dort wahrgenommen werden, wo die Wirkung menschlichen Handelns an der Tragfähigkeitsgrenze der Ökosysteme (Belastungsgrenzen der Quellen und Senken) ausgerichtet werden muss. Die Akzeptanz der Tragfähigkeitsgrenzen würde aber nicht nur auf die Sicherung der menschlichen Existenz ausgerichtet sein, sondern auch eine vom Menschen unabhängige „Eigenbedeutung" der außermenschlichen Umwelt respektieren.

   Verantwortung trägt der Mensch aber auch für seine soziale Umwelt und für sich. Die mit dem eigenen Handeln verbundenen Folgen müssen mit Blick auf die soziale Gruppe, der man angehört, der Gesellschaft und soweit es alle Menschen betrifft, auf die gesamte Menschheit hin abgewogen werden.[35] Da wir keine privilegierte Generation sind, ohne jeden eigenen Verdienst leben und auf den Errungenschaften früherer Generationen aufbauen, ergibt sich daraus die ethische Forderung nach Erhalt des Erbes, d.h. die Verpflichtung, die Lebenschancen derer, die nach uns kommen werden, durch unser Handeln heute nicht zu verbauen.

---

[34] Vgl. Rat von Sachverständigen für Umweltfragen, 1994, S. 51
[35] A.a.O., S. 56

Neben der Verantwortung gegenüber der menschlichen und außermenschlichen Umwelt ist der Mensch auch für sich selbst verantwortlich. Er ist verantwortlich für das Gelingen seines eigenen individuellen Lebens. „Es bleibt ihm unabdingbar zugemutet, sich selbst als Individuum [in der Gemeinschaft mit anderen] zustande zu bringen."[36]

3. Achtung vor dem Leben bzw. vor dem sinnvoll zusammengefügten Lebenszusammenhang
   Menschliche Existenz ist auf vielfältige Weise mit der Ökosphäre verbunden. Sie vollzieht sich in einem Lebenszusammenhang, den der Mensch nicht selber hergestellt hat, auf dessen Bestand er jedoch angewiesen ist. Der Bewahrung dieser Interdependenz, z.B. durch einen angemessenen Umgang mit den natürlichen Lebensgrundlagen, kommt eine moralische Bedeutung zu.

Die Achtung vor dem Leben schließt prinzipiell auch außermenschliches Leben als wertvolles und zu bewahrendes Leben mit ein: „Allem Leben ist die gleiche Achtung zu schulden."[37] Dem steht die Tatsache, dass der Mensch als Konsument organisches Leben zerstören muss um zu überleben (wie andere Lebewesen in den natürlichen Nahrungsketten auch), nicht entgegen. Jedoch besteht hinsichtlich seiner Lebensansprüche nur dann eine vertretbare Legitimation, wenn ihre Durchsetzung stets überprüft wird. Nicht artgemäße Massentierhaltung z.B. dürfte mit dem Prinzip der Achtung vor dem Leben nicht vereinbar sein.

Diese drei Prinzipien sollten richtungsweisend und Grundlage für alle Lebensbereiche, für einzelne, für Gesellschaften und Nationen sein. Sie könnten einmünden in eine Kultur der
- Gewaltlosigkeit,
- Solidarität und gerechten Wirtschaftsordnung,
- Toleranz und Wahrhaftigkeit,
- Gleichberechtigung und Partnerschaft zwischen gesellschaftlichen Gruppen, Generationen und Geschlechtern.[38]

---

[36] A.a.O., S. 56
[37] Altner, 1991, S. 70
[38] Vgl. Küng, 1997, S 154-158

1.3.2 Funktionsorientierung der Ökonomie – Lebensdienlichkeit als Unternehmenszweck

„The business of business is business" – so lautet eine wohlbekannte Formel. Unternehmen und ihr Management sollen sich zuallererst ums Geschäft kümmern. Damit dienen sie dem Gemeinwohl am besten: Erfolgreiche Unternehmen sichern bzw. schaffen Arbeitsplätze und angemessenes Einkommen und sorgen durch ihre steuerlichen Beiträge ein Stück weit für die finanzielle Absicherung der von öffentlicher Seite gewährten Finanzzuwendungen, z.B. für den sozialen Bereich. „Creating wealth" und „welfare" erscheinen hier zunächst als separate Aspekte unternehmerischer Tätigkeit. Allerdings wird der Erfolg des Unternehmens als eine Vorbedingung für die Möglichkeit, dem bonum communae zuträglich zu sein, verstanden. Business verfolgt also zunächst die Herstellung von Gütern und Dienstleistungen und deren erfolgreiche (profitable) Vermarktung und hat weniger Wohltätigkeit zur Aufgabe. Wie „gut" ein Geschäft ist, würde sich am erzielten wirtschaftlichen Erfolg zeigen. Insofern aber der Unternehmenserfolg quasi auf Umwegen der Wohlfahrt dienlich ist, wäre die Profitorientierung letztlich an sich eine gute Sache. Das privatwirtschaftliche Gewinnprinzip könnte so beinahe normativ gerechtfertigt, d.h. als Handlungsweise ausgezeichnet werden, die nicht nur erlaubt, sondern sogar im öffentlichen Interesse liegt und geboten ist.

Mit diesen Überlegungen wird die Diskussion, welche Rolle Unternehmen in der Gesellschaft einnehmen sollen, eröffnet. Schließlich wird doch mit dem, wenn auch etwas verstecktem, Verweis auf die positiven Wirkungen des unternehmerischen Erfolgs, eine Funktion des Unternehmens für die Gesellschaft unterstellt. Damit wäre eine Betrachtung unternehmerischer Aktivitäten jenseits des gesellschaftspolitischen Kontexts, in dem sie stattfinden, unzureichend: Die *gesellschaftliche Funktionsorientierung* der Unternehmung gerät in den Blickpunkt. The business of business is not only business – könnte man deshalb umformulieren.

Diese Überlegungen spiegelt sich auch in der tagesaktuellen Diskussion wider: Wie selten zuvor finden wirtschaftsethische Fragestellungen derartig viel öffentliche Aufmerksamkeit. Die Nachdenklichkeit in weiten Teilen der Öffentlichkeit über den Sinn und die Legitimität globaler Ökonomisierungsprozesse, die unter Schlagworten wie „Liberalisierung und Deregulierung" oder „Shareholder Value" stattfinden, aber auch gravierende wirtschaftsbedingte Umweltprobleme, führen unausweichlich zu der Frage nach der Sinnhaftigkeit ökonomischer Prozesse und zur Forderung einer Rückbindung derselben an den gesamtgesellschaftlichen Handlungs- und Entwicklungskontext.

Folgt das Unternehmen dieser Auffassung, stellt sich die Frage nach dem ethischen Gehalt unternehmerischer Tätigkeit und daraus ableitbaren normativen Vorgaben. Übrigens wird damit das privatwirtschaftliche Gewinnprinzip nicht in Frage gestellt. Gleichwohl wird ökonomiekritisch gefragt, unter welchen Voraussetzungen das Unternehmen zu privatwirtschaftlichem Gewinnstreben berechtigt ist. Auch ist zu klären, wie weit die (Neben-) Folgen dieses Strebens gegenüber davon irgendwie Betroffenen verantwortbar sind. Im Gegenzug besteht Klärungsbedarf, inwieweit die Ansprüche dieser Betroffenen gegenüber der Unternehmung, die sich ja im wirtschaftlichen Wettbewerb behaupten muss, zumutbar sind.

Für das Unternehmen gilt somit: Die Absicht, Gewinn zu erzielen, kann nicht von der Qualität der eingesetzten Mittel und Strategien abgelöst werden. Unternehmerisches Handeln insgesamt ist von Beginn an auf eine tragfähige ethische Basis zu stellen. Aus dieser Perspektive wird *Unternehmensethik* zu einer konstitutiven normativen Voraussetzung für legitimes unternehmerisches Handeln. Nicht die fallweise Selbstbegrenzung, sondern die Integration ethischer Aspekte in die Grundausrichtung, in Strategie und Politik der Unternehmung wird also angestrebt. In der Alltagspraxis wird das Unternehmen im Sinne einer ethischen Selbstbindung seinen betriebswirtschaftlichen Erfolg im Wettbewerb mit gesellschaftlich legitimen und sinnvollen Strategien unternehmerischer Wertschöpfung zu erreichen versuchen. *Geschäftsintegrität* wird damit zur handlungsleitenden Maxime. Immer dann, wenn eine Unternehmung eine neue Geschäftsstrategie plant, kommt es nicht allein auf marktstrategische Erfolgspotenzialeinschätzungen an.

> „Eine ethisch fundierte Geschäftsstrategie bezieht den ganzen Lebenszyklus der anzubietenden Produkte, von den Rohstoffen über die Transportwege, die Produktionsverfahren und die Verwendungsbedingungen bis hin zum Recycling wiederverwertbarer Teile oder Materialien oder zur Entsorgung des Abfalls in die Beurteilung der Wertschöpfung mit ein. Sie bietet nur solche Produkte [und Dienstleitungen] an, für die über den gesamten Lebenszyklus und unter Berücksichtigung sämtlicher voraussehbarer Nebenfolgen die Verantwortung übernommen werden kann."[39]

Die Integration von Ethik und betriebswirtschaftlicher Erfolgslogik ist eine echte unternehmerische Herausforderung. „Ihren Härtetest erfährt die Geschäftsintegrität immer dann, wenn erfolgbringende und zugleich ethisch tragfähige Geschäftsstrategien nicht ohne weiteres gefunden oder entwickelt werden

---

[39] Ulrich, 1988, S. 433,

können."[40] In solchen Fällen wäre konsequenter Weise auf die entsprechende Gewinnchance zu verzichten.

Es gilt aber noch einen weiteren Aspekt zu bedenken: Verantwortliches unternehmerisches Handeln ist nicht nur eine Frage der „Selbstverpflichtung". Es muss zudem ordnungspolitisch ermöglicht und unterstützt werden. Die einzel-wirtschaftliche Zumutbarkeit der Aufgabe, eine lebensdienliche unterneh-merische Wertschöpfungskonzeption zu realisieren, hängt nämlich wesentlich von den ordnungspolitischen Rahmenbedingungen ab, unter denen sich die Unternehmen im Wettbewerb behaupten müssen. „Es ist die teilweise bestehende organisierte Unverantwortlichkeit der politisch konstituierten Wirtschaftsord-nung, die die Unternehmer überhaupt erst strukturell in unternehmensethisch dilemmatischen Sachzwangsituationen gefangen hält."[41]

1.3.4 Business Ethics

Mit Verweis auf den zunehmenden Wettbewerb, auf die Anforderungen der shareholder und auf personalwirtschaftliche Trends (downsizing, delayering) sowie kulturelle Vielfalt stehen Unternehmensverantwortliche vor der Situation, sich mit ethischen Aspekten in Unternehmensabläufen bzw. unternehmens-bezogenen Tätigkeiten auseinander zu setzen. Vor allem in der internationalen Managementliteratur wird auf die Bedeutung der ethischen Frage im Zusammen-hang mit der möglichst umfassenden Nutzung des Humanpotenzials und der daraus abzuleitenden Wettbewerbsfähigkeit von Betrieben verwiesen:
Employee Fulfillment, Environmental stewardship, Social responsibility gelten als „key factors" für den Unternehmenserfolg. Eine starke Unternehmenskultur und gemeinsame Werte werden als wichtige Vorläuferbedingung für die Attrak-tivität des Unternehmens für Spitzenkräfte und als Grundlage für Ausgleich und Konvergenz von Interessen im Unternehmen verstanden.

Bestechungsskandale und kritische Anwürfe sogenannter „pressure groups" schaffen zusätzlichen Handlungsbedarf und belegen die Bedeutung gesellschaft-licher Akzeptanz für das Unternehmen. Gesellschaftliche Gruppen wie Gewerk-schaften, Zusammenschlüsse von Kunden oder Umweltverbänden verlangen von Unternehmen, ihren wirtschaftlichen Erfolg nicht auf Kosten Dritter zu reali-sieren. In diesem Zusammenhang sei auch um die Diskussionen um Sustainable Development und des daraus erwachsenden Anforderungspotenzials für Unternehmen verwiesen. Auch lassen sich im Internet bereits „schwarze Listen"

---

[40] A.a.O., S. 428
[41] A.a.O., S. 434

mit Unternehmen finden, die es mit dem ethischen Anspruch an ihre Unternehmenstätigkeit scheinbar nicht so genau nehmen: http://www.ethicalconsumer.org/.

In der modernen Managementlehre wird der „world of gamblers" ein „value based leadership" entgegengesetzt, das auf einer gemeinsamen Vision (common vision) und akzeptierten Werten (shared values) basieren soll. Das Unternehmen soll hier nicht nur als gut geölte, effizient funktionierende Maschine, sondern als lebendige, lernende, sich ständig verändernde Organisation begriffen werden, die auf Menschen aufbaut.

Auf dem Weg zum „Value-based Leadership" ist es zunächst unabweislich, den „Blick nach innen" zu richten und sich zu fragen, was die Organisation im innersten zusammenhält. In diesem Zusammenhang wird auf ein „spiritual well being" verwiesen, basierend auf
- sozialem Zusammenhalt,
- sinnvoller Arbeit und Möglichkeiten der Entfaltung,
- zeitgemäße Führung und gegenseitigem Respekt,
- Bereitschaft zum gemeinsamen Lernen, Aufarbeiten von Fehlern,
- gemeinsamen Werten.
Von einem geistigen Sich-Wohlfühlen werden positive Effekte auf Engagement, Kreativität, Commitment, Motivation und ein angstfreies Arbeiten erwartet. Neben diesen internen Effekten soll sich ein Mehr an Flexibilität, Geschwindigkeit, Qualitätsfähigkeit, Kundenorientierung resultierend in einer stärken Wettbewerbsfähigkeit sowie gesellschaftlicher Akzeptanz und Kundenbindung ergeben: „happy workers, high returns".

Was aber wird unter „gemeinsamen Werten" im Unternehmen verstanden ?
Zunächst sollen Werte als Regeln zum Leben aufgefasst werden. Dazu bedarf es eines tiefen und festen Glaubens, dass eine bestimmte Form zu leben, Dinge zu regeln, ein bestimmtes Ergebnis zu erreichen einer Alternative vorzuziehen ist. Unternehmenswerte werden durch das alltägliche Verhalten der Beschäftigten gelebt und damit für alle erfahrbar lebendig. „Walking the talk" heißt die Devise, keine Kluft zwischen Anspruch, repräsentiert in Werten, und praktischem Verhalten. Dabei muss es der Organisation gelingen, eine Konvergenz zwischen individuellen Werten und denen der Organisation herzustellen.

Beispiel MERCK:
„We are committed to the highest standards of ethics and integrity. We are responsible to our customers, to our employees, to the environments we interact and to the societies we serve around. In discharging our responsibility, we do not take professional or ethical shortcuts."

„Organisations Value" soll eine offene Erklärung darstellen, welche Verhaltensweisen des Einzelnen erwartet werden bzw. akzeptabel sind. Sie sind als
Bezugsmaßstab für individuelles Verhalten für alle Hierarchiestufen verbindlich.
Dabei wird auch auf Anforderungen in bezug auf die individuelle Arbeits-
einstellung, Loyalität gegenüber dem Unternehmen usw. abgezielt. Es soll ein
verbindlicher Verhaltenskodex geschaffen werden, der zugleich die Vision, die
Mission des Unternehmens stützt bzw. verstärkt.

Robert S. Kaplan: „Balanced Need Scorecard"

Das Konzept der Balanced Need Scorecard will Notwendigkeiten, Ziele und Interessen der Gesamtorganisation mit denen der Beschäftigten und der Gesellschaft
verbinden helfen.

Fundamental Issues for the Successful Operation	
Corporate Survival	Profitabilität, finanzielle Stabilität, Wachstum, return on investment
Corporate Fitness	Produktivität, Qualität, Effizienz, Geschwindigkeit, Connectivität, Responsiveness
Customer/Supplier Relations	Verkäufe, Service, Produkt-Excellenz, After-Sales-Service, Kundenbindung, Markentreue
Corporate Evolution	Partizipation, Innovation, Kreativität
Corporate Culture	Vision, Mission, Werte, Arbeitszufriedenheit, Selbst-erfüllung
Society and Community contribution	Soziale und gesellschaftliche Verantwortung

Abbildung 23:   Relevante Aspekte für den Unternehmenserfolg

2.   Zentrale Aspekte vorsorgender Umweltpolitik

Die langfristige Sicherung der natürlichen Lebensgrundlagen und die Verbesserung der sozial-gesellschaftlichen und ökonomischen Lebensbedingungen bilden
die drei Dimensionen, die das Leitbild einer nachhaltigen Entwicklung zu vereinbaren sucht.

Für die Realisierung einer nachhaltigen Entwicklung sind Zielvorgaben, Strategien und Maßnahmen erforderlich, die den ökologischen, ökonomischen und sozialen Aspekten gleichermaßen Rechnung tragen. Eine Voraussetzung dafür ist die Klärung des Verhältnisses von ökologischen, ökonomischen und sozialen Zielen zueinander. Mögliche, ja wahrscheinliche Zielkonflikte innerhalb der Dreidimensionalität müssten offengelegt und im Zusammenhang mit konkreten Maßnahmen und Instrumenten ausgetragen werden. Die prinzipielle Gleichrangigkeit sozialer, ökonomischer und ökologischer Zielsetzungselemente darf dabei nicht aufgegeben werden. Diese Aufgabe und Herausforderung stellt sich für eine *vorsorgende Umweltpolitik* und ihre Akteure.

In Abgrenzung zu einer Politik der Vorsorge, die durch Vorwegnehmen und Vermeiden bestimmt wird, bei der gehandelt wird, bevor eine Beeinträchtigung eingetreten ist, lässt sich eine Politik der Nachsorge mit den Begriffen Reagieren und Sanieren charakterisieren. Gehandelt wird in der Regel erst dann, nachdem ein Schaden eingetreten ist. Handlungsziel ist die Behebung des Schadens, zumindest aber die Begrenzung seiner Folgewirkungen. Nachsorgende Umweltpolitik ist also re-aktiv, währenddessen vorsorgende Umweltpolitik eher als pro-aktives Handeln zu verstehen ist. Hier wird versucht, die Rahmenbedingungen des Handelns so zu setzen, dass z.B. bereits die Planung einer Investitionsentscheidung oder die Entwicklung und das Design von Produkten bereits umweltfreundlich und ressourcenschonend beeinflusst wird.

Heute besteht weitgehend Konsens darüber, dass nachsorgende Umweltpolitik und nachsorgender Umweltschutz den globalen ökologischen und sozial-gesellschaftlichen Notwendigkeiten nicht gerecht werden kann. Zwar können z.B. Abgas- und Abwasserreinigung die Emissionen reduzieren, aber die Schadstoffe verschwinden nicht, sondern fallen nun als hochbrisante Abfallstoffe an, deren Entsorgung riskant und kostspielig ist. Renaturierungs- und Sanierungsmaßnahmen im Rahmen nachsorgenden Umweltschutzes sind nicht nur sehr kapitalintensiv, sie helfen oft nur akute Gefahren und Beeinträchtigungen abzubauen. Gesundheitsschäden, Artenverluste oder Biotopverluste vermögen sie auch nicht auszugleichen.
Nur einer Politik der Vorsorge wird es gelingen, die Umweltproblematik auf Dauer zu entschärfen. Sie muss sich der Entwicklung und dem Einsatz umweltverträglicher Produktions- und Konsummuster annehmen, die sozial verträglich sowie auf der Inputseite mit weniger Ressourcenverbrauch und auf der Outputseite mit weniger Emissionen verbunden sind.[42]

---

[42] Vgl. Hardes/Krol/Rahmeyer/Schmid, 1995, S. 370-371

2.1 Prinzipien vorsorgender Umweltpolitik

Von Umweltpolitik als eigenständigen Aufgabenbereich kann in der Bundesrepublik Deutschland seit 1971 gesprochen werden. Allerdings befasste sich der Staat auch schon vorher mit der Regelung von Umweltschutzbereichen (z.B. Luft, Wasser).

Im Umweltprogramm vom 14. Oktober 1971 wird der Umweltpolitik der gleiche Rang beigemessen wie den öffentlichen Aufgaben soziale Sicherheit, Bildungspolitik oder innere und äußere Sicherheit.

In der Folge wurden eine Vielzahl von Gesetzen und Verordnungen erlassen, die sich auf den Schutz unterschiedlicher Umweltmedien (Boden, Wasser, Luft) und auf bestimmte Belastungsarten (Schadstoffe, Strahlungen, Lärm usw.) beziehen. Von der Tendenz her, waren diese Maßnahmen auf die Abwehr oder Beseitigung unmittelbarer Schäden ausgerichtet.[43]

Umweltschutz ist auch ausdrücklich im Grundgesetz in Artikel 20a GG geregelt. Dort heißt es: „Der Staat schützt auch in Verantwortung für die künftigen Generationen die natürlichen Lebensgrundlagen im Rahmen der verfassungsmäßigen Ordnung durch die Gesetzgebung und nach Maßgabe von Gesetz und Recht durch die vollziehende Gewalt und die Rechtsprechung". Umweltschutz erhält somit den Charakter eines „Staatsziels".

Die Einführung einer solchen Staatszielbestimmung wurde seit den 70er Jahren heftig diskutiert. Befürworter sahen die Notwendigkeit der Verankerung des Umweltschutzes in die Verfassung, damit dieser in seiner Bedeutung für das Gemeinwesen hervorgehoben wird und um sicherzustellen, dass Umweltbelange im Rahmen staatlicher Entscheidungsprozesse ausreichend Berücksichtigung finden. Die Gegner der Staatszielbestimmung weisen vor allem auf die Gefahr der Verabsolutierung des Umweltschutzes zu Lasten anderer Staatsaufgaben hin.

Festzuhalten bleibt, dass sich aus der Staatszielbestimmung keinerlei subjektive Ansprüche auf konkrete umweltschützende Maßnahmen herleiten lässt. Es geht vielmehr um den *verfassungsrechtlichen Abwägungsbelang* (z.B. im Rahmen planerischer Abwägungsentscheide als Auslegungsmaßstab bei der Konkretisierung unbestimmter Rechtsbegriffe[44] und Ermessensspielräume. Zugleich wird ein bindender Handlungsauftrag für die Legislative und Exekutive zur grundsätzlichen Förderung des Umweltschutzes formuliert. Ein genereller Vorrang des Umweltschutzes vor anderen Verfassungsgütern kann daraus allerdings nicht abgeleitet werden.[45]

---

[43] A.a.O., S. 370

[44] Begriffe mit hohem Abstraktionsgrad, deren Bedeutungsgehalt sich über den reinen Wortlaut meistens kaum erschließen lässt. Beispiele: Allgemeinwohl, Stand der wissenschaftlichen Erkenntnis, öffentliches Interesse, Beeinträchtigungen des Landschaftsbildes.

[45] Vgl. Kahl/Voßkuhle, 1995, S. 67

Seit ihren Anfängen folgt die deutsche Umweltpolitik (und das Umweltrecht) drei grundlegenden Prinzipien: *Vorsorgeprinzip*, *Verursacherprinzip* und *Kooperationsprinzip*.

a) Das Vorsorgeprinzip (principle of precautionary action)
will das Entstehen von Umweltbelastungen möglichst im Ansatz verhindern. Durch vorausschauendes Handeln und eine dem Stand der Technik entsprechenden Begrenzung von Emissionen, sollen vermeidbare oder hinsichtlich ihrer Folgen noch nicht absehbare Umweltbeeinträchtigungen möglichst ausgeschlossen werden. Verankert ist das Vorsorgeprinzip in zahlreichen Umweltgesetzen.

Für die Praxis lässt sich das Vorsorgeprinzip auf folgende Grundaussagen zurückführen:

- Die Umweltbelastung soll grundsätzlich nicht mehr anwachsen; im Zweifelsfall müssen Umweltschäden durch Kompensationsmaßnahmen ausgeglichen werden,
- die Festlegung zulässiger Immissionswerte hat sich an der Möglichkeit der jeweils modernsten Vermeidungstechnik zu orientieren,
- behördliche Maßnahmen sollen nicht nur vom wissenschaftlich gesicherten Nachweis, sondern von der Wahrscheinlichkeit der Schädlichkeit eines Stoffes, eines Eingriffs usw. abhängen,
- bei jeder Planungsentscheidung sind Umweltbelange frühzeitig mit zu berücksichtigen,[46]
- eingesetzte Techniken sollen weder direkt noch indirekt Risiken beinhalten, die die nächsten Generationen zu tragen haben.

Es geht aber nicht nur um die Abwehr und Begrenzung nachteiliger Umwelteinwirkungen. Vorsorge meint auch Anstrengungen, um Energie- und Materialströme sowie den Flächenverbrauch deutlich abzusenken.

Mit der konsequenten Verwirklichung dieses Prinzips soll auch künftigen Generationen eine soweit wie möglich intakte Umwelt hinterlassen werden. Gleichwohl wird der Vorsorgegedanke nicht verabsolutiert. Würde nämlich der Gedanke, Umweltgefahren überhaupt nicht entstehen zu lassen, konsequent umgesetzt, so müsste dies dazu führen, jegliches potentielles, die Umwelt gefährdendes wirtschaftliches oder sonstiges Tun zu vermeiden. Letztlich müssten fast alle wirtschaftlichen Tätigkeiten unterbleiben. Eine wie auch immer geartete Abwägung ist deshalb dringend erforderlich.

Dem Vorsorgeprimat sollte aber immer dann der Vorrang vor anderen Erwägungen gegeben werden, wenn eine wesentliche Beeinträchtigung der Lebens-

---

[46] Vgl. a.a.O., S. 74

verhältnisse droht oder die langfristige Sicherung der Lebensgrundlagen gefährdet ist.[47]

b) Nach dem Verursacherprinzip (polluter-pays-principle)
muss derjenige die Kosten der Vermeidung oder Beseitigung einer Umweltbelastung tragen, der für ihre Entstehung verantwortlich ist. Die Allgemeinheit wird nur in solchen Fällen herangezogen, wo der Verursacher nicht greifbar oder nicht zahlungsfähig ist.

Das Verursacherprinzip soll jedoch mehr sein, als ein Kostenzurechnungsprinzip. Aus ihm leitet sich auch das Konzept der *Produktverantwortung* ab, mit dem die Verantwortung des Herstellers auch für die umweltgerechte Entsorgung bzw. für das Recycling seines Produktes nach Ablauf der Nutzungsdauer eingefordert wird.[48]

Instrumente nach dem Verursacherprinzip sind z.B. Umweltabgaben, Umweltauflagen in Form von Ge- und Verboten, Verfahrens- und Produktnormen, eine umweltbewusste staatliche Beschaffungspolitik u.a.

Umweltpolitische Instrumente des Verursacherprinzips haben die Aufgabe, Umweltschäden als „externe Kosten" bzw. „soziale Zusatzkosten" von Produktion und Konsum in möglichst großem Umfang in die Wirtschaftsberechnung (Nutzen-Kosten-Kalkül) der Umweltbeeinträchtiger einzubeziehen und auf diese Weise zu „internalisieren". Damit soll das Interesse an der Schonung der natürlichen Lebensgrundlagen bei den einzelnen wirtschaftlichen Entscheidungsträgern erhöht werden. Neben einer Reduktion der Umweltbelastung wird das Verursacherprinzip in vielen Fällen - bei entsprechender Bewertung des Umweltschadens - zu einem Unterlassen der umweltschädigenden Aktivität führen.[49]

Da Umweltprobleme komplexe Geschehen sind, zeigen sich bei der Anwendung des Verursacherprinzips vielfach Schwierigkeiten bei der Identifizierung der Verursacher und ihrer Anteile an der Umweltbelastung. Außerdem ergeben sich Probleme bei einer plausiblen Herleitung der anzulastenden Höhe der Umweltkosten.

Ebenso stellt der hohe Verwaltungsaufwand bei der Durchsetzung (z.B. Überwachungsaufwand) ein weiteres Problem dar.

Gleichwohl liegt der entscheidende ökonomische Grund, weshalb das Verursacherprinzip so weit wie möglich in der Realität durchgesetzt werden muss, in einer Erhöhung der volkswirtschaftlichen Effizienz der wirtschaftlichen Betätigung. Dies ist immer dann der Fall, wenn die Kosten der innerbetrieblichen

---

[47] Vgl. Wicke, 1993, S. 161-166
[48] Vgl. Bundesumweltministerium, 1997[1], S. 17
[49] Vgl. Wicke, 1993, S. 152-153

Vermeidungsmaßnahmen niedriger sind als die Reparaturkosten der Umweltbelastung, die zumeist zu Lasten der Allgemeinheit gehen. In der Regel spor-
nen hohe Reparaturkosten noch einmal zur Entwicklung kostengünstigerer
innerbetrieblicher Vermeidungsmaßnahmen an.[50]

Anspruch an Pd.

```
                        ┌───────────────────┐
                        │   Umweltpolitik   │
                        └───────────────────┘
          ┌───────────────────┼───────────────────┐
┌──────────────────┐ ┌──────────────────┐ ┌──────────────────────┐
│  Vorsorgeprinzip │ │ Verursacherprinzip│ │ Kooperationsprinzip  │
└──────────────────┘ └──────────────────┘ └──────────────────────┘
```

Abbildung 24: Prinzipien der Umweltpolitik

c) Das Kooperationsprinzip (principle of cooperation)
  ist ein politisches Verfahrensprinzip, das auf eine möglichst einvernehmliche
  Verwirklichung umweltpolitischer Ziele gerichtet ist. Dabei ist die Kooperation zwischen Staat und gesellschaftlichen Akteuren eingebunden in die ver-
  fassungsrechtlich gesicherte Pflicht des Staates, die natürlichen Lebensgrundlagen zu sichern.[51]
  Durch das Zusammenwirken verschiedener Akteure werden in kürzerer Zeit
  größere Fortschritte mit geringerem Aufwand für alle Beteiligten erwartet.
  Auch wenn der Wille zur Kooperation und zum Interessensausgleich nicht
  gegeben ist, kann versucht werden, durch schrittweises Erhöhen des politischen Drucks die Bereitschaft zum Einvernehmen herbeizuführen. Außerdem
  sollen das Umweltbewusstsein und die Mitwirkung der Bürger bei umweltbe-
  deutsamen Entscheidungen verstärkt sowie die Aufklärung der Bevölkerung
  im Umweltschutzbereich ermöglicht bzw. verbessert werden.[52]

Mit Hilfe des Kooperationsprinzips können z.B. Abfallbeseitigungspläne,
Luftreinhaltepläne, Landschaftsprogramme, Bebauungspläne usw. entwickelt
werden. Allerdings bleibt das Primat staatlicher Entscheidung, insbesondere
bei der Lösung von Konflikten zwischen den umweltpolitischen und den
gesamtwirtschaftlichen Zielen, erhalten.[53]
Als Kooperationslösungen können auch Branchenabkommen oder Selbstverpflichtungen der Wirtschaft gegenüber dem Staat angesehen werden.

---

[50] A.a.O., S. 152
[51] Vgl. Bundesumweltministerium, 1997[1], S. 17
[52] Vgl. Wicke, 1993, S. 166
[53] A.a.O., S. 167

Das *Gemeinlastprinzip* als „Notbehelf":

Wie oben bereits angedeutet, kann das Verursacherprinzip in der Realität aus verschiedenen Gründen nicht immer durchgesetzt werden. Wenn also eine Gefahr oder eine Störung einem bestimmten Verursacher nicht zugerechnet werden kann, bei Feststellungs- und Quantifizierungsproblemen, oder wenn von der Behörde die Beseitigung der Störung durch den Störer nicht durchgesetzt werden kann, kommt das Gemeinlastprinzip zur Anwendung d.h. die öffentliche Hand sorgt für die Reduzierung der Umweltbelastungen.[54]

Übergeordnete wirtschaftspolitische Überlegungen wie z.B. Sicherung von Arbeitsplätzen oder Erhalt der Wettbewerbsfähigkeit können auch Gründe für die Anwendung des Gemeinlastprinzips darstellen. Solche Ausnahmen können z.B. durch die zeitliche Streckung bei der Umsetzung einer Umweltqualitätsnorm realisiert werden, wenn sonst der betroffene Betrieb Konkurs anmelden müsste. Auch die Schaffung von Finanzierungsanreizen für umweltfreundliche Investitionen und die Vergabe von Darlehen gehören zu den Ausnahmen vom Verursacherprinzip und entsprechen letztlich dem Gemeinlastprinzip, da aus Steuergeldern finanziert.
Maßnahmen nach dem Gemeinlastprinzip weisen jedoch keine Koppelung zum Markt bzw. zum Verursacher auf und lenken deshalb nicht „automatisch" die Ressourcen in erwünschte Veränderungen. Sie haben deshalb eher flankierende oder ergänzende Funktion und wirken eher vollzugserleichternd oder vollzugsunterstützend. Keinesfalls soll jedoch der Verursacher aus seinen Verpflichtungen zu Lasten der Allgemeinheit entlassen werden.[55]

2.2 Zur umweltpolitischen Zielfindung

Vorsorgende Umweltpolitik sieht sich heute vor die Aufgabe gestellt, an der Umsetzung des Leitbildes Sustainable Development in praxisnahe Handlungskonzepte zu arbeiten. Ausgehend von einer Sachstandsanalyse und der dabei identifizierten sozial-ökologischen Problemfelder/Handlungsfelder, ist die Bestimmung umweltpolitischer Ziele, im Sinne von sachlich, räumlich und zeitlich angestrebter Umweltqualität, dafür eine grundlegende Voraussetzung. Ökologische, ökonomische und soziale Zielsetzungselemente genießen dabei gleiche Priorität. Aus gesamtwirtschaftlicher Sicht, sollten die angestrebten Umweltziele mit einem möglichst geringen Einsatz von Ressourcen realisiert werden.

---

[54] Vgl. Kahl/Voßkuhle, 1995, S. 75-76
[55] Vgl. Wicke, 1993, S. 156-158

Es ergeben sich drei aufeinander aufbauende Zielkategorien: *Umweltziele, Umweltqualitätsziele* und *Umwelthandlungsziele*:

- Umweltqualitätsziele repräsentieren die Bestimmung der maximal zulässigen Nutzung der Umwelt. Sie geben Zustände oder Eigenschaften umschriebener Teilbereiche der Umwelt an, die auf dem Weg zu einer nachhaltigen Entwicklung angestrebt werden.
- Umwelthandlungsziele als Operationalisierung der Umweltqualitätsziele, geben die Schritte an, die notwendig sind, um die in Umweltqualitätszielen beschriebenen Zustände oder Eigenschaften der Umwelt zu erreichen. Sie müssen quantifizierbar und messbar oder anderweitig überprüfbar sein. Indikatoren und Zeitmaße geben den angestrebten bzw. zu vermeidenden Bereich an. Bei der Formulierung sind ökologische, soziale und ökonomische Zielelemente gegeneinander abzuwägen.
- Der Formulierung von Umweltqualitäts- und -handlungszielen geht die Festlegung von Umweltzielen voraus. Umweltziele orientieren sich unmittelbar am Leitbild des Sustainable Development.[56]

Sustainable Development
Prinzipien der ökologischen,
ökonomischen und sozialen
Nachhaltigkeit
⇩
1. Umweltziele
⇩
2. Umweltqualitätsziele
⇩
3. Umwelthandlungsziele

Abbildung 25:   Abfolge der Zielkategorien

Wer mit der Formulierung von Umweltzielen, Umweltqualitätszielen und Umwelthandlungszielen befasst ist, sollte nicht vergessen, dass Umweltqualität ein dynamischer Begriff ist, der gesellschaftspolitischen Wertungen und Entscheidungen unterliegt. Qualität an sich gibt es nicht. Der Qualitätsbegriff wie die Umweltzielsetzungen werden nach verfügbaren naturwissenschaftlichen Erkenntnissen und deren Bewertungen, nach den technischen und ökonomischen Möglichkeiten und nach gesellschaftlichen Einflussgrößen und politischen

---

[56] Vgl. Enquête-Kommission „Schutz des Menschen und der Umwelt", 1997, S. 38-40

Handlungsspielräumen bestimmt. Letztlich sind sie ein Ergebnis gesamtgesellschaftlicher Aushandlungsprozesse und Konsensfindung.

Nationaler Umweltplan

Nationale Umweltpläne im Sinne der Agenda 21 stellen den Versuch dar, mittels Partizipation, intersektorale Integration und Verursacherorientierung eine tragfähige Perspektive für die zukünftige Entwicklung eines Landes zu formulieren. Sie sind auch als nationale Strategie zu nachhaltiger Entwicklung aufzufassen. Diese Pläne sind mittlerweile in vielen Ländern verbreitet, wobei die Niederlande 1989 den ersten „Nationalen Umweltpolitikplan" einführten.
Die Bundesrepublik Deutschland verfügt zwar über vielfältige, mehr oder weniger koordinierbare Fachplanungen. Gleichwohl fehlt neben einer offiziellen Strategie nachhaltiger Entwicklung auch ein nationaler Umweltplan.

Die möglichen Vorteile nationaler Umweltplanung liegen sowohl im Bereich der Umweltpolitik als auch auf dem Gebiet der ökonomischen Modernisierung. Der ökologische Nutzen kann u.a. in Folgendem bestehen:
- Feststellung von Risikobereichen aber auch von Phänomenen „schleichender" Umweltverschlechterung.
- Umweltbeeinträchtigungen neigen zur Akkumulation. Eine Gesamtschau negativer Umweltwirkungen von Wirtschaft und Gesellschaft ist deshalb notwendig.
- Alle Beteiligten werden an einen Tisch geholt, sektorübergreifende Planungen und Austauschprozesse werden ermöglicht.
- Die gemeinsame Festlegung auf Zielen eröffnet Chancen für eine dezentrale Umsetzungen in Eigenregie.

An wirtschaftlichen Gründen für einen nationalen Umweltplan kann z.B. vorgebracht werden:
- Umweltpolitik wird so für Investoren langfristig kalkulierbar und berechenbar
- Investitionsrisiken werden verringert
- Systematische Anreize, Ressourcen effizient zu nutzen und kostengünstig zu verwenden, können geschaffen werden.
- Langfristig unvermeidbare Umweltschutzmaßnahmen können wirtschaftsverträglich ausgestaltet oder mit marktwirtschaftlichen Vorteilen verbunden werden.[57]

---

[57] Vgl. Jänicke, 1997, S. 5-7 sowie Jänicke/Carius/Jörgens, 1997, S. 4-13

An dieser Stelle sei noch auf die Einbindung der deutschen Umweltpolitik in eine weltweite Umweltpartnerschaft erinnert. Bedeutende globale Umweltabkommen wurden von Deutschland unterzeichnet, wie z.B.:

- Washingtoner Artenschutzübereinkommen (1973)
- Wiener Übereinkommen zum Schutz der Ozonschicht (1985)
- Basler Übereinkommen über die grenzüberschreitende Verbringung gefährlicher Abfälle
- VN Klimakonvention (1992)
- VN Konvention über biologische Vielfalt (1992)
- VN Wüstenkonvention (1994)
- Nukleare Sicherheitskonvention (1996)

2.3   Instrumente staatlicher Umweltpolitik

Neben generellen umweltpolitischen Zielsetzungen, Prinzipien, und Maßgaben, ist die instrumentelle Ausgestaltung der Umweltpolitik von wesentlicher Bedeutung für eine erfolgreiche Umweltvorsorge. Die Ausgestaltung und die Wahl umweltpolitischer Instrumente war und ist in der Bundesrepublik Deutschland wissenschaftlich und politisch umstritten. Die Instrumentendiskussion stützt sich dabei auf die Kriterien der ökologischen Treffsicherheit und der ökonomischen Effizienz. Darüber hinaus sind noch folgende Kriterien relevant:

- Dynamische Anreizwirkung
  Ein umweltpolitisches Instrument ist darauf zu untersuchen, inwieweit es Impulse und Anreize zur Weiterentwicklung bekannter bzw. zur Entwicklung neuer Technologien geben kann. Von Bedeutung ist auch, ob das Instrument so ausgelegt ist, dass es in den stetig ablaufenden Innovationsprozess der Unternehmen als eine wichtige entscheidungsrelevante Variable integriert werden kann. Auf diese Weise dann kann der umweltbezogene Fortschritt mit dem 'normalen' technischen und sozialen Fortschritt verknüpft werden.
- Wirkungsbreite
  Hier geht es um die Prüfung und Abschätzung, welche Auswirkungen die Instrumente nicht nur auf die Erreichung eines bestimmten Emissionsziels, sondern auch auf den gesamten Betrieb und seine Beschäftigten sowie die Gesamtwirtschaft haben können.
- Planungssicherheit
  Instrumente, die Betrieben eine möglichst große Sicherheit z.B. über zukünftige Emissionspreise oder Emissionsstandards gewährleisten, verschaffen den Betrieben Planungssicherheit und helfen, Investitionsrisiken einzugrenzen. Instrumente, die hier die größte Sicherheit bieten, dürften auch die beste Anreizwirkung aufweisen.

Die langfristige Ankündigung und Festlegung von zukünftigen Emissions-
zielen und deren Niederlegung im Ordnungsrechte ist daher eine Aufgabe vorsorgender Umweltpolitik.
- Flexibilität
Umweltpolitische Instrumente, seien sie nun ordnungsrechtlicher, ökonomischer, organisatorischer, informatorischer oder förderpolitischer Art,
müssen dem Stand des Wissens und der Technik gemäß modifizierbar sein.
Auch müssen Unternehmen Spielräume bei der Anpassung an Auflagen erhalten, damit sie die für ihren Betrieb ökonomisch effizienteste Lösung realisieren
können.
Ebenso muss es für Betriebe rentabel sein, mehr als das geforderte Umweltziel
zu realisieren, wenn dies unter ökologischen und ökonomischen Gesichtspunkten sinnvoll erscheint.[58]

Zur Durchsetzung umweltpolitischer Ziele, stehen dem Staat eine Reihe von
Instrumenten zur Verfügung.
Instrumente zur
- direkten Verhaltensbeeinflussung,
- Beeinflussung von Rahmenbedingungen umweltrelevanten Verhaltens,
- Beeinflussung von Zielsetzungen.

Von der Wahl der Instrumente, die der Staat einzusetzen gedenkt, hängt es u.a.
ab, wie das Unternehmen seine Umweltpolitik gestalten kann und welche Maßnahmen es zur Umweltvorsorge treffen muss.

Instrumente zur direkten Verhaltensbeeinflussung

Hierunter werden in der Regel *Umweltauflagen* verstanden. Umweltauflagen sind
umweltbezogene Verhaltensvorschriften, die sich direkt an denjenigen richten,
der für (potentielle) Umweltbeeinträchtigungen verantwortlich zeichnet. Sie
können als Verbote oder Gebote konzipiert sein. Rechtliche Grundlagen für
Umweltauflagen sind Gesetze und Verordnungen.
Bei Umweltauflagen, die als Gebote ausgestaltet sind, wird eine bestimmte
Umweltbelastung auf ein bestimmtes Maß eingeschränkt, bei Verboten wird sie
dagegen völlig untersagt. Ge- und Verbote schreiben also ein bestimmtes Tun,
Dulden oder Unterlassen rechtlich verbindlich vor. Den Betroffenen bleibt nur
die Wahl zwischen der Auflagenbefolgung und dem Verstoß gegen die gesetzli-
chen Auflagebestimmungen, was dann Bußen und Strafen nach sich zieht.[59]

---

[58] Vgl. Coenen/Vielhauer/Meyer, 1996, S. 66-69
[59] Vgl. Matschke/Jaeckel/Lemser, 1996, S. 35-37

Ge- und Verbote sind sicherlich das am meisten genutzte Instrument staatlicher Umweltpolitik. Sie entfalten ihre Stärke vor allem dann, wenn z.B. die Gefahr einer irreversiblen Umweltschädigung oder die Gefahr für Leib und Leben besteht. Nur auf dem Weg der Anordnung in Gestalt von Ge- und Verboten und den damit verbundenen angedrohten Sanktionen kann hier eine wirkungsvolle Schadensabwehr erwartet werden. Sie lassen sich in Fällen, wo schnelles umweltpolitisches Handeln geboten ist, gut durchsetzen und entfalten kurzfristig die erwünschten Wirkungen.

Auf längere Sicht haben Umweltauflagen allerdings auch Nachteile. Neben der zunehmenden Regelungsdichte ergeben sich vor allem zwei Kritikpunkte:
- Umweltauflagen bieten ungenügende Anreize für weitergehende Umweltverbesserungen als in der Auflage festgeschrieben. Unternehmen zeigen so kaum Bereitschaft, über die Auflagenerfordernisse hinauszugehen, auch wenn dies möglich wäre: Die mit weiterer Umweltverbesserung einhergehende Kostensteigerung müssten die Unternehmen mit Wettbewerbsnachteilen gegenüber den Konkurrenten bezahlen. Damit werden leider auch umwelttechnologische Fortschritte verhindert.
- Aus gesamtwirtschaftlicher Perspektive, machen Umweltauflagen Umweltschutz oft teuer.
  Dies ist insbesondere bei generellen Auflagen der Fall, die für jeden Betroffenen in gleicher Weise gelten. Bei generellen Auflagen wird nämlich keine Rücksicht auf die unterschiedlichen Vermeidungskosten der einzelnen Umweltschädiger genommen.[60]

Ansatzpunkte für Umweltauflagen können der Input eines Produktionsprozesses, die im Produktionsprozess eingesetzten Verfahren und der Output eines Produktionsprozesses sein.

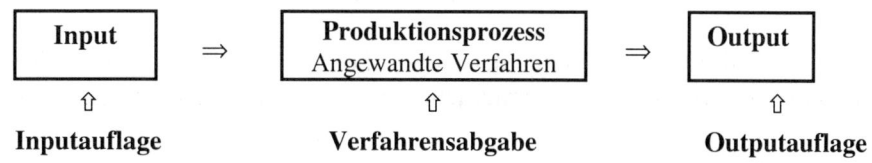

Abbildung 26: Ansatzpunkte für Umweltauflagen am Produktionsprozess

---

[60] Vgl. Hardes/Krol/Rahmeyer/Schmid, 1995, S. 384

Dementsprechend ist zu unterscheiden:

- Inputauflagen
  Betrifft alle Roh-, Hilfs- und Betriebsstoffe, die im Produktionsprozess eingesetzt werden sollen. Sie legen fest, welche Anforderungen diese Produktionsfaktoren hinsichtlich ihrer Umweltverträglichkeit erfüllen müssen.
- Verfahrensauflagen
  Vorschriften bezüglich technischer Verfahren, die bei der Produktion anzuwenden sind. Dabei wird unterschieden in:
  a) Allgemeine Regeln der Technik
     Verfahren, die bei der Mehrzahl der Betreiber gleichwertiger Anlagen
     bereits genutzt werden.
  b) Stand der Technik
     Vgl. Bundesimmissionsschutzgesetz §3, Abs. 6: Verfahren, Betriebsweisen
     und Einrichtungen gemäß „Stand der Technik" sind fortschrittlich und zur
     Begrenzung von Emissionen mit Sicherheit geeignet.
  c) Stand von Wissenschaft und Forschung
     Gefordert werden Verfahren, deren Entwicklung vor kurzer Zeit erfolgte
     und die noch nicht weit verbreitet sind. Es sind die fortschrittlichsten Tech-
     niken anzuwenden, die es gibt. Diese Auflage wird z.B. Betreibern von
     Kernreaktoren auferlegt.
- und Output (Emissions-) Auflagen
  a) Auflagen für erwünschten Output
     z.B. Mengenlimitierungen oder Produktionsverbote für bestimmte Produkte
     sowie Vorschriften über bestimmte Produkteigenschaften.
  b) Auflagen für unerwünschten Output
     Meint in der Regel Emissionsnormen (z.B. TA-Luft), die eine Höchstmenge
     an Schadstoff-, Strahlen- und Lärmemission festlegt, die nicht überschritten
     werden darf.[61]

Instrumente zur Beeinflussung der Rahmenbedingungen

sind marktkonforme Instrumente der Umweltpolitik. *Umweltabgaben, Subventionen* und *Umweltlizenzen* lassen unternehmerische Handlungsspielräume bestehen.

a) Umweltabgabe
   Für eine unerwünschte Umweltinanspruchnahme wird ein *Standard-Preis*
   (Steuer, Abgabe, Gebühr) erhoben. Der Betrieb kann seine kostenmäßige
   Belastung dadurch beeinflussen, dass er seine Umweltinanspruchnahme ent-
   sprechend steuert: Je höher der Abgabensatz, desto größer ist der Anreiz für

---

[61] Vgl. Matschke/Jaeckel/Lemser, 1996, S. 37-38

den Emittenten, seine Emissionen zu verringern - und zwar so lange, bis die Kosten für die Vermeidung einer zusätzlichen Schadstoffeinheit gleich dem für die Schadstoffeinheit zu zahlenden Abgabensatz sind. Auf diese Weise stellen Umweltabgaben einen ökonomischen Anreiz dar, staatliche Umweltziele aus betrieblicher (einzelwirtschaftlicher) Sicht möglichst effizient zu erreichen.

Im Vordergrund von Umweltabgaben stehen meist Emissionsabgaben, so dass vor allem die Inanspruchnahme der Umwelt durch das Unternehmen als Aufnahmemedium (Senke) für Schadstoffe gesteuert und möglichst verringert werden. Über Produktionsabgaben kann aber auch die Inanspruchnahme der Umwelt als Inputlieferant beeinflusst werden.

In der Festlegung der Höhe der Abgabe liegt das ökonomische Kernproblem bei Umweltauflagen. Die Standard-Preise (z.B. Höhe der Steuer) werden in der Praxis eher nach politischen Opportunitätsgründen und weniger nach sachlichen Notwendigkeiten in Bezug auf die angestrebten Umweltziele festgesetzt. Somit spiegeln sich in ihnen die relative Knappheit der Umweltgüter oftmals nicht wider.
Gleichwohl sind Umweltabgaben ein ökonomisch zweckmäßiges Instrument, da es ermöglicht, einen bestimmten Umweltqualitätsstandard mit möglichst geringen gesamtwirtschaftlichen Kosten zu erreichen.[62]

b) Umweltlizenzen
   gestatten dem Lizenznehmer, die Umwelt in bestimmter Weise zu beanspruchen. Der Inhaber einer Lizenz darf z.B. eine bestimmte Zeit lang in einer bestimmten Region eine bestimmte (staatlich festgelegte) Höchstmenge an Schadstoffen an die Umwelt abgeben.
   Mit Umweltlizenzen soll insbesondere die Inanspruchnahme der Umwelt als Aufnahmemedium gesteuert werden (Emissionslizenzen).

Die Vergabe der Rechte erfolgt entweder unentgeltlich oder entgeltlich. Im Veräußerungsfalle ist das Instrument der Umweltlizenz am Verursacherprinzip orientiert. Lizenzen börsenmäßig zu handeln, wäre denkbar. Im Falle der unentgeltlichen Vergabe folgt sie dem Gemeinlastprinzip.

Aus gesamtwirtschaftlicher Sicht bestimmt sich der Preis pro Umweltlizenz bei einem bestimmten Emissionsvolumen aus dem Verhältnis von Grenznutzen für den Lizenznehmer mit den Grenzkosten des Lizenzgebers zur Beseitigung der Umweltbelastung aus diesem Emissionsvolumen.[63]

---

[62] A.a.O., 1996, S. 38
[63] A.a.O., S. 42-44; vgl. Hardes/Krol/Rahmeyer/Schmid, 1995, S. 386

Instrumente zur Beeinflussung der Zielsetzung

Die bisher genannten Instrumente der Umweltpolitik haben keinen oder nur geringen Einfluss auf die Zielvorstellungen von Unternehmen. Sie vermögen zwar Auswirkungen auf Einzelfallentscheidungen haben, gleichwohl sichern sie nicht die Verankerung im betrieblichen Zielsystem.

Moralische Überzeugung (*moral suasion*) werden die Instrumente genannt, die die Integration von sozial-ökologischen Belangen ins Zielsystem sicherstellen sollen z.B. Umweltinformation, Umweltberatung, Umweltbildung usw.).

1. Informationen über sozial-ökologische Folgen der Unternehmenstätigkeit, d.h. des einzelwirtschaftlichen Verhaltens, werden zur Verfügung gestellt. Der Umweltschädiger soll so bewegt werden, über sein Verhalten nachzudenken und sich freiwillig Umweltbelangen zuzuwenden.
2. Appelle werden an die Unternehmen gerichtet, Umweltschutz bei betrieblichen Entscheidungen zu berücksichtigen.
3. Eine weitere Variante ist, mittels sozialer Kontrolle und sozialen Sanktionen umweltpolitische Ziele umzusetzen.

Das Instrument der moralischen Überzeugung kann in der Regel nur flankierend eingesetzt werden. Letztlich beruht seine Wirkung auf der Bereitschaft, Verantwortung für die Haupt- und Nebenfolgen der eigenen unternehmerischen Tätigkeit zu übernehmen sowie umweltpolitische Ziele in der Praxis umzusetzen.[64]

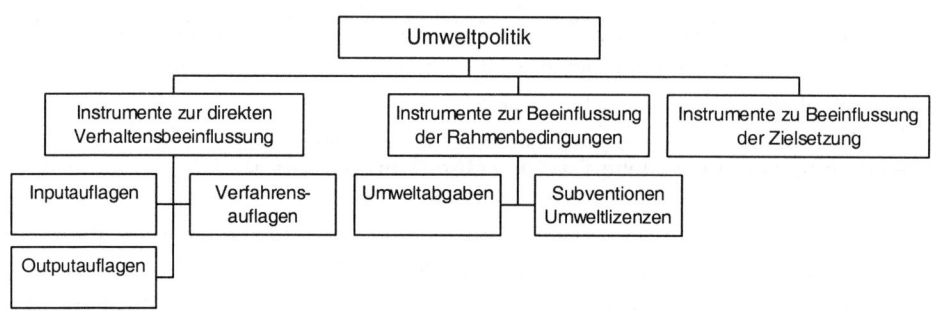

Abbildung 27:   Instrumente staatlicher Umweltpolitik[65]

[64] Vgl. Matschke/Jaeckel/Lemser, 1996, S. 45-46
[65] A.a.O., S. 36

2.4   Akteure der Umweltpolitik/des Umweltschutzes

Staatliche Akteure

Die Bundesrepublik ist ein Bundesstaat mit 16 Bundesländern. Die staatlichen Aufgaben in der Umweltpolitik und des Umweltschutzes sind auf die drei Handlungsebenen Bund, Länder und Kommunen verteilt.

Rechtsetzung und Gesetzesausführung sind grundsätzlich Ländersache, sofern das Grundgesetz sie nicht ausdrücklich dem Bund übertragen hat. So liegt die Gesetzgebungskompetenz des Bundes u.a. im Bereich der Abfallbeseitigung, der Luftreinhaltung, der Lärmbekämpfung und der nuklearen Sicherheit. Für den Naturschutz, für die Landschaftspflege und für den Gewässerschutz erlässt der Bund Rahmenvorschriften, die durch Landesgesetze ausgefüllt werden.

Der Vollzug sowohl des Bundes- als auch Landesrechts ist fast ausschließlich Sache der Länder.

Angelegenheiten der örtlichen Gemeinschaft werden von den Gemeinden selbst geregelt. Dazu gehören insbesondere die kommunale Entwicklungsplanung (z.B. Flächennutzungs- und Bebauungspläne), die Trinkwasserversorgung und die Abwasserversorgung sowie die Abfallentsorgung.[66]

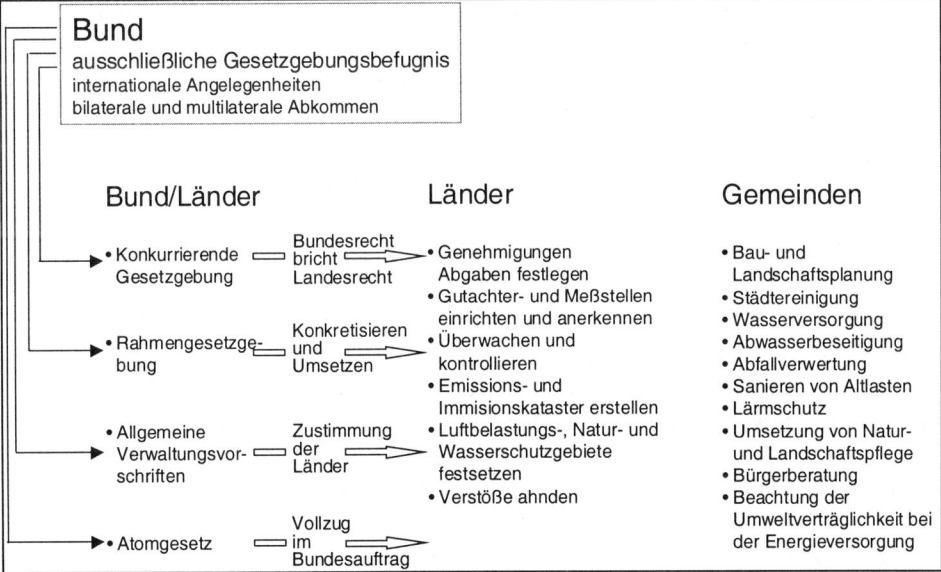

Abbildung 28:   Aufgaben und Zuständigkeiten im Umweltschutz in Deutschland

---

[66]   Vgl. Bundesumweltministerium, 1997[1], S. 13-14

Nichtstaatliche Akteure

Nichtstaatlichen Akteuren wie z.B. den Umweltverbänden, kommt eine Schrittmacherfunktion für die Aufdeckung von umweltspezifischen Defiziten und Erfordernissen zu. Sie sind damit nicht nur ein wichtiger Impulsgeber für politische Entscheidungsprozesse. Zugleich beeinflussen sie die generelle Entwicklung des Umweltbewusstseins und -verhaltens der Bevölkerung in nicht zu unterschätzendem Maße. Mit ihrem ständigen Anmahnen und Aufdecken sind die Umweltverbände ein Stück „ökologisches Gewissen" und zu einem maßgeblichen Promotor von ökologischen Belangen bzw. einer kritischen Öffentlichkeit geworden.

Die aus Protestbewegungen hervorgegangenen Umweltverbände zeigen eine zunehmende Professionalisierung hinsichtlich ihrer Organisation, ihrer Sachkompetenz sowie ihrer Medienarbeit und nicht zuletzt durch ihre politische Bedeutung als Anwalt von Gemeinwohlinteressen. Hauptamtliche Mitarbeiterinnen und Mitarbeiter sind mittlerweile die Aktivposten der Sacharbeit und haben die frühere zentrale Bedeutung des Ehrenamtes geringer werden lassen. Neben dem Gebiet des klassischen Umweltschutzes werden mehr und mehr Querschnittsthemen aufgegriffen, in denen sich ökologische, soziale und ökonomische Problemfelder überschneiden (z.B. Klimapolitik, ökologische Steuerreform, Entwicklung der ländlichen Räume, zukunftsfähige Gesellschaft).
Die Professionalisierung wurde für die Umweltverbände nicht zuletzt deshalb notwendig, um ihrer Mitwirkung an staatlichen Planungs- und Entscheidungsprozessen oder ihrem Engagement als fachkundige Berater gerecht zu werden.

Insgesamt zeigt sich auch ein Wandel in ihrem Selbstverständnis, bezogen auf die Gründungsphase. Der konfrontative Umweltschutz, oft verbunden mit einem starren Freund-Feind-Schemata und umweltpolitische Alleinvertretungsansprüche und ein tief verwurzeltes Misstrauen gegenüber Staat und Wirtschaft gerät zumindest auf Ebene der Bundesverbände mehr und mehr in den Hintergrund. Statt dessen wird versucht, auf gesellschaftliche Gruppen einzuwirken, in einen kritischen Dialog mit Staat und Wirtschaft zu treten und Sachkoalitionen zu schließen, ohne dabei ihre Konfrontationsfähigkeit verlieren zu wollen. *Greenpeace* z.B. hält durchaus enge Kontakte zu Unternehmen, die der Verband als umweltfreundlich ansieht. Zugleich wird die massive Konfrontation mit aus Sicht des Verbandes umweltschädigenden Unternehmen gesucht, wobei die Öffentlichkeit gezielt als Druckmittel gesucht wird.[67]

---

[67] Das Selbstverständnis vieler Verbandsmitglieder vor Ort scheint jedoch unverändert zu sein, was das Zustandekommen konsensfähiger Lösungen in der Praxis sehr erschwert.

Hinsichtlich der Einstellung zur Marktwirtschaft zeichnen sich innerhalb der Umweltverbände ebenfalls deutliche Veränderungen ab. Wurde zuvor die Unvereinbarkeit von Ökologie und Ökonomie beschworen, so hat sich mittlerweile die Auffassung durchgesetzt, dass nicht die Marktwirtschaft per se, sondern falsche wirtschaftliche Rahmenbedingungen die Ursache von Umweltbeeinträchtigungen seien. Wirtschafts- und Profitinteressen werden in den Schranken einer dauerhaft sozial- und umweltverträglichen Entwicklung akzeptiert. Zielrichtung ist eine *ökologisch-soziale-Marktwirtschaft.*

Trotz der Gesprächs und Verhandlungsbereitschaft ergeben sich im Diskurs mit den Umweltverbänden mitunter unüberwindlich erscheinende Überzeugungskonflikte. Überzeugungen werden unter dem Anspruch der Wahrheit vorgebracht, von der man, ohne sich selbst zu verleugnen, nichts preis geben kann - so scheint es wenigstens. Zu eben dieser Art von Konflikten haben sich in der letzten Zeit auf bestimmte Auseinandersetzungen um Umweltfragen verdichtet. Hier wird dann davon ausgegangen, die eigene Überzeugung repräsentiere das Gemeinwohl schlechthin und stelle den einzigen gangbaren Weg zu einer nachhaltigen Entwicklung dar, der dann auch unter allen Umständen gesellschaftlich durchzusetzen sei. Eine für alle Beteiligten tragbare Verhandlungslösung erscheint dann nur sehr schwer herbeiführbar.[68]

Europäische Umweltpolitik

Auch die Europäische Union spielt eine wichtige Rolle im Umweltschutz. Sie hat bislang ca. 200 Rechtsakte auf dem Gebiet des Umweltschutzes erlassen. Diese betreffen sowohl die wichtigsten Fragen des allgemeinen Umweltschutzes (Umweltzeichen, Umweltagentur, Umweltinformation, Öko-Audit usw.), als auch die „klassischen" Gebiete des speziellen Umweltrechts (z.B. Naturschutz, Gewässerschutz, Luftreinhaltung, Abfall, Bodenschutz, Biotechnologie).

Die rechtlich verbindlichen Ziele europäischer Umweltpolitik sind in Art. 130r Abs. 1 EG-Vertrag verankert. Im einzelnen sind zu nennen:
- Erhaltung der Umwelt
  Hiermit ist eine Art ökologischer Bestandsschutz gemeint. Der weitere Verbrauch und die Zerstörung der Umwelt soll damit abgewendet werden.
- Schutz der Umwelt
  Damit soll zum Ausdruck gebracht werden, dass bestehende Umweltbelastungen zurückzuführen und potentielle Beeinträchtigungen zu vermeiden sind.

---

[68] Vgl. Sachverständigenrat für Umweltfragen, 1996, S. 220-238

- Verbesserung der Umweltqualität
  Hier geht es um die ökologischen Bedingungen menschlichen Daseins, um
  Lebensqualität und Wohlbefinden oder aber um eine gesunde Arbeitsumwelt.
- Schutz der menschlichen Gesundheit
- Umsichtige und rationelle Verwendung von Ressourcen
- Förderung internationaler Umweltschutzmaßnahmen (Globalitätsprinzip).

Im Vertrag von Maastrich wurde 1992 offiziell die Konzeption der nachhaltigen
Entwicklung im EU-Recht formuliert. Schließlich erklärt der Vertrag von
Amsterdam 1997 die nachhaltige Entwicklung zu einem der vorrangigen Ziele
der EU.[69]

Im Februar 1993 verabschiedete die Europäische Union das „5. Umweltak-
tionsprogramm für eine dauerhafte und umweltverträgliche Entwicklung" (UAP).
Darin sind die Ziele und Prioritäten der Europäischen Union bis zum Ende des
Jahrhunderts niedergelegt. Es konzentriert sich auf fünf wichtige Wirtschaftssektoren: Industrie, Energie, Landwirtschaft und Tourismus.
Das 5. UAP greift das von der Brundtland-Kommission 1987 entwickelte Leitbild
einer dauerhaft umweltgerechten Entwicklung auf und setzt dieses in eine Strategie für den Erhalt und den Schutz der Umwelt in Europa um. Fünf Hauptele-
mente dieses Programms lassen sich identifizieren:
1. Makroökonomischer Ansatz
   Vorrang haben gesamtwirtschaftliche Betrachtensweisen und die Integration
   der Wirtschaftspolitik in den gesamtgesellschaftlichen Kontext.
2. Marktorientierte Instrumente
   Instrumente der Umweltpolitik müssen der Umweltvorsorge dienen und
   Verursacher von Umweltbelastungen in die Verantwortung nehmen. Notwendig sind auch die 'richtigen Preissignale', damit umweltfreundliche Waren
   und Dienstleistungen gegenüber der umweltbelastenderen Konkurrenz keinen
   marktspezifischen Nachteilen unterliegen. Ökonomische Anreize zu umwelt-
   pfleglichem Verhalten sollen geschaffen werden.
3. Sektorieller Ansatz
   In allen Politikbereichen (z.B. der Wirtschafts-, Sozial-, Steuer- oder Außen-
   politik) sollen Umweltbelange angemessen berücksichtigt werden.
4. Globaler Ansatz
   Es sollen Anstrengungen zu einem globalen Umweltschutz unternommen
   werden. Hierzu ist die Zusammenarbeit mit anderen Staaten zu intensivieren.
   Angestrebt werden gemeinsame Abkommen zum Schutz und Erhalt der
   Umwelt und Berücksichtigung sozial-gesellschaftlicher Aspekte.

---

[69] Vgl. Europäische Kommission, 1998, S. 8

5. Gemeinsame Verantwortung

Alle Bürgerinnen und Bürger müssen ihre spezifischen Verantwortlichkeiten im Umgang mit den natürlichen Lebensgrundlagen erkennen und zur Mitwirkung an der Entwicklung gesellschaftlicher Ziele bereit sein. Hierzu bedarf es politischer Strukturen, die Partizipation ermöglichen und der Transparenz in den Entscheidungsfindungsprozessen.[70]

Hinzu kommen weitere spezifische Aktionsprogramme für Gesundheitsschutz, städtische Umwelt, Abfall, Energie, Verkehr und Landwirtschaft.

☐ **Grundsätze europäischer Umweltpolitik**
  a) Schutzniveauklausel
  b) Vorsorge- und Vorbeugeprinzip
  c) Ursprungsprinzip
  d) Verursacherprinzip
  e) Querschnittklausel
  f) Subsidiaritätsprinzip

☐ **Instrumente europäischer Umweltpolitik**
  - Umweltverträglichkeitsprüfung
  - Europäische Umweltagentur
  - Umweltinformationsrichtlinie
  - Umweltzeichen für umweltfreundliche Produkte
  - EG-Öko-Audit-Verordnung (EMAS)
  - LIFE-Verordnung

☐ **Besondere Aktivitätsfelder**
  - Schutz der Wasserressourcen
  - Stop der Luftverschmutzung
  - Lärmbekämpfung
  - Abfallentsorgung
  - Gefahrenabwehr im Umgang mit chemischen Stoffen
  - Naturschutz, Natura 2000, FFH-Richtlinie

Abbildung 29: Grundsätze und Instrumente, besondere Aktivitätsfelder

„Umwelt 2010: Unsere Zukunft liegt in unserer Hand" (Environment 2010: Our Future, Our Choice) lautet der Titel des 6. Aktionsprogramms, in dem die Schwerpunkte im Bereich Klimaschutz, Gesundheit, Umwelt und Natur, biologische Vielfalt und Nutzung der natürlichen Ressourcen liegen. Besondere Bedeutung kommt der Einbeziehung der Bürger und der Wirtschaft zu, wobei neue, innovative Wege beschritten werden sollen.

Wie gesagt, hat die Europäische Union eine Reihe von Umweltrechtsakten in Form von Verordnungen (z.B. zum Öko-Audit) oder aber Richtlinien (z.B. Richtlinie 90/313/EWG des Rates über den freien Zugang zu Informationen über die

---

[70] Vgl. Kommission der Europäischen Gemeinschaften, 1995, S. 52-54

Umwelt vom 7. Juni 1990) erlassen. Hierzu gehört auch die Richtlinie über die Behandlung von kommunalem Abwasser, in der die EU sich das Ziel gesetzt hat, bis Ende 2010 alle Oberflächen- und Küstengewässer von organischer Verschmutzung zu reinigen. Ebenso müssen die Mitgliedstaaten gewährleisten, dass bis dahin die Wasserpreise die vollständigen und echten Kosten der Bereitstellung und Wahrung einer zuverlässigen Versorgung mit hochwertigem Wasser widerspiegeln.[71]

Die Richtlinie ist das „Rahmengesetz" der Europäischen Union, das nicht unmittelbar in den Mitgliedstaaten gilt, sondern diese verpflichtet, bestimmte Ziele in einer bestimmten Frist - mit von den Mitgliedstaaten zu wählenden Formen und Mitteln des nationalen Rechts - zu erfüllen. Sie bedarf also zu ihrer Wirksamkeit grundsätzlich der Umsetzung in nationales Recht. Ihre Verbindlichkeit bezieht sich nur auf das Ziel, nicht jedoch auf Formen und Mittel der Umsetzung.

Die Zusammenarbeit zwischen der Europäischen Union und ihrer Mitgliedstaaten gestaltet sich jedoch nicht immer reibungslos. So beklagt die Europäische Kommission (Exekutive der Europäischen Gemeinschaft) die zum Teil sehr lasche „Umsetzungsmoral" der Mitgliedstaaten, was bereits schon mehrfach zu einer Reihe von Verurteilungen durch den Europäischen Gerichtshof wegen Vertragsverletzung (Art. 169 ff. EG-Vertrag) geführt hat.
Der Europäische Gerichtshof (Judikative der Europäischen Gemeinschaft) hat sich, gefolgt von den meisten nationalen Gerichtshöfen, für den Anwendungsvorrang des EG-Rechts vor dem gesamten nationalen Recht entschieden. Begründet hat er dies mit der Notwendigkeit einer einheitlichen und gleichmäßigen Geltung des EG-Rechts in allen Mitgliedstaaten.[72]

Im Bereich des Umweltrechts (= konkurrierende Kompetenz der Europäischen Gemeinschaft) ist jedoch das sogenannte *Subsidiaritätsprinzip* zu beachten. Die Gemeinschaft darf gemäß Art 3b EG-Vertrag nur dann tätig werden, „sofern und soweit die Ziele der in Betracht gezogenen Maßnahmen auf Ebene der Mitgliedstaaten nicht ausreichend erreicht werden können".

---

[71] Dieselbe, 1998., S. 9
[72] Vgl. Kahl, 1995, S. 258-262

Kapitel V: Das umweltorientierte Unternehmen – Praxis betrieblicher Umweltvorsorge

1. Betriebliche Umweltvorsorge aktiv betreiben

Das rapide gewachsene Umweltbewusstsein der Bevölkerung, das Entstehen von Protestwellen gegen bestimmte Technologien und die Zunahme von ökologischen Themen in der öffentlichen Diskussion haben den Druck auf Unternehmen anwachsen lassen, ihre Geschäftspraktiken auf Sozial- und Umweltverträglichkeit hin zu überprüfen. Betriebsunfälle haben vielfach zu einem Klima des Misstrauens gegenüber Unternehmen und mitunter zu ökonomischen Einbußen geführt. Hinzu kommt eine verstärkte Hinwendung zu einer Politik der Umweltvorsorge, deren Instrumente (Gesetze, Verordnungen, Auflagen) eine vermehrte Einflussnahme auf die Unternehmenstätigkeit ermöglichen.

Angesichts gestiegener Anforderungen von Politik, Öffentlichkeit und interner bzw. externer Anspruchsgruppen, werden Unternehmen ökologische Kriterien vermehrt in wirtschaftliche Entscheidungen einfließen lassen müssen. Um langfristig am Markt erfolgreich und gesellschaftlich akzeptiert zu sein, werden sie in ihrer betrieblichen Praxis dokumentieren müssen, dass sie ihrer sozial-ökologischen Verantwortung gerecht werden.

Wie bereits dargestellt, zeigen Unternehmen in der Praxis verschiedene umweltbezogene Verhaltensweisen. Neben den defensiv ausgerichteten „Trittbrettfahrern" sowie den „Adaptions-" und „Ignoranztypen", praktizieren innovative Unternehmen einen offensiven Umweltschutz, der auf einer autonomen Umweltschutz-Zielsetzung der Unternehmung basiert: Umweltschutz wird hier nicht nur aufgrund gesetzlicher Vorschriften oder des Drucks der Öffentlichkeit hin betrieben, sondern aus einer sozial-ökologischen Verantwortung heraus oder aus Gründen der Unternehmenssicherung, Imagepflege usw. Umweltschutz wird also, nicht zuletzt wegen der damit verbundenen betriebswirtschaftlichen Chancen, gewollt.

Das defensive Verhalten, das von der ausschließlichen Befolgung von Trends über ein auflageninduziertes Verhalten bis hin zur vollständigen Abwehr von Umweltschutzmaßnahmen reicht, ist auf längere Sicht mit erheblichen Nachteilen verbunden. Einmal abgesehen davon, dass ein solches Verhalten den Anforderungen unserer Zeit nicht gerecht wird, fordert es Gegenmaßnahmen von Öffentlichkeit und Gesetzgeber geradezu heraus. Neben sinkender gesellschaftlicher Akzeptanz und der damit verbundenen ökonomischen Nachteile, provoziert fehlendes Umweltengagement Staatseingriffe, die mitunter zu kostspieligen Anpassungen und zu einer Einschränkung betrieblicher Handlungsautonomie führen.

Ein offensives, der Umweltvorsorge verschriebenes Umweltmanagement, das die verschiedenen Anforderungen aus dem sozial-ökologischen Umfeld der Unternehmung nicht nur angemessen zu berücksichtigen, sondern auch in Vorteile für den Betrieb selber umzusetzen versteht, ist deshalb für ein innovatives, zukunftsoffenes Unternehmen ein Gebot der Stunde.

Tabelle 6: Erfolgskriterien betrieblicher Umweltvorsorge

Anspruchs-gruppe	Erfolgskriterien für das Unternehmen
Gesellschaft	Sicherung gesellschaftlicher Akzeptanz und Legitimität - Wirkungsvolle Politik der Umweltvorsorge - Übernahme sozial-ökologischer Verantwortung - Wahrheits- und sachgemäße Information
Kunden, Konsumenten, Marktpartner	- Information über Unternehmenspolitik und Produkte - Optimale Ressourcenbewirtschaftung, Nutzung von Kostenvorteilen aus verringerter Energie-, Material- und Flächenintensität unternehmerischer Aktivitäten - Sorgfältige Auswahl der Marktpartner
Banken und Versicherungen	Absenkung des Finanzierungs- und Haftungsrisikos - Umweltverträglichkeit des Vorhabens prüfen - Sorgfältige Auswahl der Marktpartner - Abstimmung mit Interessensgruppen - Vermeidung von Altlasten
Medien	Medienmanagement - Kontinuierliche und fundierte Berichterstattung - Sorgfältige Planung und Organisation der Kommunikation
Gewerkschaften	Mitwirkung bei organisatorischen und personellen Maßnahmen
Mitarbeiterinnen und Mitarbeiter	Zeitgemäßes Personalmanagement - Personalauswahl, Ausbildung und Fortbildung - Anreize bietendes Entlohnungssystem - Effiziente interne Kommunikation - Mitarbeiterbeteiligung, Arbeitszufriedenheit - Arbeitssicherheit und Gesundheitsvorsorge
Behörden	Erfolgreiche Politik der Umweltvorsorge - Präzise Erfüllung gesetzlicher Auflagen - Angemessene Berichterstattung über den Vollzug - Mitverantwortung bei der Entwicklung politischer Rahmenbedingungen
Ökologische Aspekte	- Ressourceneffizienz, Absenkung der Energie-, Material- und Flächenintensität wirtschaftlicher Unternehmungen - Vermeidung von Beeinträchtigungen, Rückführung von Emissionen

1.1 Nutzenpotentiale

In vielen Fällen dürfte nachvollziehbar sein, dass die konsequente Anwendung einer Politik der Vorsorge auf Unternehmensebene auch ein Kostenfaktor darstellt. Dies dürfte sich z.B. aus den erforderlichen Maßnahmen bei Produktion und Dienstleistung und aus der Etablierung einer umweltbewussten Unternehmensführung bzw. Unternehmensorganisation ergeben. Kostenseitig von Relevanz sind aber auch Bestrebungen zur Internalisierung externer Effekte, deren Auswirkungen das Unternehmen nicht ohne weiteres an den Markt weitergeben kann, insofern eine anderweitige Kostenkompensation nicht möglich ist.

Die wirtschaftliche Betrachtung erkennt jedoch auch Nutzenpotentiale durch erfolgreichen betrieblichen Umweltschutz:

Externe Nutzenpotentiale:[1]

a) Beschaffung
   Nutzung von Kostensenkungseffekten durch eine sorgfältige Auswahl der Materialien und der Lieferanten.

b) Konsumenten
   Auch in Zeiten, in denen manchem betrieblicher Umweltschutz als Modeartikel erscheint, zeigt die zunehmende Umweltorientierung der Kunden ihre Auswirkungen. Unternehmen sollten die bestehende Nachfrage nach umweltverträglichen Produkten befriedigen können.

c) Marktposition, Marktstellung
   Das Vorhandensein umweltverträglicher Produkte in der Angebotspalette ist eine Voraussetzung, um überhaupt am „Umweltmarkt" teilhaben zu können. Unternehmen sollten diesen Markt nicht der Konkurrenz überlassen und sich um eine Ausweitung desselben bemühen. Sozial- und Umweltverträglichkeit sind außerdem wichtige Kriterien, die immer öfter den Ausschlag geben bei der Auftragsvergabe - insbesondere bei öffentlichen Auftraggebern.

d) Finanzierung
   In vielen Bereichen bestehen Förderungsprogramme, in denen Gemeinden, das Land, der Bund oder die europäische Union Mittel für eine umweltverträgliche Wirtschaftsweise bereitstellen.

e) Fachkräfte, qualifiziertes Personal
   Untersuchungen haben ergeben, dass Unternehmen mit überdurchschnittlichem Umweltengagement für besonders qualifizierte Fachkräfte sehr attraktiv sind.

---

[1] Vgl. Umweltbundesamt, 1995, S. 10-15; vgl. Fischer, 1996, S.14-20

f) Image

Angesichts der zunehmend kritischer werdenden Öffentlichkeit, ist eine umweltorientierte Unternehmensführung ein wesentlicher Faktor für die gesellschaftliche Akzeptanz.

g) Kommunikation

Eine offensive, umweltorientierte Kommunikationspolitik gegenüber allen gesellschaftlichen Anspruchsgruppen ist eine wichtige Voraussetzung für den Erfolg der Unternehmung.

h) Strategische Allianzen

Die Kooperation mit Lieferanten, Kunden und Marktpartnern verschafft dem Unternehmen Handlungsspielräume im Marktgeschehen. Kooperationen mit Konkurrenten auf bestimmten Gebieten ermöglichen Projekte, die sich einer allein nicht leisten könnte und helfen, das Investitionsrisiko zu senken.

i) Politikmitgestaltung

Mit einer offensiven Umweltpolitik und mit gesellschaftspolitischem Engagement kann das Unternehmen Zusammenarbeit mit anderen an der Gestaltung der Rahmenbedingungen zukünftiger Entwicklung aktiv mitwirken.

Interne Nutzenpotentiale[2]

a) Kostensenkung

Eine Schwachstellenanalyse im Betrieb verdeutlicht vielfach, dass in einigen Bereichen Energie- und Material in erheblichem Umfang eingespart werden könnten. Durch eine optimale Ressourcenausnutzung, durch eine Schließung der Materialkreisläufe lassen sich bedeutsame Kostensenkungspotentiale erschließen.

b) Investitionsvorsprünge

Neuste Technologien ermöglichen effizientes und umweltverträgliches Arbeiten. Die meisten Betriebe warten jedoch erst auf gesetzliche Auflagen.

c) Clean Management

Nutzung der Vorteile des vorsorgenden Umweltschutzes im Betrieb.

d) Informationssysteme

Mit der Einrichtung eines Umweltmanagementsystems geht meist eine Verbesserung der betrieblichen Informationssysteme einher. Dies hat positive Auswirkungen auf innerbetriebliche Entscheidungsprozesse. So führt z.B. eine Stoff- und Energiebilanz zu einer hohen Aufmerksamkeit für Ressourcenverbräuche und damit zur Erschließung von ökologischen wie technischen und ökonomischen Effizienzreserven und Innovationen.

---

[2]   Vgl. Umweltbundesamt, 1995, S. 10-15; vgl. Fischer, 1996, S.14-20

e) Wertsteigerung
   Die Vermeidung von Altlasten und baubiologische Aktivitäten erhöhen den Unternehmenswert.

f) Standortsicherung
   Wer den gestiegenen Anforderungen von Öffentlichkeit und Gesetzgeber entspricht, leistet wichtige Beiträge zur Unternehmenssicherung.

g) Leistungsklima
   Die aktive Mitwirkung der Mitarbeiterinnen und Mitarbeiter ist eine zentrale Voraussetzung für den Unternehmenserfolg. Dies gilt auch für den Bereich des Umweltschutzes. Arbeitssicherheit und Gesundheitsschutz sind weitere wichtige Kriterien für das Engagement der Beschäftigten.

h) Ökologische Schlüsselqualifikationen
   Erweiterte Qualifikationen der Beschäftigten im Umweltschutzbereich, insbesondere bezogen auf ihre jeweiligen Tätigkeiten, sind ein wichtiges Erfolgskriterium für das Unternehmen. Hierzu gehört auch die Aufgeschlossenheit der Beschäftigten für ökologische Probleme und für die Notwendigkeit ihrer Beseitigung.

i) Unternehmensführung
   Betrieblicher Umweltschutz ist eine Querschnittsaufgabe. Er verlangt klare, aufeinander abgestimmte Zielsetzungen (ökonomische-, soziale und ökologische Zielsetzungen), ständige Integrationsleistungen und eine funktionierende Zusammenarbeit bzw. Abstimmung zwischen und auf allen Hierarchieebenen des Betriebes. Aufgabenverteilung und Verantwortlichkeiten müssen für die Beschäftigten aller Ebenen transparent sein.

Bedenkenswertes auf dem Weg zu einem erfolgreichen Umweltmanagement

Auch wenn ein systematisches Umweltmanagement benötigt wird, besteht doch die Gefahr, dass Unternehmen über das Ziel hinausschießen und Systeme, Verfahren und Bürokratie produzieren. Hier ist dann die Frage berechtigt, ob der Aufwand für die mitunter begrenzten Umweltschutzerfolge angemessen ist. Wenn auch dem Aufwand die Vorteile wie z.B. Rechtssicherheit und Risikominderung oder die vielfältigen betriebswirtschaftlichen Synergieeffekte gegenüberstehen, bleibt doch die Forderung nach einer effizienten Gestaltung des Umweltmanagements. Denn: Die personellen und finanziellen Ressourcen des Unternehmens sind begrenzt, insbesondere im nicht-produktiven Bereich wie dem Umweltschutz.

Zur Begründung des Aufwands des betrieblichen Umweltschutzes bedarf es deshalb regelmäßiger Erfolgskontrollen bzw. Leistungsmessungen, die ermitteln, welche Verbesserungen der Umweltbelastung in welcher Größenordnung auf die Umweltmanagementsysteme zurückzuführen sind und welche Potentiale

erschlossen wurden bzw. noch erschlossen werden können.[3] Auch ist der büro-
kratische und organisatorische Aufwand auf ein Minimum zu beschränken. Um
die Effizienz von umweltbezogenen Aktivitäten und die Ausschöpfung ihrer
Nutzenpotenziale sicherzustellen, ist vor allem ein integrierter Ansatz empfehlenswert: Umweltschutzaspekte werden im Rahmen der „overall business
strategy" gesehen, dessen Bestandteil sie sind. Umweltschutzaspekte werden ge-
bündelt, mit den ökonomischen und sozialen Zielsetzungen des Betriebes zusam-
menführt und mittels an betrieblichen Abläufen orientierten Umsetzungsstrate-
gien und Maßnahmenbündel umgesetzt. Die erfolgreiche Bewältigung der
Umweltfrage betrifft somit die strategischen Ausrichtung und die Aufbau- und
Ablauforganisation des Unternehmens.

Der integrierte Ansatz versteht Umweltmanagement bzw. zeitgemäßes Umweltengagement als Teile einer langfristigen Perspektive für nachhaltigen Unternehmenserfolg, die dem komplexen und dynamischen Markt- bzw. Umweltge-
schehen gerecht werden müssen. Zeitgemäßes Umweltengagement zielt auf die
Entwicklung bzw. Verbesserung von Umweltqualitätsfähigkeit im Kontext
gegenwärtiger ökonomischer, ökologischer und gesellschaftspolitischer Rahmenbedingungen und Herausforderungen.

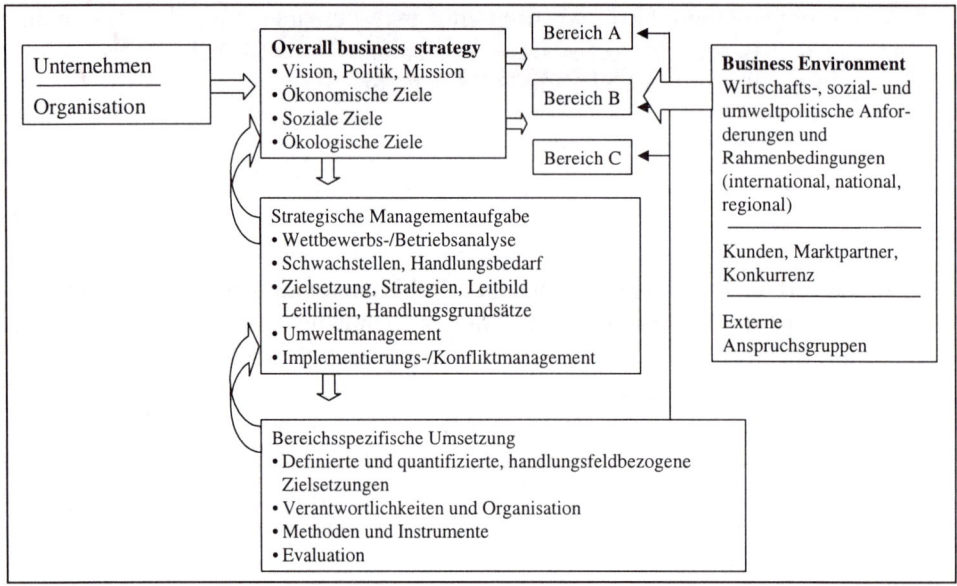

Abbildung 30:   Integration von Umweltaspekten in die unternehmerische Gesamtkonzeption

---

[3]   Vgl. Clausen/Kottmann, 1997, S. 10-12

Der integrierte Ansatz vermeidet eine separate Bestimmung des Verhältnisses Umwelt-Unternehmen und strebt statt dessen eine Gesamtbetrachtung aller unternehmensrelevanten Sachverhalte im Rahmen einer Gesamtplanung an. Wenn auch im Zuge der Feststellung bzw. Zielbeschreibung von Umweltqualitätsfähigkeit spezifische ökologische Fragestellungen, wie z.B. Analyse und Beurteilung der Umweltauswirkungen der Unternehmenstätigkeit relevant werden, so geht es doch um einen umfassenden Planungs- und Handlungsansatz, der

- durch die Integration ökonomischer, ökologischer und sozialer Aspekte Synergieeffekte zu erzielen versucht, um dadurch nicht zuletzt die Effizienz bzw. den Erfolg der Unternehmensaktivitäten, also auch des betrieblichen Umweltschutzes, zu erhöhen,
- alle Funktionsbereiche, Planungs- und Entscheidungsprozesse sowie Verfahrens- und Handlungsabläufe der jeweiligen Ebenen der Organisation umfasst und aufeinander bezieht.

Von Bedeutung ist auch die Motivation und Zielsetzung von Unternehmen, sich für ein Umweltengagement zu entscheiden. Die Vorstellung, einer vorübergehenden Modewelle zu folgen, die schon bald wieder abflaut, kann dabei ebenso wenig zum Erfolg betrieblichen Umweltengagements beitragen wie eine werbewirksame Inszenierung in Hochglanzbroschüren, die zwar optisch ansprechend ist, aber leider durch die betriebliche Wirklichkeit nicht belegt werden kann.
Nicht unproblematisch ist die Entscheidung für die Einrichtung eines Umweltmanagementsystems, wenn sie vornehmlich vor dem Hintergrund der Verleihung des Zertifikats gemäß EG-Öko-Audit-VO oder ISO Norm erfolgt. Je mehr es im Ergebnis nur um das Zertifikat geht, desto mehr werden fremdbestimmte Prozesse im Unternehmen ablaufen, deren Effizienz und Wirksamkeit hinter ihren Möglichkeiten zurückbleiben. Auch dürfte es dann für die Mitarbeiter und Mitarbeiterinnen schwer werden, sich mit dem Vorhaben zu identifizieren, daran mitzuwirken und eigene Beiträge zur Verbesserung der Umweltqualitätsfähigkeit ihres Unternehmens zu leisten. Es macht deshalb Sinn, sich für ein Umweltengagement bzw. –management von den Zielen und Bedingungen des jeweiligen Unternehmens her zu entscheiden, also im Rahmen einer Unternehmensgesamtplanung zu agieren, so wie es der integrierte Ansatz vorschlägt. Betriebliches Umweltengagement kann dann auch als Innovationschance, als verändernde Kraft organisationsweiten Wandels wirken.

Zu Beginn sollte auch ernsthaft die Frage geprüft werden, inwieweit es überhaupt sinnvoll ist, auch in kleineren und mittleren Unternehmen ein Umweltmanagementsystem einzuführen, so wie es die EG-Verordnung und die ISO-Norm prinzipiell als Vorbedingung für eine Zertifizierung vorsehen. Wie gesagt, hier geht es nicht um die Frage des Für und Wider eines wie auch immer organisierten Umweltengagements, sondern um die Sinnhaftigkeit der Implementierung eines *formalisierten* Systems in diesen Betrieben. Viele Funktionsbereiche, die in diesen Normen genannt werden, existieren in kleineren Unternehmen gar nicht. Die geforderte Trennung zwischen Geschäftsführung und Verantwortung für das Umweltmanagementsystem überfordert zudem viele Betriebe personell und finanziell. Hinzu kommt eine Sprache in der Verordnung und der ISO Norm, die nicht unbedingt zum besseren Verständnis beiträgt. Eine externe Beratung scheint vielfach unumgänglich zu sein und treibt neben dem betriebsinternen Aufwand auch noch die Kosten in die Höhe.

An dieser Stelle sei ausgeführt, dass auch in kleineren und mittleren Unternehmen der Aufbau eines solchen Systems sinnvoll ist. Allerdings mit der Einschränkung, dass dieses System den besonderen Bedürfnissen und Möglichkeiten von kleineren und mittleren Unternehmen angepasst werden muss, damit Aufwand und Nutzen in einem vernünftigen Verhältnis zueinander stehen und die eigentlichen Ziele nicht unter einem Wust an Papier verschwinden. Hier gilt es bereits bestehende Strukturen zu nutzen und durch möglichst unkomplizierte, kostengünstige Maßnahmen zu erweitern. So haben z.B. die vielfältigen Umweltauflagen schon in der Vergangenheit zu finanziellen und organisatorischen Maßnahmen geführt, an die sich gut anknüpfen lässt.

Bevor also konkrete Maßnahmen zur Verbesserung der Umweltqualitätsfähigkeit des Unternehmens ergriffen werden, sollten folgende Fragen und Aspekte beantwortet bzw. bedacht werden:

1. Warum also sollen wir uns engagieren ?
   - Überzeugende und einleuchtende Begründung liefern.
   - Uneingeschränkte Zustimmung der Geschäftsführung einfordern; gelingt dies nicht, sollte die Einrichtung eines Umweltmanagementsystems grundsätzlich neu überdacht werden.
   - „Burdon of proof" bzgl. ökologischer und ökonomischer Sinnhaftigkeit liegt bei uns.
   - In die Rolle derer hineinversetzen, die entscheiden bzw. die umsetzen sollen (Geschäftsleitung, Mitarbeiter).

2. Auf welche Weise und in welchem Ausmaß können die Resultate eines Engagements zur Verbesserung der konkreten betrieblichen Situation beitragen ?
   - Gegenwärtige wirtschaftliche Situation und Zielsetzungen.
   - Frage nach klar erkennbaren, möglichst messbaren Chancen/Vorteilen. (Davon ausgehen, dass hier primär an monetäre Aspekte gedacht wird !)
   - Es sollte angesprochen werden, welche ökonomischen, sozialen und ökologischen Erfolgspotenziale erschlossen werden können.

3. Welche Orientierungen und Ziele können für ein Umweltengagement zu Grunde gelegt werden? (Wo wollen wir hin ?)
   - Ein mitreißendes (Identifikationspotenzial), Orientierung gebendes Leitbild, welches gegenwarts- und zukunftsbezogen ist, wird benötigt. Dieses muss dem komplexen Umwelt- und Marktgeschehen gerecht werden, also ein nachhaltiges, markt-, kunden- und umweltorientiertes Agieren des Unternehmens sichern helfen.
   - Das Leitbild muss aufzeigen, wohin die Reise gehen soll und zu einer Bündelung und Fokussierung der Planungen und Aktivitäten im Unternehmen führen.
   - Es soll in einen „Fahrplan" umgesetzt, also operationalisiert werden können.
4. Wie gehen wir vor ? (Wie erreichen wir unser Ziel ?)
   - Umfassender und integrierter Planungsansatz, Festlegen der Schritte organisationsweiten Wandels.
   - Managementebenen und Funktionsbereiche mit spezifischen, qualitativ und quantitativ bestimmten, zeitorientierten Zielsetzungen versehen.
   - Dublizierungen vermeiden (z.B. Zusammenfassung von Umwelt-, Sicherheits- und Qualitätsmanagement, Funktionsbereich übergreifende Projekte, Koordination)
   - Benötigte spezifische Fähigkeiten und Kompetenzen
   - Passung in Bezug auf alltägliche Arbeitsprozesse und Handlungsabläufe im Unternehmen ?
   - Allokation von Ressourcen.
   - Implementierungsmanagement mit Zeiten des Übergangs. Vermeidung von Prozessverlusten (zentraler Stellenwert von Information und Kommunikation). Management von Hemmnissen und Widerständen.
5. Wie geht es weiter ?
   = Frage nach dem „follow up", wenn die ersten Ziele erreicht worden sind
   - Was tun, wenn Start- und Einrichtungsphase erfolgreich geschafft sind ?
   - Den Wandel unumkehrbar machen und kontinuierliche Verbesserung.

1.2 Erfassung und Abschätzung von Umweltauswirkungen

Für die Ökonomie stellen die Ökosysteme eine Quelle in Form natürlicher Ressourcen dar. Organische oder mineralische Produkte werden den Ökosystemen zum Zwecke der Transformation in ökonomischen Prozessen entnommen. Dies dokumentiert sich in den klassischen Inputfaktoren Werkstoffe und Betriebsmittel. Senkenfunktion erhalten die Ökosysteme, indem sie als Aufnahmemedium für feste, flüssige, gas- und strahlenförmige Abfälle, Emissionen und Lärm (= Output) dienen.

Für die Betriebswirtschaftslehre umfasst der Outputbegriff zunächst nur die unmittelbar von der betrieblichen Tätigkeit ausgehenden (Produktions-) Rückstände, die wieder in die Ökosysteme verbracht werden. Neben diesem eher *unerwünschten Output* entsteht der sogenannte *erwünschte Output*, z.B. Produkte oder Dienstleistungen, die an den Markt weitergegeben werden. Aus ökologischen Gesichtspunkten sind jedoch sowohl der unerwünschte als auch der erwünschte Output von Bedeutung: Auch der erwünschte Output wird in der Konsumphase in Form von Konsumresten letztlich zu unerwünschtem Output, der einer Senke bedarf.[4]

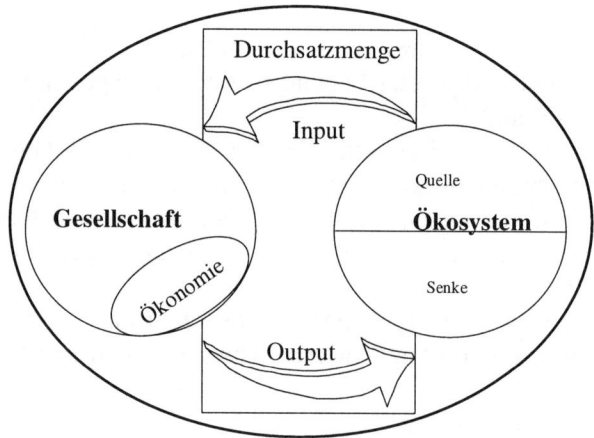

Abbildung 31:   Vereinfachtes Wirkungsgefüge Gesellschaft, Ökonomie, Ökologie

Eine angemessene Erfassung und Abschätzung von Umweltauswirkungen unternehmerischer Tätigkeiten setzt deshalb bei Entwicklung und Design eines Produkts an, erfasst den hierfür benötigten Input an Energie und Material sowie das Produktionsverfahren mit seinem „unerwünschten" Output und dessen Verbleib und endet bei der Entsorgung nach Gebrauch des Produkts.

Insofern das Unternehmen dem Leitbild des Sustainable Development folgen will, werden ebenfalls sozial-gesellschaftliche Aspekte in Betrachtungen und Analysen der Unternehmenstätigkeit und ihrer Auswirkungen zu integrieren sein.

Der Forderung nach einer umfassenden Betrachtungsweise des Verhältnisses zwischen Gesellschaft, Ökonomie und Ökologie ist in der betrieblichen Praxis nicht einfach nachzukommen. Wegen ihrer Komplexität und der oft nur begrenzt

---

[4]   Vgl. Schreiner, 1996, S. 2-20

verfügbaren Informationen, lassen sich die Auswirkungen der Unternehmenstätigkeit oft nur näherungsweise bestimmen.

Ökobilanzen

Mit dem Begriff Ökobilanz wird eine Reihe von unterschiedlichen Methoden bezeichnet, die das Ziel haben, die Umweltrelevanz bzw. die Umweltauswirkungen wirtschaftlicher Tätigkeiten näherungsweise zu bestimmen. Die wichtigsten Anwendungsbereiche sind die Produkt-, Prozess- und Unternehmensökobilanz.

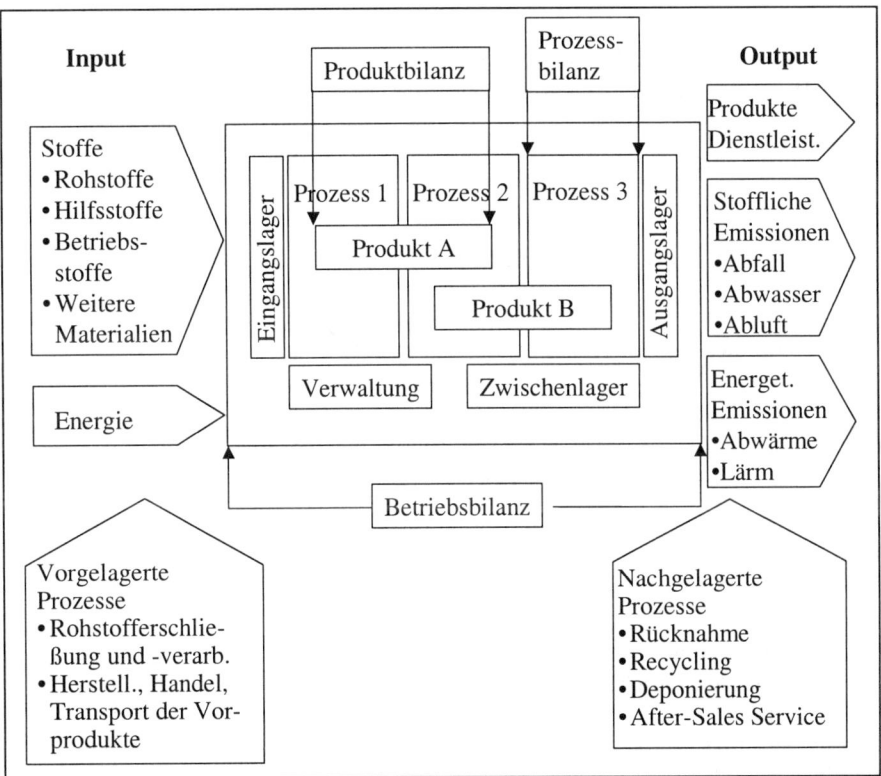

Abbildung 32:   Ökobilanzsystematik (in Anhalt an IÖW)

Mit Hilfe von Ökobilanzen ist es möglich, Schwachstellenanalysen oder Sensitivitätsanalysen durchzuführen, um bestimmte störende Umweltwirkungen einzelner Produkte, Systeme oder Verfahren mit dem Ziel zu identifizieren, eine bessere Umweltqualität zu erreichen, bzw. die Wirkung bereits ergriffener Umweltschutzmaßnahmen zu überprüfen. Neben ihrer Informations- und Kontrollfunktion, sind Ökobilanzen auch als Planungs- und Entscheidungsinstrument einsetzbar, indem sie z.B. der Entscheidungsfindung in der Beschaffung und im Einkauf oder der Förderung und Entwicklung umweltfreundlicher Produkte und Verfahren dienen.[5]

Die Feststellung von Umweltauswirkungen der betrieblichen Praxis beginnt mit der Festlegung des Untersuchungsgegenstandes, also der Tätigkeiten, Prozesse, Produkte usw., die in bezug auf ihre Umweltrelevanz untersucht werden sollen. Das Ergebnis einer solchen Festlegung wird als *Systemabgrenzung* bezeichnet.

1. Abgrenzung nach dem Untersuchungsobjekt
   Welche Produkte, Verfahren, Unternehmensbereiche sollen auf ihre Umwelteinwirkungen hin überprüft werden ?
   Die Bilanzierung des gesamten Unternehmens dient vor allem dem eigenen Überblick und der Selbstdarstellung gegenüber der Öffentlichkeit. Die Datenerhebung erfolgt zeitraumbezogen (z.B. Kalenderjahr).

Tabelle 7:   Untersuchungsobjekt Unternehmensbereiche

Betriebliche Handlungsfelder / Prüfkriterien[6]	Entwicklung	Beschaffung und Lagerhaltung	Produktion	Qualitätskontrolle	Marketing	Finanzierung und Controlling	Personal
Umweltrechtliche/-politische Anforderungen - Nationales und internationales Umweltrecht - Umweltpolitik und Umweltplan des Betriebes							
Gesellschaftliche Akzeptanz - Anforderungen ökologisch sensibler Anspruchsgruppen - Auswertung kritischer Medien, Fachzeitschriften, Kundengesprächen usw. - Maßnahmen zur Früherkennung und "ökologisches Radar" für Handlungschancen und -defizite							

---

[5]   Vgl. Umweltbundesamt, 1992, S. 14-17
[6]   Dasselbe, 1995, S. 127-139

Gefährdungs-/Störfallpotential - Einschätzung des ökologischen Risikos - Vorgaben von Verordnungen, Gesetzen, technischen Richtlinien, MAK-Werten usw. - Maßnahmen zur Vermeidung und zum Abbau von Risikopotentialen. - Pläne für den Stör- und Katastrophenfall						
Umweltkosten - Internalisierte Umweltkosten (Vermeidungs-, Schadens-, Ausweich-, und Reduzierungskosten), die sich auf Produkte, Dienstleistungen, Stoffe, Verfahren, Anlagen beziehen - Aufzeigen finanzwirtschaftlicher Beziehungen zwischen ökologischen und ökonomischen Zielen und Maßnahmen - Erschließung von Kostensenkungspotentialen						
Negative externe Effekte - Erfassung ökologischer Belastungen - Möglichkeiten der Vermeidung bzw. Reduzierung schädlicher Umwelteinwirkungen. - Früherkennung						
Regenerative-/nicht-regenerative Ressourcen; Ressourcenintensität - Anteil regenerativer und nicht-regenerativer Ressourcen. - Prüfung der Energie- und Materialintensität der Prozesse - Möglichkeiten der Reduzierung der Energie- und Materialintensität - Substitution nicht-regenerativer Ressourcen durch regenerative Ressourcen						
Sozialverträglichkeit - Sinnvolle und herausfordernde Tätigkeiten - Gesundheitsbelastungen am Arbeitsplatz - u.a.						

Prozessbilanzen erlauben einen detaillierten Einblick in die innerbetrieblichen Abläufe. Sie bieten eine Grundlage für die Abschätzung der Umweltverträglichkeit von Anlagen und Verfahren. Die Prozessbilanz betrachtet die Input/Output Strukturen für einzelne Verfahrensabschnitte innerhalb des Produktionsablaufs separat. Die Datenerhebung erfolgt auf Produktmengen bezogen.

2. Abgrenzung nach dem Produktlebenszyklus

Hier wird festgelegt, welche Bereiche aus dem gesamten Produktlebenszyklus von der Energie- und Rohstoffgewinnung bis hin zur Entsorgung untersucht werden.

Ein speziell für die Beurteilung einzelner Produkte und Produktgruppen entwickeltes Instrument stellt die *Produktlinienanalyse* dar. Sie versucht die verschiedenen ökologischen, politischen, ökonomischen und sozialen Auswirkungen der einzelnen Lebenszyklusphasen einer Produktlinie darzustellen. Kernstück der Analyse ist die Produktlinienmatrix. Horizontal werden die jeweiligen ökologischen, politischen, ökonomischen und sozialen Auswirkungen der Produktlinie dargestellt. Die Vertikalanalyse erfasst den gesamten Lebenszyklus der Produktlinie. Dieser beginnt mit der Materialbeschaffung und endet mit der Entsorgung.

Tabelle 8:   Allgemeine Produktlinienmatrix

Horizontalanalyse / Vertikale Analyse	Ökologische Auswirkungen	Ökonomische Auswirkungen	Politische Folgen	Soziale Folgen
Vorgelagerte Stufen - Rohstofferschließung und -verarbeitung - Herstellung, Handel und Transport von Vorprodukten				
Unternehmung - Produktion - Handel/Vertrieb - Transport - Betriebliche Entsorgung				
Nachgelagerte Stufen - Handel - Transport Ge- und Verbrauch - Entsorgung				

Nach dieser analytischen Erfassung erfolgt die Bewertung der vorliegenden Wirkungen.[7]

---

[7]   Vgl. Matschke/Jaeckel/Lemser, 1996, S. 184-185

Das sogenannte Standard-Modell des Umweltbundesamtes stellt ein Konzept für *Produktbilanzen* dar. Es beinhaltet vier Kernbereiche:

a) Festlegung des Ziels und des Untersuchungsrahmens
   - Definition des Untersuchungsobjekts, des Untersuchungsinteresse (z.B. Ressourcenintensität, Umwelteinwirkungen) und der Zielgruppe
   - Systembeschreibung mit Festlegung der räumlichen und zeitlichen Grenzen

b) Sachbilanz
   - Darstellung der Stoff- und Energieströme als Input- und Outputgrößen (= Darstellung der Energie-, Material- und Flächenintensität) über die Prozesse des gesamten Lebensweges des Produkts
   - Feststellung der mit dem Lebensweg verbundenen Umwelteinwirkungen (z.B. Ressourcenverbrauch, Emissionen, Abfälle)

c) Wirkungsabschätzung
   Beschreibung bzw. Abschätzung der Wirkungspotenziale der in der Sachbilanz erhobenen Größen hinsichtlich ihrer möglichen Einflüsse auf ausgewählte globale, regionale und lokale Wirkungen auf die Umwelt (z.B. Treibhauseffekt, Artenverlust, Erosion, Eutrophierung, Human- und Ökotoxizität, Belästigungen durch Geräusche und Gerüche usw.)

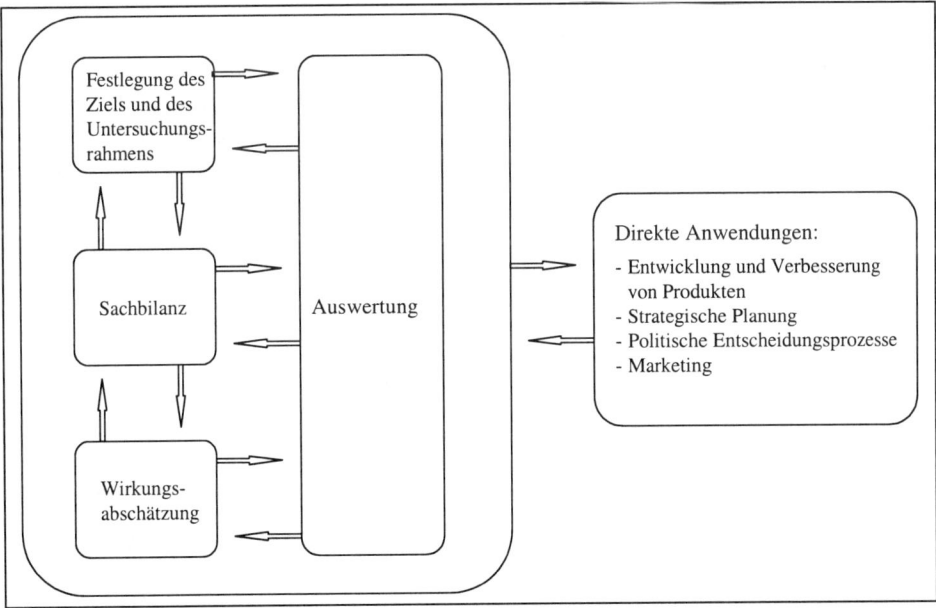

Abbildung 33:   Bestandteile einer Produkt-Ökobilanz[8]

---

[8]   A.a.O., S. 6

3. Abgrenzung nach Umwelteinwirkungen

Es muss entschieden werden, welche Umwelteinwirkungen betrachtet werden sollen. Dies setzt voraus, dass die ggf. auftretenden Umwelteinwirkungen wie z.B. Belastungen, Stör- und Unfälle, Strahlungen usw. erkannt und für die Beurteilung abgegrenzt werden können.

- Die *Kernbilanz* bezieht sich auf das zu bilanzierende Unternehmen und erfasst zunächst die direkt im Unternehmen entstehenden (primären) Umwelteinwirkungen. Berücksichtigung finden aber auch die Umwelteinwirkungen, die bei den Ver- und Entsorgern des Unternehmens anfallen (sekundäre Umwelteinwirkungen).
- Die Vor- und Nachstufen z.B. eines Produktlebenszyklusses (s.o.) werden in der *Komplementärbilanz* erfasst (= indirekte Umwelteinwirkungen).

Beide Bilanzierungsformen müssen bei der Gesamtbeurteilung der Umweltauswirkungen der Unternehmung Berücksichtigung finden.[9]

Eine umfassende Untersuchung des Betriebes schließt auch eine *Risikoanalyse* im Sinne einer Schwachstellen- und Gefahrenanalyse ein. Sie soll dazu beitragen, Risiken frühzeitig zu erkennen und entsprechende Maßnahmen zur Vorbeugung ergreifen zu können. Die Risikoanalyse beginnt mit einer Erhebung der Ist-Situation, an die sich die Festlegung der Soll-Vorgaben für sichere Prozessbedingungen anschließt. Es folgt die systematische Suche nach Gefahrenquellen und die Beurteilung der damit verbundenen Risiken.

Das Risiko eines Ereignisses hängt von seiner Eintrittswahrscheinlichkeit und seiner Tragweite ab (Schadenswirkung i.S. von Personen-, Sach- und Umweltschäden). Je höher die Wahrscheinlichkeit des Auftretens eines Schadensfalles, je größer seine Tragweite ist, desto größer ist das Risiko. Der letzte Schritt bildet die Entwicklung und Festlegung verschiedener technischer, organisatorischer und personeller Maßnahmen, die Schadensfälle vermeiden helfen bzw. die im Schadensfall zum Einsatz kommen sollen.[10]

---

[9]   Vgl. Fischer, 1996, S. 92-94
[10] Vgl. DIN EN ISO 14001, S. 39-43; sowie Nr. 4.3.3.4 „Notfallvorsorge und Maßnahmenplanung" nach DIN EN ISO 14004, 1997, S.39

2.   Betriebliche Umweltpolitik - Grundsätze, Leitbilder und Ziele

Will ein Unternehmen eine aktive Umweltpolitik betreiben, werden zumindest
- eine präzise Zielvorstellung für diese Politik,
- Mitstreiter im Unternehmen, die nicht nur passiv eine derartige Politik betreiben, sondern die bereit und in der Lage sind, diese aktiv mitzutragen sowie
- eine effiziente Organisation des Umweltschutzes und dessen Integration in die Organisation des Gesamtbetriebes benötigt.

2.1   Umweltziele

Umweltziele sind Bestandteile des *Zielsystems* einer Unternehmung. Unter Ziel soll hier ein zukünftiger Sachverhalt eines Zustands oder einer Situation verstanden werden, der vom Träger des Ziels angestrebt wird. Träger von Zielen eines Betriebs sind Personen oder Personengruppen.

Vollständig festgelegt wird ein Ziel durch seinen Inhalt, d.h. durch die sachliche Festlegung dessen, was angestrebt wird, durch sein angestrebtes Ausmaß in quantitativer und qualitativer Hinsicht sowie seinen zeitlichen Bezug.[11]

Ziele kommen mehrere Funktionen gleichzeitig zu. Sie dienen
- zur Orientierung („Wer das Ziel nicht weiß, kann den Weg nicht kennen."),
- als eindeutige Entscheidungshilfe zur Auswahl der Lösungsalternative (Darstellung von Beurteilungsmaßstäben),
- zur Motivation der Handelnden (Klarheit, Erreichbarkeit, Akzeptanz),
- als Grundlage für die Koordination der einzelnen Aktivitäten,
- als Soll-Vorgabe für die Kontrolle der Arbeitsergebnisse (Feststellung von Erfolg und Misserfolg bzw. des Korrekturbedarfs),
- zur Information und Rechtfertigung von bzw. gegenüber Mitarbeiterinnen und Mitarbeitern und externen Anspruchsgruppen (über Zwecke der eingeleiteten Maßnahmen und eingesetzte Mittel).[12]

Das Zielsystem einer Organisation weist einen hierarchischen Aufbau aus. Man kann daher zwischen verschiedenen Zielebenen nach *Ober-* und *Unterzielen* unterscheiden. Oberziele zeichnen sich oft durch einen hohen Abstraktionsgrad aus. Sie sind wenig operational und haben eher den Charakter von Richtzielen. Erst die hieraus abgeleiteten Feinziele (= Handlungsziele) haben einen hohen Grad an Operationalität.

---

[11]   Vgl. Hentze, 1994, S. 52
[12]   Vgl. Schulte-Zurhausen, 1995, S. 322-323

Teilziele innerhalb des Zielsystems stehen zueinander in Beziehung:
1. Sie sind komplementär, wenn durch die zunehmende Erfüllung eines Ziels zugleich auch die Erfüllung eines anderen Ziels gefördert wird.
2. Ziele verhalten sich zueinander indifferent oder neutral, wenn die Erfüllung eines Ziels auf die Erfüllung des anderen Ziels keinen Einfluss hat.
3. Ziele konkurrieren, wenn die zunehmende Erfüllung eines Ziels die Erfüllung anderer Ziele mindert. Diese Zielkonkurrenz sorgt für das Auftreten von *Zielkonflikten* in der Organisation, die konstruktiv gelöst werden müssen, um Prozessverluste zu vermeiden.[13]

Abbildung 34:　Oberste Sach- und Formalziele

Dass Umweltziele im Zielsetzungssystem der Unternehmung ihren Platz finden müssen, idealerweise prinzipiell gleichrangig neben anderen Zielen, ist schon mehrfach betont worden. Auch die Ansprüche von Kunden, Marktpartnern, Banken und Versicherung, Gewerkschaften, Mitarbeitern und Mitarbeiterinnen unterstreichen diese Notwendigkeit. Hier wird deutlich, dass der Zielfindungs-

---

[13]　Vgl. Hentze, 1994, S. 53-57

prozess im Unternehmen von verschiedenen, ökologischen Erfordernissen, sozialen, politischen und ökonomischen Faktoren sowie den Vorstellungen und Interessen interner wie externer Anspruchsgruppen beeinflusst wird.

Anders formuliert, die Festlegung des Unternehmensziels ist in weiten Bereichen ein dynamischer, interaktiver Prozess, was übrigens nicht heißt, dass dieser Prozess konfliktfrei verläuft und zu einem breiten Konsens zwischen den Beteiligten führt. Prinzipiell gilt aber, dass ökonomische, soziale und ökologische Ziele keineswegs sich gegenseitig ausschließen. Die Umsetzung dieser obersten Formalziele mag zwar spannungsgeladen, mitunter problematisch sein, eine prinzipielle Zielantimonie kann jedoch nicht postuliert werden. Ganz im Gegenteil, vielfach erzeugt die Zusammenführung dieser Formalziele in konkrete betriebliche Entscheidungsprozesse soziale, ökonomische und ökologische Vorteile, d.h. die Ziele verhalten sich zueinander komplementär.

Sustainable Development im betrieblichen Zielfindungsprozess

Für die Entwicklung von Zielen für das betriebliche Umweltengagement dürfte das in Kapitel IV umrissene Konzept des Sustainable Development hilfreich sein. Schließlich will das Konzept nicht nur ökologische sondern auch ökonomische und soziale Aspekte in Planungs-, Entscheidungs- und Handlungsprozesse zusammenzuführen und gleichrangig gegeneinander abzuwägen. In seiner Konkretisierung kann Sustainable Development dem komplexen Umwelt- und Marktgeschehen gerecht werden und so ein nachhaltiges, markt-, kunden- und umweltorientiertes Agieren des Unternehmens sichern helfen.

Folgende Ziele können aus der Perspektive des Sustainable Development formuliert werden

a) Verbesserung der Umweltqualitätsfähigkeit, z.B.:
Primat der Umweltvorsorge, d.h. Anstrengungen zur Vermeidung von negativen Umwelteinwirkungen
Reduktion negativer, aber unvermeidbarer Umwelteinwirkungen
Schutz und Erhalt der natürlichen Lebensgrundlagen, Begrenzung von Umweltrisiken und Risikovorsorge
- Reduktion des Energie-, Material- und Flächenverbrauchs, Substitution nicht regenerierbarer Ressourcen durch regenerierbare soweit dies möglich und wirtschaftlich vertretbar ist
- Beachtung der Tragfähigkeitsgrenzen von Ökosystemen
Also: Verantwortung zum pfleglichen und sachgemäßen Umgang mit natürlichen Lebensgrundlagen

b) Erhalt und Steigerung der wirtschaftlichen Leistungsfähigkeit und Attraktivität, z.B.:
- Profitabilität und Wettbewerbsfähigkeit
- Return on investment
- Marktstellung und Marktanteile
- Flexibilität
- Innovationsfähigkeit
- Kunden- und Qualitätsorientierung
  Aus- und Aufbau eines Kundenstamms

  Also: Ökonomische Verantwortung gegenüber Kunden, Anteilseignern, Marktpartnern, Mitarbeitern.

c) Wahrnehmung sozial-gesellschaftlicher Verantwortung, z.B.:
- Beschäftigungs- und Einkommenssicherheit
- Humanisierung der Arbeit, Gesundheitsschutz, angemessene Entlohnung
- Zeitgemäße Qualität der Arbeitnehmer-Arbeitgeber-Beziehungen, Freiheit des Zusammenschlusses
- Angemessene Reaktionen auf Anforderungen externer Anspruchsgruppen, „silent diplomacy"
- Einhaltung von Gesetzen und Vorschriften (z.B. auch der ILO-Deklaration, UN-Charta for Human Rights)
- Respekt vor anderen Kulturen und Lebensformen

2.2　Unternehmensphilosophie

Die Unternehmensphilosophie umfasst die allgemeinen Zielvorstellungen, die einerseits auf Wertvorstellungen und Motivation der Unternehmensverantwortlichen sowie der Beschäftigten basieren, andererseits auf der Einschätzung von situativen Gegebenheiten und Entwicklungsmöglichkeiten der Unternehmung und ihrer Umwelt beruhen. Die Unternehmensphilosophie repräsentiert zugleich eine unternehmerische Vision, die impulsgebende Kraft besitzt und als Richtschnur des Handelns den Unternehmenserfolg langfristig sichern und fördern helfen soll.

Der Gedanke umweltorientierter Unternehmensführung kann hier die Unternehmensphilosophie bereichern und stärken. Dazu können das Konzept des Sustainable Development und davon abzuleitende Handlungsmaxime bei der Formulierung der Unternehmensphilosophie herangezogen und nutzbar gemacht werden. Der Wille, Beiträge zum Erhalt der natürlichen Lebensgrundlagen und zur Stabilisierung menschlicher Gesellschaften im Zuge wirtschaftlichen Handelns zu leisten, basierend auf der Anerkennung sozial-ökologischer und ökonomischer Verantwortung, gehören dann zum Selbstverständnis des Unternehmens.

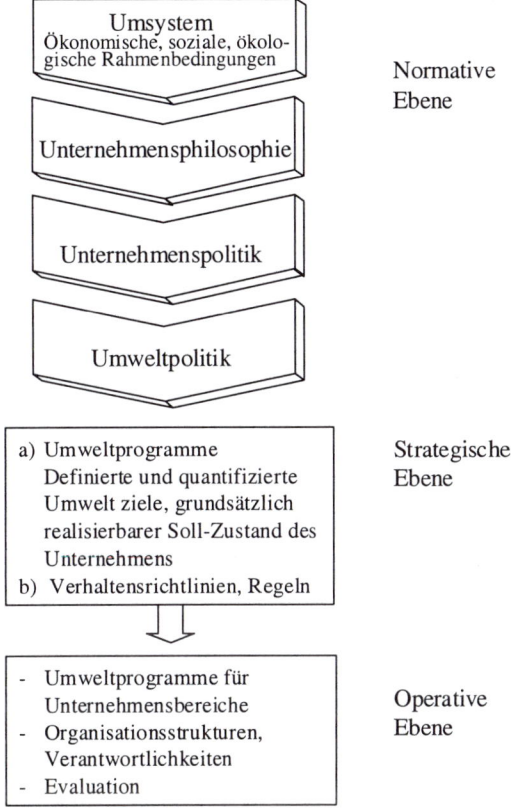

Abbildung 35:   Umweltaspekte als integrativer Bestandteil

Als Grundorientierungen für die „Umweltkomponente" einer Unternehmensphilosophie lassen sich benennen:
- Qualität
  Ein Produkt oder eine Dienstleistung werden dann als qualitativ hochwertig angesehen, wenn sie sozial- und umweltverträglich hergestellt bzw. erbracht werden und ohne Verursachung von Umweltschäden genutzt und entsorgt werden können.
- Kreativität und Eigenverantwortung
  Mitarbeiterinnen und Mitarbeiter werden durch Arbeitsbedingungen in ihrer Kreativität gefördert und zu Eigenengagement und -verantwortung auch im Bereich des betrieblichen Umweltschutzes ermuntert. Sinnvolle und heraus-

fordernde Beschäftigung in gesundheitszuträglichem Arbeitsumfeld bei angemessener Entlohnung für geleistete Arbeit sind dafür wichtige Voraussetzungen.
- Humanität und Verantwortung
  Menschenwürdige Beschäftigungsverhältnisse und die Wahrnehmung der Verantwortung gegenüber allem Leben und zukünftigen Generationen kennzeichnen den sozial- und umweltverträglichen Betrieb.
- Kontinuität
  Umweltschutz wird kontinuierlich betrieben und nicht als Modeerscheinung angesehen, der man aus Imagegründen folgt.
- Rentabilität
  Umweltschutz soll und kann dazu beitragen, die Ertragssituation für den Betrieb zu verbessern. Kostensenkende Umweltschutzmaßnahmen wie Rohstoff-, Energie- und Wassersparprogramme sind hier ein Gebot der Stunde, Marktchancen umweltverträglicher Produkte müssen erkannt und kontinuierlich verbessert werden.[14]

2.3   Unternehmenspolitik

Dass Unternehmen Politik machen, ist im landläufigen Sprachgebrauch keineswegs selbstverständlich. Gerade mittelständische und kleinere Unternehmen gehen eher davon aus, dass die Anforderungen des Marktes und der politischen Institutionen in Regierungsverantwortung vorgegeben und erfolgreiche Unternehmensführung darin besteht, mit diesen gegebenen Anforderungen möglichst effizient umzugehen.
Tatsächlich ist das Handeln und Entscheiden von Unternehmen wesentlich politischer – einmal abgesehen davon, dass Unternehmen über ihre Interessensvertretungen (Verbände) sehr wohl in der Lage sind, Einfluss auf die politische Diskussion auszuüben. Ebenso gelten Unternehmen an ihren jeweiligen Standorten oftmals als regional- bzw. lokalpolitische „Größen".

Dem integrierten Ansatz folgend, ist die *betriebliche Umweltpolitik* ein Bestandteil der *Unternehmenspolitik*. Die Unternehmenspolitik gilt als die Grundkonzeption der Unternehmung und konkretisiert die Vorstellung dessen, was die Unternehmung „sein" soll. Sie umfasst folgende Merkmale:

- Die originären Entscheidungen in der Unternehmung, die auf der obersten Führungsebene getroffen werden.
- Sie bezieht sich auf die Unternehmung als Ganzes und ist allgemein abgefasst.

---

[14] Vgl. dazu auch Winter, 1993, S. 33-34 sowie Freimann, 1996, S. 270

- Sie ist langfristig ausgerichtet und muss deshalb Flexibilität aufweisen, um die notwendigen Anpassungen im Zeitablauf aufgrund von Veränderungen im sozio-ökonomischen bzw. ökologischen Umfeld der Unternehmung vornehmen zu können.
- Sie beinhaltet auch die Kontrolle der Einhaltung von Zielen, Verhaltensweisen und Richtlinien.[15]

Beispiele für in die Unternehmenspolitik einzuarbeitende sozial-ökologische Kriterien könnten sein:
- Vorbehaltlose Anerkennung der gesellschaftlichen und umweltpolitischen Verantwortung der Unternehmung.
- Bekenntnis zu den Prinzipien vorsorgenden Umweltschutzes und zur kontinuierlichen Verbesserung des betrieblichen Umweltschutzes.
- Verpflichtung, in betrieblichen Entscheidungsprozessen ökonomische, soziale und ökologische Aspekte gegeneinander abzuwägen bzw. diese sinnvoll in die Entscheidungen zu integrieren. Hierzu muss die Unternehmenspolitik klare Hinweise zur Festlegung umweltbezogener Zielsetzungen und Einzelziele geben.
- Eine an die Tragfähigkeitsgrenzen der Ökosysteme angepasste Ressourcennutzung. Umweltbelastungen sollen möglichst erst gar nicht entstehen, Grenzüberschreitungen sind zu vermeiden.
- Entwicklung umweltfreundlicher und sozialverträglicher Produkte, Produktions- und Entsorgungsverfahren.
- Dialog und Informationsaustausch mit den verschiedenen Gruppen der Gesellschaft und den eigenen Mitarbeitern.
- Ausbildung und Schulung von Mitarbeitern und Führungskräften.[16]

Die Umweltpolitik des Unternehmens greift allerdings dann zu kurz, wenn das Umweltmanagement
- lediglich auf die Einhaltung bestehender Vorschriften zum Umweltschutz ausgerichtet ist und nicht zu erwartende bzw. sich abzeichnende Gesetzesänderungen, Entwicklungen in der Gesellschaft und interne/externe Ansprüche und Wünsche von Mitarbeitern, Kunden, Umweltorganisationen mit einbezieht.
- nur die Effizienz von Verfahren, Produkten, also deren Energie- und Materialproduktivität zu verbessern trachtet, ohne nicht auch Stoff- und Energieströme absolut zu reduzieren.
- nur ein „Monitoring" von Umweltauswirkungen der Unternehmenstätigkeit, das Messen, Registrieren, Dokumentieren von Umweltbelastungen anstrebt,

---

[15] A.a.O., S. 80
[16] Vgl. dazu DIN V33921:1995-02, Nr. 4.2 und DIN EN ISO 14001, Nr. 4.2 sowie EN DIN ISO 14004 1996-11, Nr. 4.1.4

ohne die Ursachen an der Quelle beseitigen zu wollen und Risikopotentiale auf Dauer abzubauen.

- nur die standortbezogenen Umweltauswirkungen erfasst, nicht aber die gesamte Produktlinie einbezieht und vorgelagerte Herstellungsprozesse (z.B. im Ausland) sowie nachgeordnete Anwendungs-/Entsorgungsfragen unberücksichtigt bleiben.
- Selbstverständlichkeiten sprachlich überhöht als anspruchsvolle umweltpolitische Ziele zu „verkaufen" versucht.[17]

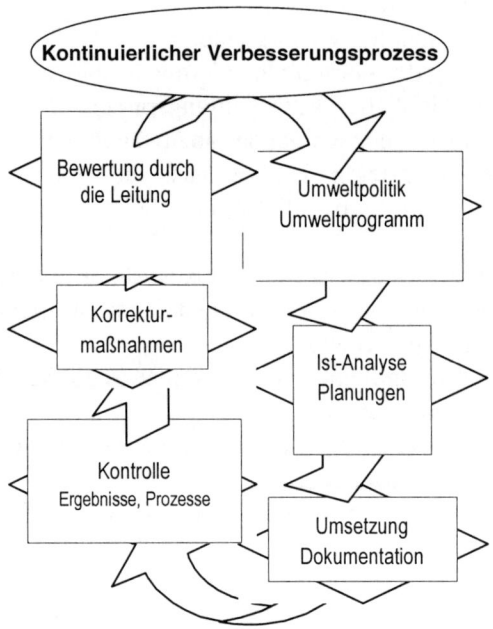

Abbildung 36:   Kontinuierliche Verbesserung betrieblichen Umweltschutzes

Ebenso wenig sinnvoll dürfte es sein, wenn das Unternehmen mit seiner Umweltpolitik augenscheinlich weniger den eigenen Überzeugungen als vielmehr einem allgemeinen Modetrend folgt. Dieser Eindruck entsteht dann, wenn die alltägliche betriebliche Praxis oder in konkreten Handlungsentscheiden der Unternehmensleitung Umweltaspekte kaum oder nur ungenügend einbezogen werden. In der Folge verlieren dann umweltpolitische Absichtserklärungen ihre Glaubwürdigkeit und letztlich ihren Sinn.

---

[17]   Vgl. Fichter, 1995, S. 14-15

Um den Verdacht der „Schönrederei" entgegen zu wirken und seine Glaubwürdigkeit zu stärken, kann das Unternehmen seine Umweltpolitik abgestuft umsetzen: Zunächst werden umweltpolitische Grundsätze und Leitlinien unternehmensintern entwickelt und bekannt gegeben und mit entsprechenden Maßnahmen in die Praxis umgesetzt. Nachdem sie sich betriebsintern überprüfbar als praktikabel, wirksam und „lebendig" erwiesen haben, geht das Unternehmen mit seinen Absichten und Umweltleistungen an die Öffentlichkeit.[18]

2.4   Leitlinien und Handlungsgrundsätze

Weder die Mitarbeiter noch die interessierte Öffentlichkeit lassen sich mit allgemeinen Erklärungen und Bekenntnissen zu engagierter Mitarbeit bzw. gesellschaftlicher Akzeptanz bewegen. Daher ist es notwendig, die allgemeinen Grundsätze der Unternehmenspolitik auf die konkrete, umweltrelevante Handlungsebene des Betriebes, also auf den Bereich des operativen Handelns „herunterzubrechen". Eine bereichs- bzw. mitarbeiterbezogene Konkretisierung und Spezifizierung der allgemeinen Grundsätze, die konkrete Ziele, Aufträge und Arbeitsanweisungen beinhaltet wird also benötigt.

Hier werden dann z.B. festgehalten:
- die Verpflichtung bzw. Verantwortlichkeit zur Einhaltung einschlägiger rechtlicher Normen sowie das Bemühen jedes Mitarbeiters, mehr zu tun, als die gesetzlichen Vorgaben verlangen.
- organisatorische Maßnahmen (z.B. Aufbauorganisation, Zuständigkeiten und Verantwortlichkeiten, Koordination) und Verhaltensrichtlinien zur Umsetzung umweltpolitischer Vorgaben im jeweiligen Zuständigkeitsbereich.
- Maßnahmen zur umfassenden Information und Beteiligung der Mitarbeiter an betrieblichen Umweltschutzmaßnahmen.
- notwendige Schulungen und Weiterbildungen.
- Maßnahmen zur Evaluation und Dokumentation der Handlungsergebnisse.
- das Bestreben um kontinuierliche Verbesserung der ökologischen Status des Betriebes bzw. des Bereiches.

Den Kriterien der Praxisbezogenheit und Realitätsangemessenheit kommt hier besondere Aufmerksamkeit zu. Werden sie vernachlässigt, verlieren Leitlinien schnell ihre Operationalität. Auf utopisch anmutende Formulierungen sollte deshalb verzichtet werden.

---

[18] Vgl. Freimann, 1996, S. 429

2.5   Umweltprogramm

Das Umweltprogramm beinhaltet eine Beschreibung der konkreten Ziele und Tätigkeiten des Unternehmens sowie der Auswirkungen des betrieblichen Umweltschutzes. Dieses Programm zur Verwirklichung der Ziele wird für den jeweiligen Unternehmensstandort aufgestellt und fortgeschrieben. Es umfasst:
- Festlegung der Verantwortung für die Erreichung der Ziele in jedem Aufgabenbereich und auf jeder Ebene des Unternehmens.
- Mittel, mit denen diese Ziele erreicht werden sollen.

Für Vorhaben im Zusammenhang mit neuen Entwicklungen, neuen oder geänderten Produkten und Dienstleistungen, sollten ergänzende Planungen erstellt werden, die
- die angestrebten Umweltziele,
- die Instrumente für die Verwirklichung der Ziele,
- Überprüfungs- und Kontrollmaßnahmen bezogen auf die jeweiligen Prozesse beinhalten.[19]

3.   Organisation des betrieblichen Umweltschutzes

3.1   Integration des Umweltschutzes in die Aufbauorganisation

Damit der geplante umweltorientierte Wandel im ganzen Unternehmen auch durchgesetzt werden kann, bedarf es neben den eben erörterten planerischen auch organisatorischer Voraussetzungen. Hier rückt die Aufbauorganisation als Aufgliederung der Unternehmung in funktionsfähige, aufgabenteilige Teileinheiten sowie deren Koordination und Kontrolle in das Blickfeld.
Unter einer Umweltschutzorganisation können im engeren Sinne die generellen Regelungen von umweltschutzbezogenen Aufgaben verstanden werden. Im weiteren Sinne werden hier sämtliche umweltschutzbezogene Strukturaspekte der Organisation mit erfasst.

Für die Umsetzung einer offensiven Umweltpolitik empfiehlt es sich, die Wahrnehmung umweltbezogener Aufgaben auch auf der höchsten Hierarchieebene zu verankern. Wird Umweltschutz zur „Chefsache", ist die Durchsetzung betrieblicher Umweltpolitik in der Unternehmenspraxis besser gewährleistet. Außerdem zählt die Verfolgung von Umweltschutzzielen im größeren Umfang zu den

---

[19]   Vgl. dazu VO (EG) Nr. 761/2001 des Rates

grundlegenden Entscheidungen einer Unternehmung, weshalb sich auch die für solche Fragen zuständigen Entscheidungsträger dieses Gebiets annehmen sollten.

Tabelle 9:   Umweltschutzaufgaben der Managementebenen[20]

Management-ebene	Aufgaben	Anforderungen an Verantwortliche
Obere	- Integration des Umweltschutzes in die Gesamtplanung und in das Zielsystem des Unternehmens - Festlegung der organisatorischen Verankerung betrieblichen Umweltschutzes - Promotoren betrieblichen Umweltschutzes - Steuerung und fortlaufende Verbesserung der Umweltschutzaktivitäten - Prüfung und Bewertung des betrieblichen Umweltschutzes	- Kenntnis und vertiefte Einsicht in sozial-gesellschaftliche, ökonomische und ökologische Problemzusammenhänge - Angemessene Berücksichtigung gesetzlicher Verpflichtungen - Vertretung der Umweltleistungen in der Öffentlichkeit - Antizipation zukünftiger Entwicklungen und deren Berücksichtigung in der strategischen Unternehmensplanung
Mittlere	- Festlegung und Koordinierung von Einzelprojekten - Vertretung des Unternehmens in Umweltschutzfragen gegenüber der Behörde - Erarbeiten von Schwachstellenanalysen. - Maßnahmen im Zusammenhang mit der Einrichtung des Umweltmanagementsystems	- Kenntnis und vertiefte Einsicht in die sozial-gesellschaftlichen, ökonomischen und ökologischen Problemzusammenhänge - Umfassender Überblick über betriebliche Prozesse und deren Umweltrelevanz - Wissen um aktuelle Techniken und Verfahren
Untere	- Durchführung konkreter Projekte - Überwachung von Anlagen und Maßnahmen - Anlaufstelle für Mitarbeiterinnen und Mitarbeiter	- Erkennen von Problemen im Zuständigkeits- und Verantwortungsbereich - Präzise Kenntnis des Umweltschutztechniken

Mit der Forderung nach einem integrierten Ansatz im Bereich des betrieblichen Umweltengagements wird vielfach auch die Vorstellung verbunden, dass Umweltbelange alle Unternehmensfunktionen und Hierarchiestufen durchdringen sowie von allen Mitarbeitern umweltorientiertes Handeln verlangen. Eine Konzentration der Umweltschutzaufgaben erscheint in diesem Zusammenhang als überflüssig, ja sogar als kontraproduktiv. Leicht entsteht der Eindruck, dass mit der Einrichtung von Umweltschutzabteilungen der einzelne Mitarbeiter oder

---

[20]   Im Anhalt an Matschke/Jaeckel/Lemser, 1996

Bereich aus seiner direkten Verantwortung für den Umweltschutz entlassen werden. In größeren Unternehmen sind umweltrelevante Aufgabenstellungen aber so umfangreich und komplex, dass sie z.B. durch die Entscheidungsträger auf den jeweiligen Managementebenen kaum mehr wahrgenommen werden können. Eine Delegation von Umweltschutzaufgaben ist deshalb zweckmäßig. Der Vorteil einer solchen arbeitsteiligen Organisation des Umweltschutzes liegt vor allem in der Spezialisierung, Professionalisierung und Entlastung anderer Organisationseinheiten. Im Ergebnis wird mit der Institutionalisierung des Umweltschutzes und der Verankerung in Ablauforganisation die dauerhafte Beziehung des Umweltschutzes zu allen Organisationseinheiten festgelegt.[21]

Eine Möglichkeit der Organisation des betrieblichen Umweltschutzes ist die Integration von Umweltschutzaufgaben in die bestehende Linienorganisation. Diese Organisationsform beruht auf der Grundlage der Einheit von Leitung und Auftragsempfang. Die Linie wirkt dabei als Dienstweg, über den der Entscheidungs- und Informationsfluss zu erfolgen hat. Umweltschutzaufgaben werden hier durch zusätzliche Stellen, die sich ausschließlich mit Umweltschutz befassen, oder mittels Aufgabenerweiterung bei bestehenden Stellen integriert.

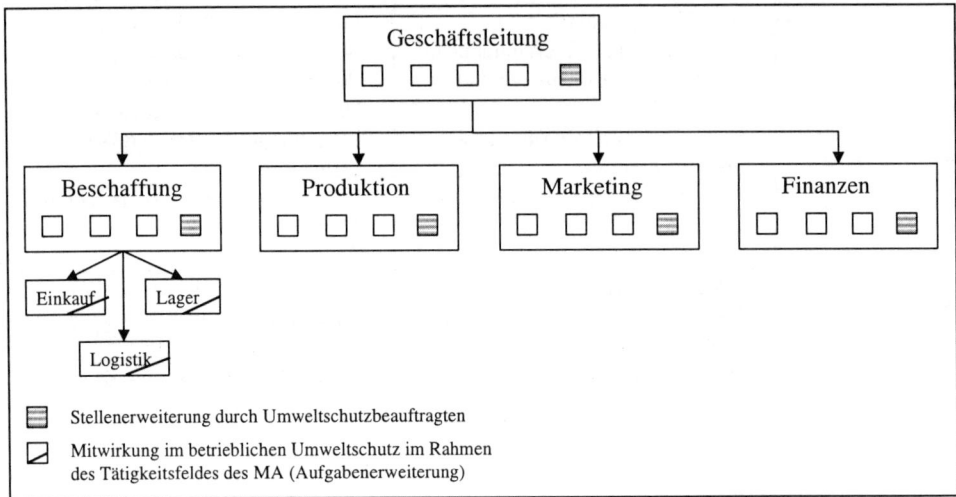

Abbildung 37:   Umweltschutz und Einlinienorganisation

Die Stab-Linien-Organisation versucht, die Nachteile mangelnder Spezialisierung und Überlastung der leitenden Instanzen durch die Einrichtung eigenständiger

---

[21] Vgl. Matschke/Jaeckel/Lemser, 1996, S. 120-124 sowie Meffert/Kirchgeorg, 1998, S. 397-398

und dauerhafter organisatorischer Einheiten wie Umweltschutzstabsstellen zu überwinden. Zusätzlich können (temporäre) Arbeitsgruppen (Umweltzirkel, Umweltausschüsse, Projektteams) eingerichtet werden. Die Einordnung der zentralen Umweltschutzstabsstelle in die Unternehmenshierarchie sollte dabei durch die direkte Anbindung an die Geschäftsleitung erfolgen.

Die bereichsbezogene Wahrnehmung weiterer Umweltschutzaufgaben und die Einrichtung von Bereichsstäben führen zu einer dezentralen Organisation des betrieblichen Umweltschutzes, was Vorteile mit sich bringt: Durch die Nähe zum Geschehen können Entscheidungen und Handlungen zeitnah und treffsicher erfolgen, die Effizienz wird verbessert und die Beschäftigten vor Ort können ihr know how besser in die einzelnen Handlungs- und Entscheidungsprozesse einbringen.

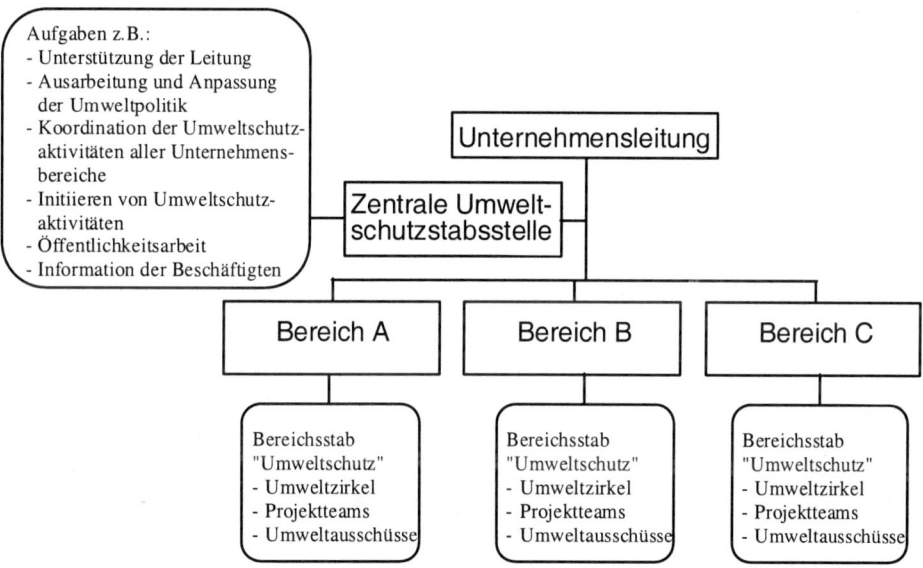

Abbildung 38:   Dezentrale Organisation betrieblichen Umweltschutzes

Mit der funktionalen Organisation erhält der Umweltschutz eine eigenständige Unternehmensfunktion. Damit wird eine starke Spezialisierung des betrieblichen Umweltschutzes erreicht. Vor allem größere Unternehmen in umweltsensiblen Branchen sichern so die Qualität der Arbeit in den für sie sehr relevanten und anwachsenden Aufgaben. Der Funktionsbereich „Umweltschutz" steht hier formal gleichrangig neben den betrieblichen Hauptfunktionen. Alle Kompetenzen des Umweltmanagements sind hier zentralisiert, der Stellenwert des Umweltschutzes für das Unternehmen wird deutlich sichtbar und die Umweltschutzmaßnahmen sind aufgrund der Weisungsbefugnisse besser und gezielter durchsetzbar. Nicht auszuschließen ist jedoch die Gefahr des Ressortdenkens. Der Kontakt zur Geschäftsleitung könnte ebenfalls abgeschwächt und damit die Mitgestaltungsmöglichkeit auf die Funktionsabläufe der Grundfunktionen begrenzt werden.[22]

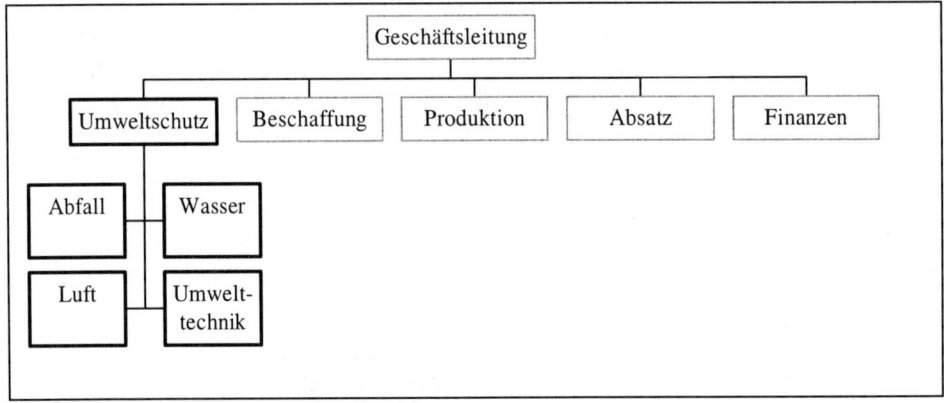

Abbildung 39:   Funktionale Eingliederung des Umweltschutzes

3.1.1 Verknüpfung von Geschäftsprozessen des Qualitäts- und Umweltmanagements

Haben seinerzeit die Wettbewerbssituation auf dem Weltmarkt und erhöhte Qualitätsansprüche der Kunden Lern- und Umorientierungsprozesse in Unternehmen in Gang gesetzt, die u.a. zur Einführung eines Qualitätsmanagementsystems führten, so dürften die gestiegenen Ansprüche und Anforderungen im Bereich des betrieblichen Umweltschutzes das Unternehmen zur Einführung eines Umweltmanagementsystems veranlassen.

Total Quality Management (TQM) zielt auf die Steigerung der Kundenzufriedenheit und auf Forderungen der Gesellschaft, die das Unternehmen zu wirtschaftlichen Bedingungen zu gewährleisten trachtet. Die Waren und Dienstleistungen entstehen in der Wertschöpfungskette des Unternehmens, die sich aus unterschiedlichen Geschäftsprozessen zusammensetzt. Auftragsbearbeitung, Entwicklung, Produktion, Beschaffung, Personalentwicklung, Marketing, Vertrieb usw. sind typische Geschäftsprozesse. Sie alle haben gemeinsam, dass sie zum Erfolg des Unternehmens, wenn auch mit unterschiedlichem Gewicht, beitragen. In all diesen Prozessen sind zudem die Prinzipien des TQM relevant. Diese Geschäfts-

---

[22] Vgl. Meffert, Kirchgeorg, 1998, S. 400-404

prozesse sind auch Gegenstand der Betrachtung eines betrieblichen Umweltmanagementsystems.

Tabelle 10: Kriterien zur Beurteilung der Prozessqualität und der Umweltauswirkungen

a) zur Beurteilung der *Prozessqualität* wie z.B.:	b) zur Beurteilung der *Umweltauswirkungen* wie z.B.:
- Kundenzufriedenheit - Mitarbeiterzufriedenheit - Lieferzeiten - Bearbeitungszeit von Kundenanfragen usw.	- Energie-, Wasser- und Materialverbrauch - Anfall von Abfall und dessen Entsorgung - Emissionsmengen - Störungen des Landschaftsbildes und physische Beeinträchtigung von Ökosystemen

Beide Managementsysteme überziehen demnach die gesamte Kette von
Geschäftsprozessen mit Elementen und Maßnahmen, die gezielt auf die jeweili-
gen Einzelprozesse ausgerichtet sind. Dabei werden eine Reihe Kriterien zur
Beurteilung der Prozessqualität und der Umweltauswirkungen eingesetzt.
Das Management der Geschäftsprozesse im Hinblick auf die Qualität der dabei
hergestellten Dienstleistungen und Produkte und im Hinblick auf ihre
Umweltauswirkungen dieser Prozesse, Produkte und Dienstleistungen sollte mit-
einander verbunden werden. Auf diese Weise ergeben sich für ein Unternehmen
Kostenvorteile bei der Erfüllung der Qualitäts- und Umweltanforderungen.

Tabelle 11: Aktivitäten im Rahmen des Qualitäts- bzw. Umweltmanagements

Qualitätsmanagement nach DIN ISO 9000 ff.	Umweltmanagement nach VO (EWG) Nr. 1836/93 und DIN ISO EN 14001

• Qualitätspolitik
  Strategie mit Verpflichtung zur Qualitäts-
  verbesserung als permanenter Prozess
	• Umweltpolitik
	  Leitbild, Strategie, Handlungsgrundsätze,
	  Selbstverpflichtungen.

• Qualitätsplanung
- Planung, Festlegung und Aufrechterhaltung
  geeigneter Rahmenbedingungen (Maßnah-
  men und Methoden), um die
  Qualitätsanforderungen bzw. das
  Qualitätsziel zu erfüllen
- Erstellung eines Qualitätsplanes
	• Umweltplan
	- Umweltprüfung (Ist-Analyse) zur Identifi-
	  zierung der Ausgangsbasis
	- Definition von Umweltzielen
	- Maßnahmen zur Umsetzung im
	  Umweltprogramm

• Qualitätslenkung Steuerung und Beherrschung der Produktionsprozesse durch - eine effiziente Organisationsstruktur - Festlegung von Zuständigkeitsbereichen und Verantwortlichkeiten - Schulung, Kommunikation und Dokumentation	• Durchführung und Umsetzung des Umweltprogramms mittels - einer effizienten Organisationsstruktur - Festlegung von Zuständigkeitsbereichen und Verantwortlichkeiten - Schulung, Kommunikation und Dokumentation
• Qualitätsprüfung Eingangs-, Zwischen- und Endprüfungen zur Messung, Überwachung und Korrektur von Abweichungen	• Überwachung und Korrekturmaßnahmen Prüfungen zur Messung, Überwachung, Vorbeugung, Korrektur und Notfallvorsorge
• Qualitätsverbesserung Regelmäßige kritische Selbstbewertung und Prüfung der Zielerreichung (output control) sowie des Prozesses (process control)	• Bewertung der Umweltleistungen Umweltbetriebsprüfung durch externen Auditor, kritische Selbstbewertung (internes Audit) sowie Maßnahmenplan zur Verbesserung der Umweltschutzes und Abbau von Schwachstellen
• Dokumentation/Informationsmanagement Schriftliche Niederlegung des QM-Systems und der Ergebnisse der Evaluierung	• Dokumentation/Informationsmanagement Schriftliche Niederlegung des QM-Systems und der Ergebnisse der Evaluierung

3.2   Umweltschutzbeauftragte im Unternehmen

Der Begriff *Umweltschutzbeauftragter/-e* oder *Umweltbeauftragter/-e* ist eine Sammelbezeichnung für verschiedene „Typen" von Beauftragten. Darunter können Mitarbeiter oder aber auch vom Unternehmen beauftragte Dritte verstanden werden, die im Rahmen ihrer Dienstpflichten oder vertraglich vereinbart mit der Wahrnehmung umweltrelevanter Aufgaben betraut werden.
Umweltschutzbeauftragte sollen für die Einbeziehung des Umweltschutzes in die Betriebsorganisation sorgen bzw. die Berücksichtigung von Umweltschutzbelangen in betriebliche Entscheidungsprozesse auf allen Führungsebenen sicherstellen.

Es muss unterschieden werden zwischen
- Beauftragte Kraft Gesetz,
- Beauftragte Kraft Verordnung,
- freiwillig Beauftragten.

Letztere können alle denkbaren umweltbezogenen Aufgabengebiete und Aufgaben übernehmen (Tätigkeit eines Energiebeauftragten, Leitung des betriebliches Vorschlagswesen im Umweltbereich, Moderation von Umwelt-Zirkeln, Weiterbildung usw.).

Kraft Gesetz oder Anordnung sind zu bestellen:
- Betriebsbeauftragte für Immissionsschutz (§ 53 ff. BImSchG und BImSchV).
- Betriebsbeauftragte für Abfall (§ 54 KrW-/AbfG).
- Betriebsbeauftragte für Gewässerschutz (§ 21a ff. WHG).

Die o.g. Beauftragten sind im „Verband der Betriebsbeauftragten für Umweltschutz e.V. (VBU)" organisiert.

Es gibt jedoch noch eine Reihe weiterer mit Umweltschutzaufgaben Beauftragte nach verschiedenen Fachgesetzen und Verordnungen wie z.B.:
- Fachkräfte für Arbeitssicherheit (gemäß ASiG),
- Sicherheitsbeauftragte (gemäß RVO),
- Strahlenschutzbeauftragte,
- Störfallbeauftragte (§ 58a ff. BImSchG, Störfallverordnung),
- Gefahrgutbeauftragte (nach Gefahrstoffverordnung, Gefahrgutbeauftragtenverordnung (GbV).

Für die Betriebsbeauftragten per Gesetz, Verordnung oder Auflage besteht ein gesetzlich vorgeschriebener Rahmen von Aufgaben und Kompetenzen. Allerdings hat der Gesetzgeber nicht geregelt, auf welcher hierarchischen Ebene der innerbetrieblichen Organisation sie wirken sollen. So ist eine unmittelbare Unterstellung unter die Geschäftsleitung, eine direkte Unterstellung unter eine Betriebsleitung (mit unmittelbarem Zugang zur 1. Ebene) oder ein Einsatz an anderer Stelle mit Zugang zur Geschäfts- oder Betriebsleitung denkbar.
Mit Zustimmen der jeweiligen Behörde können die Aufgaben des Betriebsbeauftragten auch an externe Stellen übertragen werden.

Oft wird unter „Umweltschutzbeauftragter" auch die übergreifende Funktion auf der Ebene der Unternehmensleitung verstanden. Hier geht es dann z.B. um
- Entwicklung des Umweltprogramms und der Umweltleitlinien,
- Planung von Zielen und Maßnahmen im betrieblichen Umweltschutz,
- Koordination betrieblicher Umweltschutzaktivitäten,
- Information nach innen und außen,
- Kontrolle betrieblicher Umweltschutzmaßnahmen,
- Vertretung des Unternehmens gegenüber der Öffentlichkeit in Umweltschutzangelegenheiten.

Paragraf 52a Abs. 1 BImSchG fordert im Übrigen bei mehrköpfigen Vorständen und Geschäftsführungen sowie bei mehreren vertretungsberechtigten Gesellschaftern die Benennung desjenigen, der die Pflichten des Betreibers der genehmigungspflichtigen Anlage im Umweltbereich wahrnimmt. Von der Bestellung eines Umweltschutzbeauftragten der Unternehmensleitung bleibt die Gesamtverantwortung aller Organmitglieder oder Gesellschafter unberührt.[23]

Wegen der unterschiedlichen „Geschäftsgrundlagen", aber auch wegen der verschiedenen „Blickwinkel", dürfte die Zusammenarbeit zwischen den gesetzlich geforderten und den von der Unternehmensleitung gesondert berufenen Umweltbeauftragten nicht immer unproblematisch sein.

In Bezug auf die gesetzlich geforderten Betriebsbeauftragten lässt sich noch anmerken, dass diese in ihren Tätigkeiten im Wesentlichen auf den naturwissenschaftlich-technischen Bereich fixiert sind und hier vor allem auf den nachsorgenden Umweltschutz. Für die Verwirklichung einer umweltorientierten Unternehmensführung bzw. für ein offensives Umweltmanagement ist diese institutionelle Wahrnehmung ökologischer Belange nur bedingt als organisatorische Lösung zu betrachten. Für die Zukunft gilt es deshalb eine Stelle „Umweltschutzbeauftragter" einzurichten, die ein professionelles Umweltmanagement zu betreiben hat, mit dem betriebliche Entscheidungsprozesse ökologieorientiert unterstützt und Maßnahmen des betrieblichen Umweltschutzes koordiniert werden können. Hier gilt es ökonomischen, ökologischen Sachverstand und sozialkommunikative Kompetenzen zusammenzuführen und den jeweiligen Entscheidungsebenen und Funktionsbereichen im Unternehmen zur Verfügung zu stellen. Als organisatorische Form der Eingliederung empfiehlt sich eine Stabsstelle bei der Unternehmensleitung.

Ähnlich dem im Betriebsverfassungsgesetz (BVG) verankerten „Wirtschaftsausschuss" ist auch die Einrichtung eines „Umweltausschusses" als Informations- und Beratungsgremium für Umweltfragen überlegenswert. In diesem Ausschuss sollten alle Unternehmensbereiche, die Personalvertretung sowie der Umweltbeauftragte vertreten sein. Der Ausschuss sollte sich primär mit übergreifenden und nicht-technischen Fragestellungen beschäftigen.

3.2.1 Eigeninteresse der Unternehmensleitung

Unternehmensleitungen müssen schon wegen der hohen Sensibilität, die die Öffentlichkeit dem Umweltverhalten der Unternehmen entgegenbringt, die Vorsorge und die betriebliche Kontrolle durch die Bestellung von Betriebsbeauftragten optimieren. Auch wegen der aus Straf- und Ordnungswidrigkeitsrecht folgenden Konsequenzen empfiehlt sich auch ohne gesetzliche Verpflichtung die

---

[23] Vgl. BDI, 1992, S. 7

Bestellung einer geeigneten Person, die entsprechende Aufgaben der Beratung und Überwachung übernimmt.

Nach der Bestellung eines Betriebsbeauftragten bleibt die Unternehmensleitung verantwortlich für die Erfüllung gesetzlicher Vorschriften im Umweltschutz. Sie ist auch gegenüber dem/den Betriebsbeauftragten aufsichtspflichtig. Eine Verletzung der Aufsichtspflicht kann z.B. gem. § 130 Ordnungswidrigkeitengesetz (OWiG) mit Geldbußen von bis zu einer Million DM geahndet werden. Auch zivilrechtliche Schadensersatzansprüche sind bei der Verletzung der Aufsichtspflicht möglich. Sie werden zumeist über eine ausreichende Betriebshaftpflicht abgedeckt.
Der Tatbestand der Verletzung der Aufsichtspflicht gilt z.B. bereits dann als erfüllt, wenn die Verteilung der Verantwortung nicht zu ermitteln oder die Verantwortung in der Hierarchie zu tief nach unten verlagert ist. Auch das Nicht-Reagieren angesichts einer offenkundigen Arbeitsüberlastung des Betriebsbeauftragten steht im Widerspruch zur Aufsichtspflicht.

Zu den Aufsichtsmaßnahmen gehören:
- Auswahl der Betriebsbeauftragten je nach Bedeutung ihrer Aufgaben für den Betrieb und der ihnen zufallenden Verantwortung.
- Fortlaufende Unterrichtung der Betriebsbeauftragten über die Einhaltung der gesetzlichen Vorschriften.
- Eindeutige Abgrenzung und Zuweisung des Zuständigkeitsbereichs des jeweiligen Betriebsbeauftragten.
- Regelmäßige Kontrolle der Betriebsbeauftragten und der Betriebsvorgänge durch Stichproben.

Die Betriebsleitung hat ferner dafür Sorge zu tragen, dass Arbeitsgeräte und technische Einrichtungen den gesetzlichen Vorschriften entsprechen und ausreichend Zeit für eine gewissenhafte Beachtung der Vorschriften eingeräumt wird.
Eine Pflicht zu gesteigerten Aufsichtsmaßnahmen besteht insbesondere bei Einsatz von unerfahrenen und nicht eingearbeiteten Arbeitnehmern.[24]

3.2.2   Zusammenarbeit mit dem Betriebsrat

Die Gesetzgebung legt nur die Zusammenarbeit zwischen Betriebsrat und den im Bereich des Arbeitsschutzes beauftragten Personen für Immissionsschutz und gesetzliche Störfallbeauftragte fest.

---

[24] A.a.O., S. 8-11

In Bezug auf die Bestellung von Betriebsbeauftragten für Umweltschutz sehen jedoch das Betriebsverfassungsgesetz, die Personalvertretungsgesetze und die neuen gesetzlichen Regelungen für leitende Angestellte Informations- und teilweise auch Beteiligungsrechte in Abhängigkeit von der Stellung des Betriebsbeauftragten als leitenden Angestellten oder sonstigen Arbeitnehmer sowie wegen der Auswirkungen seiner Tätigkeiten auf den Arbeitsschutz vor.

Auch auf der „inhaltlichen" Ebene sollten Betriebsrat und Unternehmensleitung im Bereich des Umweltschutzes zusammenarbeiten. Einer Empfehlung des „Bundesverbands der Deutschen Industrie e.V. (BDI)" zufolge sollten z.B. Betriebsvereinbarungen zu Umweltschutzfragen vorsehen, „dass in den nach dem Betriebsverfassungsgesetz bestehenden Wirtschaftsausschüssen der Unternehmen regelmäßig Fragen des Umweltschutzes behandelt werden, um eine befriedigende Information [und Mitwirkung] der Betriebsräte sicherzustellen."[25]

Konkret empfiehlt der BDI den Unternehmern, Betriebsräte kontinuierlich über
- den Stand von Genehmigungsverfahren, Genehmigungsbescheiden und Sicherheitsanalysen nach der Störfall-Verordnung,
- die Einhaltung betrieblicher Sicherheits- und Umweltschutzauflagen sowie der gesetzlichen Bestimmungen und Verordnungen
zu unterrichten.

Des Weiteren sollten
- Fragen der Umweltvorsorge bei Einführung neuer Produkte, Fragen der Lagerung und des Transports gefährlicher Güter
- und die Jahresberichte der Betriebsbeauftragten für Umweltschutz sowie der Fortbildungsarbeit auf diesem Sektor
gemeinsam erörtert werden.[26]

3.2.3   Rechtliche Grundlagen für die Betriebsbeauftragten

Die rechtlichen Regelungen für die Betriebsbeauftragten für Umweltschutz bilden die jeweiligen Fachgesetze, also das Bundesimmissionsschutzgesetz, das Kreislaufwirtschafts- und Abfallgesetz und das Wasserhaushaltsgesetz. Was die Rechte und Pflichten der Beauftragten anbelangt, weichen die Gesetze kaum voneinander ab.

---

[25] A.a.O., S. 27
[26] A.a.O., S. 27-28

Immissionsschutzbeauftragter

Nach § 53 BImSchG sind Betreiber genehmigungspflichtiger Anlagen im Sinne des § 4 BImSchG verpflichtet, einen oder mehrere Betriebsbeauftragte für Immissionsschutz schriftlich zu bestellen. Zu diesen Anlagen gehören u.a. bestimmte Feuerungsanlagen, Anlagen zur Gewinnung von Roheisen und rohen Nichteisenmetallen, Anlagen zur Gewinnung und Verarbeitung von Asbest, Fabriken oder Fabrikationsanlagen, in denen Stoffe durch chemische Umwandlung hergestellt werden usw. (vgl. Anhang zur 5. BImSchV).

Wenn es aufgrund der gegebenen Umweltbeeinflussung der Anlage nicht notwendig erscheint, kann auf die Bestellung eines Immissionsschutzbeauftragten verzichtet werden. Die zuständige Behörde kann auch in Fällen nicht genehmigungsbedürftiger Anlagen zur Bestellung verpflichten, wenn dies im Interesse des Immissionsschutzes notwendig erscheint.

Abfallbeauftragter

Paragraf 54 KrW-/AbfG verlangt von Betreibern genehmigungsbedürftiger Anlagen im Sinne des § 4 BImSchG, von Anlagen, in denen regelmäßig besonders überwachungsbedürftige Abfälle anfallen, von ortsfesten Sortier-, Verwertungs- und Abfallbeseitigungsanlagen sowie von Herstellern und Vertreibern, die freiwillig oder aufgrund einer gesetzlichen Verpflichtung Abfälle zurücknehmen, einen oder mehrere Betriebsbeauftragte für Abfall zu bestellen.

Auf Antrag kann die zuständige Behörde die Bestellung einer oder mehrerer nicht betriebsangehöriger Beauftragter gestatten, wenn hierdurch die sachgemäße Erfüllung der gesetzlichen Aufgaben (vgl. § 55 Abs. 3 KrW-/AbfG in Verbindung mit § 5 der 5. BImSchV) nicht gefährdet wird.

Insofern sich die Notwendigkeit aus besonderen Schwierigkeiten bei der Entsorgung ergibt, kann die Bestellung eines Abfallbeauftragten aufgrund § 54 Abs. 2 angeordnet werden.

Gewässerschutzbeauftragte

Rechtsgrundlage ist § 21a Abs. 1 des Wasserhaushaltsgesetzes (WHG). Danach müssen Benutzer von Gewässern, die an einem Tag mehr als 730 m³ Abwasser[27] direkt einleiten, einen oder mehrere Gewässerschutzbeauftragte bestellen. Alle

---

[27] Der Begriff *Abwasser* wird im WHG vorausgesetzt, aber nicht definiert. Zur praktischen Handhabung wird auf die Definition des § 2 Abs. 1 des Abwasserabgabengesetzes (AbwAG) zurückgegriffen.

Indirekt-Einleiter (z.B. Einleitung über die öffentliche Kanalisation) sind von dieser Regelung bisher ausgenommen.

Die zuständige Behörde kann Einleiter zur Bestellung von Gewässerschutzbeauftragten verpflichten, auch wenn die Bedingungen des § 21a WHG nicht vorliegen. Dies gilt, wenn größere Mengen wassergefährdender Stoffe eingesetzt werden.

Störfallbeauftragte

Nach § 58a BImSchG müssen Betreiber genehmigungspflichtiger Anlagen einen oder mehrere Störfallbeauftragte bestellen, sofern das im Hinblick auf Art und Größe der Anlage wegen der bei einer Störung des bestimmungsgemäßen Betriebs auftretenden Gefahren für die Allgemeinheit und die Nachbarschaft erforderlich ist.

Die Störfallverordnung verpflichtet Betreiber genehmigungspflichtiger Anlagen übrigens nicht nur, betriebliche Gefahrenquellen weitestgehend auszuschließen. Sie müssen darüber hinaus dafür Sorge tragen, dass umgebungsbedingte Gefahrenquellen wie Erdbeben, Hochwasser oder Sabotage keine Störfälle verursachen können. Auch hier kann die zuständige Behörde unter bestimmten Bedingungen die Bestellung eines Störfallbeauftragten vorschreiben.

Unter bestimmten Voraussetzung hat der Betreiber einer der Störfallverordnung unterworfenen Anlage eine Person oder Stelle mit der Begrenzung der Auswirkungen etwaiger Störfälle zu beauftragen und diese der zuständigen Behörde zu benennen. Hier wird keine neue Institution verlangt, sondern lediglich eine neue Funktion, um eine reibungslose Zusammenarbeit zwischen dem Anlagenbetreiber und der zuständigen Behörde im Störfall zu gewährleisten. Entscheidend soll dabei sein, dass die benannte Person befugt ist, im Störfall die entscheidenden Maßnahmen einzuleiten und ihre Durchführung zu veranlassen, oder dass sie benannte Stelle jederzeit die Erreichbarkeit der entscheidenden Personen gewährleistet.

3.2.3.1   Die Bestellung von betrieblichen Umweltschutzbeauftragten

Der Anlagenbetreiber kann Umweltbeauftragte aufgrund eines Arbeitsvertrages hauptamtlich oder nebenamtlich beschäftigen und bestellen. Die Bestellung nach Gesetz, Verordnung oder Auflage ist jedoch an sich kein Vertrag über ein Arbeitsverhältnis, sondern eine davon getrennte Vereinbarung: Arbeitsverträge sind gem. BGB privatrechtlicher Natur - die Bestellung eines Betriebsbeauftragten nach Gesetz, Verordnung oder Auflage erfolgt aufgrund öffentlichen Rechts.

Die zunehmend vorgenommene freiwillige Bestellung von Umweltbeauftragten kann hingegen Teil oder Ausfüllung des Arbeitsvertrages sein.

Die Bestellung nicht betriebsangehöriger Beauftragter z.B. per Dienstvertrag, bedarf der Genehmigung der Behörde. Hier muss in der Regel eine konkrete Person benannt werden. Die Bestellung einer Überwachungsorganisation gilt als nicht ausreichend.

Die Bestellung der Beauftragten nach Gesetz, Verordnung oder Auflage bedarf in jedem Fall der Schriftform. Sie ist der zuständigen Behörde anzuzeigen. Die Bestellurkunde muss den Namen des Anlagenbetreibers, Angaben über die zu betreuende Anlage, den Namen und die Zustimmung des Beauftragten enthalten. Zudem sollte in einer Anlage die aus dem Gesetz, der Anordnung oder der Auflage zu entnehmenden Aufgaben, bezogen auf die betriebsspezifische Anwendungsform, angegeben sein. Die Angaben über die Aufgaben des Beauftragten sind allerdings nicht immer zwingend erforderlich - sie empfehlen sich aber aus Gründen der Klarheit des Aufgabengebietes und der Verantwortlichkeiten.
Bei Immissionsschutzbeauftragten oder Störfallbeauftragten sind dagegen nach §§ 55 Abs.1, 58c Abs. 1 BImSchG die ihnen obliegenden Aufgaben genau zu bezeichnen und der zuständigen Behörde mitzuteilen.

Fehlt bei einem Beauftragten, für den die schriftliche Bestellung verlangt wird, die vorgegebene Schriftform, so ist die Bestellung rechtsunwirksam.

3.2.3.2   Persönliche und fachliche Voraussetzungen

Der Gesetzgeber verlangt eine sorgfältige Auswahl des zu bestellenden Beauftragten durch die Verantwortlichen des Unternehmens. Als Voraussetzungen für die Bestellung werden Fachkunde oder Sachkunde und Zuverlässigkeit benannt.

Für den Immissions- und den Gewässerschutzbeauftragten wird die *Fachkunde* gefordert. Darunter wird im Allgemeinen ein abgeschlossenes (Fach-) Hochschulstudium auf dem Gebiet der Umwelttechnik, Chemie, Physik oder des Ingenieurwesens verstanden. Darüber hinaus werden Kenntnisse über die Anlagen, die im Bereich des Immissionsschutzes in Frage kommen, aus einer zweijährigen praktischen Tätigkeit gefordert.
Gewässerschutzbeauftragte sollen ihre Fachkunde im Rahmen einer schriftlichen, mündlichen und praktischen Prüfung nachweisen.
Zur Aufrechterhaltung der Fachkunde sieht die Verordnung über die Fachkunde und Zuverlässigkeit der Immissionsschutz- und Störfallbeauftragten die regel-

mäßige Fortbildung vor. Die Fortbildung soll im Betrieb und durch die Teilnahme an von der zuständigen obersten Landesbehörde anerkannten Lehrgängen erfolgen.

Für den Abfallbeauftragten genügte bis zum Oktober 1996 nach dem alten Abfallgesetz die *Sachkunde*. Gegenüber der Fachkunde bedeutete dies insofern eine geringere Anforderung, als dass neben praktischen Kenntnissen nicht zwingend der Abschluss eines Hochschulstudiums verlangt wurde. Allerdings erforderte die Aufgabenstellung des Abfallbeauftragten ein bestimmtes Maß an theoretischen Kenntnissen.

Die Qualifikation des Abfallbeauftragten gewinnt jedoch vor dem Hintergrund des Vermeidungs- und Verwertungsgebotes nach neuem Abfallrecht eine neue Qualität. Das ab Oktober 1996 geltende Kreislaufwirtschaftsgesetz (KrWG) verlangt ein Verständnis für ökologische, ökonomische und technische Zusammenhänge von Produkten, Produktions- und Entsorgungstechnologien und damit den Nachweis der Fachkunde. Dazu ist es erforderlich, dass ein von der obersten Landesbehörde zugelassener Lehrgang erfolgreich absolviert wurde.

Unter *Zuverlässigkeit* ist zu verstehen, dass der Beauftragte aufgrund seiner persönlichen Eigenschaften, seines Verhaltens und seiner Fähigkeiten zur ordnungsgemäßen Erfüllung der ihm gestellten Aufgaben geeignet ist. Gegen die Zuverlässigkeit sprechen z.B. Verstöße gegen die gesetzlichen Verpflichtungen des Betriebsbeauftragten. Zuverlässigkeit kann bei Personen, bei denen ein Alkoholproblem besteht, kaum angenommen werden.

3.2.3.3 Stellung und Aufgaben

Betriebsbeauftragte dienen der *Eigenüberwachung* - sie sind nicht der verlängerte Arm der Behörden. Ihre Tätigkeit stellt damit ein zentrales Element der Selbstverantwortung der Unternehmen im Bereich des Umweltschutzes bzw. für die Belange der Gesellschaft dar.

Unternehmensleitungen werden durch Betriebsbeauftragte informiert und beraten, - nach § 57 BImSchG steht dem Immissionsschutzbeauftragten z.B. ein direktes Vortragsrecht gegenüber der Geschäftsleitung zu - eine Entscheidungskompetenz haben sie jedoch nicht. Daraus ergibt sich die komplizierte Stellung der Betriebsbeauftragten. Einerseits sind sie der Öffentlichkeit verantwortlich, andererseits unterliegen sie der Loyalitätspflicht gegenüber ihrem Arbeitgeber.

Die überwiegende Anzahl der Betriebsbeauftragten sind nach § 5 Abs. 3 Nr.3 Betriebsverfassungsgesetz (BetrVG) leitende Angestellte, da sie regelmäßig sonstige Aufgaben wahrnehmen, die für den Bestand und die Entwicklung des Unternehmens oder eines Betriebs von Bedeutung sind und deren Erfüllung besondere Erfahrungen und Kenntnisse voraussetzt, wenn sie dabei entweder die Entscheidungen im Wesentlichen frei von Weisungen treffen oder sie maßgeblich beeinflussen (Beteiligungsrecht des Betriebsrats bei der Bestellung !).

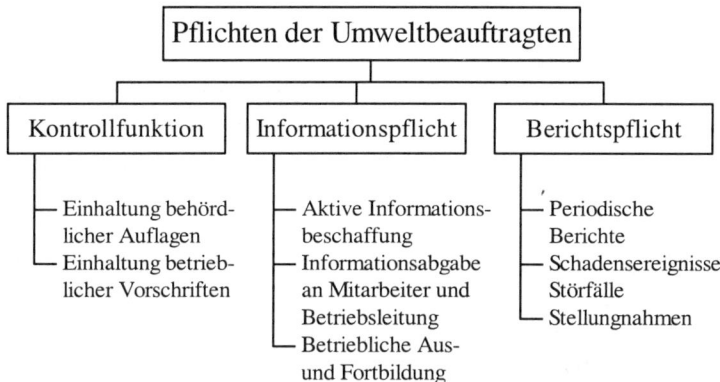

Abbildung 40:   Pflichten der Umweltbeauftragten

Die Aufgaben[28] des Betriebsbeauftragten bestehen vor allem darin
- die Entscheidungsträger zu beraten und zu informieren,
- Verbesserungsvorschläge zu unterbreiten,
- die Einhaltung der Vorschriften zu überwachen und Mängel mitzuteilen,
- über den Vollzug von Maßnahmen zu berichten,
- die Unternehmensleitung vor Haftungsansprüchen zu bewahren,
- die Mitarbeiter aufzuklären bzw. zu informieren und zu umweltbewusstem Verhalten zu motivieren sowie die betriebliche Aus- und Fortbildung im Umweltbereich zu leiten,
- auf die Öffentlichkeitsarbeit des Unternehmens z.B. im Sinne der Förderung umweltorientierter Kommunikation und der Qualifizierung von Umweltberichten/-erklärungen Einfluss zu nehmen.

Die Unternehmensleitung bleibt auch nach der Bestellung eines Betriebsbeauftragten in der Pflicht, für die Einhaltung der gesetzlichen Bestimmungen im

---

[28] Niederlegung der Aufgaben und Befugnisse nach Gesetzen und Verordnungen:
- Betriebsbeauftragte für Abfall: § 55 KrW-/AbfG.
- Betriebsbeauftragte für Gewässerschutz: § 21b Abs. 1 WHG.
- Betriebsbeauftragte für Immissionsschutz: § 54 Abs. 1 BImSchG.
- Störfallbeauftragter: § 58b Abs. 1 BImSchG.
- Gefahrgutbeauftragter: § 3 GbV.

Umweltschutz zu sorgen. Sie ist zudem gegenüber dem Beauftragten zur Aufsicht verpflichtet.

3.2.3.4   Abberufung

Wie die Bestellung, soll auch ihr Widerruf schriftlich erfolgen. Der Widerruf ist nicht zu verwechseln mit einer Kündigung, d.h. der Widerruf lässt das Arbeits- verhältnis grundsätzlich unberührt. Mit dem rechtswirksamen Widerruf wird der Betriebsbeauftragte von der Erfüllung seiner Aufgaben und Pflichten in seinem Aufgabenbereich entbunden.

Anlass zum Widerruf oder den teilweisen Widerruf durch Einschränkung des Zuständigkeitsbereiches kann sein, dass der Betriebsbeauftragte sich in der Aufgabenerfüllung nicht bewährt hat oder aber wegen der Aufgabenfülle überlastet ist. Der Betriebsverantwortliche ist in solchen Fällen sogar zum Wider- ruf oder zur Entlastung durch Bestellung eines weiteren Beauftragten verpflich- tet.

Auch die zuständige Behörde kann die Bestellung eines anderen Beauftragten verlangen (§ 21c Abs. 2 Satz 2 WHG), wenn ihr Tatsachen bekannt werden, aus denen sich ergibt, dass der Gewässerschutzbeauftragte nicht die zur Erfüllung seiner Aufgaben erforderliche Fachkunde oder Zuverlässigkeit besitzt. Vor der behördlichen Anordnung ist der Beauftragte zu hören und ihm als Beteiligten gegebenenfalls Akteneinsicht zu gewähren.

Unabhängig davon kann die Betriebsleitung die behördliche Anordnung anfech- ten. Aufgrund ihrer Fürsorgepflicht (Widerruf bedeutet i.d.R. Ansehensverlust und Zurückstufung) als Arbeitgeberin hat sie zu prüfen, ob dem Beauftragten Unrecht geschehen ist, und erforderlichenfalls den Rechtsweg zu beschreiten.

3.2.4   Situation der Betriebsbeauftragten in der Praxis

Im Herbst 1985 wurde im Auftrag der Deutschen BP-AG eine Umfrage bei den deutschen Betriebsbeauftragten für Umweltschutz durchgeführt. Einige Ergeb- nisse:

- Fast 50 % der Befragten ist dem Vorstand unterstellt.
- Ausbildungsgrad und Fachrichtungen zeigten Schwerpunkte bei FH-Absol- venten im technisch-naturwissenschaftlichen Bereich.
- 30 % verfügten über ein eigenes Budget.
- Rund 61 % beurteilten die Wirkung ihrer Aktivitäten korrigierend, während 19 % sie als prägend empfanden und rd. 15 % als unerheblich.

- 43,7 % der Befragten halten ihren Einfluss auf die Entscheidungen des Unternehmens für verbesserungswürdig.
- 30 % bemängeln den für die optimale Erfüllung ihres Auftrags wichtigen Informationsfluss im Unternehmen.[29]

Zur Verbesserung der Funktion des Betriebsbeauftragten hat der Verband der „Betriebsbeauftragte für Umweltschutz" folgende Forderungen erhoben:
- Einsetzung durch eine außenstehende, unabhängige Behörde,
- genaue Beschreibung der Funktionen, Rechte und Pflichten,
- Aufzeichnung und Dokumentation der durchgeführten Arbeiten,
- angemessene hierarchische Eingliederung innerhalb der Organisation,
- Ausstattung mit einem Vetorecht gegenüber der Unternehmensleitung zusätzlich zum Informations- und Vorschlagsrecht,
- Anhörung vor Entwicklung und Einführung von Erzeugnissen,
- volles Informationsrecht gegenüber den Arbeitnehmervertretern, Auskunftspflicht gegenüber dem Betriebsrat.
- Erweiterung des Aufgabenfeldes auf den gesamten umweltrelevanten Aktionsbereich der Unternehmung,
- Verbesserte Kündigungsschutzrechte, u.a.[30]

Auch der BDI fordert in seinen „Thesen zur Umweltpolitik" zur Frage der Eigenüberwachung die Verstärkung und den Ausbau der Eigenkontrolle und der Eigenüberwachung und damit auch die Verstärkung der Position des Betriebsbeauftragten.

In den §§ 55 Abs. 3 KrW-/AbfG, 58 Abs. 1 BImSchG und 21f WHG ist ein *Verbot der Benachteiligung* der Betriebsbeauftragten niedergelegt. Das Verbot der Benachteiligung ist aber nicht zu verwechseln mit einem Kündigungsverbot, wie es für Betriebsratmitglieder gilt.
Kündigt der Anlagenbetreiber oder der Gewässerbenutzer dem Betriebsbeauftragten, so ist diese Kündigung jedoch ohne ausdrückliche Zustimmung des Beauftragten unzulässig, wenn sie wegen der ordnungsgemäßen Erfüllung der dem Beauftragten übertragenen Aufgaben ausgesprochen wurde. Gleiches gilt, wenn der Anlagenbetreiber oder Gewässerbenutzer aus den gleichen Gründen einen Beauftragten mit einer anderen, minderen Aufgabe betraut. Kündigungen oder Vertragsänderungen aus anderen Gründen, etwa wegen fehlender Sach- oder Fachkunde oder wegen Nichterfüllung der übertragenen Pflichten sind hingegen wirksam, auch wenn der Beauftragte nicht zustimmt.
Die Neufassung des § 58 Abs. 2 des BImSchG gewährt allerdings dem Immissionsschutzbeauftragten und dem gesetzlichen Störfallbeauftragten einen

---

[29] Vgl. DEUTSCHE BP-AG, 1985
[30] Vgl. HOPFENBECK, 1994, S. 385

besonderen Kündigungsschutz, um ihnen die erforderliche Unabhängigkeit für die Erfüllung der Aufgaben zu sichern. Der Immissionsschutz- und der Störfallbeauftragte sollen nicht aus Sorge vor Entlassung an einer wirksamen Wahrnehmung ihrer Aufgaben gehindert werden. Damit soll auch vermieden werden, dass sich der Anlagenbetreiber unbequemer Beauftragter dadurch zu entledigen sucht, dass er das Beschäftigungsverhältnis kündigt. Ein vergleichbarer Kündigungsschutz ist auch für den Rückstandsbeauftragten (Kreislaufwirtschaftsgesetz) vorgesehen.

4. Umweltmanagementsysteme

Damit der betriebliche Umweltschutz erfolgreich sein kann, bedarf es der Entwicklung eines Managementsystems, das die kontinuierliche, umfassende und systematische Beschäftigung mit umweltrelevanten Fragestellungen im Betrieb sicherstellt, die Entwicklung und Umsetzung umweltbezogener Zielsetzungen sichern hilft und einen kontinuierlichen Verbesserungsprozess in Gang hält sowie die Verantwortlichen und Akteure auf den jeweiligen Entscheidungsebenen und Handlungsfeldern dabei unterstützt, der Umweltverantwortung des Betriebes in der Praxis gerecht zu werden.

Die *Europäische Norm (EN) ISO 14001*, die den Status einer Deutschen Norm (DIN) hat, definiert den Begriff Umweltmanagementsystem wie folgt: „Umweltmanagement ist der Teil des Managementsystems, der die Organisationsstruktur, Planungstätigkeit, Verantwortlichkeiten, Methoden, Verfahren, Prozesse und Ressourcen zur Entwicklung, Implementierung, Erfüllung, Bewertung und Aufrechterhaltung der Umweltpolitik umfasst." Das Umweltmanagementsystem (UMS) wird hier als Teil eines übergreifenden Managementsystems verstanden. Damit wird auf die Eingliederung umweltrelevanter Sachverhalte in die Führung und Leitung (Zielsystem, Strategie, Planungen, Organisation und Kontrolle) der Organisation abgehoben. Diese Integration soll die wirkungsvolle Umsetzung des UMS in die betriebliche Praxis sicherstellen. Der obersten Leitung (i.d.R. Mitglied der Geschäftsleitung) der Organisation weist die Norm eindeutig die Verantwortung für den betrieblichen Umweltschutz zu. Sie richtet das Umweltmanagementsystem ein, stellt Personal und andere Ressourcen bereit und erhält das System aufrecht.[31]

Als Instrument soll das UMS dabei helfen, den angestrebten Stand umweltorientierter Leistungen zu erreichen und systematisch zu steuern. Dabei wird vorausgesetzt, dass das UMS regelmäßig überprüft und bewertet wird, um Mög-

---

[31] Vgl. DIN EN ISO 14001, 1996, Anhang A, S. 14

lichkeiten für Verbesserungen und deren Implementierung zu erkennen (= kontinuierliche Verbesserung des Umweltmanagementsystems der Organisation).

Die ISO 14004 ergänzt die ISO 14001 und dient der gleichen Zielsetzung. Als Leitfaden für den Aufbau eines UMS konzipiert, enthält sie zusätzliche Gesichtspunkte verantwortungsvollen Umweltmanagements, die jedoch nicht zertifiziert werden. Verfahren und Leitlinien für die Durchführung eines Umweltmanagement-Audits finden sich in der ISO 14011 bzw. in der ISO 14010 (Allgemeine Grundsätze).

Die *Verordnung (EG) Nr. 761/2001 des Rates* über die freiwillige Beteiligung von Organisationen an einem Gemeinschaftssystem für das Umweltmanagement und die Umweltbetriebsprüfung (auch Environmental Management and Audit-Scheme, EMAS II, genannt) definiert Umweltmanagement „...als den Teil des gesamten Managementsystems, der die Organisationsstruktur, Planungstätigkeiten, Verantwortlichkeiten, Verhaltensweisen, Vorgehensweisen, Verfahren und Mittel für die Festlegung, Durchführung, Verwirklichung, Überprüfung und Fortführung der Umweltpolitik betrifft."[32] Ebenso wie die ISO-Norm, hebt die VO auf die Einrichtung eines Umweltmanagementsystems sowie auf die Durchführung von Umweltbetriebsprüfungen ab.

Seit dem 27. April 2001 ist die EG-Verordnung Nr. 761/2001 in Kraft. Sie löst die Vorgängernorm, die VO (EWG) Nr. 1836/93 (EMAS I), ab. Gemäß der EG-VO können alle Organisationen mit Umweltauswirkungen im EU-Raum dem Gemeinschaftssystem beitreten. Die ISO-Normen hingegen haben eine internationale Orientierung.

Die 14000er ISO-Normen und die VO (EG) Nr. 761/2001 verstehen sich als Ermutigung und Hilfestellung, damit Organisationen auf freiwilliger Basis ein UMS aufbauen und sich einer Umweltbetriebsprüfung unterziehen. Sie betonen die Eigenverantwortung der Organisationen und fordern diese auf, möglichst über gesetzliche Vorgaben hinausgehende Umweltaktivitäten zu entfalten. Auf diese Weise soll zum einen der staatliche Regelungsumfang und Überwachungsaufwand verringert werden. Zum anderen sollen Rahmenbedingungen für die wirtschaftlichen Aktivitäten abgesteckt werden, die Anreize zur dynamischen Verbesserung von Prozessen und Produkten ergeben.

---

[32] Vgl. VO (EWG) Nr. 761/2001, Artikel 2, Buchstabe k)

Tabelle 12: Kernelemente von ISO 14001 und VO (EG) Nr. 761/2001 im Vergleich

	ISO 14001	VO (EG) Nr. 761/2001
Geltungsbereich	- Weltweit - Anwendungsbereich offen - Selbstdefinierte Organisationsteile	- Produktionsstandorte in der EU - Jede Organisation, die ihre Umweltleistungen verbessern will - Zertifizierung für Standorte und Organisationen; lokale Rechenschaftspflicht
Träger	Zertifizierung geht von privatwirtschaftlicher Normungsorganisation aus	Hoheitliches System, Zertifizierung nur durch zugelassene Umweltgutachter
Zugangsbedingungen	Eingeführtes Umweltmanagement	Umweltprüfung, Konzeption eines Umweltmanagements
Leistungsanforderungen	Verpflichtung zur Vermeidung von Umweltbelastungen; Einhaltung selbstdefinierter Umweltziele; kontinuierliche Verbesserung des UMS	Anforderungen im Hinblick auf die „Environmental Performance"; Anforderungen an ein Umweltmanagementsystem gemäß Anhang I der VO; Notfallvorsorge, kontinuierliche Verbesserung; Verweis auf Abschnitt 4 der ISO-Norm
Eingesetzte Technik	Möglichst beste, verfügbare Technik, falls wirtschaftlich durchführbar, kostensenkend und geeignet	Beachtung technologischer Optionen
Einhaltung einschlägiger Rechtsvorschriften	Verpflichtung zur „legal compliance" notwendig	Verpflichtung zur „legal compliance" und Durchführung von Umwelt-Audits
Unterrichtung der Öffentlichkeit	Umweltpolitik muss der Öffentlichkeit bekannt gemacht werden	Verfassung einer Umwelterklärung und kontinuierliche Information der Öffentlichkeit und der anderen interessierten Kreise; offener Dialog, aktiver Einbeziehung der Mitarbeiter
Auditzyklen/ Validierung	Regelmäßige Audits (Zertifizierer verlangen jährliche Wiederholung)	Jährliche Validierungspflicht für Änderungen in der Umwelterklärung, Umweltbetriebsprüfung in regelmäßigen Abständen, die nicht mehr als drei Jahre betragen dürfen
Start der Systeme	Oktober 1996	September 1995 EMAS I, März 2001 EMAS II

Interne- und externe Umweltbetriebsprüfung

Sowohl die ISO 14001, als auch die EG-VO 761/2001 sehen die Durchführung von Betriebsprüfungen bzw. Umwelt-Audits vor. Ziel der Umweltbetriebsprüfung/des Umwelt-Audits ist die systematische, möglichst objektive, dokumentierte Prüfung und Bewertung umweltrelevanter Prozesse und Strukturen eines Unternehmens. Dabei geht es im Kern um einen Soll / Ist-Vergleich, d.h. um den Vergleich eines momentanen Zustandes mit unternehmensspezifischen Zielsetzungen und Vorgaben.

Tabelle 13:   Bausteine der Betriebsprüfung

Analyse:	Systematische, möglichst objektive, dokumentierte und regelmäßig wiederholte Überprüfung des umweltrelevanten Zustandes
Soll/Ist-Vergleich:	Grundlagen sind Gesetze und Verordnungen sowie innerbetriebliche Vorgaben (Umweltpolitik, Umweltprogramm usw.)
Bewertung/Maßnahmen:	Feststellung der Leistungsfähigkeit, der Schwachstellen und der Optimierungspotentiale

Je nach konkreten Unternehmensverhältnissen kommen für die Umweltbetriebsprüfung verschiedene Prüfgegenstände in Frage. Diese müssen in Abhängigkeit vom Zweck der Prüfung ausgewählt und festgelegt werden. So können z.B. das gesamte Unternehmen bzw. Unternehmensbereiche oder das Umweltmanagementsystem als solches überprüft werden, die Einhaltung bestimmter Vorgaben, die Umweltdienste des Unternehmens, die betriebliche Entsorgung usw.

Prinzipiell muss zwischen internen und externen Betriebsprüfungen/Audits unterschieden werden. Interne Betriebsprüfungen/Audits werden in der Regel von Betriebsangehörigen durchgeführt und dienen vorwiegend innerbetrieblichen Zwecken. Sie werden z.B. als Vorbereitung auf eine externe Prüfung eingesetzt bzw. repräsentieren die in der ISO Norm bzw. EG-Verordnung geforderte periodische Betriebsprüfung.
Externe Betriebsprüfungen/Audits werden von unabhängigen, nicht dem Betrieb angehörigen Gutachtern durchgeführt. Externe Prüfungen haben vor allem in der Möglichkeit der Zertifizierung (z.B. nach ISO 14001 oder nach der VO (EG) Nr. 761/2001) ihre Bedeutung. Wird die Prüfung positiv abgeschlossen, erhält der Betrieb ein sogenanntes Zertifikat und die Berechtigung, den Betrieb bzw. Betriebsstandort mit einem „Logo" zu schmücken.

- Überblick über umweltrelevante Unterlagen und Einrichtungen
- Handlungsbedarf aufgrund noch nicht umgesetzter gesetzlicher Vorgaben
- Aufzeigen von Umweltrisiken und Haftungsrisiken, Erkennen von Sicherheitsmängeln und Schwachstellen
- Kritische Würdigung der bisherigen Organisation des betrieblichen Umweltschutzes
- Differenzierte Zusammenstellung aller Umweltkosten und Aufzeigen von Möglichkeiten zur Kostenreduktion bzw. Einsparpotentialen
- Aufzeigen des Handlungsbedarfs bis zur externen Betriebsprüfung

---

Abbildung 41:   Mögliche Ergebnisse einer internen Betriebsprüfung

4.1   Förderung von Umweltmanagementsystemen in Deutschland

Eine unmittelbare, finanzielle Förderung der Teilnahme am *EG-Umwelt-Audit-System* und der Umweltbetriebsprüfung erfolgt in Deutschland durch die Länder. Dabei werden finanzielle Unterstützungen sowohl durch spezielle Förderprogramme als auch aus „anderen Töpfen" gewährt. Jedes Land bietet mindestens eine dieser Möglichkeiten an. Auch der Bund und die Europäische Union beteiligen sich an der Förderung.
Die Mehrzahl der Fördermaßnahmen werden ausschließlich kleinen und mittleren Unternehmen (KMU) angeboten.

Die finanzielle Unterstützung erfolgt i.d.R. in Form einer Zuschussförderung. Bezuschusst werden insbesondere Beratungs-, Auditierungs- und Personalkosten. Der Fördersatz kann bis zu 80 % betragen.
Zur Bestimmung der den einzelnen Unternehmen konkret zufließenden Fördersummen sind häufig der Jahresumsatz und die Anzahl der Beschäftigten maßgebend. Fließen EU-Mittel, liegt der Bestimmung von KMU die EU-Definition (maximal 40 Mio. EURO Jahresumsatz oder 27 Mio. EURO Jahresbilanzsumme und bis zu 250 Beschäftigte) zugrunde.
Einige Länder fördern ausschließlich Pilotprojekte, während die Mehrzahl Breitenförderung betreibt. Die in den einzelnen Ländern zur Verfügung stehenden Mittel variieren stark.

Neben der finanziellen Unterstützung bieten einige Länder Tagungen, Workshops und Seminare bzw. Leitfäden zum EG-Umwelt-Audit-System an. Ferner bestehen in den meisten Ländern Kooperationen mit verschiedenen Institutionen (z.B. Kammern, Verbänden, Gewerkschaften, Hochschulen).

In sechs Ländern (Bayern, Bremen, Hamburg, Saarland, Sachsen-Anhalt, Schleswig-Holstein) sind unter bestimmten Voraussetzungen auch Maßnahmen zur Implementierung eines Umweltmanagementsystems nach *ISO 14001* förder-fähig.

In Bayern werden z.B. nur die Unternehmen als förderfähig anerkannt, die nicht vom Anwendungsbereich der EG-Verordnung erfasst sind. Bezuschusst werden Personalkosten, Beratungskosten und Zertifizierungskosten bis zu einem Höchst-förderbetrag von bis zu 7.500 EURO. Der Höchstförderbetrag für förderfähige Maßnahmen im Rahmen der EG-Verordnung beträgt dagegen 15.000 EURO.[33]

Auch auf Bundesebene wurden verschiedene Angebote zur Förderung der Betei-ligung am EG-Umwelt-Audit-System entwickelt:

- Die Kosten des Audits können die Bemessungsgrundlage für ein Darlehen aus dem Umweltprogramm der deutschen Ausgleichsbank sein.
- Bezuschussung aus Fördermitteln der EU-Strukturfonds über die Gemein-schaftsinitiative „Kleinere und mittlere Unternehmen".
- Bezuschussung von Beratungsdienstleistungen im Rahmen der Umweltbe-triebsprüfung aus der Beratungsförderung des Bundeswirtschaftsministeriums für KMU.
- Berücksichtigung der Kosten für externe Gutachter bei der Vergabe von Krediten im Rahmen des Umweltprogramms der Kreditanstalt für Wiederauf-bau.[34]

4.2   DIN EN ISO 14001

Wie bereits dargestellt, legt die ISO 14001 fest, welche Kernelemente in einem Umweltmanagementsystem (UMS) vorhanden sein müssen. Gleichwohl werden keine spezifischen Kriterien für zu erbringende Umweltschutzleistungen vorge-schrieben. Das UMS-Modell der ISO-Norm geht jedoch davon aus, dass Organi-sationen nach folgenden Grundsätzen vorgehen:

Tabelle 14:   Schritte zur Umsetzung der ISO 14001

Grundsätze	Hinweise zur inhaltlichen Ausgestaltung
Verpflichtung und Politik	- Selbstverpflichtung der obersten Leitung der Organisation zur Ein-richtung, Überprüfung und Weiterentwicklung eines UMS - Festlegung der Zielsetzung betrieblichen Umweltschutzes und der Handlungsgrundsätze für die Organisation

---

[33]   Vgl. Bundesumweltministerium, 2000, S. 6, 14-15
[34]   A.a.O., S. 6

Planung	a) Umweltaspekte - Einführung und Aufrechterhaltung von Verfahren zur Feststellung der Umweltauswirkungen der Tätigkeiten der Organisation - Erstellung eines Verzeichnisses/Liste der Umweltauswirkungen, die auf dem neuesten Stand zu halten ist b) Gesetzliche und andere Forderungen - Erstellung eines Verzeichnisses von Vorschriften und Anforderungen, zu deren Einhaltung sich die Organisation verpflichtet sieht - Bestimmung von Betriebsbeauftragten für Umweltschutz c) Zielsetzungen - Festlegung und Dokumentation umweltbezogener Zielsetzungen für die einzelnen Unternehmensbereiche - Ziele müssen mit der Umweltpolitik in Einklang stehen d) Umweltmanagementprogramme - Festlegung der Verantwortlichkeiten für die Verwirklichung der umweltbezogenen Zielsetzungen - Mittel und Zeitrahmen für ihre Verwirklichung
Implementierung und Durchführung	a) Organisationsstruktur und Verantwortlichkeiten - Organigramm, Arbeitsplatz- bzw. Stellenbeschreibungen - Bestellung eines Umweltverantwortlichen in der Geschäftsleitung - Aufbau eines Informationsmanagements b) Schulung, Bewusstsein, Kompetenz - Ermittlung des Schulungsbedarfs - Kontinuierliche Aus- und Fortbildung, Evaluation c) Interne und Externe Kommunikation - Kontinuierliche Information der Beschäftigten - Beantwortung von Anfragen aus der Öffentlichkeit d) Dokumentation - Wesentliche Elemente des UMS dokumentieren - Aktualisierung und Freigabe der Dokumente e) Ablauflenkung - Ermittlung von umweltrelevanten Abläufen und Vorgaben - Festlegung von Vorgaben durch die Organisation - Regelung von Verantwortlichkeiten f) Notfallvorsorge - Maßnahmen und Verfahren zur rechtzeitigen Ermittlung von Unfällen und Notfallsituationen - Notfallkonzepte und –übungen
Überwachung und Korrekturmaßnahmen	a) Überwachen und Messen b) Abweichungen, Korrektur- und Vorsorgemaßnahmen c) Aufzeichnungen z.B. über ergriffene Maßnahmen und Aktivitäten, über Beanstandungen, Messprotokolle, Berichte d) Umweltmanagementsystem-Audit (vgl. auch ISO 14011/14010) - Regelmäßige interne und externe Überprüfung des UMS - Einleitung von Korrekturmaßnahmen
Bewertung durch die oberste Leitung	- Bewertung der Eignung und Wirkung des UMS - Aufrechterhaltung des kontinuierlichen Verbesserungsprozesses

Ausgangsbasis für die Einrichtung eines UMS ist die bereits angesprochene erste *Betriebsprüfung*, die den derzeitigen Zustand der Organisation im Hinblick auf umweltrelevante Aspekte erfassen soll.

Hierzu gehören z.B. die
- Ermittlung rechtlicher Vorgaben und Anforderungen
- Untersuchung aller Aktivitäten, Produkte und Dienstleistungen der Organisation auf ihre Umweltrelevanz
- Bewertung der derzeitigen Umweltleistungen des Unternehmens in bezug auf unternehmensinterne Vorgaben (z.B. Umweltpolitik, Leitlinien und Handlungsgrundsätze)
- Feststellung bisheriger Umweltpolitik und Umweltmanagementpraktiken
- Ermittlung von Marktchancen und Wettbewerbsvorteilen
- Feststellung früherer Störungen und Notfallsituationen [35]

Das Umweltmanagementsystem-Audit (= externe Betriebsprüfung), welches ein unabhängiger Gutachter durchführt, verfolgt z.B. folgende Ziele:
- Feststellung der Übereinstimmung des UMS einer auditierten Organisation mit den UMS-Auditkriterien
- Überprüfung, ob das UMS der auditierten Qrganisation geeignet implementiert und aufrechterhalten worden ist
- Identifizierung von Bereichen, in denen Verbesserungen im UMS möglich sind
- Bewertung, inwieweit die interne Betriebsprüfung die Eignung und Funktionsfähigkeit des UMS sicherstellen kann[36]

Der Prüfungsverlauf folgt einem festgelegten Auditplan, der dem Auftraggeber zuvor übermittelt und mit diesem abgestimmt wurde.

Am Ende der Prüfung wird ein Schlussbericht erstellt, der dem Auftraggeber übergeben wird. Der Bericht ist Alleineigentum des Auftraggebers und ist vertraulich zu behandeln. Der Berichtsinhalt ist Gegenstand des Schlussgesprächs zwischen Auditor und Auftraggeber und bildet zugleich den Abschluss des Audit-Prozesses. Für die im Bericht aufgeführten Sachverhalte trägt der Auditor die Verantwortung. Er entscheidet über Form und Inhalt der Darstellung, auch wenn die auditierte Organisation mit diesen Feststellungen nicht einverstanden sein sollte.[37]

---

[35] Vgl. DIN EN ISO 14004, S. 15-16
[36] Vgl. DIN EN ISO 14011, S.4
[37] A.a.O., S. 9-10

4.3   EG-Öko-Audit-System, VO (EG) Nr. 761/2001

Die VO (EG) Nr. 761/2001 ist als ein umweltpolitisches Instrument zu sehen, das zum einen die Einrichtung eines Umweltmanagementsystems und zum anderen die Durchführung von Umweltbetriebsprüfungen auf freiwilliger Basis vorsieht. Angestrebt wird die Förderung der kontinuierlichen Verbesserung des betrieblichen Umweltschutzes durch die

- Schaffung und Anwendung von Umweltmanagementsystemen durch Organisationen,
- systematische, objektive und regelmäßige Bewertung der Leistungen dieser Systeme,
- Information der Öffentlichkeit und der anderen interessierten Kreise über die Umweltleistungen bzw. durch einen offenen Dialog mit der Öffentlichkeit und den anderen interessierten Kreisen,
- aktive Einbeziehung der Arbeitnehmer in der Organisation sowie eine adäquate Aus- und Fortbildung.[38]

EMAS II formuliert deutlichere Anforderungen an die Umweltleistung („Environmental Performance") einer Organisation, als dies bei EMAS I der Fall war. Umweltleistungen werden definiert als Ergebnisse des Managements der Organisation. Die Umweltleistung muss dabei an jedem Standort der Organisation kontinuierlich verbessert werden. Hierunter ist ein Prozess jährlicher Verbesserungen zu verstehen, dem nachweislich verbesserte Ergebnisse aufgrund eines funktionierenden Umweltmanagementsystems zugrunde liegen. Ob die Managementmaßnahmen der Organisation wirklich gegriffen haben, ergibt sich dabei letztlich aus der Betrachtung ihrer wesentlichen Umweltaspekte in Relation zu ihrer Umweltpolitik, ihren Umweltzielsetzungen und –einzelzielen. Diese Verbesserungen müssen jedoch nicht in allen Tätigkeitsbereichen zugleich erfolgen (Art. 2 Buchstabe b).
Auch bei den regelmäßig durchzuführenden internen Audits ist die in Form von Umweltdaten messbare Umweltleistung Kern des Überprüfungsprozesses.

Enthielt die EG-Öko-Audit-Verordnung von 1993 noch eigene Vorschriften zum Aufbau und Ablauf eines Managementsystems, verzichtet EMAS II dagegen auf eigene Regelungen und verweist statt dessen auf denjenigen Teil der weltweit verfügbaren Umweltmanagementnorm EN ISO 14001:1996, der die Anforderungen an ein Umweltmanagementsystem festlegt (Abschnitt 4). Dies stärkt die Verbindung von EMAS und ISO 14001 und gestattet interessierten Organisationen den stufenweisen Einstieg in das EMAS-System. Organisationen, die

---

[38]   VO (EWG) Nr. 761/2001, Artikel 1

bereits ein ISO 14001-Zertifikat besitzen, können dieses problemlos als Basis für eine EMAS-Teilnahme verwenden.

EMAS I tritt mit Inkrafttreten der EMAS II Verordnung außer Kraft. Jedoch gehen Standorte, die bislang registriert sind, in das EMAS II Register über. Dies betrifft auch solche Standorte, die nach nationalen Erweiterungsverordnungen registriert worden sind. Bei ihrer nächsten Validierung werden sie nach den Anforderungen von EMAS II überprüft. Bislang zugelassene Umweltgutachter können ihre Tätigkeit fortsetzen; sie müssen allerdings dann nach den Regeln von EMAS II arbeiten. Die Übergangsvorschrift des Art. 17 Abs. 4 der neuen EG-Verordnung legt fest, dass die neuen Anforderungen der Verordnung bei der nächsten Begutachtung eines Standorts angewandt werden.

Mit der neuen EG-Verordnung und vor allem dem neuen EMAS-Logo mit seinen (etwas) erweiterten Werbemöglichkeiten hoffen die politisch Verantwortlichen, neue Anreize für Organisationen geschaffen zu haben, ein anspruchsvolles Umweltmanagement einzuführen bzw. beizubehalten. Eine in Vorbereitung befindliche Verordnung über immissionsschutz- und abfallrechtliche Überwachungserleichterungen für EMAS-registrierte Standorte und Organisationen soll weitere Anreize bieten.

Konkrete Wirkungen von EMAS II in bezug auf die Verantwortlichen in den Betrieben sind derzeit jedoch wenig sichtbar. Nicht zuletzt aufgrund ihrer Einschätzungen gegenüber der bisherigen VO, üben die Unternehmen derzeit noch starke Zurückhaltung. Auch muss wohl die den Unternehmen in Aussicht gestellte Deregulierung von den örtlichen Behörden in der Praxis erst unter Beweis gestellt werden.

Einrichtung des Umweltmanagementsystems

Der erste Schritt auf dem Weg zu einem Umweltmanagementsystem führt über eine schriftlich niedergelegte Umweltpolitik. Es ist jedoch überlegenswert, ob die Umweltpolitik nicht nach einer ersten Betriebsprüfung entwickelt werden sollte, wenn also eine erste Bestandsaufnahme umweltbezogener Fragestellungen im Betrieb vorliegt, d.h. relevante Untersuchungsbereiche bestimmt und zentrale Umweltschutzfragen bzw. Umweltproblembereiche erkannt wurden.
Nach der ersten Betriebsprüfung und der Verabschiedung der Umweltpolitik erfolgt der Aufbau des Umweltmanagementsystems bzw. die Festlegung von Umweltzielen und des Umweltprogramms.

Tabelle 15: Erste Schritte zur Einrichtung eines Umweltmanagementsystems nach VO (EG) Nr. 761/2001

Vorgaben	Inhaltliche Ausgestaltung
Umweltpolitik	- Gesamtziele und Handlungsgrundsätze - Umweltleitlinien
Erste Umweltprüfung	- Systematische Erfassung und Dokumentation von Umweltvorschriften (einschl. Betriebsvorschriften) - Erfassung und Bewertung der Umweltauswirkungen am Standort und deren Dokumentation - Definition und Beschreibung von Verantwortung, Befugnissen und Beziehungen zwischen Beschäftigten in umweltrelevanten Schlüsselpositionen - Ermittlung des Informations- und Bildungsbedarfs in bezug auf Beschäftigte mit umweltrelevanten Tätigkeiten - Wirksamkeit der internen und externen Kommunikation im Umweltbereich - Wirksamkeit der Verfahren zur Lenkung der Dokumente - Prüfung der Ablauflenkung einschließlich der Notfallvorsorge
Umweltziele und Umweltprogramme	Entwicklung eines Programms zur Verwirklichung der umweltbezogenen Zielsetzungen (Umweltmanagementprogramm) - Konkrete Zielvorgaben, die nach kurz-, lang- und mittelfristigen Zielen zu differenzieren sind - Unterscheidung zwischen qualitativen und quantitativen Zielen

4.3.1 Betriebsprüfung gemäß VO (EG) Nr. 761/2001

Bei der (Umwelt-)Betriebsprüfung gemäß VO (EG) Nr. 761/2001 handelt es sich zum einen um ein Umweltmanagement-Audit d.h. um eine Überprüfung des Umweltmanagements auf seine Funktionsfähigkeit. Zum anderen werden sowohl direkte als auch indirekte Umweltaspekte von Tätigkeiten, Produkten und Dienstleistungen ermittelt und daraufhin bewertet, ob sie wesentliche Umweltauswirkungen haben, wobei die Kriterien für die Bewertung offen zu legen sind. Als Beispiele für indirekte Umweltaspekte nennt EMAS II unter anderem: produktbezogene Auswirkungen (Design, Entwicklung, Verpackung, Transport, Verwendung und Wiederverwertung/Entsorgung von Abfall), Kapitalinvestitionen, Kreditvergabe und Versicherungsdienstleistungen, die Umweltleistung und das Umweltverhalten von Auftragnehmern, Unterauftragnehmern und Lieferanten, Planungs- und Verwaltungsentscheidungen.

Ebenso müssen die Organisationen nachweisen können, dass wesentliche Umweltaspekte im Zusammenhang mit ihrem Beschaffungswesen ermittelt worden sind und daraus folgende wesentliche Umweltauswirkungen im Managementsystem berücksichtigt werden. So ist beispielsweise für ein Handelsunternehmen die betriebsökologische Seite seines Umweltschutzes ein wichtiger Punkt. Aber neben dem Verbrauch an Energie durch Kühltruhen und dem Aufkommen an Verpackungsabfällen kann die Zusammensetzung der Palette der verkauften Produkte als indirekter Umweltaspekt von erheblicher Umweltrelevanz sein. Eine entsprechende *Leitlinie* der EU-Kommission, die Arbeitshilfen zur Vorgehensweise bei der Identifizierung und Behandlung der wesentlichen indirekten Umweltaspekte enthalten wird, befindet sich ebenfalls in Vorbereitung.

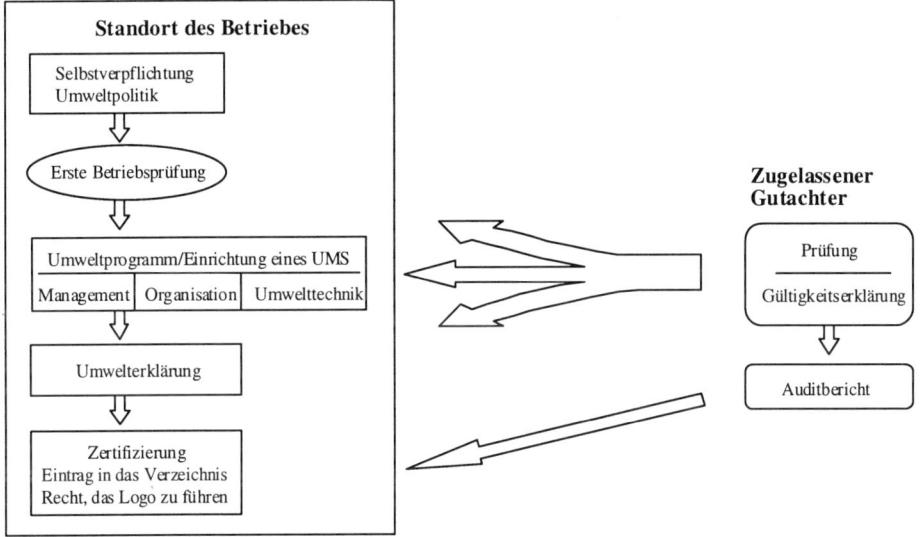

Abbildung 42:   Umweltbetriebsprüfung gemäß VO (EG) Nr. 761/2001

Da das Umweltmanagement auf der Einhaltung aller Umweltnormen und –gesetze basieren muss, ist auch eine Überprüfung der Einhaltung der Umweltbestimmungen und Gesetze vorgesehen (Compliance-Audit). Die Organisationen müssen daher im Rahmen der Umweltbetriebsprüfung die Einhaltung der (Umwelt-) Rechtsvorschriften belegen. Auch in ihrer Umwelterklärung muss die Organisation Aussagen zur Rechtskonformität im Hinblick auf die wichtigen Umweltaspekte treffen.
Dem Umweltgutachter ist es ausdrücklich untersagt, Umwelterklärungen zu validieren, wenn er Rechtsverstöße entdeckt. Die Registrierungsstelle muss darüber hinaus den Kontakt mit der zuständigen Vollzugsbehörde halten, um vor Eintra-

gung ins Standortregister festzustellen, ob dort Umweltrechtsverstöße bekannt sind (Art. 6 Abs. 1 bis 4). Schließlich ist die Einhaltung der Rechtsvorschriften im Rahmen des Aufsichtsverfahrens über den Umweltgutachter von der Aufsichtsbehörde zu prüfen.

Hinsichtlich des Prüfungsumfangs verlangt die VO die eindeutige Festlegung von zu prüfenden Bereichen, zu prüfenden Tätigkeiten, zu berücksichtigenden Umweltkriterien und des von der Umweltbetriebsprüfung erfassten Zeitraums. Der Standort stellt grundsätzlich die kleinste registrierbare Einheit dar. Ausnahmen in eng begrenzten Fällen können aufgrund einer noch zu erlassenden Leitlinie der Kommission zugelassen werden (s. Art. 2 Buchstabe t). Auf diese Weise soll verhindert werden, dass nur „saubere" Anlagen eines Standortes überprüft werden. Ein Standort im Sinne der VO ist „das gesamte Gelände an einem bestimmten geographischen Ort, das der Kontrolle der Organisation untersteht und an dem Tätigkeiten ausgeführt, Produkte hergestellt und Dienstleistungen erbracht werden, einschließlich der gesamten Infrastruktur, aller Ausrüstungen und aller Materialien."

Die Teilnahme an EMAS steht zukünftig auch Organisationen, nicht nur einzelnen Standorten offen. Dies ermöglicht es z.B. Dienstleistungsunternehmen, mehrere Standorte zu einer Organisation zusammenzufassen und den Kreis der am System beteiligten Betriebsteile und Einrichtungen selbst zu definieren. EMAS I bereitete gerade den Unternehmen mit zahlreichen Filialen Probleme, da jede einzelne Filiale als Standort zu betrachten und damit verpflichtet war, eine Umwelterklärung anzufertigen, die vom Umweltgutachter überprüft werden musste und einzeln ins Register eingetragen wurde. Eine Zusammenfassung mehrerer Standorte kann deshalb dazu beitragen, Kosten zu sparen.
Auch können sich zum Beispiel im landwirtschaftlichen Bereich Erzeugergemeinschaften gemeinsam als Organisation registrieren lassen. EMAS II verlangt aber, dass zentrale Umweltfragen nach wie vor standortspezifisch betrachtet und in der Umwelterklärung dargestellt werden müssen.

Die Umweltbetriebsprüfung ist in regelmäßigen Abständen, die nicht mehr als drei Jahre betragen dürfen, zu wiederholen. Die Häufigkeit, mit der eine Tätigkeit geprüft wird, hängt dabei z.B. von der Wesentlichkeit der damit verbundenen Umweltwirkungen, von der Bedeutung und Dringlichkeit der bei früheren Umweltbetriebsprüfungen festgestellten Probleme oder von der Vorgeschichte der Umweltprobleme ab (Anhang II, Ziffer 2.9 der VO).

Tabelle 16:   Ablaufplanung einer Umweltbetriebsprüfung

1. Schritt Projektgespräch	- Ist-Zustand-Aufnahme des vorhandenen Umweltmanagement-systems (UMS) - Gespräch mit Unternehmensverantwortlichen
2. Schritt Voraudit (fakulta-tiv)	- Klärung offener Fragen, Aufzeigen noch vorhandener Schwach-punkte
3. Schritt Beurteilung der vorgelegten Unter-lagen	- Beschreibung des UMS - Dokumentation der Umweltpolitik, des Umweltprogramms und der (vorläufigen) Umwelterklärung - Auswertung ggf. vorhandener interner Prüfberichte (vgl. erste Betriebsprüfung)
4. Schritt Auditplanung	- Planung des zeitlichen Ablaufs und der Prüfungsinhalte - Festlegung der Zielsetzung des Auditteams (externer Auditor und interne Betriebsprüfer = Verbindung externen Sachverstan-des mit Insiderwissen) - Erstellen einer Checkliste
5. Schritt Durchführung des Audits	- Eröffnungsbesprechung mit allen Beteiligten - Besichtigungen, Begehungen, Interviews, Fragebögen - Dokumentenanalyse - Datenauswertung
6. Schritt Abfassen des Prüf-berichts	- Vorlage der Ergebnisse durch den Auditleiter - Erörterung mit der Geschäftsleitung

Nach jeder Umweltbetriebsprüfung wird von den Betriebsprüfern ein sogenannter Umweltbetriebsprüfungsbericht erstellt. Hierbei handelt es sich um einen für die Öffentlichkeit nicht zugänglichen Bericht, der der Unternehmensleitung Wege zur Optimierung ihres Umweltmanagementsystems im Sinne einer kontinuier-lichen Verbesserung der Umweltschutzleistungen aufzeigen will. Neben der Ergebnisdarstellung hat der Bericht Aussagen zu folgenden Punkten zu enthal-ten:[39]

- Den von der Betriebsprüfung erfassten Prüfungsumfang.
- Informationen über den bisher erreichten Grad an Übereinstimmung mit der Umweltpolitik des Unternehmens.
- Informationen über die Wirksamkeit und Verlässlichkeit der Regelungen für die Überwachung der ökologischen Auswirkungen am Standort.
- Belege für ggf. notwendige Korrekturmaßnahmen.

---

[39] VO (EG) Nr. 761/2001, Anhang II, Ziffer 2.7

4.3.2 Umwelterklärung

Zu den Verpflichtungen einer EMAS-registrierten Organisation gehört es, einen offenen Dialog mit allen interessierten Kreisen zu führen. Wichtigstes Instrument hierzu ist die nach Maßgabe von Anhang III zu verfassende Umwelterklärung, die nach der Standorteintragung
- öffentlich zugänglich zu machen,
- jährlich zu aktualisieren
- und alle drei Jahre in einer gedruckten aktualisierten Form vorzulegen ist (vgl. Anhang III 3.1).

Die Umwelterklärung umfasst gemäß Anhang III der VO insbesondere:
- eine Beschreibung der Organisation, ihrer Tätigkeiten, Produkte und Dienstleistungen an dem betreffenden Standort (ggf. auch Beziehungen zur Muttergesellschaft offen legen),
- eine Darstellung der Umweltpolitik und des Umweltmanagementsystems der Organisation,
- eine Beschreibung aller wesentlichen direkten und indirekten Umweltaspekte, die zu wesentlichen Umweltauswirkungen der Organisation führen (vgl. dazu auch Anhang VI),
- eine Zusammenfassung der verfügbaren Daten über die Umweltleistung, gemessen an den Umweltzielsetzungen und –einzelzielen der Organisation und bezogen auf ihre wesentlichen Umweltwirkungen,
- sonstige Faktoren, die den betrieblichen Umweltschutz betreffen,
- den Namen des zugelassenen Umweltgutachters und das Datum der Gültigkeitserklärung.

Zugleich wird in der Umwelterklärung auf bedeutsame Veränderungen hingewiesen, die sich seit der vorangegangenen Erklärung ergeben haben.

Anhang III 3.3 formuliert noch Kriterien für die Umweltberichterstattung im Rahmen der Umwelterklärung. Demnach haben Organisation der Pflicht,
- ihre Umweltleistungen unverfälscht darzustellen
- auf Verständlichkeit und Eindeutigkeit zu achten
- einen Vergleich zwischen Bezugsjahr und Vorjahr vorzusehen
- und, wo angemessen, einen Vergleich mit Rechtsvorschriften zu ermöglichen.

Ein unabhängiger zugelassener Gutachter prüft, ob die Angaben in der Umwelterklärung zuverlässig sind, ob alle für den Standort relevanten Umweltfragen angemessen berücksichtigt wurden und erklärt die Umwelterklärung für gültig. Werden Mängel festgestellt (im Umweltprogramm werden nicht alle wichtigen Fragestellungen angesprochen), richtet der Gutachter entsprechende Empfehlungen für die erforderlichen Verbesserungen an die Unternehmensleitung und erklärt die Umwelterklärung erst dann für gültig, wenn das Unternehmen dem Mangel abgeholfen hat.

Neben der Veröffentlichung in Papierform kann die Veröffentlichung nunmehr auch im Internet oder mit anderen modernen Medien erfolgen. Die Aktualisierungen sind vom Umweltgutachter jährlich zu prüfen und für gültig zu erklären (zu validieren). Von der jährlichen Validierungspflicht für die Änderungen, die in der Umwelterklärung vorgenommen werden, sind zwei Ausnahmen vorgesehen, nämlich
- für kleine Unternehmen und sonstige Organisationen im Sinne der Empfehlung 96/280/EG der Kommission - d.h. u.a. mit bis zu 50 Beschäftigten
- in dem Fall, wo keine Änderungen beim Betrieb des Umweltmanagementsystems vorgenommen werden.

Eine *Leitlinie* mit Arbeitshilfen zur Erstellung und den wesentlichen Inhalten der Umwelterklärung sowie zu den Ausnahmen von der jährlichen Validierungspflicht für die aktualisierten Teile der Umwelterklärung wird noch von der Kommission erlassen.

4.3.3   Einführung eines Logos

Mit der Novellierung der EMAS-Verordnung wird ein neues Logo eingeführt, von dem zwei Varianten existieren. Das neue Logo soll helfen, EMAS in der Öffentlichkeit stärker zu etablieren.

Die Verwendung des Logos richtet sich nach Art. 8 in Verbindung mit Anhang IV, Anhang III 3.5 der Verordnung sowie einer noch zu erlassenden *Leitlinie* der EU-Kommission zur Verwendung des Logos.

In seiner *Version 1* (geprüftes Umweltmanagement)
- weist das Logo auf die Beteiligung der Organisation an EMAS hin oder
- weist darauf hin, dass ein Produkt, eine Tätigkeit oder eine Dienstleistung von einer in EMAS eingetragenen Organisation erzeugt wurde.
Es kann etwa verwandt werden
- auf Briefköpfen oder Unternehmensberichten

- auf Unterlagen und in allen anderen Medien, in denen die Beteiligung des Unternehmens oder der Organisation an EMAS mitgeteilt wird, z.B. auf Tafeln, an Gebäuden, auf Webseiten, Einladungen usw. oder in der allgemeinen Unternehmenswerbung.

In seiner *Version 2* (geprüfte Information)
vermittelt das Logo Informationen, die in direktem oder indi-
rektem Zusammenhang mit Produkten, Tätigkeiten und
Dienstleistungen stehen. Es kann nach Veröffentlichung der
genannten Leitlinie zur Werbung mit unternehmensspezifischen Informationen (vom Umweltgutachter für gültig er-
klärte Ausschnitte aus der Umwelterklärung) in der Werbung
unter den in Anhang III 3.5 und IV EMAS II und der Leitlinie
genannten Voraussetzungen genutzt werden.

Das Logo kann in dieser Version 2 somit verwandt werden
- auf validierten Umwelterklärungen,
- auf validierten Informationen,
- auf oder in der Werbung für Produkte, Tätigkeiten und Dienstleistungen unter
  Beachtung der Leitlinie zur Verwendung des EMAS-Zeichens.

Bei Verwendung der Version 2 des Logos muss der Umweltgutachter gemäß
Anhang III 3.5 EMAS II bestätigen, dass die Information „korrekt und nicht
irreführend, begründet und nachprüfbar, relevant und im richtigen Kontext
verwendet, repräsentativ für die Umweltleistung der Organisation insgesamt,
unmissverständlich und wesentlich in Bezug auf die gesamten Umweltauswirkungen" ist.

Das EMAS-Logo ist keine Umwelt-Kennzeichnung für Produkte und Dienstleistungen. Es darf daher gemäß Art. 8 EMAS II nicht verwendet werden auf
Produkten oder ihrer Verpackung und in Unterlagen mit Vergleichen mit anderen
Produkten, Tätigkeiten und Dienstleistungen. Mit dem Verbot der leistungsbezogenen Werbung, wurde bei der Revision von EMAS I eine der zentralen Forderungen der Wirtschaft nicht berücksichtigt.

4.3.4   Betriebsprüfer

Wie bereits gesagt, wird die Umweltbetriebsprüfung (externes Audit) von zugelassenen unabhängigen Umweltgutachtern durchgeführt. Die (interne) erste
Betriebsprüfung kann dagegen durch einen Betriebsprüfer des Unternehmens
vorgenommen werden.

Artikel 4 der VO nimmt die Mitgliedstaaten der Europäischen Union in die
Pflicht, die Zulassung unabhängiger Umweltgutachter und die Aufsicht über ihre
Tätigkeit zu regeln. So muss sichergestellt sein, dass die Gutachter ihre Aufgaben
unabhängig und neutral durchführen können. Über die zugelassenen Umweltgutachter ist ein Verzeichnis zu führen (Artikel 7).

Entsprechend Anhang V 5.2 müssen Umweltgutachter fachkundig[40] sein, d.h. sie müssen über ausreichende Kompetenzen und Erfahrungen in den nachstehenden Bereichen verfügen:

- Methodologie der Umweltbetriebsprüfung
- Managementinformation und –verfahren
- Zentrale Umweltfragen
- Einschlägige Rechtsvorschriften und Normen einschließlich eines eigens für die Zwecke der VO entwickelten Leitfadens

Sie müssen zudem einschlägige technische Kenntnisse über die Tätigkeiten, auf die sich die Begutachtung erstreckt, nachweisen.

In Deutschland wird die Zulassung der Umweltgutachter derzeit durch das „Gesetz über die Zulassung von Umweltgutachtern und Umweltgutachterorganisationen sowie die Registrierung geprüfter Standorte" (USG) geregelt.

Der *Umweltgutachterausschuss*, eine teilrechtsfähige Körperschaft des öffentlichen Rechts, hat die Aufgabe, Prüfungsrichtlinien für die Zulassung von Umweltgutachtern zu erarbeiten und das Bundesumweltministerium bei Zulassungs- und Aufsichtsangelegenheiten zu beraten. Das Bundesumweltministerium wiederum übt die Rechtsaufsicht über den Umweltgutachterausschuss aus und beruft seine Mitglieder.

Die *Deutsche Akkreditierungsgesellschaft* und Zulassungsgesellschaft für Umweltgutachter mbH (DAU) lässt Umweltgutachter zu und hat diese zu beaufsichtigen. Anträge auf Zulassung zum Umweltgutachter werden an diese Organisation gestellt. Der Aufsichtszyklus über Umweltgutachter wird nach EMAS II von drei auf zwei Jahre verkürzt.

4.4 Umweltmanagementsysteme gemäß DIN EN ISO 14001 und VO (EWG) Nr. 1836/93 (EMAS I) im Praxistest

Schaut man in die zahllosen Veröffentlichungen oder geht auf Kongresse über Umweltmanagementsysteme, so stößt man überwiegend auf ein rosiges Bild. Nur gelegentlich wird auf Hemmnisse und Probleme sowohl bei der Errichtung, als auch beim „Betrieb" dieser Systeme hingewiesen.

Auf der Ebene der Betriebe stößt man dagegen auf widersprüchliche Aussagen in bezug auf die ökologischen und ökonomischen Wirkungen der Umweltmanagementsysteme. Der Alltag der Umweltmanagements erscheint dann eher grau, als variantenreiche Mischung aus schwarz und weiß. Misserfolge stehen neben Erfolgen, enttäuschte Hoffnungen neben erfreulichen Ergebnissen. Hier setzt denn auch die kritisch-konstruktive Betrachtung der Umweltmanagementsysteme

---

[40] Vgl. dazu auch DIN EN ISO 14012, 1996, S. 4-6

an. Nicht dem rosigen Bild, nicht den Hochglanzbroschüren politischer Institutionen und Behörden, sondern der Analyse eben dieses betrieblichen Alltags sollte das Interesse gelten. Hier gilt es dann zu analysieren und zu differenzieren, welche Faktoren zu den schwarzen und weißen Elementen der Farbmischung beigetragen haben – in der Hoffnung, dass die daraus resultierenden Einsichten für die Zukunft nutzbar gemacht werden können.

Möchte man in diesem Zusammenhang die bisher vorliegenden Studien und Erfahrungen zur Umsetzung der DIN EN ISO 14001 bzw. der VO (EWG) Nr. 1836/93 (EMAS I) heranziehen, gilt es folgendes zu bedenken:
- Alle Studien fragen mit unterschiedlichen Instrumenten Wahrnehmungen der an der Umsetzung Beteiligten ab. Es ist dabei kaum zu erwarten, dass jemand, der für die Einführung von EMAS I oder ISO 14001 im Betrieb gekämpft hat, eine ausgesprochen kritische Haltung in bezug auf die mit der Einrichtung verfolgten Ziele einnimmt. Auch ist das Risiko, sozial erwünschte Antworten zu erhalten, relativ groß.
- Die Unternehmen, die ein (systematisches) Umweltmanagement haben, egal auf welcher Basis, bilden derzeit noch eine Minderheit. Diejenigen, die sich beteiligen, können als ganz besonders aktiv und engagiert gelten, ohne dass damit Aussagen über die jeweils zugrundeliegende Motivation gemacht würden. Wir haben es daher eher mit umweltaktiven Unternehmen bzw. Unternehmensvertretern zu tun. Aber diese sind Trendsetter und als solche von Bedeutung. Nur darf man sie nicht für „die" Unternehmen halten.
- Aufgrund der schwierigen wirtschaftlichen Lage, insbesondere der hohen Arbeitslosigkeit, gewinnen kurzfristigere ökonomische Prioritäten wieder verstärkt an Bedeutung. Dies gilt nicht nur für Unternehmen, sondern auch für den Bereich der Politik, wie z.B. die internationalen Verhandlungsrunden zum Klimaschutz zeigen. Diese weltwirtschaftliche und politische „Großwetterlage" beeinflusst natürlich die Unternehmen in ihren Entscheidungsfindungen, mitunter unabhängig davon, welche positiven oder negativen Wirkungen Umweltmanagementsysteme im konkreten Einzelfall tatsächlich aufgewiesen haben.
- Aufgrund des instabilen Kundenverhaltens (vgl. hybride Verbraucher) und den Schwierigkeiten, produktbezogen Werbung mit einem zertifizierten Umweltmanagement zu machen und der mangelnden Beständigkeit erreichter Wettbewerbspositionen bei umweltfreundlichen Produkten, konzentrieren sich die Unternehmen mehr auf Effizienz-, denn auf Markteffekte. Der Markt für umweltfreundliche Produkte bleibt daher vielfach ein Nischenmarkt. Dagegen mutiert die Realisierung von Einsparpotenzialen für die Betriebe zur zentralen Beurteilungsgröße über Erfolg oder Misserfolg des praktischen Umweltschutzes. Selbst die proaktiven Unternehmen reihen sich hier ein.

- Offensichtlich gilt das Risikopotenzial eines Unternehmens als ein entscheidender Faktor für seine Umweltpositionierung. Man kann davon ausgehen, dass die umweltbezogene Haltung des Unternehmens und die getroffenen Maßnahmen zur Entlastung der Umwelt mit seiner Betroffenheit durch staatliche oder europäische und/oder öffentlichem Druck korrelieren.

DIN EN ISO 14001

Seit Oktober 1996 können sich Unternehmen nach der ISO 14001 zertifizieren lassen. In der Praxis wird die Norm als ein wettbewerbsfähiges Instrument zur Lösung umweltrelevanter Fragestellungen angesehen und gilt als „Marktführer" bei Umweltmanagementsystemen.
Vier Gründe können insbesondere für die Attraktivität der ISO 14001 ausgemacht werden:
1. Die Internationalität des Standards, die für global agierende Unternehmen von besonderer Bedeutung ist. Zulieferer und Marktpartner können sich gut daran orientieren.
2. Die Vertrautheit mit der Sprache, der Struktur und dem Systemablauf insbesondere für die Unternehmen, die bereits ein Qualitätsmanagement nach ISO 9001 eingeführt haben.
3. Die relativ geringen Aufwendungen bei der Umsetzung der Norm.
4. Der privatwirtschaftliche Charakter der ISO-Norm scheint bei Unternehmensverantwortlichen einen hohen Stellenwert einzunehmen.[41]

Durch den Aufbau von Umweltmanagementsystemen ergaben sich nach Angaben teilnehmender Unternehmen Verbesserungen in ökologischer Hinsicht vor allem im Bereich der Organisation sowie im betrieblichen Umweltschutz. Zu letzterem muss allerdings angemerkt werden, dass durch die große mögliche Bandbreite der praktischen Umsetzung der ISO 14001 für Außenstehende kaum ersichtlich ist, inwieweit der gesetzte Standard bzw. die betriebliche Umweltschutzleistung des Unternehmens tatsächlich erreicht oder verbessert wurde. Zwar sieht die Norm eine Verbesserung der „Environmental Performance" vor. Diese gilt aber letztendlich nicht als Prüfkriterium. Die ISO 14001 geht weniger spezifisch auf betriebliche Umweltleistungen, als auf formale, prozessorientierte Regelungen ein.

Die Bestimmung der ökonomischen Wirksamkeit der Umweltmanagementsysteme, seien sie nun an der ISO 14001 oder an der VO (EWG) Nr. 1836/93 orientiert, ist ein schwieriges Unterfangen. Die Kosten für die Einrichtung eines

---

[41] Vgl. Institut für Ökologie und Unternehmensführung e.V., 1998, S. 6

Umweltmanagementsystems sind i.d.R. abschätzbar, während eine umfassende Ermittlung des Nutzens (bezogen auf einzelne Maßnahmen oder auf das gesamte System) erhebliche Probleme bereitet. Nur wenige Unternehmen führen eine Kosten-Nutzen-Betrachtung zur Einführung eines Umweltmanagementsystems durch. Erfasst werden meist nur wenige Teilbereiche wie z.B. Einsparungen in der Abfallentsorgung, bei den Energiekosten oder bei Versicherungsprämien. Teilweise wird überhaupt an der Möglichkeit der Monetarisierung des Nutzens, z.B. in Form des Imagegewinns, gezweifelt.

Einer Umfrage zufolge, wurden die Kosten bis zur erstmaligen Zertifizierung gem. ISO 14001 von rd. 42 % der befragten Unternehmen auf zwischen 10.000 EURO und 100.000 EURO beziffert. 26 % gaben Kosten von bis zu 50.000 EURO, 19 % von bis zu 100.00 EURO an. Für die Validierung durch einen Umweltgutachter bezahlten die Unternehmen im Durchschnitt 8.000 EURO, die Registrierung selbst schlug mit etwa 500 EURO zu Buche. Die jährlichen Betriebskosten (z.B. durch Aufrechterhaltung des Systems und Weiterentwicklung der Umweltorganisation, durch Schulungen oder durch interne Audits) schätzten die kleineren Unternehmen auf weniger als 3.000 EURO, wobei auch Beträge um die 9.000 EURO genannt werden. Die meisten mittleren Unternehmen schätzen die Kosten auf rund 10.000 EURO und die meisten großen Unternehmen auf rund 25.000 EURO bis 75.000 EURO. Die Kostenangaben schwanken jedoch erheblich.

Die überwiegende Anzahl der Unternehmen ging davon aus, dass die bis jetzt realisierten (ermittelten) Einsparungen die Kosten für die erste Zertifizierung nicht erreicht haben. Eine Verbesserung der Wettbewerbssituation wurde in nur geringem Umfang ausgemacht. Verbessert habe sich hingegen das Image, die Mitarbeitermotivation und die Rechtssicherheit.[42] Interessant ist, dass die ökonomischen Wirkungen des Umweltmanagementsystems von den befragten Unternehmen insgesamt eher positiv beurteilt wurden. Nur rund 2 % sehen eher negative Wirkungen und rund 17 % stellen keinen Einfluss des Umweltmanagements auf die Wirtschaftlichkeit fest. Gut 2/3 schätzen dagegen die wirtschaftlichen Wirkungen eher positiv ein. 13 % sehen sogar einen sehr positiven Einfluss auf die Wirtschaftlichkeit des Unternehmens.[43]

Insgesamt lässt die relativ hohe Beteiligung an der Zertifizierung seit Verabschiedung der ISO 14001 darauf schließen, dass generell ein großes Interesse an der Zertifizierung besteht. Bis zum März 1999 wurden weltweit ca. 9.600 Zertifikate ausgestellt. Besonders in Japan befinden sich mit 1.960 Betrieben viele Zertifikatinhaber. In Deutschland sind dies rund 1.300 in Großbritannien 800.[44]

---

[42] Vgl. Studie des Instituts für Energiewirtschaft und Rationelle Energiegewinnung (IER), 1998 sowie Dyllick/Hamschmidt, 2000, S. 75

[43] Vgl. Dyllick/Hamschmidt, 2000, S. 76-79

[44] A.a.O., S. 8

Die EG-Verordnung

Im Rahmen der EG-Öko-Audit-Verordnung wurden in Deutschland inzwischen mehr als 2.625 Unternehmensstandorte registriert.[45] Dies stellt etwa drei Viertel aller in der EU eingetragenen Standorte dar. Von den registrierten Standorten sind am stärksten Unternehmen des Ernährungsgewerbes und der Chemischen Industrie vertreten, gefolgt vom Stahl- und Leichtmetallbau sowie dem Maschinenbau und der Automobilindustrie.

Die Beteiligung kleiner und mittlerer Unternehmen (KMU) muss bisher als ausgesprochen zurückhaltend eingeschätzt werden. Zwar sind bei Anwendung einer KMU-Unternehmensgröße von 250 Mitarbeitern ca. 50 % der derzeit registrierten Standorte kleine und mittlere Unternehmen. Wenn man aber berücksichtigt, dass ca. 90 % aller Unternehmen in Deutschland KMU darstellen, ist ihre Beteiligung eher gering.[46]

In Bezug auf die Wirkungen der VO haben eine Reihe von Studien folgende Ergebnisse zu Tage treten lassen:

- Betriebe, die gemäß der VO ein Umweltmanagementsystem aufgebaut haben, konnten Optimierungspotenziale erschließen. Die systematische Beschäftigung mit Umweltfragen auf allen Betriebsebenen und in allen Betriebsbereichen wurde gefördert. So wurden z.B. Stoff- und Energieflüsse des Standortes häufig zum ersten Mal systematisch erhoben und in Input-Output-Bilanzen abgebildet. Das Aufdecken von Schwachstellen und deren Beseitigung sowie eine Absenkung der Material- und Energieintensität der Prozesse wurde ermöglicht, was auch Kostensenkungen mit sich brachte.
- Es wurde deutlich, dass „Liebe zur Ökologie" oder sozial-ökologische Verantwortung weniger als Motor für ein verstärktes Umweltengagement wirksam sind. Die Erschließung von Kostensenkungspotenzialen, die Verbesserung der Mitarbeitermotivation oder die Verbesserung von Produktionsabläufen schienen stärkere „Zugpferde" zu sein.
- Es hat sich gezeigt, dass sich der Grad der Rechtsbefolgung durch die Unternehmen, die am EG-Öko-Audit-System teilgenommen haben, deutlich erhöht hat. Gleiches gilt für die Rechtssicherheit. Die Streichung aus dem Umweltregister im Falle gesetzlicher Verstöße, ist für die Unternehmen ein weiterer Anreiz, sich gesetzeskonform zu verhalten, um einen möglicherweise beträchtlichen Imageverlust zu vermeiden.[47]
- Probleme mit der Umsetzung der Verordnung ergaben sich bei der Entwicklung von Umweltschutzzielen und -programmen, die in der betrieblichen Praxis weiterentwickelt werden sollten. Den Unternehmen fehlte offensichtlich

---

[45] IHK, Stichtag 31.01.2001
[46] Vgl. Hirche, 1997, S. 8
[47] Vgl. Institut für Ökologie und Unternehmensführung e.V., 1998, S. 7

der Maßstab, verschiedene, miteinander konkurrierende Ziele gegeneinander abzuwägen. Außerdem fehlte oftmals der Bezug zu den tatsächlichen Umweltauswirkungen. Dies scheint die Ursache dafür zu sein, warum Unternehmen vor allem Umweltschutzziele in den Bereichen formulieren, die bereits gesetzlich geregelt sind (z.B. Reduktion des Abfallaufkommens und der Abwasserbelastung). Sicherlich lässt sich auf diese Weise zumindest kurzfristig der betriebliche Umweltschutz verbessern. Werden die Reduktionsziele jedoch erreicht, ergeben sich Probleme mit den Vorhaben, den Umweltschutz in der Praxis kontinuierlich weiter zu entwickeln. Es besteht die Gefahr, dass ohne längerfristige Zielsetzungen das Engagement zum betrieblichen Umweltschutz „versickert". Außerdem erhält der betriebliche Umweltschutz durch die gegenwärtige Praxis primär einen additiven Charakter. Die VO sah jedoch ausdrücklich einen integrierten Ansatz vor.

Die Einbeziehung der Umweltsituation am jeweiligen Standort sowie die globalen Umweltprobleme und die Anteile des Unternehmens daran und die Entwicklung lang- bzw. mittelfristiger Umweltziele, die als Orientierung für die betriebliche Praxis taugen, könnten hier Abhilfe schaffen und die kontinuierliche Verbesserung des betrieblichen Umweltschutzes unterstützen.[48]

- Vielfach blieben die Ziele und Maßstäbe, die Unternehmen für den kontinuierlichen Verbesserungsprozess zu Grunde legten, undeutlich. Hier wäre eine präzisere Zielbestimmung und eine transparentere Darstellung der erreichten Umweltleistungen sowie der weiteren Vorhaben bzw. der Kriterien, die die Erreichung des Umweltziels markieren, wünschenswert.[49]

- Der marktliche Nutzen und der Imagegewinn ist eher begrenzt. Positive Reaktionen von externen Anspruchsgruppen auf die Veröffentlichung der Umwelterklärung blieben meist aus. Weder Kunden, noch die kritische Öffentlichkeit oder die Behörden zeigten sich an dem Dokument interessiert.

- Die VO erscheint vor allem für die Betriebe geeignet, die über eine ausgeprägte Organisationsstruktur verfügen. Kleinstbetriebe mit eher geringen Umweltrisiken und -wirkungen werden weniger, nicht zuletzt aus Kostengründen, bereit sein, ein formales Umweltmanagementsystem einzurichten. Für kleinere und mittlere Unternehmen (KMU) können spezifische Hindernisse benannt werden. So haben sich vor allem die formellen Anforderungen der VO als großes Problem erwiesen, da sie wenig mit der oft eher „spontanen" und flexiblen Managementstruktur von KMU vereinbar sind. Die vielfältigen Aufgaben der Beschäftigten und der Geschäftsführung passen hier oftmals nicht zu der von der VO geforderten Trennung zwischen Management, Durchführung und Kontrolle. Zudem bedeuten die Implementierung, Dokumentation und die validierte Umwelterklärung erheblichen finanziellen und zeitlichen

---

[48] Vgl. Institut für Ökologische Wirtschaftsforschung, 1998, S. 10-11
[49] A.a.O., 1998, S. 10

Aufwand, der KMU vielfach überfordert.[50] Kleinere und mittlere Unternehmen bestimmen das Kosten-Nutzen-Verhältnis nicht zuletzt aufgrund teilweise hoher Anfangsinvestitionen für sich als oft ungünstig. So ergeben sich vor allem bei den KMU überproportionale Aufbau- und Beratungskosten, weil sie die organisatorischen Voraussetzungen erst schaffen müssen. Größere Wettbewerbsvorteile sehen sie für sich nicht; auch Banken und Versicherungen scheinen eine Validierung bislang kaum zu honorieren.[51]
Ebenso stellt die Entwicklung der Umweltpolitik, von Umweltzielen und Umweltprogrammen offensichtlich einen enormen administrativen Aufwand dar, den kleinere und mittlere Unternehmen nicht zu leisten gewillt sind.

- Viele Unternehmen zögern, sich an dem System zu beteiligen und scheinen zunächst abzuwarten. Dies mag vor allem durch die Sorge vor Folgekosten beim Einstieg ins Audit-System begründet sein. Als problematisch wurde in diesem Zusammenhang auch die Verpflichtung zur kontinuierlichen Verbesserung der Umweltschutzleistungen gesehen.
Zudem verlangt die VO, dass die bestverfügbare Technik, sofern wirtschaftlich vertretbar, einzusetzen ist. Offensichtlich ist dadurch bei den Unternehmen der fälschliche Eindruck entstanden, dass sie permanent auf die neueste Technologie umzustellen haben.

- EMAS (und auch ISO 14001) stellt an die Unternehmensorganisation gewisse Anforderungen, um eine anforderungsgerechte Praxis des Umweltschutzes sicherzustellen. Dabei kann der Umweltschutz entweder additiv oder integrativ in die Unternehmensorganisation eingegliedert werden. Die Praxis hat jedoch gezeigt, dass ein Umweltmanagementsystem mit der allgemeinen Unternehmensorganisation synchron laufen muss. Je dezentraler das Unternehmen organisiert ist, desto eher bieten sich integrierte Organisationsstrukturen an, wenn der Umweltschutz angemessen verankert werden soll. Die horizontale Synchronisation wird also immer wichtiger. Allerdings zeigen die Untersuchungen große Lücken bei der Einbeziehung von Umweltaspekten in die Prozesskette. Zumeist ist der Umweltschutz noch immer in Stabsstellen angesiedelt, lediglich in rund 15 % der Unternehmen werden Umweltschutzaufgaben schwerpunktmäßig in der Linie wahrgenommen.
Insgesamt lässt sich daher feststellen, dass der Umweltschutz gegenwärtig überwiegend additiv organisiert ist. Von einer Integration in die Funktionen und Prozesse ist noch nicht zu sprechen. So fordern denn auch rund 78 % der betrieblichen Umweltmanager eine stärkere Integration des Umweltmanagements in die Geschäftsprozesse. Nur so ließen sich ein effizientes Umweltengagement und ein kontinuierlicher Verbesserungsprozess sicherstellen.[52]

---

[50] A.a.O., S. 27-28
[51] Vgl. Dyllick/Hamschmidt, 2000, S. 70 sowie Elsener/Steger, 2000, S. 43
[52] Vgl. Dyllick/Hamschmidt, 2000, S. 87 sowie Elsener/Steger, 2000, S. 51-52

- Synergien mit anderen Managementsystemen wie z.B. dem der Qualitäts- oder der Arbeitssicherheit konnten offensichtlich von einer Reihe von Unternehmen realisiert werden. In der Praxis ist vor allem die Integration von Umwelt- mit dem Qualitätsmanagement anzutreffen.[53]
- Kritisiert wurde verschiedentlich auch der starke Standortbezug der Verordnung. So kann z.B. ein Unternehmen der Textilindustrie mit mehreren Niederlassungen, in denen Bekleidungsstücke zugeschnitten, genäht, gebügelt und verpackt werden, einzelne Fertigungsstätten zertifizieren lassen, jedoch mit welchem Sinn? Die Umweltverantwortung des Gesamtbetriebes liegt wohl in erster Linie in ihrem Einkaufsverhalten und im Produktdesign. Entwurf und Einkauf finden jedoch i.d.R. in einer Zentrale statt, die möglicherweise nicht zertifiziert wird.[54]

Tab. 17:   Spannbreite der Kosten für die Teilnahme am System[55]

Kosten für die Durchführung	von EURO...	bis EURO...
Insgesamt	12.500	1,4 Mio.
Betriebsinterne Kosten für Einführung des UMS	25.000	300.000
Interne Auditierung plus Validierung	6.000	100.00
Eintragung ins IHK-Register	75	1.700
Externer Berater	0	125.000

- Das Kosten-Nutzen-Verhältnis ist wie bei der ISO 14001 schwierig zu bestimmen. Während die Kosten heute schon quantifizierbar sind, zeigen sich die Nutzenaspekte primär als Kostensenkung erfassbar. Die Informationen über die tatsächlichen Kosten zur Implementierung des Systems differieren stark (die Kostenunterschiede sind vor allem im Zusammenhang mit der Standortgröße zu sehen). Auch lassen sich diese Kosten von jenen, die im Zusammenhang mit Maßnahmen zur Verbesserung der Umweltstandards aufgrund von gesetzlichen Anforderungen stehen, kaum unterscheiden. Anzeichen, dass die

---

[53]   Vgl. Dyllick/Hamschmid, 2000, S. 85
[54]   Clausen, 1996, S. 50
[55]   Vgl. Institut für Ökologie und Unternehmensführung e.V., 1998, S. 65

Teilnahme am System die Wettbewerbsfähigkeit der Unternehmen erhöht hat, gab es kaum.

4.4.1   Vernachlässigung der strategischen Dimension

Die Untersuchungsergebnisse zeigen, dass Umweltmanagementsysteme, seien sie nun an der EG-VO oder an der ISO-Norm orientiert, oftmals aufgebaut werden, ohne dass dabei explizit strategische Ziele festgelegt werden. Die Folge sind unklare Prioritäten bei der Lösung von Zielkonflikten und Enttäuschungen angesichts suboptimaler Resultate. Durch den „operativen Bleifuß" der aus den beiden Normen erwächst (mit Ausnahme der Forderung nach einer Umweltpolitik richten sich die Normen vorwiegend an die operative Ebene), wird die strategische Aufgabe des Aufbaus und der Entwicklung von Erfolgspotenzialen vernachlässigt.

Strategisches Management dient der Vorsteuerung des operativen Erfolgs und hat damit einen längeren Zeithorizont sowie einen größeren Wirkungsbereich als das operative Management. Die Orientierungsgrundlagen des strategischen Managements liegen deshalb auch außen und in der Zukunft und nicht innen und in der Vergangenheit. Mit anderen Worten: Es geht um die Entwicklung auf dem Markt, um Marktpositionen, Kunden, Konkurrenz sowie gesellschaftliche Strömungen und weniger um die Entwicklungen im Unternehmen selber.

Tabelle 18:   Beispiele für eine strategische Ausrichtungen des Umweltmanagementsystems[56]

Strategische Ausrichtung	Infrastruktur	Auditierung	Controlling	Marketing	PR
Zweck	Organisations-effizienz	Absicherung; unabhängige Bestätigung der Leistungs-fähigkeit	Kosteneffi-zienz	Differen-zierung am Markt	Profilierung
Ziele	Systematisie-rung, Motiva-tion	Rechtssicher-heit, Risiko-vorsorge	Prozessbe-herrschung, Kosten-senkung	Marktposi-tionen, Differenzie-rungspoten-ziale	Imagebildung, Einflussnah-me
Anspruchs-gruppen	Management	Management, Behörden, Banken, Ver-sicherungen Kunden.	Manage-ment	Management, Kunden, Konkurrenz	Management, Öffentlich-keit

---

[56] In Anhalt an Dyllick/Hamschmidt, 2000, S. 114

Im Vorfeld der Entwicklung eines Umweltmanagements drängen sich aus strategischer Sicht vor allem folgende Fragen auf:
1. Welche Unternehmensziele und –strategien sollen durch das Umweltmanagementsystem ermöglicht bzw. unterstützt werden ?
2. Inwiefern dient das Umweltmanagementsystem und seine Weiterentwicklung als Instrument der Unternehmensführung ?[57]

4.5   Das Umweltschutzhandbuch

Die ISO 14001 (ISO 14004) und die VO (EG) Nr. 761/2001 fordern die lückenlose Dokumentation des betrieblichen Umweltschutzes, seiner Grundlagen und seiner Umsetzung innerhalb des Umweltmanagementsystems. In diesem Zusammenhang hat sich u.a. der Einsatz eines Umweltschutzhandbuches bewährt.

Der Inhalt und der Aufbau des Buches sind jedoch nicht allgemeingültig festgeschrieben. Eine Standardisierung wäre auch nicht unbedingt sinnvoll, da es in erster Linie die innerbetrieblichen Tätigkeiten und damit die Spezifika des Unternehmens im Umweltbereich widerspiegeln soll.

```
- Darstellung der Umweltpolitik, Zielsetzungen, Ziele und Programme
- Dokumentation der maßgeblichen Funktionen und Verantwortungsbereiche
- Angabe wichtiger Richtlinien, Gesetze, Verfahrens- und Arbeitsanweisungen
- Beschreibung des Zusammenwirkens einzelner Systemelemente
```

Abbildung 43:   Mindestinhalte für ein Umweltmanagementhandbuch gemäß DIN V 33921

Jedes gute Handbuch erhebt jedoch den Anspruch, auch unerfahrenen Mitarbeiterinnen und Mitarbeitern ohne langes Training eine Orientierung für die jeweilige Arbeitspraxis geben zu können und sie über betriebliche Ziel- und Schwerpunktsetzungen im Umweltbereich zu informieren.
Wichtig ist die regelmäßige Aktualisierung.

---

[57]   Vgl. Dyllick/Hamschmidt, 2000, S. 108-116

Vorspann: Allgemeine Angaben und Informationen zum Unternehmen/Standort
1. Inhaltsverzeichnis
2. Umweltpolitik (Grundlagen, Ziele, Leitbilder, Programme usw.)
3. Geltungsbereich und Verantwortlichkeiten, Ansprechpartner usw.
4. Organisation des betrieblichen Umweltschutzes
5. Umweltrelevante betriebliche Handlungsfelder (hierfür maßgebliche Strategien, Maßnahmen, Handlungsgrundsätze, Verfahrensbeschreibungen und Verfahrensanweisungen, aktuelle Bilanzen und Messungen, Dokumentation)
   5.1 Entwicklung
   5.2 Einkauf, Transport, Lagerung
   5.3 Wassermanagement
   5.4 Boden- und Grundwasserschutz
   5.5 Abfallmanagement
   5.6 Luftemissionen
   5.7 Lärmbelastungen
   5.8 Gefahrstoffe
   5.9 Energiewirtschaft
   5.10 Unfälle und Risikovorsorge (Registrierung von (beinahe) Unfällen, Notfallpläne und –übungen)
6. Sicherheit und Gesundheitsschutz (Einsatz der Sicherheitsfachkräfte, Sicherheitsanalysen, Ursachenanalysen von (beinahe) Unfällen. Maßnahmen des Arbeits- und Gesundheitsschutzes)
7. Kontrollen, Maßnahmen zur Sicherstellung des kontinuierlichen Verbesserungsprozesses, Prüfaufzeichnungen, Lenkung fehlerhafter Prozesse
8. Umweltorientiertes Personalmanagement
9. Aufgaben des Managements
10. Interne Audits, Ergebnisse, Bewertung durch die Geschäftsleitung
11. Externe Audits
12. Interne und Kommunikation und Berichterstattung

Abbildung 44:   Mögliche Gliederung des Handbuches

5.   Zeitgemäße „Umwelt"- Kommunikation

Wie umweltbewusst sich Unternehmen verhalten, wie sehr bei der Entwicklung von Produkten sozial-ökologische Belange Berücksichtigung finden und inwieweit es gelingt, durch Kommunikation bei den Zielgruppen diesbezügliche Informationen bekannt zu machen bzw. mit gesellschaftlichen Gruppen ins Gespräch zu kommen, wird in Zukunft ein wesentlicher Erfolgsfaktor für die Unternehmung sein.

Neben einer angemessenen Unterrichtung der Öffentlichkeit über Produkte, über die Unternehmung sowie über sonstige umweltrelevante Sachverhalte, wird ein zukunftsfähiges Unternehmen sich durch die Bereitschaft zum konstruktiven Dialog mit Kritikern und besorgten Mitbürgern auszeichnen müssen. So ist der offene Dialog z.B. eine wesentliche Voraussetzung für gegenseitiges Vertrauen und dafür, dass der Unternehmung eine Lösungskompetenz bei der Bewältigung ökologischer Problemlagen zugetraut wird. Zudem kann eine offene und glaubwürdige Kommunikation die Distanz zwischen der Lebenswirklichkeit des Unternehmens und der externen Anspruchsgruppen „überbrücken" helfen, was dem gegenseitigen Verständnis, aber auch dem Erfolg der Unternehmung dient.

Neben der bereits angesprochenen *externen Kommunikation*, müssen auch unternehmensintern umweltrelevante Sachverhalte kommuniziert werden. Folgende Aspekte zeigen die Bedeutung *interner Kommunikation*:
-   Die Beschäftigten leisten einen entscheidenden Beitrag zur Realisierung der in der Umweltpolitik festgeschriebenen Leitlinien und Verhaltensgrundsätze. Eine Ausrichtung des Unternehmens auf Umwelterfordernisse ist ohne seine Mitarbeiter kaum möglich.
-   Tagtäglich befinden sich die Mitarbeiter in Kontakt mit Freunden und Bekannten ihrer privaten Umwelt. An sie werden Anfragen gerichtet und die Einnahme eines Standpunktes zur Tätigkeit ihres Unternehmens erwartet. Umweltprogramme, Umweltberichterstattung oder Umweltleitlinien haben deshalb vielfach auch und vor allem Mitarbeiter als Zielgruppe.

Umweltorientierte Mitarbeiterkommunikation ist deshalb z.B. darauf ausgerichtet
-   kontinuierlich Informationen über angestrebte und erzielte Ergebnisse im Umweltschutz zu transportieren,
-   über konkrete Maßnahmen zur Verbesserung der Arbeitsbedingungen im Unternehmen zu berichten,
-   Mitarbeiterinnen und Mitarbeiter zu ermutigen und zu motivieren, sich in den kontinuierlichen Verbesserungsprozess im Unternehmen aktiv einzubringen,
-   regelmäßig Veranstaltungen von sogenannten Öko-Zirkeln unter der Teilnahme von Mitarbeiterinnen und Mitarbeitern aller Ebenen zu initiieren und sozial-ökologische Fragestellungen zum Gegenstand des innerbetrieblichen Vorschlagswesen zu machen,
-   sowie ein angemessenes Angebot von Informationsveranstaltungen und Seminaren zu schaffen.

5.1   Kommunikationsgrundsätze

Für eine erfolgreiche Kommunikation im Umweltbereich können folgende Grundsätze[58] formuliert werden:

1. Ist-Zustand und Unternehmensleitbild als Ausgangspunkt
Eine seriöse Kommunikation baut auf sach- und faktenbezogene Informationen auf, die sich sowohl auf das Unternehmen, als auch auf seine Produkte beziehen und das tatsächliche Unternehmensgeschehen darzustellen vermögen. Zentralen Stellenwert nehmen dabei die im Unternehmensleitbild bzw. in der Unternehmenspolitik niedergelegten Grundsätze und Leitlinien ein.
Darüber hinaus sind Informationen erforderlich, die im Rahmen einer sogenannten Situationsanalyse zu erfassen sind. Gemeint ist hier eine gründliche interne Überprüfung mit dem Ziel, Stärken und Schwächen des Unternehmens zu analysieren.

2. Offenheit und Glaubwürdigkeit
Umweltkommunikation lebt von ihrer Glaubwürdigkeit. Aus der Perspektive ihrer Zielgruppen bedeutet dies:
- Darstellung konkreter Daten und Fakten. Blumige Worte bzw. selbstbewusste, aber undokumentierte Behauptungen reichen nicht.
- Nicht nur Erfolge, sondern auch Probleme und offene Fragen kommunizieren. Auch mitgelieferte Stellungnahmen von Kritikern verdeutlichen den Willen des Unternehmens, seine Probleme wahrhaftig und im offenen Dialog anzugehen.
Letztlich hängt die Glaubwürdigkeit vor allem davon ab, inwieweit die im Vorjahr öffentlichkeitswirksam gesetzten Umweltschutzziele im Folgejahr auch überprüfbar erreicht wurden (Soll-Ist-Vergleich).

3. Kommunikation als Interaktionsprozess; Dialogorientierung und Kooperationsbereitschaft
Umweltorientierte Kommunikation meint nicht „Einweg-Kommunikation", d.h. bloße Bereitstellung oder Austausch von Informationen nach dem Sender-Empfänger-Prinzip. Art und Qualität der Kommunikationsbeziehung sind vielmehr wesentliche Faktoren in Bezug auf die Erreichung des Kommunikationsziels. Dominiert z.B. die Ein-Weg-Kommunikation, werden die wirklich differenzierten Positionen und Interessen nicht wahrgenommen oder verstanden, wird sich die Kommunikation als nicht effizient, unter Umständen sogar als kontraproduktiv erweisen.

---

[58]   Vgl. dazu Hopfenbeck, 1995, S. 28-31 sowie S. 46-49; vgl. DIN 33922, 1995, S. 3

Dialogorientierung und Kooperationsbereitschaft sind deshalb als Grundlage und Teil des Interaktionsprozesses z.B. zwischen dem Unternehmen und seinen Beschäftigten, Behörden, Kunden, Lieferanten oder Umweltgruppen von großer Wichtigkeit. Diese Zielgruppen können gezielt zu Fragen, Kommentaren und Kritik aufgefordert werden, die dann aufgegriffen und im gemeinsamen Diskurs weiterentwickelt werden. Neben gegenseitigem Verständnis und vertrauensbildenden Prozessen bietet sich für das Unternehmen auf diese Wiese eine sehr gute Gelegenheit, frühzeitig über Kundenwünsche/-ansprüche informiert zu werden oder zu erfahren, was die jeweiligen Gesprächspartner wirklich interessiert. Möglicherweise unterscheiden sich diese Interessen von dem, was das Unternehmen ursprünglich anbieten wollte.

5.1.1 Inhalte und Ziele

In den meisten Fällen dürfte die Unternehmenskommunikation folgende Ziele verfolgen:
- Auf das Unternehmen, auf ein Angebot oder Produkt aufmerksam zu machen,
- den Informations- und Wissensstand der Beschäftigten zu erhalten oder zu verbessern,
- Verringerung der Distanz zur Öffentlichkeit,
- das Ansehen in der Öffentlichkeit zu fördern und die gesellschaftliche Akzeptanz zu steigern,
- auf die Zielgruppen einzuwirken.

Im Rahmen einer umweltorientierten Kommunikation, können diese Ziele eine spezifische Ausprägung erfahren:
- Das Unternehmen stellt sich mit seinen neuen Erkenntnissen im Bereich der Umweltforschung vor und dokumentiert damit seine Kompetenz und Handlungsfähigkeit in spezifischen Umweltfragen. Ebenso werden Einstellungen und Ziele im Umweltbereich sowie Leistungen und Fortschritte im vorsorgenden Umweltschutz einer kritischen Öffentlichkeit vorgelegt. Hinzu kommen Aussagen zur Wahrnehmung sozialer Verantwortung gegenüber den Mitarbeitern und der Gesellschaft.
- Vorurteile und Missverständnisse sollen durch Dialogangebote abgebaut werden. Die Einbeziehung der Öffentlichkeit in Umweltmaßnahmen wird großgeschrieben (z.B. Einladung zu Gesprächsforen, Anhörungen, verschiedene Formen der Verbraucherberatungen).
- Anbahnung von Kooperationsprojekten z.B. mit privaten Umweltschutzorganisationen, mit Behörden, Bürgern usw.
- Produkte und Angebote werden vorgestellt, die nachweislich den Zusatz „sozial- und umweltverträglich" auch verdienen. Hierzu werden Informationen

über Produktion, Produktzusammensetzung, Gebrauchswert und Entsorgung bereitgestellt.

- Mitarbeiter und Führungskräfte werden stets über neueste gesellschaftliche Entwicklungen unterrichtet und in Sachen Umweltschutz fortgebildet. Umweltschutz wird integraler Bestandteil betrieblicher Aus- und Fortbildung. Bildungsmaßnahmen beschränken sich jedoch nicht auf die Vermittlung von „harten Facts". Die Steigerung sozialer Kompetenz im Unternehmen und im Dialog mit der Öffentlichkeit wird ebenfalls angestrebt.

- Es sollen Beiträge zur Steigerung der Motivation der Mitarbeiter erbracht werden, damit diese Bereitschaft zeigen, sich in den Prozess ständiger Fortentwicklung des Unternehmens einzubringen.[59]

5.1.2 Entwicklung einer Kommunikationsstrategie

Angesichts ihrer Bedeutung kann interne bzw. externe Kommunikation nicht eine Sache des Zufalls sein. Sie ist vielmehr sorgfältig zu planen, d.h., eine Kommunikationsstrategie muss entwickelt werden:

a) Unternehmensleitbild als Orientierung; folgende Aspekte werden durch das Unternehmensleitbild repräsentiert:
   - Umweltpolitik, Leitlinien, Zielsystem usw.
   - Rolle im Marktgeschehen, ökonomische Zielsetzungen.
   - Stellung in der Gesellschaft.
   - Angebote und Produkte für den Markt.
   - Angestrebtes Image und Bekanntheitsgrad.
   - Soziale Standards.
   - Umgang mit natürlichen Lebensgrundlagen.

b) Situationsanalyse
   - Stärken und Schwächen der Unternehmung in sozial-ökologischer und ökonomischer Hinsicht.
   - Sind die benötigten Informationen über umweltorientiertes Handeln verfügbar, sind die Aussagen belegbar?
   - Besteht eine gesellschaftliche Akzeptanz, eine Vertrauensbasis mit Konsumenten und Marktpartnern?
   - Anzeichen für sozial-gesellschaftliche Transformationsprozesse und deren Relevanz für die Unternehmung.

---

[59] Vgl. Hopfenbeck, 1995, S. 52-53

- Preisbildung: Ist der sogenannte subjektive Mehrwert umweltverträglicher Produkte für den Kunden erkennbar und ist er daraufhin bereit, einen höheren Preis zu zahlen?

c) Kommunikationsziele
- Welches Ziel muss eine umweltorientierte Kommunikation erreichen bzw. welche Probleme soll sie aufzulösen beitragen?
- Berücksichtigung des Unternehmensleitbildes und der Ergebnisse der Situationsanalyse bei der Zielsetzung.

d) Zielgruppen
- Welche Zielgruppen sind anzusprechen und wie sind diese qualitativ und quantitativ zu erfassen?
- Welche Einstellungen haben sie gegenüber umweltverträglichen Produkten und Dienstleistungen?
- Welche Interessen, und Nutzungsvorstellungen bzgl. des Produktes/der Dienstleistung haben sie?
- Analyse des Kaufverhaltens, der Kaufabsichten und der Kaufhemmnisse der Zielgruppe.

e) Kommunikationsinstrumente
Für die Umsetzung der Kommunikationsstrategie stehen verschiedene Instrumente zur Verfügung. Bei der Auswahl muss auf eine „Passung" zwischen Zielsetzung, Zielgruppe sowie ausgewähltem Instrument geachtet werden. Instrumente sind z.B.:
- Mitarbeiterkommunikation, Umfragen bei Mitarbeitern, Vorschlagswesen, Werbung,
- Sponsoring (z.B. finanzielle Beteiligung bei Projekten von Umweltgruppen, Förderung der Gesamtorganisation von Umweltverbänden),
- Öffentlichkeitsarbeit, Informations- und Beratungsstellen,
- Verkaufsförderung/-training,
- Fachgespräche und Symposien.

f) Kommunikationsmittel und -maßnahmen:
- Umwelterklärung und Umweltberichterstattung, „Umweltseiten" im Geschäftsbericht,
- gedruckte Informationen, gesonderte Berichte, in denen die Umwelt- und Produktpolitik des Unternehmens dargestellt werden, Filmbeiträge,
- Mitarbeiterzeitung, „Grünes Brett", Wettbewerbe,

Vortrags- und Diskussionsveranstaltungen, bei denen sich das Unternehmen den Fragen einzelner Zielgruppen stellt.[60]

Integrierte Kommunikation ist die gezielte Abstimmung aller Kommunikationsinstrumente, also der Mitarbeiterkommunikation, der Werbung, der Public Relations, Verkaufsförderung und des Sponsoring mit dem Ziel, die Potenziale dieser Instrumente synergetisch zu nutzen, um so die Kommunikationsziele möglichst wirkungsvoll umzusetzen. Hier geht es um die Frage, welches der Instrumente oder welche Instrumentenkombination die besten sachlichen und wirtschaftlichen Voraussetzungen schafft, um die Zielgruppen zu erreichen und die Inhalte zu transportieren. Dabei bedeutet Instrumentenkombination nicht nur die Auswahl und Kombination einzelner Instrumente, sondern auch deren abgestimmten arbeitsteiligen Einsatz.

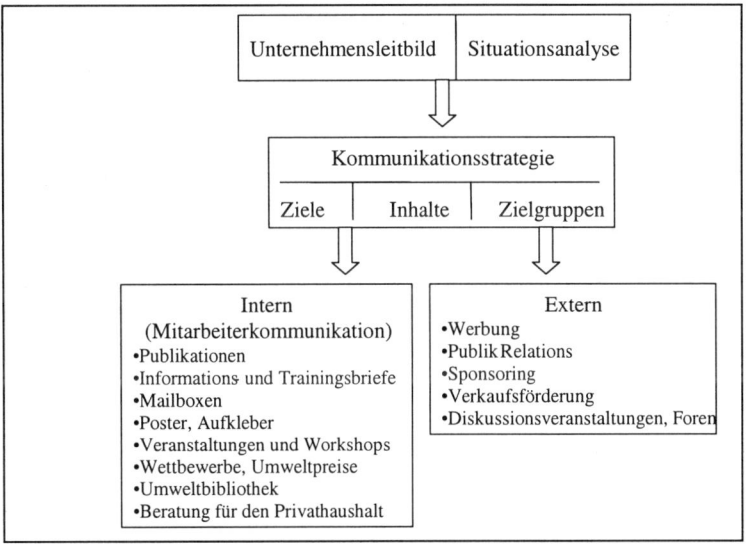

Abbildung 45:   Entwicklung einer Kommunikationsstrategie

---

[60] A.a.O., S 46-53

5.1.3 Internet als Kommunikationsmedium

Nach einer vorsichtigen Schätzung von Forrester Research werden im Jahr 2002 rd. 320 Mio. Menschen Zugriff auf das Internet haben. In Deutschland verzeichnet z.B. die Telekom ein monatliches Wachstum von rd. 60.000 T-Online Benutzern. Bei American Online (AOL), dem zweitgrößten Internetprovider in Deutschland, stieg die Zahl der Nutzer von 10.000 in 1995 auf 720.000 in 1998. Insgesamt wird eine Wachstumsrate der Internet-Nutzung von rd. 29 % prognostiziert (Europa rd. 26,7 %). Für das Jahr 2001 werden in Deutschland 21-23 Mio. Internet-Teilnehmer erwartet.

Das Internet ist nicht mehr ein Medium, das vorwiegend bestimmte, eng umschriebene Zielgruppen erreicht. Wenn auch noch zur Zeit das deutschsprachige Internet von männlichen Nutzern (83 %) dominiert wird, das Durchschnittalter bei rd. 35,5 Jahren liegt und rd. 87 % der Nutzer über ein vergleichsweise hohes Bildungsniveau verfügen (63 % Abitur, 24 % Mittlere Reife) sowie die Berufsgruppe der Angestellten mit 44 %, die der Studenten mit 16 % und die der Selbständigen mit 16 % vertreten sind, so nähern sich doch die allgemeinen demografischen Daten stetig auf die der Gesamtbevölkerung zu. Es gibt demzufolge nicht *den* Internet-Nutzer, *die* Internet-Nutzerin.[61]
Das Internet hat also Verbreitung gefunden im Alltag der Menschen wie die Nutzung des Telefons oder des Faxgeräts. Fest steht, dass den Internetnutzern ein wichtiger Informations- und Kommunikationskanal zur Verfügung steht, den sie in vielfältiger Weise nutzen. So werden z.B. tagesaktuelle Informationen zu gesellschaftspolitischen Ereignissen oder Produktinformationen als Hilfestellung für Kaufentscheidungen gesucht. Andere Nutzer buchen Reisen, ordern Bücher oder CDs oder nehmen an Online-Auktionen teil. Nicht zu vergessen die Nutzung des Internets zu Unterhaltungszwecken.

Zunehmend fragen Kunden (oder potenzielle) Kunden per Internet auch Daten über das Unternehmen selber, seine Unternehmensziele, seine Politik und Handlungsgrundsätze, seine Marktpartner und Zulieferer, aber auch über sein Umweltengagement ab. Für die Unternehmen bietet sich damit eine gute Chance, die verschiedensten Informationen einem breiten Kreis von Interessenten nachfragegerecht anzubieten und über das Internet miteinander in Kontakt zu treten. Der Einsatz des Internets als Kommunikationsmittel bietet sich auch deshalb an, weil hier kontinuierlich, losgelöst von sonst üblichen Öffnungs- oder Sprechzeiten aktuelle Informationen bereitgestellt werden können. Das Unternehmen signalisiert so: „Ihrem Informationsbedürfnis wird entsprochen, wann immer Sie bei uns anfragen".

---

[61]   Vgl. W3W, 2000

Was das Internet von allen anderen Massenmedien am deutlichsten unterscheidet, ist die Möglichkeit der Nutzer, direkt und ohne Wechsel zu einem anderen Medium auf ein Informationsangebot zu reagieren. Noch während der Nutzer sich auf der Web Site befindet, kann er sich z.B. per E-Mail an das Unternehmen wenden. Die Hemmschwelle, tatsächlich mit dem Informationsanbieter in Kontakt zu treten, ist bei einer solch bequemen Lösung weitaus niedriger. Außerdem sind Zeitaufwand und Kosten minimal, kostenintensive Telefonkontakte können minimiert werden. Für das Unternehmen ergibt sich über die Möglichkeit des direkten Dialogs ohne Medienbruch neben dem Imagegewinn – das Unternehmen präsentiert sich als erreichbar, offen und kommunikativ – auch die Chance, Rückmeldungen von Kunden in Bezug auf die erworbenen Produkte zu erhalten. Anregungen, Kritik oder auch Hinweise zur Gebrauchssicherheit können so das Unternehmen zeitnah erreichen. Wichtige Informationen, die für die zukünftige Ausrichtung des Unternehmens überaus brauchbar sind.

Einige Unternehmen binden ihre Kunden sogar bereits bei der Produktentwicklung ein. Geschieht dies mit Erfolg, ist dies der Sicherung der Marktstellung überaus förderlich. Außerdem lassen sich die Wege der Nutzer durch das Informationsangebot mit einfachen Wegen aufzeichnen und auswerten. Eine Reihe von Standart-Softwaretools liefert umfangreiche statistische Daten, die für die Gestaltung der Web-Sites (z.B. Navigation, Layout) und für das „Content-Management" sehr hilfreich sind. Damit lässt sich eine verbesserte Zielgruppenorientierung erreichen.
Die schnelle Informationsvermittlung, der direkte Kontakt zu den Kunden und die Möglichkeit tagesaktueller Berichterstattung sind besonders für die Krisenkommunikation von Vorteil. Wenn es also darum geht, im Krisenfall die Entstehung von Gerüchten zu vermeiden und sachgerechte Informationen umgehend bereit zu stellen, bietet sich das Internet als Kommunikationsplattform an. Der Einsatz des Internets kann Vertrauensschwund begrenzen helfen und dazu beitragen, negative wirtschaftlichen Folgen in Grenzen zu halten.

Heute sind nahezu alle größeren Unternehmen mit einer Online-Präsenz im Internet vertreten. Dies gilt zunehmend auch für die kleineren und mittleren Unternehmen. Dabei sind die Gründe für den Internetauftritt durchaus vielschichtig. Nach einer Studie der Europa-Universität Viadrina in Frankfurt/Oder über die betriebliche Internet-Nutzung in Deutschland sind vornehmliche Gründe für den Web-Auftritt die Selbstdarstellung des Unternehmens, die Produktdarstellung und die Anbahnung von Geschäftskontakten. Der Verkauf über das Internet (vgl. E-Commerce) wird von 35 % der Befragten als Hauptgrund angegeben.
Leider wird in Deutschland vom Internet als interaktives Kommunikationsmedium zwischen Unternehmen und interessierter Öffentlichkeit noch relativ wenig

Gebrauch gemacht. In den Vereinigten Staaten sind dagegen mehr und mehr Unternehmen bemüht, das diesbezügliche Potenzial des Internets auszuschöpfen. Dabei sind in Deutschland die Bedingungen für eine erfolgreiche Verwendung des Internet für die externe Kommunikation gut. Da wäre das bereits angesprochene zunehmende Interesse an schnell verfügbarer Information und an der Online-Kommunikation generell. Technologische Schwellen und Kommunikationskosten sind stetig im Sinken begriffen und die Leistungsfähigkeit der Leitungsnetze ist hoch. Außerdem ergeben sich Effizienzgewinne für das Unternehmen bei der Pflege der Kundenbasis und beim Marketing-Management.[62]

Ein Anwendungsbeispiel für den Einsatz des Internets als Kommunikationsmittel im Umweltbereich ist die Dokumentation betrieblichen Umweltengagements im Internet. Die Bayer-AG, Nestlé, BASF, BMW, Mercedes Benz, Ford, VW oder die Shell AG – um nur einige zu nennen - entfalten hier umfangreiche Aktivitäten und versuchen damit u.a., die kritische Öffentlichkeit von ihrer Umweltqualitätsfähigkeit zu überzeugen. Auch werden Umweltberichte vermehrt ins Internet eingestellt.

6. Umweltberichterstattung

Ein wichtiges Instrument zur Befriedigung des Informationsinteresses der Öffentlichkeit und von Behörden ist die Umweltberichterstattung, z.B. in Form von Umweltberichten/-erklärungen, Pressemitteilungen oder Fachpublikationen.

Diese Veröffentlichungen bieten die Chance, mehr Transparenz über die von Unternehmen und ihren Produkten ausgehenden Umweltbelastungen und die zu ihrer Vermeidung oder Verminderung ergriffenen Maßnahmen herzustellen. Zugleich können sie eine gute Ausgangsbasis für einen kontinuierlichen Verbesserungsprozess des Umweltmanagements und für die interne bzw. externe Kommunikation, d.h. für den wechselseitigen Dialog zwischen Unternehmensleitung, Mitarbeiter, gesellschaftlichen Gruppen usw. ergeben.

Es versteht sich dabei von selbst, dass die Umweltberichterstattung nicht vordergründig als klassisches PR-Instrument gesehen werden kann.

Seit Ende der 80er Jahre, ist die Zahl der Umweltberichte deutscher Unternehmen stetig angestiegen. Ein weiterer Anstieg ist mit der weiteren Umsetzung der EG-Öko-Audit-Verordnung zu erwarten, bei der sich freiwillig teilnehmende Unternehmen verpflichten, die Öffentlichkeit regelmäßig über den Stand der Umweltschutzarbeit zu informieren.

---

[62] Zur Vertiefung sei z.B. hingewiesen auf F.J. KAUFFELS, E-Business, Methodisch und erfolgreich in das E-Commerce-Zeitalter.

Neben den Unternehmen veröffentlichen noch eine Reihe anderer Interessens-
gruppen und gesellschaftlicher Akteure Berichte über Umweltschutzmaßnahmen,
Umweltbelastungen, Störfälle oder ganz allgemein über den Zustand der Umwelt.
Sie tun dies meist schon längere Zeit.

Als Beispiele für nicht unternehmensbezogene Berichterstattung können benannt
werden:

- Berichterstattung der Bundesregierung (z.B. Jahresumweltbericht des Umwelt-
  bundesamtes, Klimaschutzbericht, Waldzustandsbericht).
- Statistisches Bundesamt mit Veröffentlichungen umweltrelevanter Daten.
- Umweltberichte der Länder und Kommunen.
- Umweltberichterstattung der Umweltverbände (Greenpeace, World Watch
  Institute, BUND usw.)

Je nach Zielsetzung, Tätigkeit, Verantwortungs- oder Betrachtungsbereich des
Akteurs, unterscheidet sich die Berichterstattung in Aufbau und Inhalt. Mitunter
sind verschiedene Berichte zu ähnlichen Themenbereichen nicht einmal ver-
gleichbar. Umweltberichterstattung ist deshalb nicht gleich Umweltberichterstattung. Der Begriff an sich legt noch nicht fest, wer über was mit welcher Zielsetzung in welcher Form berichtet, ob die Berichterstattung freiwillig erfolgt oder
gesetzlich vorgeschrieben ist.[63]

Im Folgenden soll sich auf die Berichterstattung in Unternehmen konzentriert
werden, wobei die dargestellten Grundsätze sicher zu großen Teilen auch für
Berichte über die Tätigkeit und den Verantwortungsbereich von Dienststellen des
Bundes, der Länder, oder der Kommunen anwendbar sind.

6.1 Freiwillige, unfreiwillige und Pflichtberichterstattung

Umweltberichte können von einem Unternehmen freiwillig, unfreiwillig oder
aufgrund gesetzlicher Verpflichtung veröffentlicht werden.
Störfälle, Umweltkampagnen oder Falschinformationen in der Presse können z.B.
typische Auslöser für eine *unfreiwillige Berichterstattung* sein. In diesen Fällen
muss auf Druck der Medien, der Politik oder Kunden unmittelbar mit Informationen oder Stellungnahmen reagiert werden, will die Unternehmung ihr öffentliches Ansehen nicht verlieren. Selbst wenn sich die Anschuldigungen und
Vorwürfe als haltlos erweisen, wird das Unternehmen sich sehr bemühen müssen,
mit einer offensiven Informationspolitik negative Imageeffekte oder Umsatz-
verluste zu vermeiden. Insofern im Vorfeld keine glaubwürdige Umwelt-

---

[63] Vgl. Clausen, 1996, S. 5-8

kommunikation betrieben wurde, sind derartige negative Auswirkungen kaum zu vermeiden.

Die *Pflichtberichterstattung* hat dagegen gesetzliche Vorgaben zum Ausgangs-punkt. Unternehmen sind aufgrund gesetzlicher Vorschriften zur Berichter-stattung verpflichtet.
Wichtige Vorschriften hierzu betreffen
- den Immissionsschutz (§ 11 BImSchV),
- die Abwassereinleitung (AbwAG),
- die Abfallwirtschaft (Kreislaufwirtschaftsgesetz)
- die Störfälle (Störfall-Verordnung)

Berichte in diesen Bereichen sind zu bestimmten Zeiten in standardisierter Form oder auf bestimmten Formblättern anzufertigen und der jeweils zuständigen Behörde unaufgefordert zuzuleiten.[64]

Tabelle 19:   Berichtspflichten der Unternehmen, Bundesumweltministerium/Umwelt-bundesamt, 1995)

Berichtsart	Berichtender	Zeitpunkt
Emissionserklärung	Betreiber genehmi-gungspflichtiger Anlagen	alle 2 Jahre
Kreislaufwirtschaftsgesetz /Abfallgesetz a) Maßnahmenplan b) Rückstandsbilanz	Entsorger, Verbände Entsorger, Verbände	alle 5 Jahre alle 2 Jahre
Abwassererklärung	Abwassereinleiter	alle 2 Jahre
Störfallverordnung § 11a	Betreiber genehmi-gungspflichtiger An-lagen ab Mindest-größe	angemessene Abstände

Einen Sonderfall stellt die Berichterstattung im Rahmen der EG-Öko-Audit-Ver-ordnung dar. So ist die Teilnahme am Öko-Audit zwar prinzipiell freiwillig. Die Verordnung verlangt jedoch Abgabe einer Umwelterklärung.

---

[64] A.a.O., S. 8-9

Die *freiwillige Berichterstattung* erfolgt weder auf gesetzliche Veranlassung, noch auf unmittelbaren Druck. Allerdings ist die Grenzziehung zwischen freiwillig und unfreiwillig nicht immer ganz einfach. Störfälle und Proteste in der Vergangenheit ließen für einige Industriezweige jährlich neu aufgelegte Berichte als ratsam erscheinen. Wenn heute dann „freiwillig" berichtet wird, liegen die Ursprünge doch im öffentlichen Druck. Ebenso kann das wachsende Informationsbedürfnis einer zunehmend kritischer werdenden Öffentlichkeit als ein Katalysator für die „freiwillige" Berichterstattung angesehen werden.

6.2 Erstellung von Umweltberichten

Bei der Erstellung der Umweltberichte müssen zuvor die Zielsetzung und Inhalte festgelegt und die Adressaten des Berichts bekannt sein. Damit die Berichte ihre Wirkung entfalten können, sollten bei ihrer Abfassung verschiedene Grundsätze beachtet werden. Im Folgenden werden diese einzelnen Aspekte beschrieben.

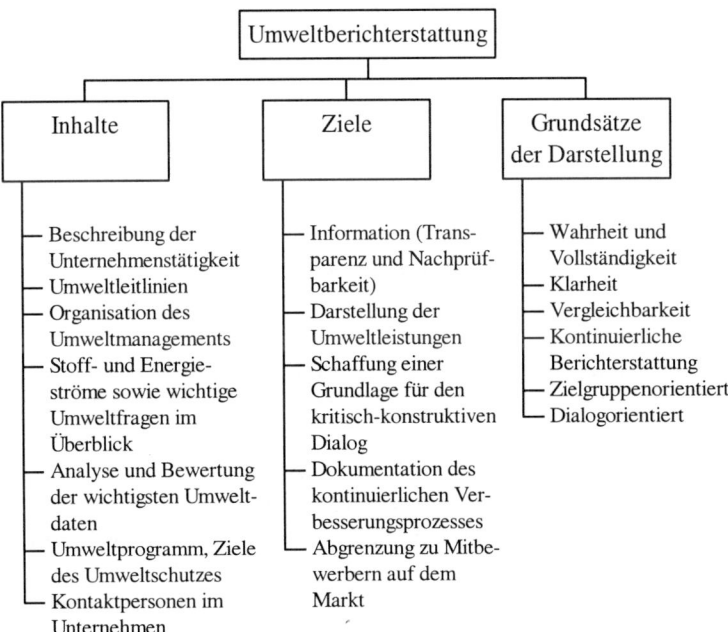

Abbildung 46: Inhalte, Ziele, Grundsätze der Umweltberichterstattung

6.2.1 Zielsetzung

Umweltberichte sollten die für ihre Adressaten relevanten Informationen liefern und aufzeigen, welche Umweltwirkungen vom Unternehmen, von seinen Produkten und Dienstleistungen, ausgehen, welche präventiven technischen, organisatorischen und personellen Maßnahmen zum Schutz der Umwelt mit welchem Erfolg ergriffen wurden und was in nächster Zukunft in dieser Hinsicht geplant ist.

Vor allem in bezug auf die kontinuierliche Verbesserung des betrieblichen Umweltschutzes, können periodisch verfasste Umweltberichte Fortschritt bzw. Stagnation, Erfolge, aber auch Misserfolge und ökologische Problemfelder über die Zeit darstellen.

Wenngleich Umweltberichte Informationen zielgruppengerecht bereitstellen, entfalten sie ihr Nutzungspotential erst dann vollständig, wenn die Informationen als Grundlage und Gegenstand eines Dialogs mit Kunden, Marktpartnern und anderen Interessensgruppen verstanden werden. Anders formuliert, Umweltberichte sollen zu Fragen, Kommentaren und Kritik auffordern und einen konstruktiven Dialog in Gang setzen. Missverständnisse und Vorurteile können so ausgeräumt und Verständnis für den jeweiligen Standpunkt des Dialogpartners gewonnen werden.[65]

6.2.2 Grundsätze der Darstellung

a) Wahrheit und Glaubwürdigkeit

Umweltberichte oder Umwelterklärung leben von ihrer Glaubwürdigkeit. Vier zentrale Faktoren lassen sich ausmachen, die die Glaubwürdigkeit der Berichterstattungen sicherstellen:
- Daten und Fakten müssen korrekt, nachvollziehbar und nachweisbar sein.
- Die von Unternehmen gesetzten Ziele müssen realistisch, konkret und überprüfbar sein.
- Bestehende Probleme und noch offene Fragen werden vorbehaltlos angesprochen und nicht mit Erfolgen an anderer Stelle kaschiert.
- Erfolge werden durch unabhängige und anerkannte Gutachter überprüft.

Insbesondere dürfen Umweltberichte nichts wesentlich Falsches enthalten oder unvollständig sein. Wird dies nicht geleistet, wird die Glaubwürdigkeit des Berichts stark leiden. Dies ist auch zu erwarten, wenn durch Veränderung der Bezugsgrößen oder des Berichtszeitraums im Vergleich zum Vorjahr bzw. durch das Auslassen einzelner Betriebsteile, das Berichtsergebnis „geschönt"

---

[65] Vgl. Clausen, 1996, S. 115-120; Umweltbundesamt,1996, S. 320

werden soll. Außerdem müssen die Berichte sowohl inhaltlich, als auch in der Form in die sonstige Umweltkommunikation des Unternehmens passen. Widersprüche, überflüssige Überschneidungen mit anderen Publikationen sollten vermieden werden. Gleichwohl ist es aus ökonomischen Gründen sinnvoll, die Umweltberichterstattung auf der Grundlage bereits verfügbarer Daten und Informationen aufzubauen.

b) Klarheit

Umweltberichte müssen klar und übersichtlich gestaltet sein. Fachtermini sind zu erklären, ebenso verwendete Abkürzungen. Die Berichtssprache sollte an den Zielgruppen orientiert sein.

Untersuchungen, Bewertungskriterien und Berechnungen, auf die der Bericht zurückgreift, müssen klar und nachvollziehbar sein.

c) Kontinuität und Vergleichbarkeit

Kontinuität und Vergleichbarkeit der Berichterstattung erleichtern den Leserinnen und Lesern die Übersicht und den Vergleich mit Berichten aus dem Vorjahr. Es bietet sich an, mehrere Berichtszeiträume im jeweils aktuellen Bericht gegenüber zu stellen, um so einen raschen Überblick über die Entwicklung der letzten Jahre bis heute zu erhalten.

Die Beibehaltung der Gliederung, Bezeichnungen und Bezugsgrößen über die Jahre erleichtern nicht nur den Überblick und das Verständnis wesentlich. Sie sind zudem eine Voraussetzung für die Vergleichbarkeit von Berichten.[66]

6.2.3 Inhalte

Umweltberichte sollen über die wichtigen Fragen des Unternehmens oder des Standorts berichten. Was berichtet wird, hängt letztlich von den unternehmens- oder branchenspezifischen Gegebenheiten, vom Informationsinteresse der Öffentlichkeit oder aber von gesetzlichen Regelungen ab.

Im Folgenden soll ein Überblick über Themen, die für die Erstellung von Umweltberichten als zentral angesehen werden können, geben werden:

a) Allgemeine Angaben zum Unternehmen

Leserinnen und Leser müssen sich ein Bild von dem Unternehmen und seinen Tätigkeiten machen können. Zu Beginn des Umweltberichts sollte sich deshalb das Unternehmen selbst kurz vorstellen.

---

[66] Vgl. Clausen, 1996, S. 120-124 sowie DIN 33922, 1995, S. 3

Wichtige Angaben sind z.B.
- Standorte, Beschäftigtenzahlen, Umsatz.
- Produkte oder Dienstleistungen.
- die wichtigsten Produktionsverfahren.[67]

Für die Leserinnen und Leser des Berichts erleichtert der Überblick über die gesamte Unternehmung die Einordnung der meist standortsbezogenen Angaben in einen Gesamtkontext auf nationaler oder internationaler Ebene. Auf diese Weise wäre z.B. nachvollziehbar, ob sozial-ökologische Standards für alle Produktionsstandorte Gültigkeit haben und wie das Unternehmen im nationalen sowie im internationalen Wirtschaftsgeschehen einzuordnen ist.

b) Umweltpolitik und Umweltleitlinien

Die Veröffentlichung der Umweltgrundsätze und -leitlinien ist eine zentrale Aufgabe der Umweltberichterstattung. Damit wird zum Ausdruck gebracht, wie das Unternehmen zum Thema Umwelt und Naturschutz steht.

Für den kritischen Leser muss erkennbar sein, dass die Unternehmung zu ihrer Verantwortung für einen sachgemäßen Umgang mit den natürlichen Lebensgrundlagen und deren Erhalt steht.

Ökologische Aufgabenfelder und Zielvorstellungen sollten deshalb ebenso wie Interessens- und Zielsetzungskonflikte benannt werden. Hinzukommen muss eine kurze Darstellung erreichter Umweltschutzziele und künftiger Vorhaben mit Angaben über deren Priorität bzw. Dauer bis zur Realisierung.

Prinzipiell gilt: Je konkreter Ziele und Vorgaben angegeben werden, desto eher erkennen Leserinnen und Leser die Ernsthaftigkeit der Bemühungen.

c) Organisation des Umweltschutzes

Hier geht es um eine Beschreibung von Verantwortlichkeiten und der Aufbau- und Ablauforganisation sowie von Maßnahmen im Zusammenhang mit Umweltschutzaufgaben, also um die Darstellung des Umweltmanagementsystems.

Für die klare und übersichtliche Darstellung der Akteure und ihre Zuständigkeiten bietet sich ein Organigramm an. Hieraus sollte ersichtlich sein, wer an welcher Position im Unternehmen welche Umweltschutzaufgabe übernimmt. Auch können interne Anweisungen oder Umwelthandbücher Erwähnung finden.

Aufgrund des zentralen Stellenwerts der Mitarbeiterinnen und Mitarbeiter für die Umsetzung der Umweltschutzziele, sollte der Umweltbericht auch über Möglichkeiten der *Mitarbeiterbeteiligung* (z.B. Vorschlagswesen, Umweltzirkel) und über Maßnahmen zur Mitarbeiterinformation und -weiterbildung

---

[67] Vgl. VO (EG) Nr. 761/2001, Anhang III

informieren. Beispielhafte Projekte, wie z.B. eine „Umwelt-Werkstatt", in der Mitarbeiterinnen und Mitarbeiter mit ihrem Wissen, Fähigkeiten und Erfahrungen in Problemlösungsprozesse einbezogen werden, können dabei herausgehoben werden.

d) Überblick über die Stoff- und Energieströme

Der Schwerpunkt des Umweltberichts ist die Darstellung und Bewertung der vom Unternehmen und seinen Produkten ausgehenden Umweltwirkungen.

Zunächst sollte ein Überblick über die unternehmens- und standortbezogenen Stoff und Energieströme, über Schadstoffemissionen, Abfallaufkommen und andere umweltrelevante Aspekte gegeben werden. Anschließend kann gesondert auf Produktionsverfahren und Produkte, aber auf Grenzen der Bilanzierung von Umwelteinwirkungen eingegangen werden.

Für die Bewertung standorts- und produktionsbezogener Umweltfragen ist auch die Berichterstattung über das Erreichen oder Nichterreichen von Zielen, die im Vorjahr gesetzt wurden, von Bedeutung.

e) Produktbezogene Informationen

Umweltberichte sollten Auskünfte darüber geben, welche Produkte oder Produktgruppen in welchem Umfang hergestellt werden, und welche Umweltbelastungen damit verbunden sind. Nur so können z.B. Kunden einen Anhalt für eine differenzierte Kaufentscheidung erhalten.

Aber nicht nur der Herstellungsprozess, sondern auch Vorproduktionsstufen (auch die im Ausland angesiedelten), der Gebrauch und die Entsorgung von Produkten, werfen sozial- und ökologische Fragestellungen auf. Unternehmen kommen deshalb nicht umhin,
- über ihre Einkaufspolitik (gibt es z.B. Einkaufsrichtlinien ?),
- den Herstellungsprozess und über präventive Maßnahmen zur Vermeidung von Umweltbelastungen,
- über Produktlebensdauer, Gebrauchs- und Entsorgungseigenschaften
- sowie über Rücknahmen und Recyclingkonzepte
zu berichten.

f) Finanzielle Belastungen

Die Auswirkungen des Umweltschutzes auf die Ertragslage sind ebenfalls berichtenswert. Für die Öffentlichkeit dürften die Kostenbelastungen des Unternehmens für Umweltschutzmaßnahmen, aber auch deren ökonomischen Vorteile (z.B. Einsparung durch verminderten Stoff- und Energieeinsatz, Marktposition, Attraktivität der Produkte) von großem Interesse sein. Umweltberichte sollten deshalb einen konkreten Bezug zwischen den Umweltschutzaktivitäten und der wirtschaftlichen Situation herstellen.

g) Kontaktpersonen und Rückmeldemöglichkeiten

Als ein wesentliches Ziel der Umweltberichterstattung wird die Förderung eines Dialogs zwischen internen und externen Anspruchsgruppen genannt. Umweltberichte sollten deshalb über die Öffentlichkeitsarbeit der Unternehmung, über bereits bestehende Kontakte und über gemeinsam mit Verbänden durchgeführte Projekte (z.B. „Öko-Sponsoring") berichten.

Sollen Umweltberichte kommunikationseröffnend wirken, müssen Leser die Möglichkeit haben, nachzufragen, Kritik zu äußern oder Hinweise und Vorschläge an das Unternehmen heranzutragen. Umweltberichte sollten deshalb zur Stellungnahme einladen und konkrete Ansprechpersonen benennen.
Auch ermöglicht z.B. ein kurzer Fragebogen am Ende des Berichts dem Leser die Möglichkeit für kurze Kommentare.
Eine Auswahl der eingegangenen Kommentare und Kritiken kann dann im nächsten Bericht veröffentlicht werden. „Alibi-Beiträge" sollten übrigens unterbleiben. Der Leser merkt meist sehr schnell, welche Beiträge authentisch und welche „angepasst" worden sind.[68]

Vorwort der Betriebsleitung am Standort
1.   Tätigkeiten des Unternehmens am Standort: Dienstleistungen, Produkte, Produktionsprozesse, Umsätze, Anzahl der Mitarbeiter, Zusammenhang mit dem Gesamtunternehmen
2.   Grundsätze der Umweltpolitik/Umweltleitlinien bezogen auf den Standort, aber auch auf das Gesamtunternehmen
3.   Organisation des betrieblichen Umweltschutzes
4.   Darstellung der Stoff- und Energieströme
5.   Umweltfragen des Standortes:
6.   Umweltprogramm mit Umweltzielen, Maßnahmen und Kosten; Risikoabschätzung und Notfallplanung
7.   Mitarbeiter (Aus- und Weiterbildung, Beteiligung, Arbeitssicherheit und Gesundheitsschutz)
8.   Das Unternehmen im Dialog – Ansprechpartner und Anspruchsgruppen
9.   Ergebnisse von Audits (intern/extern)
10. Schwerpunkte und Zielsetzungen für die Zukunft

Abbildung 47:   Beispiel für die Gliederung eines Standort-Umweltberichtes[69]

---

[68]   Vgl. Clausen, 1996, S. 54-66/126-154 sowie UBA
[69]   Im Anhalt an Clausen, 1996, S. 1996

6.2.4 Zielgruppen

Wie in dieser Kurseinheit schon mehrfach betont wurde, stehen Unternehmen heute längst im Rampenlicht des öffentlichen Interesses. Sie sollten deshalb ihrem gesellschaftlichen Umfeld von sich aus ein Recht auf Information zuerkennen - auch aus eigenem Interesse: Schließlich ergibt sich der Erfolg und die Legitimation für die Unternehmung auch daraus, dass sie die Ansprüche interner Anspruchsgruppen (Mitarbeiter/-innen, Führungskräfte) und externer Anspruchsgruppen (z.B. Anwohner, Bürgerinitiativen, Anteilseigner, Politiker) weitestgehend erfüllt.

Erfolgreiche Umweltberichterstattung setzt die Forderung nach Ermittlung der Anspruchsgruppen und ihrer Informationsbedürfnisse bzw. die Notwendigkeit einer zielgruppenorientierten Berichterstattung voraus.

a) Mitarbeiterinnen und Mitarbeiter

Viele Unternehmen, die schon Umweltberichte publiziert haben, geben die Mitarbeiterinnen und Mitarbeiter als wichtigste Zielgruppe an. Deren Informations- und Kenntnisstand bzw. deren Bereitschaft zur Mitwirkung bei der Umsetzung von Umweltschutzmaßnahmen oder bei der Identifizierung von Schwachstellen in diesem Bereich, gelten als wesentliche Faktoren für die erfolgreiche Arbeit des Umweltschutzmanagements.

b) Nachbarn und Anwohner

Nachbarn am Standort stehen tagtäglich mit der Unternehmenstätigkeit in direktem Kontakt. Autoverkehr zum Schichtwechsel, Staub- und Lärmemissionen, Unfallgefährdung durch lagernde Materialien und Schadstoffe usw. sind Beeinträchtigungen, mit denen sie leben müssen.

c) Behörden

Als wichtiger Informationsempfänger müssen die Behörden genannt werden. Neben den gesetzlichen Berichtpflichten, kann ein zusammenfassender Umweltbericht, der das Unternehmen als Ganzes darstellt, vertrauensbildend wirken.

d) Umwelt- und Verbraucherverbände

Nicht jedes Unternehmen sieht sich ständiger Kritik von Verbänden ausgesetzt. Es besteht aber ein zunehmendes Interesse daran, positives und negatives ökologisches Verhalten zu identifizieren, wozu entsprechende Informationen nachgefragt werden.

Unternehmen sollten nicht nur offen sein für Meinungsäußerungen der Verbände, sondern ihrerseits Verbände offen und umfassend über die Umweltsituation des Unternehmens unterrichten. Dabei empfiehlt es sich, bei der

Konzeption der Berichte auf Forderungen der Verbände einzugehen und die gewünschten Informationen zu geben. Auch ist es geschickter, sensible Themen offen und ehrlich anzusprechen, als diese zu verschweigen - um sie dann doch in der Öffentlichkeit präsentiert zu bekommen.

e) Kunden und Konsumenten
   Begriffe wie „Öko" oder „Bio" überzeugen die Kunden längst nicht mehr. Gefragt sind fundierte und glaubhafte Informationen über Umweltgrundsätze des Unternehmens, Angaben zu Produkten, Produktion, Nutzung und Entsorgung, die dann zum Gegenstand der Kaufentscheidung gemacht werden.

f) Lieferanten und Marktpartner
   Umweltberichte bieten eine gute Möglichkeit, Lieferanten und Marktpartner über sozial-ökologisch motivierte Absichten und Entwicklungsziele des Unternehmens zu informieren und so eine produktive Zusammenarbeit zu befördern.

g) Medien und Presse
   Nur ein solider und übersichtlicher Umweltbericht vermag auf Medienresonanz zu stoßen und zu einer „guten Presse" beizutragen.

h) Schulen und Universitäten
   Unternehmen können sich mit ihren Umweltberichten an der Schule oder Universität vorstellen und ins Gespräch bringen. Unter Umständen führt dies zur Bewerbung von geeigneten Nachwuchskräften.
   Ebenso zeigen diverse Bildungsinstitute ein reges Interesse an Praxisbeispielen für praktizierten Umweltschutz und dessen öffentlichkeitswirksamer Präsentation.[70]

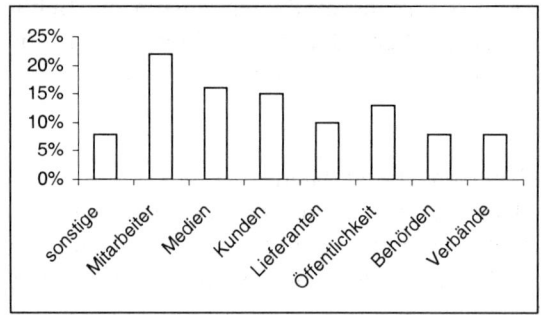

Abbildung 48:   Zielgruppen von Umweltberichten

---

[70]   Vgl. Clausen 1996, S. 20-29
   Hopfenbeck, 1995, S. 55

6.3   Trends

Waren es 1990 weltweit noch nicht einmal zehn Unternehmen, die einen umfassenden Bericht über ihre Aktivitäten und Ergebnisse im Umweltschutz vorlegten, so hat sich die Zahl der Umweltberichte bis heute erheblich gesteigert.
Untersuchungen zeigen, dass sich die Umweltberichterstattung bislang im wesentlichen auf Unternehmen in Nordamerika und Westeuropa beschränkt. Auch einige japanische und australische Unternehmen veröffentlichen Informationen zum Thema Umweltschutz.

In Deutschland haben bis 1995 rund 60 Unternehmen Umweltberichte verfasst. Gemessen an der Gesamtzahl deutscher Unternehmen ist dies nach wie vor eine verschwindend kleine Zahl. Vor allem sind es Großunternehmen, die berichten. Die größte Gruppe gehört der Chemiebranche an, was wohl auch am besonderen Interesse der Öffentlichkeit an dieser Branche liegen dürfte.[71] Im Rahmen seiner freiwilligen „Responsible-Care"-Initiative hat der *Verband der chemischen Industrie* (VCI) z.B. eine detaillierte Empfehlung zur Veröffentlichung von Emissionsdaten im Rahmen der Umweltberichterstattung verabschiedet. Diese Empfehlung geht zum Teil über die Anforderungen der VO (EG) Nr. 761/2001 zur Umwelterklärung hinaus. So hält der VCI sowohl eine standortsbezogene, als auch eine unternehmensbezogene Berichterstattung für notwendig. Standorts- und Unternehmensberichte gemeinsam können die Wahrnehmung der Umweltschutzverantwortung durch das Unternehmen in seinen einzelnen Standorten dokumentieren. Für denkbar wird auch die Integration des jeweiligen "Lokalteils" in den Unternehmensbericht gehalten.

Zur Förderung der Umweltberichterstattung von Unternehmen verleiht die *Chartered Association of Certified Accountants* (ACCA), ein britischer Wirtschaftsprüferverband, jährlich den ACCA-Preis für gute Umweltberichte. Mit dem Preis sollen Unternehmen motiviert werden, auf dem Gebiet der Umweltberichterstattung zu experimentieren und innovative Beispiele auf diesem Gebiet in der Öffentlichkeit und bei anderen Unternehmen bekannt zu machen.

Leider sind inhaltsleere PR-Berichte heute noch weit verbreitet. Möglicherweise wird auch der Wettbewerbsdruck unter den Umweltgutachtern dazu führen, dass Umwelterklärungen, die wenig Informationen enthalten, für gültig erklärt werden.
Wenn auch die erwarteten positiven Wirkungen solcher Berichte eher als gering einzustufen sind, sie mitunter sogar belastend auf das berichtende Unternehmen zurückschlagen (Glaubwürdigkeits-/Akzeptanzverluste und deren Folgen),

---

[71] A.a.O., S.

scheinen einige Verantwortliche nicht der Versuchung widerstehen zu können, Umweltberichte primär als PR-Instrumente anzusehen.

Die deutlich unterschiedliche Qualität der Umweltberichte hat schon den Ruf nach einem verbindlichen Reglement für die Abfassung von Umweltberichten geführt. Derzeit gibt es noch keine allgemein gültigen Richtlinien. Außerhalb der gesetzlich vorgeschriebenen Berichterstattung ist es weitestgehend Sache des Unternehmens, was es in welcher Form bzw. Ausführlichkeit berichtet und was als nicht berichtenswert eingestuft wird. Allerdings wird seit längerem auf nationaler und internationaler Ebene über die Normierung des Umweltmanagementsystems und in diesem Rahmen auch über eine Normierung der Umwelterklärungen nachgedacht. Das *Deutsche Institut für Normung* (DIN)[72], aber auch die von der Europäischen Kommission beauftragte *Europäische Normungsorganisation* (CEN) arbeiten bereits an dieser Frage.

Von einer zukünftigen Norm kann jedoch keine Detailregelung erwartet werden. Sie wird vielmehr allgemeine Grundsätze und Inhalte festschreiben. Eine wichtige Aufgabe in der Zukunft wird es deshalb sein, insbesondere auf Branchenebene eine Verständigung zwischen Unternehmen, Behörden, Umwelt- und Verbraucherverbänden darüber zu erzielen, welches die wichtigsten Umweltfragen der Branche sind und in welcher Form darüber berichtet werden soll und muss. Es geht hier um einen freiwilligen Verständigungsprozess, der von engagierten Einzelunternehmen, Umweltverbänden, Unternehmensverbänden oder anderen Akteuren initiiert werden könnte und eine wichtige Ergänzung gesetzlicher Regelungen zur Normierung darstellen würde. Das Ergebnis eines solchen Prozesses kann z.B. ein Selbstverpflichtungsabkommen sein, in dem die gemeinsam erarbeiteten und verabschiedeten Richtlinien für die Abfassung von Umweltberichten/-erklärungen niedergelegt sind.

Umweltberichterstattung im Internet

Umweltberichterstattung im Internet, ein Thema, das angesichts der Möglichkeiten dieses Mediums fast schon gängige Praxis sein müsste. Tatsächlich sind bereits eine ganze Reihe von Unternehmen dazu übergegangen, ihre Umweltberichte online verfügbar zu machen. Leider bleiben die meisten Präsentationen aber hinter ihren Möglichkeiten zurück. So werden oft 1:1 Kopien der gedruckten Berichte in das Internet eingestellt. Einmal abgesehen davon, das die Darstellung auf dem Bildschirm bestimmten Anforderungen, z.B. im Hinblick auf Übersichtlichkeit und Aufbereitung zu folgen hat, damit der Nutzer sich die Information

---

[72] Vgl. DIN 33922, 1995.

auch online erschließen kann, geben die Autoren der Berichte dem Leser eine festgefügte Abfolge von Informationen in einer vorgegeben Detailtiefe vor. Damit werden sowohl die Handhabbarkeit der Texte als auch das Informationsinteresse der Kunden, z.B. im Hinblick auf den Detaillierungsgrad, nicht genügend berücksichtigt.

Die minimale Umweltberichterstattung im Internet sollte umfassen:
1. Eine Kurzfassung des aktuellen Berichts bzw. der aktuellen Umwelterklärung.
2. Eine Langfassung mit der Möglichkeit in diesem zu recherchieren, die Detailtiefe bzw. den geografischen Bezug individuellen Wünschen anzupassen oder im Volltext über das Netz zu kopieren.
3. Ein Bestellformular, um den aktuellen Umweltbericht als Drucksache per Post ordern zu können (kostenfrei versteht sich).
4. Ein E-Mail Dialogformular als Kommunikationsangebot an den Nutzer. Eine automatische Bestätigung der Anfrage (Autoresponder) sollte vorgesehen sein.
5. Eine Mailing-Liste, in die sich die Nutzer eintragen können, um aktuelle Informationen zu erhalten.

Eine aktuelle Liste von Umweltberichten im Internet findet sich z.B. unter: http://www.zww.uni-augsburg.de/umwelt/ub.htm.

7. Öko-Marketing – Vermarktung ökologischer Produkte und Dienstleistungen

Im Vorfeld der Beschäftigung mit konkreten Fragestellungen des Öko-Marketings, soll auf folgende Ebenen unternehmerischer Tätigkeit verwiesen werden:

a) Betriebswirtschaftliche Ebene
   Auf betriebswirtschaftlicher Ebene geht es darum, verfügbare Handlungsspielräume unternehmerisch zu nutzen, um rentable Wege sozial-ökologisch verantwortlichen Wirtschaftens zu entwickeln bzw. zu realisieren.
b) Gesellschaftspolitische Ebene
   Auf der gesellschaftspolitischen Ebene geht es um den gezielten Einsatz unternehmerischer Kompetenz in Richtung Weiterentwicklung und Ausgestaltung der sozialen Marktwirtschaft und ihrer Rahmenbedingungen. Ordnungspolitische Mitverantwortung muss gezeigt werden. Auf dieser Ebene werden schließlich wesentliche Voraussetzungen für die unternehmensbezogene, betriebliche Ebene geschaffen.

In bezug auf das betriebliche Handlungsfeld *Öko-Marketing* meint dies:
1. Erfolgreiche Erstellung und Vermarktung von umweltverträglichen Produkten und Leistungen innerhalb gegebener Rahmenbedingungen (betriebliche Ebene)
2. Einflussnahme auf politische und öffentliche Rahmenbedingungen (auch Verbraucherverhalten oder politisch-rechtliche Vorgaben), um damit die Voraussetzungen für die erfolgreiche Vermarktung von ökologischen Produkten und Leistungen zu schaffen.

Damit wird der Bezugsrahmen von Öko-Marketing deutlich: Öko-Marketing ist markt- und kundenorientiert. Bei der angestrebten Realisierung der ökonomischen Betriebsziele, zeigt sich Öko-Marketing ausgesprochen markt- und kundenorientiert. Zugleich geht es um gesellschaftspolitische Einwirkungsmöglichkeiten, um die Erschließung von Märkten bzw. die Gewinnung neuer Kunden und deren Bindung an ökologische Produkte und um konkretes Umweltengagement.

7.1   Begriffliche Grundlagen

Marketing wird als duale Führungskonzeption verstanden: Einerseits ist Marketing eine klassische Unternehmensfunktion neben Beschaffung, Produktion, Finanzen usw.; andererseits ist Marketing ein Leitkonzept der Unternehmensführung, welches alle Unternehmensbereiche durchdringt und eine marktorientierte Koordination aller betrieblicher Funktionsbereiche sowie im Spannungsfeld von Kunden, Wettbewerbern und Gesellschaft sicherstellen soll.

In der Fachliteratur wird *Ökomarketing* vielfach als Vertiefung des „herkömmlichen" Marketings verstanden, bei dem neben der Nachfrage– und Wettbewerbsorientierung ökologische und ethische Entscheidungskriterien Berücksichtigung finden. Bleibt zu klären, ob ein solches Verständnis wirklich ausreichend ist (und im Falle von Konflikten zwischen ökologischen, ökonomischen oder sozialen Zielsetzungselementen hilfreich sein kann).

Eine erste Antwort auf diese Frage ergibt aus der Betrachtung des nachstehenden Interaktionsmodells (Abb. 49). Das Modell verweist auf die Tatsache, dass unternehmerischer Erfolg sich aus vielfältigen Interaktions- und Austauschbeziehungen ableitet. Diese ergeben sich auf der Makroebene aus einem systemaren Gesamtzusammenhang von Gesellschaft, Ökosystem und Ökonomie. Für die Mikroebene, d.h. die Analyseebene Betrieb ergeben sich daraus relevante Rahmenbedingungen, aus denen unternehmerische Möglichkeiten erschlossen werden können.

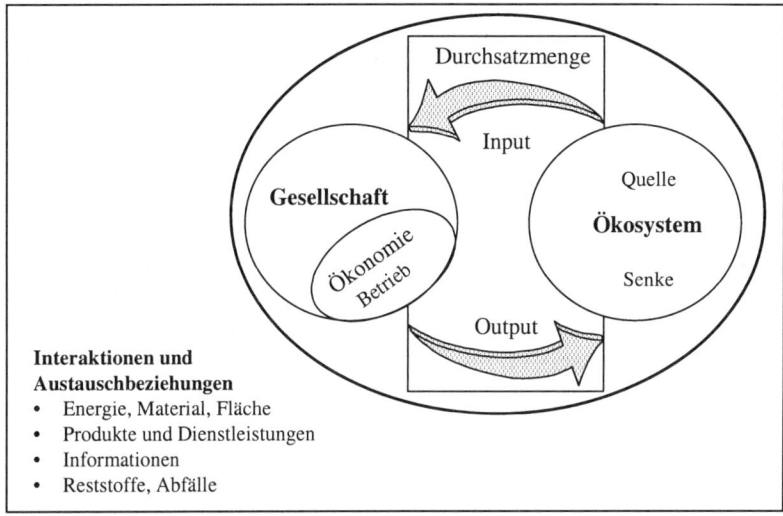

Abbildung 49:   Beziehungsgefüge und systemare Zusammenhänge von Ökologie, Ökonomie und Gesellschaft

Um den Anforderung des Modells gerecht zu werden, bedarf es aus Sicht des
jeweiligen Unternehmens eines umfassenden, strategischen Ansatzes, in den auch
das Marketing eingebunden ist. Das Modell verlangt nach einer Führungsphilosophie, die Kunden- und Marktorientierung mit ökologischen Aspekten der
Unternehmenstätigkeit verbindet. Für das Marketing bedeutet dies die Notwendigkeit eines planvollen, systematischen und dauerhaften Einbezugs ökologischer
Aspekte. Damit erweist sich der o.g. Definitionsansatz als zu kurz gefasst.

> Öko-Marketing zielt auf den bewussten und systematischen Einbezug
> ökologischer Aspekte im Rahmen der Marketingkonzeption. Es baut auf bzw. ist
> ein Ergebnis einer gesamtstrategischen Ausrichtung der Unternehmung, in der
> ökonomische, soziale und ökologische Zielsetzungselemente miteinander ver-
> schmolzen werden.

Öko-Marketing
- bringt bewusst die ökologische Dimension in das Marketing ein und versucht,
  negative Umweltbelastungen zu vermeiden
- ist kunden- und marktorientiert,

- umfasst den gesamten Prozess der Produkt- bzw. Leistungserstellung am Anfang und den Absatz am Ende der betrieblichen Wertschöpfungskette,
- bezieht die Verwendungs- und Postverwendungsphase in die Überlegungen mit ein.

Der Erkenntnisobjektbereich des Marketings wird damit vertieft. Es geht darum, Kundenbedürfnisse zu befriedigen und dabei gleichzeitig das Ausmaß negativer betrieblicher Umwelteinwirkungen abzubauen bzw. zu verhindern (vgl. Wirtschaften unter Beachtung von Tragfähigkeitsgrenzen) sowie die wirtschaftliche Leistungsfähigkeit auszubauen. Dabei sollen die Energie- und Stoffflüsse so weit wie möglich gesenkt werden (Absenkung der Energie- und Materialintensitäten der Prozesse der Angebotserstellung).[73]

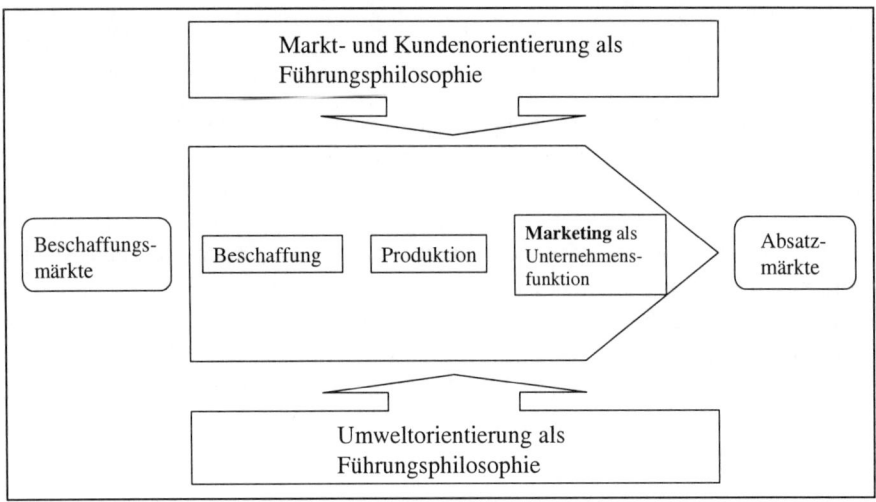

Abbildung 50:   Öko-Marketing als Führungskonzeption im doppelten Sinne[74]

Öko-Marketing beinhaltet eine strategische sowie operative Komponente.
a) Strategische Ebene legt fest, welche Zielgruppen zu welchem Zeitpunkt mit welchen ökologischen Produkten/Leistungen angesprochen werden. Bei den Betrachtungen werden vorgelagerte und nachgelagerte Prozesse mit einbezogen (natürlich auch die übergreifende strategische Gesamtplanung des Unternehmens).

---

[73] Vgl. Belz, 2001, S. 9-11
[74] In Anlehnung an Belz, 2001, S. 10

b) Operative Ebene des Öko-Marketings bezieht sich dann auf
die Umsetzung der Entscheidungen der strategischen Ebene. Je nachdem
welche Zielgruppe anzusprechen ist, ist der ökologische Marketing-Mix (Pro-
dukt/Leistung, Preis, Kommunikation, Distribution) anders auszugestalten.

7.1.1   Entwicklung und Stand des Öko-Marketings

Aus den 70er Jahren gibt es die ersten Ansätze von Öko-Marketing. Im Laufe der
80er Jahre findet eine konzeptionelle Weiterentwicklung und Ausdifferenzierung
statt. Einzelne Bereiche wie etwa jener der Öko-Produkte oder der Öko-Kommunikation werden in Einzelbeiträgen vertieft. Die Identifikation umweltbewusster
Konsumenten und die zielgruppengerechte Ansprache durch einen ökologischen
Marketing-Mix spielen eine große Rolle. In den 90er Jahren werden umfassende
Öko-Marketing-Konzeptionen vorgelegt. Dabei werden Konsumenten- und Wettbewerbsorientierung mit ökologischen Fragestellungen verbunden. Neuere
Trends zielen auf die Weiterentwicklung des Öko-Marketings in Richtung integrierter Konzepte, bei denen sowohl eine strategisch-planerische, als auch die
operativ-praktische Ebene erkennbar wird.
Nimmt man einen Vergleich der verschiedenen betriebswirtschaftlichen Funktionsbereiche vor, dann gehört das Marketing zu den Bereichen, die sich als einer
der ersten und am intensivsten mit der Umweltproblematik auseinander gesetzt
hat.

Rein quantitativ unterliegt die Beschäftigung mit ökologischen Fragestellungen
in der Fachliteratur im Bereich des Marketing jedoch gewissen Schwankungen.
Dies mag folgende Gründe haben:
- Die Umweltverträglichkeit der Produkte wird in den Augen der Konsumenten
  zunehmend zur Selbstverständlichkeit. Die ökologischen Eigenschaften vieler
  Produkte stellen heute keinen Ansatzpunkt mehr dar, um damit intensiv und
  erfolgreich zu werben (vgl. phosphatfreies Waschmittel).
- Das Thema Umwelt unterliegt politischen und konjunkturellen Schwankungen.
  Obwohl das Umweltbewusstsein der Bevölkerung relativ hoch ist, nehmen
  Themen wie Arbeitslosigkeit, Globalisierung oder innere Sicherheit die öffentliche Aufmerksamkeit für sich in Anspruch.
- Eventuell tragen auch nichterfüllte ökonomische Erwartungen in bezug auf
  den Erfolg ökologischer Produkte dazu bei, die Euphorie in der Marketing-
  praxis zu dämpfen.[75]

---

[75] Vgl. Belz, 2001, S. 18-22

Als Kritikpunkte an den meisten Marketingansätzen lassen sich vorbringen:

- Die strategische Perspektive des Öko-Marketings wird oftmals nur rudimentär ausgebildet.
- Im Vordergrund stehen vielfach instrumentelle bzw. operative Aspekte des Öko-Marketings: Der ökologische Marketing-Mix als Kombination von Marketinginstrumenten zur operativen Umsetzung in den Bereichen Produkt/ Leistungsentwicklung, Preisbildung, Distribution, Kommunikation.

  Interessanterweise werden dabei oft die Aspekte der Preisfindung und Preisentwicklung von Ökoprodukten vernachlässigt.
- Das ökologische Konsumentenverhalten wird primär aus einer sozial-psychologischen Perspektive betrachtet. Dabei steht das Kaufverhalten im Vordergrund, das dann über sozialpsychologische Phänomene (Bewusstsein, Einstellungen) erklärt wird. Notwenig ist es aber auch, das Konsumentenverhalten aus einer ökonomischen Perspektive zu betrachten. Ansonsten reduziert sich das Öko-Marketing auf Verbraucherinformationen und Appellen an das „gute Gewissen".

  Wird jedoch das subjektiv empfundene Nutzen-Kosten-Verhältnis von ökologischen Produkten und Leistungen mit einbezogen, ergeben sich neue Möglichkeiten für das Marketing. Dabei sind nicht nur Nutzen und Kosten zu erfassen, die mit dem Kauf ökologischer Produkte und Leistungen verbunden sind, sondern auch Nutzen und Kosten, die während der Verwendungs- und Postverwendungsphase entstehen. Dies würde den Weg frei machen für ein „phasen- bzw. prozessorientiertes Öko-Marketing".
- Der Erfolg bzw. die erfolgreiche Vermarktung ökologischer Produkte wird ausschließlich nach Kriterien wie die Befriedigung der Kundenbedürfnisse und die steigenden Umsatz- und Marktanteile beurteilt. Ökologische Grundfragen wie Nachhaltigkeit und Beachtung von Tragfähigkeitsgrenzen werden dabei allenfalls am Rande berücksichtigt. Kommt es nämlich durch die neuen ökologischen Angebote zu einer Ausweitung des Gesamtkonsums, werden unter Umständen die relativen ökologischen Effizienzvorteile durch absolute Wachstumseffekte (über-)kompensiert. Dann kann von einem Erfolg in ökologischer Hinsicht nicht die Rede sein (Beispiel: Kfz und Ausstoß umweltrelevanter Abgase).[76]

---

[76] A.a.O., S. 49-51

7.2   Konsumentenverhalten aus der ökonomischen Perspektive

Öko-Marketing zielt also auf die
- Befriedigung der Kundenbedürfnisse,
- ökonomischen Erfolge der Unternehmung,
- Beiträge zur Steigerung der Umweltqualitätsfähigkeit,
- Beiträge zur Wahrnehmung der gesellschaftlichen Verantwortung.

Dabei ist zu vermeiden, dass ökologische Produkte und Leistungen keine nennenswerte ökonomische und ökologische Wirkung auf der Ebene des Gesamtmarktes erzielen. In diesem Fall würden sie in Nischen verharren und für den Gesamtmarkt eher marginal sein sowie geringe positive Umweltwirkungen entfalten können. Damit wird konsequenterweise neben der Bezugnahme auf die positiven ökologischen Wirkungen der Produkte und Leistungen das Konsumentenverhalten zu einem zentralem Anknüpfungspunkt für das Öko-Marketing. Im Folgenden soll das Konsumentenverhalten im Blickpunkt des Interesses stehen. Dabei wird weniger auf die Relevanz von Umweltbewusstsein und der Diskrepanz zwischen Bewusstsein (kognitiver Repräsentation) und konkretem Verhalten als sozialpsychologischer Perspektive eingegangen. Vielmehr soll das individuell wahrgenommene Nutzen-Kosten-Verhältnis von ökologischen Produkten und Leistungen genauer analysiert werden. Hierfür wird auf die neuere ökonomische Verhaltenstheorie zurückgegriffen. Von den Ergebnissen dieses Ansatzes werden konkrete Hinweise für das Öko-Marketing erwartet, die über das hinausgehen, was der sozialpsychologische Zugangsweg nahe legt: nämlich Information, Aufklärung, Appelle.

Ökonomische Verhaltenstheorie

In der ökonomischen Theorie wird menschliches Handeln als rationale Auswahl aus zur Verfügung stehenden Alternativen verstanden. In einer konkreten Handlungssituation gelangt der Konsument zu einer Kaufentscheidung als Folge eines Abwägungsprozesses. In diesem Prozess sind zwei Elemente strukturgebend:

1. Restriktionen
Restriktionen begrenzen den Handlungsspielraum des einzelnen Individuums. Der Handlungsspielraum umfasst die einzelnen Handlungsmöglichkeiten, die dem Individuum zur Verfügung stehen, aus denen es auswählen muss. Realistischer Weise muss davon ausgegangen werden, dass das Individuum nicht vollständig über seine Handlungsmöglichkeiten orientiert ist, sondern lediglich einen Teil davon kennt. Es ist sich auch keineswegs über alle möglichen Konsequenzen

aus den möglichen Handlungen im Klaren (führt zur sogenannten eingeschränkten Rationalität).
Eine Handlungsmöglichkeit könnte z.B. darin bestehen, die Kaufentscheidung aufzuschieben und neue Informationen über Handlungsalternativen sowie deren Konsequenzen einzuholen (kostet Zeit, ggf. auch Geld).

2. Präferenzen
Präferenzen enthalten die Wertvorstellungen des Individuums. In der ökonomischen Verhaltenstheorie werden diese Präferenzen als relativ stabil angenommen. Die Präferenzen wirken unmittelbar auf die zur Verfügung stehenden Handlungsalternativen ein: Entsprechend seiner Präferenzen wägt das Individuum die Vor- und Nachteile der einzelnen Handlungsalternativen ab. Unter Berücksichtigung des Nutzens und der Kosten entscheidet sich die Person dann für die Möglichkeit, welche den Präferenzen am ehesten entspricht und den höchsten Nutzen verspricht.

In diesem Modell ist ein weiterer Faktor zu bedenken: Opportunistisches Verhalten. Hier wird unterstellt, dass menschliches Verhalten keineswegs stets mit einer zuvor geäußerten Präferenz in Einklang stehen muss. Manche Menschen verhalten sich in bestimmten Situationen opportunistisch, indem sie ihre Präferenz verbergen bzw. missachten.

Nutzen

Wendet man nun die ökonomische Verhaltenstheorie auf den Kauf und die Verwendung von ökologischen Produkten und Leistungen an, können folgende Varianten unterschieden werden:
a) Ist der Nutzen ökologischer Produkte und Leistungen höher als der konkurrierender, konventioneller Produkte und Leistungen, wird der Konsument für die ökologische Variante optieren.
b) Ist der Nutzen ökologischer Produkte und Leistungen niedriger als der konkurrierender, konventioneller Produkte und Leistungen, wird sich der Konsument für konventionelle Angebote entscheiden, es sei denn:
   - die individuelle Präferenz, die nicht unmittelbar dem Kosten-Nutzen-Verhältnis unterliegt, führt zu einem anderen Verbraucherverhalten
   - Ereignisse/Geschehnisse (z.B. BSE oder MKS) werden handlungsleitend
   - ein Zusatznutzen beeinflusst die Handlungsentscheidung

Zu unterscheiden sind demzufolge verschiedene Nutzenarten:
Grundnutzen: basiert auf den stofflich-technischen Produkteigenschaften und leitet sich aus dem Ge- bzw. Verbrauchsnutzen des Gutes ab.

Zusatznutzen: basiert nicht auf den stofflich-technischen Produkteigenschaften, sondern ist sozialgesellschaftlicher, psychologisch-philosophischer Natur. Er lässt sich weiter untergliedern in den Erbauungsnutzen, den Selbstachtungsnutzen und den Fremdachtungsnutzen.

Bei Lebensmittel z.B. besteht der Grundnutzen in der Befriedigung des menschlichen Grundbedürfnisses nach Essen und Trinken. Hinzu kommt das Interesse an der Bewahrung bzw. Förderung der Gesundheit. Das „gute ökologische Gewissen", das sich z.B. durch den Kauf von Eiern aus artgerechter Tierhaltung einstellt (Selbstachtungsnutzen) oder die Anerkennung der Freunde und Bekannt (Fremdachtungsnutzen) stiften den Zusatznutzen.

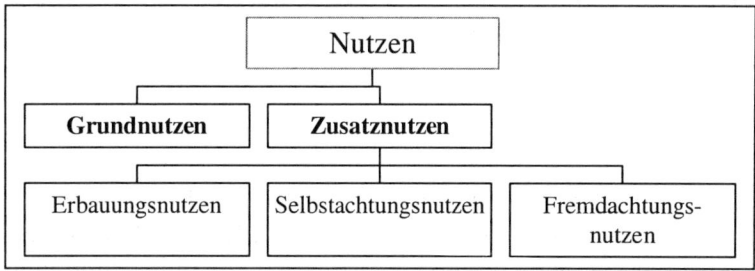

Abbildung 51:   Systematisierung von Grund- und Zusatznutzen

Zu bedenken ist, dass ökologische Produkte keinesfalls stets zu einem Nutzungsgewinn führen. Gelegentlich gehen sie sogar mit einem Nutzenverlust einher. Ökologisch besonders vorteilhafte Waschmittel verfügen möglicherweise über eine geringere Reinigungsleistung als ihre konventionelle Pendants. Damit wird der Grundnutzen negativ beeinflusst. Ist das soziale Umfeld nicht ausgesprochen umweltbewusst (was zu einem Ausgleich des Verlusts an Grundnutzen durch Zugewinn an Fremdachtungsnutzen führen könnte), wird der Käufe u.U. als „Öko-Spinner" abgelehnt, was wiederum die Wettbewerbschancen des Öko-Produkts weiter verschlechtern dürfte.

Bleibt noch anzumerken, dass die verschiedenen Nutzenarten nicht objektiv gegeben sind. Sie werden eher subjektiv wahrgenommen. Damit sind individuelle Schwankungen in den Ausprägungsgraden unvermeidlich.
Jedes Gut besitzt demnach von sich aus bestimmte Eigenschaften, trägt jedoch keinen Nutzen in sich. Erst das Wissen um die Verwendung, um das Prestige, um die gesundheitsförderliche Wirkung, welche mit der Nutzung des Produkts

verbunden sind, schafft den unmittelbaren Nutzen. Der Nutzen ist damit keine absolute Größe, sondern relativ in Abhängigkeit vom einzelnen.

Aus den vorangegangenen Überlegungen ergeben sich folgende erste Konsequenzen für das Öko-Marketing:
- Verschiedene Nutzenarten und ihre individuelle Bedingtheit (bezogen auf das in Rede stehende Produkt bzw. Leistung) sollten bedacht werden.
- Der Zusatznutzen bei ökologischen Produkten/Leistungen sollte gesteigert und angemessen kommuniziert werden.
- Zielgruppen-Marketing (basiert auf einer Einteilung der Adressaten in Gruppen mit ähnlicher „Nutzenstruktur", die sich nicht zuletzt aufgrund vergleichbarer Lebensstile, Präferenzen, Verhaltensweisen, Bedürfnisstrukturen, Interessen ergibt.).
- Die gemeinsame Bereitstellung von Produkt und relevanter Information macht das Produkt chancenreicher am Markt.

Kosten

Stiften ökologische Produkte einen höheren Nutzen als konventionelle Produkte, entscheidet sich der rational handelnde Konsument für die ökologische Variante. Allerdings sind ökologische Produkte vielfach mit einem höherem Preis (höhere Kosten) verbunden. Dabei ist nicht allein der Anschaffungspreis zu berücksichtigen, sondern sämtliche Kosten, die während der Phase der Beschaffung, Verwendung oder Entsorgung eines ökologischen Produkts bzw. Leistung anfallen.

Bei der Preisgestaltung ist generell zu bedenken:
- Rohstoff- und Herstellungskosten sind oftmals höher als bei konventionellen Produkten
- Mengeneffekte: Skaleneffekte können nicht im gleichem Maße wie bei konventionellen Produkten genutzt werden, da die Herstellungsmenge in der Regel kleiner ist
- Zahlungsbereitschaft der Kunden und die Konkurrenzsituation
- Gibt es Kundengruppen, die bereit sind, höhere Preise für ökologische Produkte zu zahlen ?
- Sind keine oder wenig vergleichbare Angebote vorhanden, lassen sich höhere Preise durchsetzen (Problem: höhere Preise schließen potenzielle Kunden aus !)
- Vertrauenseigenschaften
  Informations- und Kontrollkosten führen zu höheren Produktkosten.

Wie schon bei der Ermittlung des Nutzens, sind auch die Kostenkategorien individuell wahrgenommene, subjektive Größen, die sich im Zeitablauf ändern können. Situative Faktoren wie BSE oder MKS führen zu einer veränderten Bewertung der Kostensituation auf Nachfragerseite. Gleiches gilt natürlich auch für die Nutzenkategorien. Wir haben es also mit einem dynamischen und interaktiven Modell zu tun, an dessen Ende eine individuell wahrgenommene Kosten-Nutzen-Bilanz entsteht. Diese kann dann für eigene Handlungsentscheidungen herangezogen werden.

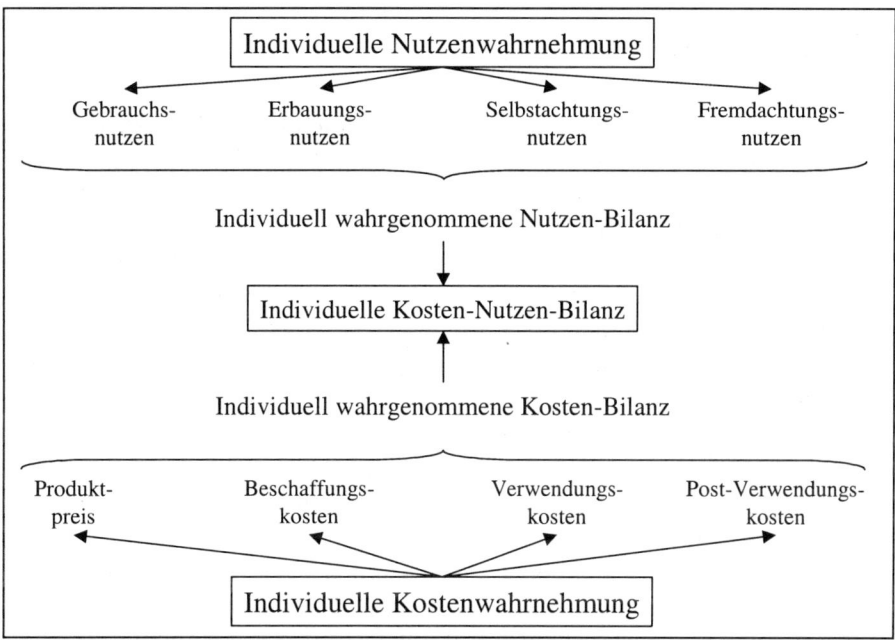

Abbildung 52:   Individuelle Kosten-Nutzen-Wahrnehmungen als zentrale Ansatzpunkte für das Öko-Marketing[77]

Fazit

Öko-Marketing muss darauf abzielen, den kundenbezogenen Nutzen ökologischer Produkte zu erhöhen und/oder die Kosten zu senken. Nur so dürften sich langfristig ökologische Produkte und Leistungen jenseits von Nischen vermarkten lassen.

---

[77]   In Anlehnung an Belz, 2001, S. 78

Es bedarf deshalb einer umfassenden Betrachtung des Nutzen-Kostenverhältnisses, also auch der Nutzen und Kosten, die während der Verwendungs- und Postverwendungsphase entstehen. Auch ist zu bedenken, dass Konsumentenentscheidungen Ergebnisse individueller Restriktionen und Präferenzen bzw. individueller Nutzen-Kosten-Bilanzen als Folge rationaler Abwägungs- und Gewichtungsprozesses sind.

Die strategische Entscheidung Ökologie als dominante, gleichberechtigte oder flankierende Profilierungsdimension einzusetzen, ist abhängig von den jeweiligen Zielgruppen.[78]

7.3   Strategisches Öko-Marketing

Öko-Marketing orientiert sich zunächst an der strategischen Gesamtausrichtung des Unternehmens (vgl. Führungsaspekt des Marketings). Allgemein dürften hier folgende Zielvorgaben zu finden sein:

1. Wettbewerbsfähigkeit durch Kundenorientierung

   Wir konkurrieren in erster Linie über den Wert unserer Produkte und Leistungen. Der Wert ergibt sich aus dem Kundennutzen (Qualität, Service, Info, Preis), der zu optimieren ist. Öko-Marketing hat demnach auf effiziente Art und Weise einen (möglichst) überlegenen Kundennutzen für die unterschiedlichen Anspruchsgruppen zu schaffen

2. Profitabilität, Wettbewerbsorientierung

   Wir sorgen für ein ausgewogenes Verhältnis zwischen den Gewinnzielen der Unternehmung einerseits und den Kundenbedürfnissen sowie den Umwelterfordernissen andererseits.

   Angestrebt wird ein langfristiges Wachstum des Gewinns, bzw. die langfristige Verbesserung der Wettbewerbs- und Marktposition. Dies geschieht auch im Zuge der Wahrnehmung der Interessen unserer Anteilseigner, aber auch der Mitarbeiter.

3. Umweltqualitätsfähigkeit

   Wir wissen um den Stellenwert einer intakten Umwelt. Wir sehen unsere Verantwortung zur Wahrung der Schöpfung. Deshalb reduzieren wir unsere negativen Umweltbeeinträchtigungen auf das unvermeidbare Maß, betreiben eine vorsorgende Umweltpolitik und setzen die daraus resultierenden Vorgaben in unseren Produkten und Leistungen konsequent um.

4. Wir kommen unserer gesellschaftlichen Verantwortung nach. Arbeitsplätze versuchen wir zu sichern und bemühen uns um eine angemessene Qualifizierung unserer Beschäftigten. Wir respektieren Kulturen, Traditionen und religiöse Orientierungen und vertreten eine Haltung der Anti-Diskriminierung.

---

[78]   A.a.O., S.

5. Integration
   Das gesamte Unternehmen, alle Mitarbeiterinnen und Mitarbeiter sind in die
   Umsetzung dieser Ziele einzubeziehen. Der Wandel ist nachhaltig zu gestalten,
   unumkehrbar zu machen.
   Kunden, Marktpartner und gesellschaftliche Anspruchsgruppen binden wir,
   wenn immer möglich, frühzeitig ein.

In der Konsequenz könnte z.B. ein sog. *No-Frills-Konzept* vertreten werden, d.h.
der Verzicht auf überflüssigen Zierrat (Klarheit in der Funktion, weniger
Verpackung und Werbung, ev. auch weniger Stufen der Produkt-Diversifizie-
rung, usw.) wird zum Programm. Kosten ließen sich so sicher senken und die
Umwelt entlasten. Gleiches gilt für den Verbraucher, dessen Entsorgungskosten
sinken können.
Zentrale Bausteine der No-Frills-Konzepte:
- Faire Preise
- Hohe Qualität in den Kernleistungen
- Schlankes Leistungsbündel
- Hohe Transparenz von Leistung und Gegenleistung

Konkret ist auf der strategischen Ebene des Öko-Marketings vor allem festzu-
legen,
- welche Zielgruppe
- zu welchem Zeitpunkt
- mit welchem Produkt/Leistung
angesprochen werden soll.

7.3.1 Zielgruppen

Hinsichtlich der Zielgruppen lassen sich in Anhalt an das Umweltbewusstsein
und Umweltverhalten in einer groben Vereinfachung drei Konsumentengruppen
unterscheiden:
1. Umweltaktive
   weisen ein hohes Umweltbewusstsein auf und verhalten sich auch weitgehend
   entsprechend ihrer Orientierungen.
2. Umweltaktivierbare
   weisen zwar ein hohes Umweltbewusstsein auf, verhalten sich aber nur
   bedingt dementsprechend.
3. Nicht-Umweltbewusste/Umweltpassive

Unter Rückgriff auf die bereits angesprochene ökonomische Verhaltenstheorie,
trifft jeder Konsument, der einer der drei Gruppen angehört, eine rationale

Auswahl aus Alternativen und strebt einen möglichst hohen Nutzen für sich an. Ein wichtiger Unterschied zwischen den drei Konsumentengruppen besteht allerdings:

- Für die Umweltaktiven stiftet umweltgerechtes Verhalten/Ökologie einen sehr hohen Selbst- und Fremdnutzen. Sie werden daher eher bereit sein, eine Minderung des Gebrauchsnutzens und/oder höhere Kosten in Kauf zu nehmen.
- Die Umweltaktivierbaren verbinden zwar einen gewissen Selbst- und Fremdachtungsnutzen mit Ökologie. Sie werden aber nicht ohne weiteres bereit sein, dafür Nutzeneinbußen oder Kostenerhöhungen in Kauf zu nehmen. Ökologie wird allenfalls als Mehrwert oder „Accessoire" betrachtet.
- Für die Gruppe der Umweltpassiven stiftet umweltgerechtes Verhalten keinen Selbst- oder Fremdachtungsnutzen. Sie werden auf keinen Fall bereit sein, Nutzeneinbußen oder höhere Preise in Kauf zu nehmen.

Gegenwärtig erweisen sich ökologische Produkte aufgrund der ökologischen Zusatzkosten und der kleineren Produktionsmenge als teurer als herkömmliche Produkte. Aufgrund des niedrigen Distributionsgrades sind sie zudem schwerer erhältlich. In der Konsequenz werden gegenwärtig vor allem die umweltaktiven Kunden angesprochen die bereit sind, höhere Preise für die ökologischen Produkte sowie höhere Informations-, Such- und Wegekosten in Kauf zu nehmen. Gelingt es nicht, die anderen Konsumentengruppen anzusprechen, besteht die Gefahr, dass die ökologischen Produkte im Gesamtmarkt keine nennenswerten Anteile erzielen, also in Nischen verharren. Dieses Problem lässt sich auch nicht durch das Bestreben, eine ökologieorientierte Kostenführerschaft[79] (gegenüber Mitanbietern komparativer Vorteil z.B. durch niedrigere Gestehungskosten u.U. aufgrund von Effizienzgewinnen; diese Strategien sind primär nach innen gerichtet) zu erreichen, umgehen.

Für kleinere Unternehmen besteht damit ein relevantes Problem: Sie verfügen selten über ausreichend finanzielle Spielräume, um ökologische Produkte zu entwickeln und erfolgreich am Markt einzuführen. Insbesondere die Risiken, die Pioniere zu vergegenwärtigen haben, übersteigt oft das finanzielle Leistungsvermögen kleinerer Unternehmen. Größere Unternehmen sind hier im Vorteil. Sie können ihre Ressourcen einsetzen, ökologische Produkte weiter zu entwickeln, auf breiterer Ebene bekannt und über bestehende Vertriebswege erhältlich zu machen. Die höheren Markteinführungskosten können sie eher verkraften. Durch den größeren Bekanntheits- und Distributionsgrad können zunehmend auch Umweltaktivierbare angesprochen werden, zumal deren Beschaffungskosten abgesenkt werden. Für kleinere Unternehmen bieten sich deshalb Kooperationen

---

[79]   Gegenüber Mitanbietern komparativer Vorteil z.B. durch niedrigere Gestehungskosten u.U. aufgrund von Effizienzgewinnen; diese Strategien sind primär nach innen gerichtet

an, sowohl was die Entwicklung, als auch die Markteinführung bzw. den Vertrieb ihrer Produkte und Leistungen anbelangt.

7.3.2 Ökologie als Profilierungsdimension – segmentspezifische Ansprache der Konsumenten

Für das Öko-Marketing ist die Positionierungsentscheidung von besonderer Bedeutung. Dabei ist die segmentspezifische Ansprache der Konsumenten ist eine strategisch relevante Frage für das gesamte Unternehmen. Sollen z.B. in der Einführung primär die Umweltaktiven angesprochen werden ? Oder sollen vor allem die Umweltaktivierbaren abgeholt werden ? Können Umweltaktive und Umweltaktivierbare gemeinsam angesprochen werden ?

Soll Ökologie als Profilierungsdimension gegenüber dem Kunden verwendet werden, sind drei Positionierungen denkbar:
1. Ökologie als dominante Profilierungsdimension:
   Hier wird insbesondere die Gruppe der Umweltaktiven angesprochen
2. Ökologie als gleichberechtigte Profilierungsdimension
   wendet sich am ehesten an die Umweltaktivierbaren
3. Ökologie als flankierende Profilierungsdimension
   ist geeignet, um neben den Umweltaktiven und Umweltaktivierbaren auch die Nicht-Aktivierbaren/Umweltpassiven zu erreichen. In diesem Fall ist Ökologie ein integraler Bestandteil herkömmlicher Leistungsmerkmale wie Qualität, Gesundheit, Wirtschaftlichkeit.

Das sogenannte „Positioning" kennzeichnet einen Vorgang, der sich letztlich im Konsumenten selber vollzieht. Das Unternehmen muss demnach ermitteln, ob und in welchem Ausmaß Umweltschutz bzw. die Umweltverträglichkeit von Produkten und Leistungen in der Vorstellungswelt der bestehenden, aber auch der potenziellen Kunden, eine Rolle spielt. Es dürfte damit klar sein, dass sich die Formen der Positionierung von den anzusprechenden Konsumenten selbst ableiten lässt. Der Konsument und seine (subjektive) Orientierung entscheidet letztlich darüber, ob Ökologie eine dominante, gleichberechtigte oder flankierende Profilierungsdimension darstellt.

Gleichwohl gibt es noch weitere Aspekte, die Einfluss auf die Positionierungsentscheidung (Profilierungsdimension) haben.
- Das Unternehmensleitbild
  Die strategische Gesamtausrichtung des Unternehmens, seine Unternehmenspolitik und seine Grundhaltung gegenüber umweltrelevanten Fragestellungen ist zu berücksichtigen.

- Wettbewerbsbezogene Faktoren
  - Was bietet die Konkurrenz an umweltorientierten Problemlösungen ?
  - Inwieweit ist die Umweltverträglichkeit des Produkts/der Leistung von Relevanz für seine Differenzierungsfähigkeit in bezug auf „klassische" Produkteigenschaften ?
  - Was verlangen meine Marktpartner von mir ?
- Produktbezogene Faktoren
  - Dauerhaftigkeit und Einzigartigkeit des Umweltnutzens (Besteht ein Schutz vor Imitation ? Wo steht die Konkurrenz ?)
  - Diskriminierungsgefahr bestehender Produkte ?
  - Umweltkompetenz einer bestehenden Marke (ist die Historie der Marke geeignet, mit Umweltverträglichkeit in Beziehung gebracht zu werden ?)
  - Glaubwürdigkeit (z.B. alle Phasen des Produklebenszyklusses erfasst ?)

Eine führende Position im Hinblick auf die Umweltqualitätsfähigkeit (der Produkte/Leistungen, des gesamten Unternehmens), dürfte vor allem bei den Umweltaktiven bzw. Umweltaktivierbaren ein wirkungsvolles Wettbewerbskriterium sein. Dies setzt aber auch den stichhaltigen Beweis des Vorhandenseins dieser Eigenschaft voraus.

7.3.3 Strategien der Marktbearbeitung

Die wenigsten Unternehmen sind in der Lage, den Gesamtmarkt abzudecken (Vollsortimenter). Auch dürften die wenigsten Unternehmen sich ausschließlich auf die Bereitstellung ökologischer Produkte und Leistungen konzentrieren. In der Regel werden ausgewählte Marktsegmente bearbeitet, die dann eine Teilmarktstrategie notwendig machen.

1. Nischenspezialisierung
   Das Unternehmen bietet ein Produkt an, um speziell den umweltaktiven Kunden zu erreichen. (vgl. Marke HaRa)
2. Produktspezialisierung
   Innerhalb einer Produktsparte werden für verschiedene Kundengruppen umweltfreundliche Produkte angeboten (Ökobiersorte; daneben werden andere Biere angeboten)
3. Marktspezialisierung
   Das Unternehmen konzentriert sich auf die Umweltaktiven bzw. Umweltaktivierbaren und bietet ihnen unterschiedliche Öko-Produkte an

Kleinere Unternehmen können über die direkte Ansprache der umweltaktiven Kunden (Ökologie als dominante Profilierungsdimension) versuchen, die Risiken und Widerstände des Markteintritts zu begrenzen. Im Sinne eines gezielten Nischenmarketings könnten dann Konsumentengruppen angesprochen werden.

Für größere Unternehmen mit einem entsprechenden Marktanteil ist eine solche Positionierung dagegen vielfach unattraktiv. Zudem besteht die Gefahr, weniger ökologieorientierte Kunden abzuschrecken. Hier bietet es sich eher an, Ökologie als gleichberechtigte oder flankierende Profilierungsdimension anzusehen. Vorsicht ist auch angebracht, wenn neben umweltorientierten auch „konventionelle" Produkte/Leistungen angeboten werden. Konventionelle Produkte dürfen nicht diskriminiert werden (negative Abstrahlungseffekte). Auch muss vermieden werden, dass das Unternehmen als unglaubwürdig dasteht. Eine Möglichkeit zur Vermeidung solcher Abstrahlungseffekte ist die eigenständige Profilierung über eine „Öko-Marke".

7.3.4 Wettbewerbsstrategien im Umweltschutz

Die *Qualitätsführerschaft* bzw. die *Differenzierungsstrategie* zielt darauf ab, durch die Schaffung von qualitativen Produktvorteilen den differenzierten Abnehmerbedürfnissen besser gerecht zu werden. Dabei kann unterschieden werden, ob ein Unternehmen diesen Anspruch für alle die von ihm bearbeiteten Marktsegmente oder lediglich für bestimmte Nischen erfüllt. Umweltschutz bietet generell eine erweiterte Differenzierungsbasis zur Erlangung qualitätsbezogener Wettbewerbsvorteile.

Differenzierung kann zur Veränderung des tatsächlichen, wie auch des wahrgenommenen Abnehmerwertes führen. Maßnahmen zur Erhöhung des tatsächlichen Abnehmerwertes können in der Verbesserung kaufrelevanter Leistungsmerkmale oder Nutzenkriterien eines Produkts bzw. einer Leistung ansetzen, die so die Kundenbedürfnisse besser erfüllen. Es ist jedoch zu bedenken, dass nicht nur die aktive Veränderung von Leistungsmerkmalen bzw. Nutzenkriterien, sondern auch durch ihre verbesserte Wahrnehmbarkeit (u.U. bereits schon bestehender Leistungsmerkmale) Differenzierungspotenziale erschlossen werden können. Letzteres ist insbesondere dann der Fall, wenn Produkte oder Leistungen für den Kunden einen Vertrauenscharakter haben. Umweltvorteile weisen häufig diese Vertrauenseigenschaften auf.

Allerdings steht das Unternehmen hier vor dem Problem, auch den tatsächlichen Leistungsvorteil ihres umweltverträglichen Produktes gegenüber dem Kunden deutlich zu machen. Während des Konsums/der Verwendung können nämlich vielfach die umweltbezogenen Leistungsvorteile nicht unmittelbar „erfahrbar" werden - sieht man einmal von dem Gefühl ab, einen Zusatznutzen eingefahren zu haben (wie „erfährt" man Gesundheitsvorteile oder artgerechte Tierhaltung ?). Kommunikationspolitische Maßnahmen sind hier oftmals notwendig, um die

Wahrnehmbarkeit der Leistungsvorteile (Grund- und/oder Zusatznutzen) bei den relevanten Zielgruppen zu verstärken.

Bei der *Kosten-* oder *Preisführerschaft* wird versucht, die Stückkosten unter das Niveau der wichtigsten Wettbewerber zu senken, um durch eine Politik relativ niedriger Preise Wettbewerbsvorteile zu erzielen. Der Erfolg von Kostenführerstrategien ist davon abhängig, ob es dem Unternehmen gelingt, vergleichsweise große Marktanteile gegenüber der Konkurrenz zu erringen, um damit Degressionseffekte nutzen zu können. Diese Strategie wird auch nur dann funktionieren, wenn beim Kunden Preisargumente gegenüber besonderen Nutzenerwartungen als Kaufkriterium dominieren.

In aller Regel gehen ökologieorientierte Innovationen mit Kostensteigerungen einher, die im Widerspruch zu den Erfordernissen erfolgreicher Kostenführerstrategien stehen. Hilfreich könnte hier der Hinweis auf die Reparatur- oder Kreislauffähigkeit der Produkte und der damit verbundenen längeren Lebensdauer bzw. geringeren Entsorgungskosten sein. Hier entstehen die Kostensenkungsmöglichkeiten, die dann als Kostenvorteile umweltorientierter Produkte geltend gemacht werden können.[80]

7.3.5   Marktwiderstand und Timing der Markteinführung

Bei der Einführung und Verbreitung ökologischer Produkte/Leistungen sind folgende Arten von Marktwiderständen zu bedenken:

1. Primäre, marktbezogene Widerstände
   Beziehen sich auf die Bereitschaft der Abnehmer, neue Produkte zu akzeptieren und zu übernehmen. Die Stärke des Widerstands gegenüber ökologischen Produkten wird davon abhängig sein, in welchem Maße Umweltverträglichkeit von Produkten und Leistungen als Kaufkriterium Bedeutung hat (vgl. individuelle Nutzenabwägungen, aber auch sozialgesellschaftliche, politische Aspekte).

2. Sekundärer, konkurrenzbezogene Marktwiderstände
   die wiederum in Markteintritts- und Mobilitätskriterien unterschieden werden können:
   - Markteintrittsbarrieren umfassen die Summe aller Wettbewerbsfaktoren, die es dem Unternehmen erschweren oder gar unmöglich machen, sich mit einem Produkt/einer Leistung erfolgreich am Markt zu etablieren (Zugang

---

[80]   Vgl. Meffert/Kirchgeorg, 1998, S. 222-227,

zu Lieferanten, zum Handel, Bekanntheitsgrad, konkurrierende Anbieter, Bedrohung durch die Verwendung von Ersatzstoffen bei konventionellen Anbietern, usw.)

- Mobilitätsbarrieren umfassen die Faktoren, die es einem Unternehmen nach erfolgtem Markteintritt erschweren, sich als kompetenter Anbieter aus Sicht der Konsumenten zu profilieren. Nicht selten müssen sich Unternehmen über einen langen Zeitraum mit fehlender Preisbereitschaft der Nachfrager und/oder mangelnder Kooperationsfreude des Handels herumschlagen.

Das Timing des Markteintritts, also die Bestimmung des optimalen Markteintrittszeitpunktes, spielt hier eine große Rolle. Dabei ist zu bedenken, dass mit der Zeit Kaufwiderstände ab-, die Konkurrenzwiderstände jedoch zunehmen (strategisches Dilemma; „second rapid mover"?). Je später ein Unternehmen umweltgerechte Produktinnovationen am Markt einführt, desto weniger Kaufwiderstände wird es zu überwinden haben. Nutzen jedoch Wettbewerber die Möglichkeit zu einem früheren Markteintritt, dann sieht sich das Unternehmen mit zunehmender Reaktionszeit wachsenden Markteintritts- und Mobilitätsbarrieren gegenüber.[81]

7.4 Operatives Marketing

Wie gesagt, das operative Marketing sichert die Umsetzung der Entscheidungen der strategischen Ebene. Je nachdem welche Zielgruppe anzusprechen ist, ist der ökologische Marketing-Mix anders auszugestalten (Produkt/ Leistung, Preis, Kommunikation, Distribution).

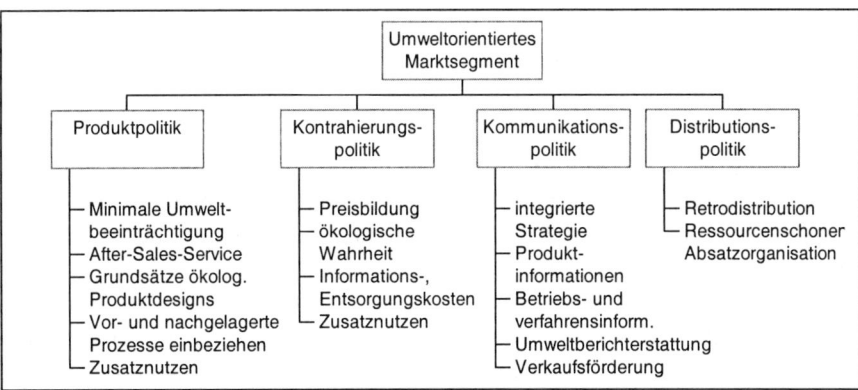

Abbildung 53:   Marketing-Mix umweltorientiert

---

[81]   Belz, 2001, S. 231-232

Um den ökonomischen Erfolg des Produkts bzw. der Leistung zu sichern, erfordert operatives Öko-Marketing die Ausrichtung aller Instrumente des Marketing-Mix an ökologischen Erfordernissen, an den strategischen Vorgaben, an den Bedürfnislagen der Kunden und der jeweiligen Wettbewerbssituation (Marktsituation).

Einzelne Fragestellungen des operativen Öko-Marketings werden im Folgenden dargestellt.

7.4.1 Das ökologische Produkt

Die zentralen Bezugspunkte des Öko-Marketings sind die ökologischen Produkte und Leistungen. Diese sollen eine geringere Umweltbelastung als herkömmliche Produkte bei einem vergleichbaren Gebrauchsnutzen verursachen. Aus diesen Vorgaben geht hervor, dass ökologische Produkte keine absoluten, sondern relative Größen darstellen. Entsprechend dem Stand des Wissens und der Technologie kann es hier zu Veränderungen kommen. So könnte es z.B. sein, dass ein Produkt, das heute noch als besonders umweltverträglich eingestuft wird, morgen schon als Standard oder sogar als wenig umweltverträglich eingestuft wird.

Methodischerseits sollte die Bewertung eines Produkts/einer Leistung auf ihre ökologischen Qualitäten über deren gesamten Lebenszyklus reichen (life-cycle-assessment). Alle Phasen der Produkt- bzw. Leistungserstellung von der Rohstoffgewinnung, der Herstellung der Vorprodukte, der Transporte, der Produktion, der Distribution über die Verwendung bis zur Entsorgung oder zum Recycling sind dabei aufzuzeichnen und zu bewerten. Insbesondere die Wiederverwendbarkeit sollte ein Faktor in der Beurteilung darstellen (vgl. Prinzipien der Kreislaufwirtschaft).

Das lif-cycle-assessment kann z.B. offen legen, dass das Ausmaß und die Art der Umweltbelastungen während der einzelnen Lebenszyklusphasen sehr unterschiedlich sein kann und vom jeweiligen Produkt abhängig ist. In einer groben Annäherung könnte man 5 verschiedene Produkttypen unterscheiden: rohstoffintensive, fertigungsintensive, gebrauchsintensive, logistikintensive und entsorgungsintensive *Produkte*.

Im Hinblick auf *ökologische Leistungen* kann man zunächst drei verschiedene Formen unterscheiden: produkt-, nutzungs- und ergebnisbezogene Leistungen.
- Produktbezogene ökologische Leistungen können in Ergänzung zum Produkt angeboten werden. Dazu gehören z.B. Informationen über das Produkt selber über Herstellungsmethoden, Gebrauchsanweisungen, Reparaturservice und Rücknahme nach Gebrauch.

- Nutzungsbezogene ökologische Leistungen ermöglichen dem Kunden die alleinige oder gemeinsame Nutzung eines Produkts, wobei das Eigentum des Produkts beim Hersteller verbleibt oder bei einem Dritten (z.B. Mietservice).
- Bei ergebnisbezogenen ökologischen Leistungen kommt der Kunde in den Genuss des Ergebnisses. Der Gebrauch und das Eigentum des Produkts bleibt beim Hersteller oder Dritten vorbehalten (z.B. Textilreinigung).[82]

Es dürfte klar sein, dass das produktbezogene Marketing sich vom leistungsbezogenen Marketing unterscheidet.

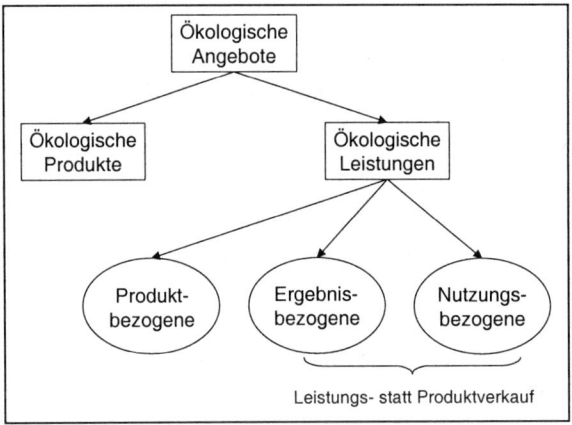

Abbildung 54:   Systematisierung von ökologischen Produkten und Dienstleistungen

An dieser Stelle sei ausgeführt, dass der Erfolg bzw. die erfolgreiche Vermarktung ökologischer Produkte/Leistungen nicht ausschließlich nach ökonomischen Kriterien zu bewerten ist. Der steigende Umsatz- und Marktanteil von ökologischen Produkten und Leistungen ist kein hinreichendes Parameter für positive ökologische Wirkungen. Kommt es z.B. infolge der neuen Angebote zu einer Ausweitung des Gesamtkonsums, werden u.U. die relativen positiven ökologischen Wirkungen/Effizienzvorteile durch absolute Wachstumseffekte überkompensiert.

---

[82] Vgl. Belz, 2001, S. 14-15

7.4.1.1   Kriterien für ein ökologisches Produktdesign

In bezug auf die Frage nach Kriterien für ein ökologisches Produktdesign kann auf die im DIN-Leitfaden genannten Aspekte verwiesen werden (vgl. DIN 1993):

- Den Verbrauch von Ressourcen und Energie bereits bei der Entwicklung von Produkten und deren Normung reduzieren. Dies betrifft insbesondere den Einsatz von umweltgefährdenden Stoffen.
- Mögliche Umweltbelastungen durch vorhersehbaren nicht bestimmungsgemäßen Gebrauch einkalkulieren
- Kombinationswirkungen beim Verbrauch von Ressourcen und Energie und beim Einsatz umweltgefährdender Stoffe berücksichtigen. Das Gesamtrisiko der Umweltbelastung ist dabei zu minimieren.
- In allen Lebensphasen sind auch logistische Aspekte, die Auswirkungen auf die Umwelt haben, zu beachten (Transportintervalle...)
- Die Grundsätze der VDI-Richtlinie 2243 „Konstruieren recyclinggerechter technischer Produkte" sind zu berücksichtigen. Die Richtlinie gibt insbesondere Hinweise zur Auswahl geeigneter Werkstoffe (Vermeidung von Verbundstoffen; nur wenige recyclierbare Einzelstoffe verwenden usw.), demontagegerechter Konstruktionen und die Planung und Organisation der Herstellung.
- In Gebrauchsanleitungen sollen Hinweise für die umweltgerechte Anwendung, Wartung und Entsorgung des Produkts enthalten sein.
- Produkte sollten hinsichtlich ihrer ökologischen Eigenschaften gekennzeichnet werden. Dies betrifft auch ihre Recyclierfähigkeit.

Ein weiteres Konzept stellen die Kriterien des if Industrie Forum Design Hannover dar:

Tabelle 20:   Anforderungen an umweltverträgliche Produkte[83]

Anforderungen an das umweltverträgliche Produkt	
Kriterium	Maßnahmen und Designeigenschaften
Grundsatz/Leitidee	- nützlich (Bedarfsprüfung, Bedarfsdeckung ohne negative Umwelteinwirkungen realisieren) - einfach, eindeutig, transparent.
Langlebigkeit	- Witterungsbeständige Materialien verwenden. - Stabile Konstruktionen entwickeln, keine "Sollbruchstellen" zulassen. - Verschleißteile leicht auswechselbar. - Wiederverwendung anstreben.

---

[83]   Vgl. Fischer, 1996, S. 117; vgl. DIN-Koordinierungsstelle, 1993; vgl. VDI, 1991; IF-Industrieforum, 1996; BMU, 1995. S. 187

Kreislauffähigkeit	- Demontagefreundlichkeit - Recyclingfreundliche Materialien verwenden - Sicherstellung von Rückführung, Aufarbeitung, Wieder- verwertung und sachgerechter Entsorgung. - Bauteile kennzeichnen. - Anzahl der Bauteile und Materialien reduzieren. - Materialmix vermeiden (Trennbarkeit der Stoffe).

Reduzierte Ressour-
cenintensität
	- Stoffkreisläufe von Produktions- und Hilfsstoffen auf-
	  bauen und sichern (z.B. Kühlwasserkreislaufsystem,
	  Rückgewinnung von Lackrückständen usw.).
	- Kurze Transportwege bei Zulieferung der Rohstoffe oder
	  beim Vertrieb der Produkte.
	- Nachwachsende Rohstoffe verwenden.
	- Verpackungen auf das Notwendigste beschränken, Ver-
	  wendung von recyclierfähigen Packstoffen.
	- Gewicht reduzieren, platzsparend konstruieren.
	- Hohe Funktionalität anstreben (z.B. Kombigeräte mit
	  Telephon, Fax, Drucker, Scanner).

Reduktion von Emissio-
nen und Risiken
	- Schadstoffarme Werkstoffe einsetzen, giftige Materialien
	  und Zusätze vermeiden.
	- Lieferantenaudits und Vorgaben an die Umweltverträg-
	  lichkeit der gelieferten Produkte einführen.
	- Mögliche Umweltgefährdungen durch vorhersehbaren,
	  nicht bestimmungsgemäßen Verbrauch bedenken.
	- Transportwege reduzieren, Sicherheitsstandards bei
	  Transport und Lagerung gewährleisten.
	- Erneuerbare Energien, wenn möglich, bevorzugen.

Langlebigkeit	- Witterungsbeständige Materialien verwenden. - Stabile Konstruktionen entwickeln, keine "Sollbruchstel- len" zulassen. - Verschleißteile leicht auswechselbar. - Wiederverwendung anstreben. - Zeitlose Formgebung.
Gebrauch und Kunden- dienst	- Unschädlich. - Selbsterklärend. - Kennzeichnung der Produkte im Hinblick auf ihre Umwelteigenschaften. - Sparsam im Verbrauch. - Wartungs- und reparaturfreundlich. - Wartungs- und Reparaturservice.

All diesen Konzepten ist gemein, dass sie dem Prinzip der Umweltvorsorge folgen und damit weit über den klassischen, nachsorgenden Umweltschutz hinausgehen.

Drei Aspekte des umweltbewussten Designs lassen sich in den meisten Kriterienkatalogen wiederfinden:

- Lebensdauerverlängerung

  Durch langlebige Produkte, effiziente Produktnutzung und Dienstleistungskonzepte kann der Energie-, Material- und Flächeneinsatz bei gleicher Bedarfserfüllung deutlich reduziert werden. Reparaturfähigkeit, Wartungs- und Instandsetzungsservice sind eine wesentliche Voraussetzung, um die Lebensdauer des Produkts zu verlängern.

- Besseres Materialmanagement
  Ein leistungsfähiges Materialmanagement begünstigt eine effizientere Nutzung und Wiedergewinnung von Rohstoffen und deren Einbindung in die Kreislaufführung.
- Abfall- und Emissionsvermeidung
- Nützlichkeit
  Produktgestaltung muss die Bedürfnisse und Wünsche der Nutzer und den daraus resultierenden Produktfunktionen angemessen Rechnung tragen.

7.4.1.2   Bereitstellung relevanter Produktinformationen

a) Die Stoffliste
Die Grundinformation für jeden Ansatz, Ökodesign umzusetzen, ist die Stoffliste. Sie gibt z.B. Auskunft darüber,
- welche Materialien das Produkt enthält
- welche ökologisch problematischen Stoffe darin enthalten sind
- welchen Mengenanteil die einzelnen Teile haben.
Damit können Materialmengen direkt berechnet und materialbezogene Informationswünsche von Kunden befriedigt werden. Zugleich können ggf. einzelne Stoffe einer gesonderten „Umweltverträglichkeitsprüfung" unterzogen oder gar substituiert werden.

b) Die Ökobilanz
Sie umfasst nicht nur die im Produkt enthaltenen Materialien, sondern auch ihre „ökologischen Rucksäcke" (vgl. vorgelagerte und nachgelagerte Prozesse).

Nur wenn ausreichende Informationsgrundlagen bestehen, kann eine angemessene Produktpolitik vorangetrieben werden.

An dieser Stelle sollte noch Folgendes bedacht werden:
Eine zentrale Schwierigkeit des Ökodesigns besteht darin, dass eine Vielzahl von Zielen erreicht werden muss. Nicht jedes Produkt ist aus umweltverträglichen Materialien hergestellt, schadstofffrei, reparaturfähig, sicher in den Verwendung, vollständig recyclierfähig und dabei noch markttauglich. Eventuell wird man sich auf die Erreichung einzelner Zielsetzungskomponenten des Öko-Design verständigen müssen. Dann kann eine kontinuierliche Verbesserung erfolgen.

7.4.1.3   Verpackung

Wie bereits ausgeführt, bedarf es zur Bewältigung der Umweltproblematik insbesondere auch einer Absenkung der Energie- und Materialintensität ökonomischer Aktivitäten. Energie- und Materialintensitäten spielen damit für das
jeweilige Produktdesign eine zentrale Rolle. Auch bei der Verpackungsgestaltung
werden materialökologische Betrachtungen erforderlich. Schließlich besteht rund
die Hälfte des Haus- und hausmüllartigen Gewerbemülls aus Verpackungs-
material. Auch der Gesetzgeber sieht die Frage der Verpackung zunehmend kritischer (vgl. Verpackungsverordnung, Pfand für Getränkedosen usw.).

Verpackung wird als Sammelbezeichnung für jegliche Art von Umhüllung eines
oder mehrere Produkte verstanden – unabhängig davon, welche Funktionen sie
erfüllen soll. Betrachtet man die Entwicklung der Verpackung aus der absatz-
wirtschaftlichen Perspektive, so lässt sich ein Funktionswandel der Verpackung
erkennen:
1. Stufe: Verpackung als Transportschutz (Verpackungsschutz- und Sicherungs-
   funktion im Transportweg – vgl. spezifische Produkteigenschaften !)
2. Stufe: Verpackung als Verkaufseinheit (Dimensionierungsfunktion für den
   Verkaufsakt)
3. Stufe: Verpackung als Medium der Verkaufsförderung (Funktion der Selbst-
   präsentation am Point of Sale; gilt insbesondere für den Kosmetikbereich, wo
   der Designkomponente einer Verpackung ein hohes Differenzierungspotenzial
   zugeschrieben wird.)
4. Verpackung als Qualitätsbestandteil (Funktion der Ge- und Verbrauchserleich-
   terung z.B. Tragemöglichkeit, Wiederverschließbarkeit, Aufbewahrungseigen-
   schaften)

Bei der Entwicklung einer funktionsgerechten Verpackung unter Einbeziehung
von ökologischen Anforderungen ist zu bedenken, dass die Verpackung
- maßgeschneidert (vgl. produktspezifischer Verpackungsbedarf, aber auch
  Kundenorientierungen)
- maßvoll und umweltgerecht (möglichst geringes Gewicht, optimale Nutzung
  der Raumkapazität, Volumenverringerung !)
- wiederverwendbar bzw. unproblematisch zu entsorgen ist (Umwelteigenschaften des Packmittels, sorgfältige Auswahl des Packmittels !).
Dadurch müssen die Transportschutz-, die Dimensionierungs-, Präsentations-,
Qualitäts- und Informationsfunktion der Verpackung keineswegs beeinträchtigt
werden.[84]

---

[84] Vgl. Meffert/Kirchgeorg, 1998, S. 299-302

7.4.2 Ökologische Markenpolitik

Eine ökologieorientierte Markenpolitik dürfte insbesondere bei der Umsetzung einer dominanten Profilierungsstrategie hilfreich sein. Die Leistungen des Unternehmens für den Umweltschutz lassen sich so in „augenscheinlicher" Weise z.B. produkt- oder leistungsbezogen darstellen. Für das Unternehmen wird es zudem leichter, sich im Segment der umweltbewussten Konsumenten zu profilieren.
Die grundlegende Entscheidung des Unternehmens besteht darin, in welchem Ausmaß Produkte/Leistungen als umweltverträglich „markiert" werden sollen. Diese Entscheidung ergibt sich aus der zugrunde liegenden Positionierungsstrategie, die sich wiederum auf einer Analyse der Kundenbedürfnisse/-orientierungen bzw. der Öko-Marketingstrategie abstützt.
Grundsätzlich kann ein Produkt oder eine Leistung durch
- eine umweltverträgliche Produktgestaltung
- eine spezielle umweltverträgliche Verpackung
- die Markierung mit einer Umweltmarke bzw. einem Umweltzeichen
zu einer eigenständigen „Markenpersönlichkeit" aufgebaut werden.

Folgende Aspekte sind für eine erfolgreiche ökologische Markenpolitik relevant:
1. Kommunikationsmittel
Zahlreiche Konsumenten, die einen umweltorientierte Produktkauf beabsichtigen, verfügen nicht oder nur ungenügend über die hierfür notwendigen Informationen. Zudem stellt sich für die Schwierigkeit der Differenzierung zwischen umweltorientiert und konventionell hergestellten Produkten. Die gängigen Produktauszeichnungen sind hier vielfach keine große Hilfe. Verbesserungen sind dringend erforderlich, unterstützt z.B. durch eine Verpackungsgestaltung (Farbgebung, Material usw.). Zudem bedarf es einer Kommunikationsstrategie die darauf abzielt, sowohl die umweltbezogenen Leistungen des Unternehmens, als auch die Umweltverträglichkeit seiner Produkte und Leistungen einer interessierten Öffentlichkeit angemessen darzustellen.

2. Steigerung der Markentreue
Umweltbewusste Kunden lassen sich durch die zufriedenstellende Nutzung eines umweltverträglichen Produkts ggf. zu einer erweiterten Produktverwendung animieren. Wird dieses Produkt mit einer Marke assoziiert, besteht die realistische Chance, dass die Kunden Markentreue zeigen und sich zur gezielten Produkt- bzw. Markensuche veranlasst sehen. Ein positives Markenimage sowie der Einsatz anderer verkaufsfördernder Instrumente wie Werbung, Kundendienst usw. sowie die Einlösung dessen, was mit dem Produkt oder der Leistung an Umweltverträglichkeit versprochen wird, dürfte zum Aufbau von Markentreue bzw. Stärkung von Kundenbindung führen.

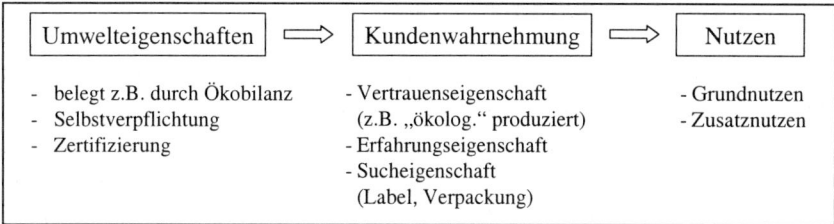

Abbildung 55:   Beurteilung und Nutzen produktbezogener Umwelteigenschaften

3. Preispolitische Spielräume

Je stärker ein umweltverträgliches Produkt seine Umweltqualitätsfähigkeit unter Beweis stellt, je stärker es sich durch eine hohe Anpassungsfähigkeit an ökologierelevante Normen und Entwicklungsstände anpasst, umso stärker es sich damit von konventionellen Produktvarianten differenziert, desto größer dürfte der preisliche Spielraum sein.

4. Differenzierte Markenbearbeitung

Ökologierelevante Preis- und Qualitätsunterschiede gegenüber konventionellen Produktvarianten lassen sich durch die Produktauszeichnung mit einer „Umweltmarke" beim interessierten Kunden rasch kenntlich machen. Zudem kann die Umweltmarke als Differenzierungsmittel bei der Wahl der Absatzwege eingesetzt werden: z.B. Abgabe nur über den Fachhandel.[85]

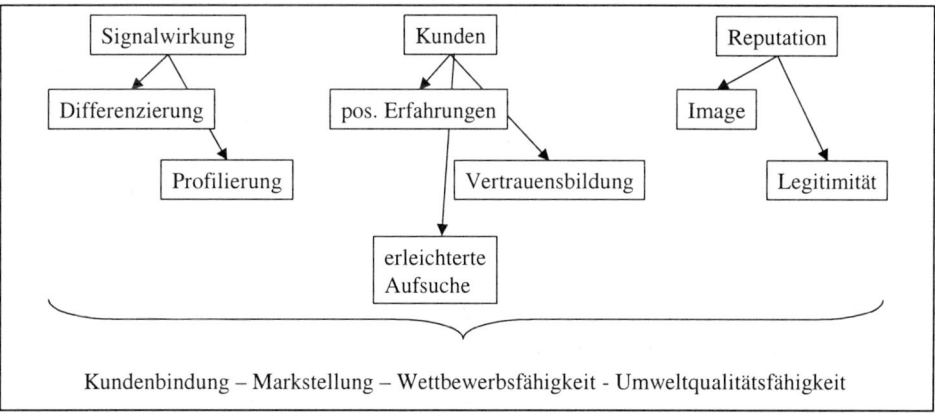

Abbildung 56:   Marktbezogene Wirkungen ökologischer Produktpolitik

---

[85]   A.a.O., S. 303-310

7.4.3 Aspekte umweltorientierter Werbung

Die in Punkt 5 genannten Prämissen für eine umweltorientierte Kommunikation, können z.B. im Kommunikationsinstrument Werbung umgesetzt werden. Hier sei über die Bedeutung der Werbung nur ausgeführt, dass sie Marken, Produkte und Dienstleistungen an Märkten Präsenz verschaffen soll. Werbung gilt als *das* Instrument für die Bekanntmachung und Differenzierung gegenüber Konkurrenzangeboten in wettbewerbsintensiven Märkten.

Meist wird Werbung unterschieden in:
a) Klassische Werbung und Direktwerbung
   Die klassische Werbung nutzt Printmedien (Zeitschriften, Zeitungen), elektronische Medien (Fernsehen, Funk, Kino, Video) und die Medien der Außenwerbung, zur Verbreitung der werblichen Botschaften. Die Direktwerbung spricht die Zielgruppen mit Hilfe von Medien direkt an und will eine unmittelbare Reaktion der Zielpersonen auslösen.
b) Produktwerbung und Unternehmenswerbung
   Die Produktwerbung stellt ein Produkt, Angebot oder Dienstleistung in den Vordergrund. Unternehmenswerbung bezieht sich auf das Unternehmen als Ganzes.[86]

In der Praxis sind jedoch häufig Kombinationsformen von Produkt- und Unternehmswerbung zu finden. Der Produktwerbung fällt dabei z.B. die Aufgabe zu, Produkte zielgruppengerecht mit allen ihren ökologischen Eigenschaften kurz vorzustellen und Nutzungsargumente bereitzustellen. Die Unternehmenswerbung übernimmt die Aufgabe, glaubhafte Erläuterungen der ökologischen Zusammenhänge zu geben (z.B. Berücksichtigung von Umweltbelangen im Unternehmen), was zugleich für Produkt und Unternehmen imagefördernd sein soll.

7.4.3.1 Ziele

Als Ziele für eine umweltorientierte Werbung können die unter Punkt 5.1.1 aufgeführten Zielsetzungen Anwendung finden:

a) Produktwerbung
   - Bekanntmachung eines Produkts mit seinen umweltverträglichen Eigenschaften.

---

[86] Vgl. Hopfenbeck, 1995, S. 77-78

- Verstärkung des Bekanntheitsgrades eines bereits eingeführten Produkts mit seinen Umweltvorzügen.
- Information über Produktion und Beschaffung, Produktzusammensetzung, Gebrauchswert und Entsorgung.
- Informationen über die Preisgestaltung.
- Aufbau- oder Veränderung des Produktimages durch:
  Information über Rohstoffquellen und Recyclingmethoden.
  Information über verbesserten ökologischen Gebrauchsnutzen.
  Unterstützung von Absatzmaßnahmen.
  Unterstützung von Absatzmaßnahmen durch
- Informationen über Produktvorteile für Beschäftigte der Absatzorganisationen und Handelspartner.
- Werbung, gerichtet an Handelspartner und Verbraucher.

b) Unternehmenswerbung
- Darstellung von Umweltprojekten, die das Unternehmen im Rahmen des Sponsorings fördert.
- Aufbau und Veränderung des Umweltimages durch Informationen über Umweltleistungen, sparsamen Einsatz von Ressourcen, umweltfreundliche Produkte, Kriterien für Auswahl von Zulieferern und Marktpartnern usw.
- Gewinnung von Vertrauen und Akzeptanz in der Öffentlichkeit.[87]

7.4.3.2   Zu den Inhalten umweltorientierter Produktwerbung

Die Festlegung der Inhalte ergibt sich aus der Beantwortung der Frage, welche Botschaft der Zielgruppe gemäß der werblichen Botschaft übermittelt werden soll. Keine Frage dabei, dass Produkteigenschaften bzw. Unternehmenscharakteristika die Inhalte der Botschaft widerspiegeln müssen.
Die genaue Bestimmung der Zielgruppe ist wichtig, damit die Werbung Bezug nehmen kann auf die Variablen, die die Kaufentscheidungsprozesse beeinflussen (z.B. Wünsche, Motive, Einstellungen, Bedürfnisse, Emotionen usw.). Zur Feststellung der Zielgruppe sollten folgende Fragen beantwortet werden:
- Wer ist der Käufer? Wie stark ist seine Umweltorientierung?
- Für wen wird gekauft (Familie, Freunde, selbst)?
- Welchen Nutzen und welche (Umwelt-) Qualität erwartet der Kunde von dem Produkt?
- Welchen Preis ist der Kunde bereit zu zahlen?
- Welche weiteren Kriterien bestimmen die Kaufentscheidung?

---

[87] A.a.O., S. 78-79

Die Botschaft gliedert sich in der Regel auf in
Eigenschaften und Nutzen des Produktes unter besonderer Berücksichtigung des
ökologischen Produktvorteils.
Kauf-, Ver- oder Gebrauchsmotive (z.B. Image, sich modern und umweltverträglich verhalten zu wollen usw.).

Die Positionierung ist ein weiteres wichtiges Erfolgskriterium. Sie kann erfolgen
über
- Information, d.h. Kommunikation von umweltrelevanten Informationen
  Durch sachliche und informative Werbebotschaften. kommt die Bereitschaft
  der Unternehmung zum Ausdruck, an der Lösung von Umweltproblemen und
  der Wahrnehmung ihrer gesellschaftlichen Verantwortung mitzuarbeiten.

- Information und Emotionen.
  Hier wird eine Kombination von Information und emotionalem Appell
  (moralische Komponente) angestrebt. Dem Verbraucher soll das Gefühl vermittelt werden, durch den Gebrauch des Produkts einen wichtigen Beitrag zur
  Bewältigung der Umweltproblematik und zum Umweltschutz zu leisten, sich
  verantwortungsbewusst, auch gegenüber zukünftigen Generationen, zu verhalten.[88]

Die Auswertung der Werbebotschaften der letzten Jahre zeigt eine deutliche
Zunahme emotional ausgerichteter Werbung. Auch der Unterhaltungswert steigt.
Gleichwohl zeigen Untersuchungen, dass auch weiterhin die Begründung, die
Beweisführung für das in Werbebotschaft und Positionierung gemachte Versprechen, von großer Bedeutung ist. Glaubwürdige, vollständige und verständ-
lichen Informationen, die Skepsis abbauen und Sicherheit vermitteln, werden hier
benötigt.

7.4.4 Ökologische Kundendienstpolitik

Der Kundendienst bietet eine interessante Möglichkeit, Kunden beratend bei der
umweltverträglichen Nutzung der Produkte in der Ge- und Verbrauchsphase
sowie in Fragen der Rückführung bzw. Verwertung von Altprodukten zur Seite
zu stehen. Dem Kundendienst kommt damit nicht nur eine wichtige Rolle im
Rahmen der „Kundenpflege", sondern auch im Rahmen des Umweltschutzes zu.

---

[88] A.a.O., S. 80-87, 117

a) Präventive Kundendienstleistung

Regelmäßige Wartung von Produkten, sachgerechte Installation von Neu-anlagen, Aufrüstung im Gebrauch befindlicher Anlagen und die Rückführung von Altprodukten helfen, Umweltbelastungen zu reduzieren bzw. zu vermei-den. Zugleich unterstützen diese Maßnahmen den Kunden bei der Nutzung des Produkts.

Die präventive Kundendienstleistung trägt zu einer verlängerten Lebensdauer bei und hilft, Folgekosten im Rahmen zu halten. Im Falle eines Ausfalls des Produkts dürfte eine zügige Instandsetzung oder der Austausch vor Ort die Kundenzufriedenheit steigern.

b) Beratung

In der Vorkauf- aber auch in der Nachkaufphase kann der Kundendienst über die richtige Verwendung der Produkte aufklären. Geschulte Berater führen nicht nur in den Gebrauch des neu erworbenen Produkts oder der Anlage ein, sie können zugleich über technische Innovationen informieren und als kompe-tente Ansprechpartner für (umweltbezogene) Problemlösungen dienen (Bera-tung und Information, ggf. auch online).

c) Gebrauchsanleitung

Auch in der Gebrauchanleitung müssen verständliche Informationen über den umweltverträglichen Gebrauch und die Möglichkeit der Inanspruchnahme von Umweltberatern oder Umwelttelefonen vorhanden sein.[89]

8. Mitarbeiterbeteiligung und Personalförderung; Human Resource Management umweltorientiert

Die Umweltpolitik eines Unternehmens kann nur dann erfolgreich und effizient sein, wenn möglichst alle Mitarbeiterinnen und Mitarbeiter sie mittragen und an ihrer Umsetzung beteiligt sind. Dies setzt jedoch voraus, dass alle Beschäftigten sich angesprochen fühlen und bereit sind, ihr Potential für den betrieblichen Umweltschutz zu aktivieren.[90]

---

[89] Vgl. Meffert/Kirchgeorg, 1998, 313-316

[90] Der Erfolg von Maßnahmen des betrieblichen Umweltschutzes ist natürlich nicht nur von der Motivation der Mitarbeiterinnen und Mitarbeiter und ihres praktischen Engagements abhängig. *Die* zentrale Vorläuferbedingung ist vielmehr eine umweltorientierte Unter-nehmensführung, die Umweltschutz als strategisches Managementziel und nicht als Mode-thema begreift. Ihre Aufgabe ist die Entwicklung einer schlüssigen Umweltgesamtkonzep-tion, die sowohl ökologische, als auch ökonomische und soziale Zielsetzungselemente einschließt und gegeneinander abwägt. Sie muss aktiv die Entwicklung des betrieblichen Umweltschutzes für alle erkennbar vorantreiben.

Die Mitglieder der Geschäftsleitung und die Beschäftigten, die nicht von der Notwendigkeit eines umweltbewussten Managements und den sich daraus ergebenden Vorteilen überzeugt sind, müssen für die aktive Mitwirkung am betrieblichen Umweltengagement gewonnen werden. Überzeugen, nicht anordnen sollte hier die Vorgehensweise sein. Wer auf die Wirksamkeit von Hierarchien setzt, könnte schnell enttäuscht werden. Nur wenn die Beschäftigten Aufgeschlossenheit für ökologische Problemlagen und für die Notwendigkeit ihrer Bewältigung zeigen, wenn sie gewillt sind, auch ohne ständige Überwachung an der Umsetzung der Umweltpolitik mitzuwirken, kann diese wirklich erfolgreich sein. Wenn den Beschäftigten die Sinnhaftigkeit von Zielen und Maßnahmen deutlich wird, wenn sie Freiräume für Mitwirkung und eigenverantwortliches Handeln erkennen, besteht eine gute Chance, dass sie die Umweltschutzziele des Unternehmens zu ihren Zielen machen und deren Umsetzung engagiert verfolgen.

Gleichwohl wird der Verordnungsweg und dessen Absicherung durch Sanktionen in Einzelfällen unumgänglich sein. Damit soll das o.g. keinesfalls relativiert werden. Es ist jedoch mitunter notwendig, dass die Entscheidungsträger im Unternehmen auch mit dem nötigen Nachdruck für den Umweltschutz tätig sind. Mit anderen Worten: Wenn im Unternehmen nicht absolut deutlich wird, dass die Umsetzung der Umweltziele gewollt wird, wird sich kaum etwas dahingehend entwickeln.

8.1   Nutzung des Mitarbeiterpotentials

Die Umsetzung der Umweltpolitik des Unternehmens ist, wie gesagt, kein einsames Machwerk des Top-Managements, sondern ein Prozess, bei dem jeder Beschäftigte bewusst die Schritte der Unternehmensleitung nachvollziehen kann und seinen Anteil am Gelingen erbringt. Das bedeutet konkret eine Politik der "offenen Karten" der Geschäftsführung gegenüber den Mitarbeiterinnen und Mitarbeitern und die Schaffung von Möglichkeiten zur Mitarbeiterbeteiligung.
Die Beschäftigten müssen informiert sein über das, was die Geschäftsleitung umzusetzen gedenkt (vgl. interne Kommunikation). Zugleich sollten sie einbezogen werden in die Planungen konkreter Maßnahmen und in Überlegungen zu deren konkreten Umsetzung.

Betrieblicher Umweltschutz wird zwar letztlich „top-down" in die Wege geleitet, überwacht und gegenüber der Öffentlichkeit verantwortet. Auf den nachfolgenden Hierarchieebenen werden die verbindlichen Umweltleitlinien jedoch reflektiert, auf den jeweiligen Aufgabenbereich übertragen und in konkreten Handlungssituationen umgesetzt. Es sind demzufolge die Mitarbeiterinnen und Mitarbeiter, die die Ziele des betrieblichen Umweltschutzes mit Leben erfüllen. Wenn auch die Zielformulierungen bestehen bleiben, so bestehen doch Freiräume in der Ausgestaltung der Ziele und der Wege, diese zu erreichen. Die Ergebnisse wirken wiederum im Sinne einer Rückkopplung auf die Entscheidungen der Unternehmensleitung zurück („bottum-up").

Das antiquierte Leitmotiv „Einer denkt und alle machen" erweist sich in diesem Interaktionsprozess als untauglich. Erfolgreiches Umweltmanagement verlangt vielmehr nach engagierten, mitdenkenden, selbständig und verantwortlich handelnden Mitarbeitern. Das Prinzip muss deshalb lauten: „Hier denkt jeder und entscheidet in seinem Aufgabenbereich möglichst viel selbst".

Wer von seinen Beschäftigten Engagement und Verantwortung verlangt, sie letztlich in der Rolle des Unternehmers im Unternehmen sieht, der sollte mit seinen Beschäftigten auch entsprechend umgehen. Das Unternehmen der Zukunft wird deshalb auf der Grundlage eines zeitgemäßen Menschenbildes und eines partnerschaftlichen Miteinanders, mit zeitgemäßen Formen der Führung, weitaus stärker um die Nutzung des Potentials seiner Mitarbeiterinnen und Mitarbeiter bemüht sein und sie in betriebliche Entscheidungsprozesse einbeziehen. Zugleich wird es aber auch auf die Persönlichkeit, Interessen und Bedürfnisse seiner Beschäftigten reagieren, also letztlich auf einen sinnvollen und tragbaren Ausgleich zwischen Unternehmens- und Mitarbeiterinteressen angelegt sein müssen. Moderne Managementprinzipien wie z.B. Partizipation, „Empowerment" und selbstbestimmtes Arbeiten bei angemessener Entlohnung sind hier gefragt. Im Verbund mit dezentralen Organisationsstrukturen, entformalisierter Kommunikation und Zusammenarbeit sowie eines „job design", das anspruchsvolle und sinnvolle Beschäftigung mit Möglichkeiten personaler Entfaltung in zuträglichen sozialen Bezügen vorsieht, können die Voraussetzungen für eine „Entrepreneurial Culture" geschaffen werden .

8.1.1 Instrumente der Mitarbeiterbeteiligung in Umweltfragen

Die Integration des Umweltgedankens in betriebliche Beurteilungs- und Anreizsysteme kann zur Mitwirkung der Beschäftigten an der Erreichung der Umweltschutzziele anregen. Bei der Schaffung von Anreizen sollte gewährleistet sein, dass sowohl auf ökologische als auch auf wirtschaftliche Ziele mit der gleichen Sorgfalt hingearbeitet wird:

- Durch das Erreichen oder Übertreffen von Umweltschutzzielen darf das Nichterreichen ökonomischer Ziele nicht kompensiert werden und auch nicht umgekehrt.
- Ein Prämiensystem sollte so ausgestaltet werden, dass die Prämie für das Erreichen der ökonomischen Ziele niedriger angesetzt wird, solange nicht auch die Ziele des betrieblichen Umweltschutzes erreicht werden.

- Anteile an der Kosteneinsparung, die durch Vorschläge der Mitarbeiter und ihres Arbeitsverhaltens erreicht wurde, sollten diesen gutgeschrieben werden.
- Ebenso wäre die Auslobung eines Umweltpreises für besonderes Engagement im Bereich des betrieblichen Umweltschutzes überlegenswert.
- Durch materielle Beteiligungen im Sinne von Kapitalbeteiligungen, könnten langfristige Anreize geschaffen werden, die individuelle Leistungsmotivation und das Engagement dauerhaft erhöhen.
- Gegebenenfalls ist die Festlegung eines „Bußgeldes" für Beschäftigte, die Umweltschutzvorschriften des Betriebes ignorieren, überlegenswert. Die Höhe des Betrages könnte sich z.B. an den Kosten der Herstellung des gewünschten Zustands orientieren.

Geeignete Instrumente für die Verstärkung der Mitarbeiterbeteiligung am betrieblichen Umweltschutz können z.B. sein:

a) Informationsverbreitung – Kommunikation nach innen

Entscheidungen über ökologische Maßnahmen sollten überall im Hause bekannt gemacht werden. Anschlagtafeln, die Betriebszeitung, Rundschreiben, eine Umweltbibliothek, regelmäßige Berichte und Reden zu besonderen Anlässen sind effiziente Kanäle für die Verbreitung umweltrelevanter Informationen.

- Am „grünen Brett" können Zeitungsartikel über Umweltfragen, Informationen über wichtige Rundfunk- und Fernsehsendungen und Informationen über Maßnahmen des betrieblichen Umweltschutzes aushängen. Auf diese Weise wäre es auch möglich, Kritiken und Anfragen von externen Anspruchsgruppen zugänglich zu machen.
- Die Firmenzeitung sollte eine „Umweltseite", ein Umwelt-Sonderthema, oder eine Darstellung neuester Entwicklungen im Bereich umweltschonender und sozialverträglicher Produktionsverfahren enthalten.
- Eine spezielle Umweltbibliothek könnte mit Büchern, Zeitschriften, Zeitungen und Videokassetten ausgestattet sein.
- Regelmäßige Berichte und Ansprachen zu bestimmten Anlässen bieten Gelegenheit, über Erfolge und Misserfolge des Umweltmanagements zu berichten und damit zum Ausdruck bringen, welchen Stellenwert Umweltbelange im Unternehmen einnehmen.

b) Zielvereinbarungen

Die Firmenleitung, Abteilungen und Mitglieder von Arbeitsgruppen sollten Zielvereinbarungsgespräche führen. In diesen können realistische ökologische und ökonomische Ziele für die jeweilige Arbeit formuliert und in schriftlichen Vereinbarungen präzise niedergelegt werden. Dabei ist es wichtig, den Ist-Zustand als Ausgangspunkt und als Vergleichsgröße für erreichte Etappen und Erfolge festzustellen.

Der tiefere Sinn von gemeinsam erarbeiteten Zielvereinbarungen liegt vor allem darin, die Ideen und Anregungen der Beschäftigten, in denen ein Potential für ökologisch und ökonomisch sinnvolle Veränderungen liegt, aufzugreifen. Die Mitarbeiter kennen ihren Tätigkeitsbereich sehr gut und wissen in der Regel, wo am sinnvollsten anzusetzen ist. Werden die Zielvereinbarungen gemeinsam formuliert und finden die Mitarbeiter ihre eigenen Ideen und Vorstellungen in diesen wieder, verstärkt sich die Bereitschaft, diese auch umzusetzen. Entgegengesetzte Reaktionen treten dagegen leicht auf, wenn Ziele ausschließlich „von oben" diktiert werden.

c) Umwelt-Qualitätszirkel

Das Konzept der Qualitätszirkel, das sich auch für den Umweltbereich empfiehlt, hat seinen Ursprung in Japan. Bereits Mitte der 50er Jahre wurden dort Aufklärungs- und Trainingsmaßnahmen mit dem Ziel durchgeführt, die Produktqualität zu verbessern. Insbesondere sollten die Beschäftigten dazu motiviert werden, Fehler in der Produktion zu beseitigen, aber auch potentielle Fehlerursachen zu identifizieren und zu analysieren.

Damit der Qualitätszirkel-Ansatz auch greifen kann, war die Arbeit in den Gruppen von Anfang an durch hohe Autonomie gekennzeichnet. So bestimmten z.B. die Mitglieder selbst, welche Themen sie bearbeiten wollten. Freiwilligkeit der Teilnahme und Durchführung der Zirkelgespräche außerhalb der regulären Arbeitszeit förderten die Selbstbestimmung der Gruppe. Neue Formen der Zusammenarbeit, ein verändertes Kommunikationsverhalten, das Gefühl, am Unternehmensgeschehen mitwirken zu können, waren weitere positive Auswirkungen der Zirkel, die letztlich zu mehr Eigenverantwortlichkeit in der Aufgabenerfüllung führten.

Mitglieder sogenannter Öko-Zirkel sollen dazu ermutigt werden, sich mit ökologischen Themen zu befassen und ohne Berücksichtigung hierarchischer Stufen, Verbesserungsvorschläge einzubringen. So wären die Substitution umweltschädlicher Stoffe, Einsparungen bei Energie und Rohstoffen, Vermeidung von Abfällen, Verbesserung der Aufbau- und Ablauforganisation des betrieblichen Umweltschutzes ebenso denkbare Themen wie die Frage nach Möglichkeiten zur Verbesserung der Arbeitsbedingungen und der Mitarbeiterbeteiligung bei der Formulierung von Umweltzielen. Aber auch Hemmnisse und Probleme bei der Umsetzung der angestrebten Ziele sollten im gemeinsamen Gespräch zu Tage gefördert werden.

Für die erfolgreiche Arbeit in Öko-Zirkeln, Workshops und Projektgruppen können z.B. folgende Grundsätze und Einstellungen benannt werden:
- Einsicht und Bereitschaft zur Veränderung, nicht nur der Prozessabläufe im Unternehmen, sondern auch eigener Einstellungen und Verhaltensweisen.

- Jeder Beschäftigte muss die Veränderung wollen, vom Mitarbeiter an der Basis bis zum Vorstand.
- Offenheit der Teilnehmer und die Bereitschaft, ihre Ideen und ihr Wissen in den Veränderungsprozess einzubringen.
- Der Prozess, die ständige Weiterentwicklung und Verbesserung des Erreichten stehen im Vordergrund des Geschehens, nicht die Planung und Erreichung eines in sich geschlossenen Planziels.
- Transparenz der Arbeit in der Gruppe für alle Beteiligten.
- Die Gruppe organisiert sich und ihre Arbeit selbst.
- Unterstützung der Arbeitsgruppen durch die Geschäftsleitung.

d) Umweltausschüsse

Umweltausschüsse auf Betriebsebene und Unternehmensebene können das für Umweltschutzfragen zuständige Vorstandsmitglied, die Betriebsbeauftragten für Umweltschutz, zusätzliche Sachverständige, Mitglieder des Betriebsrats und Sprecher der Umweltzirkel zu einem Meinungs- und Erfahrungsaustausch zusammenführen und auf diese Weise Sachverstand bündeln sowie die gemeinsame Arbeit koordinieren helfen. Doppelarbeit kann so vermieden und Information effizient weitergegeben werden. Für die Betriebsleitung bieten Umweltausschüsse eine zentrale Ansprechstelle.

e) Umweltvorschlagswesen

Einige Unternehmen versuchen, ihre Belegschaft durch das betriebliche Vorschlagswesen für den Umweltschutz zu mobilisieren. Mitarbeiterideen können so der Geschäftsleitung zugänglich gemacht und ökologische Lösungsvorschläge für die Praxis nutzbar gemacht werden. Erfahrungen einiger Großunternehmen verdeutlichen, dass dieses Instrument der Mitarbeiterbeteiligung bisher noch unausgeschöpfte Potentiale für den betrieblichen Umweltschutz zu Tage gefördert hat.

Damit die eingebrachten Ideen und Vorschläge einen unmittelbaren Bezug zum betrieblichen Handeln und zu den Zielsetzungen des Unternehmens haben, empfiehlt es sich, Mitarbeiter und Mitarbeiterinnen dazu anzuregen, ihre Eingaben an den Umweltleitlinien des Unternehmens auszurichten.

Das betrieblichen Umweltvorschlagswesen könnte dem Aufgabenbereich eines Umweltbeauftragten zugeschlagen werden.

f) Umwelt-Aktionsgruppen

Interessant sind auch sogenannte Umwelt-Aktionsgruppen, mit deren Hilfe manche Unternehmen sie interne und externe Kommunikation, das interne und externe Engagement ihrer Mitarbeiterinnen und Mitarbeiter miteinander zu verbinden versuchen.

So sind vor allem in den USA eine Reihe von Firmen in Gemeindeprojekten engagiert, um auf diese Weise eine Brücke zwischen beruflichen und außerberuflichen Tätigkeiten ihrer Beschäftigten zu schlagen bzw. um ihrer gesellschaftlichen Mitverantwortung „vor Ort" gerecht zu werden. Zugleich soll mit diesen Projekten dem örtlichen Umfeld die Ziele des betrieblichen Umweltschutzes glaubhaft demonstriert und gegenseitiges Vertrauen aufgebaut werden.

8.1.2 Personalmanagement

Eine umweltorientierte Unternehmensführung hat weitreichende Konsequenzen für das *Personalmanagement*. Diese sollen an dieser Stelle nur kurz angesprochen werden.

Umweltschutzaspekte müssen in sämtliche Instrumente des Personalmanagements, z.B. Mitarbeiterbeteiligung, Aus- und Fortbildung, Personalbeurteilung, Anreizsysteme, Stellenanforderungen sowie in das Verfahren der Personalauswahl integriert werden.

1. Berücksichtigung von Umweltschutzeinstellungen, -kenntnissen und –qualifikationen bei Neueinstellungen und Beförderungen
2. Integration umweltrelevanter Sachverhalte in Stellenbeschreibungen und Arbeitsanweisungen
3. Angemessene Berücksichtigung umweltorientierten Personalmanagements in der betrieblichen Umweltpolitik und ihren Zielen
4. Sicherstellung ausreichender Unterstützung durch die Geschäftsleitung
5. Enthalten die Zielvereinbarungen, Lohn- und Anreizsysteme Umweltkriterien ?
6. Integration der Umweltkomponente in die betriebliche Erstausbildung bzw. Fort- und Weiterbildung. Systematische, koordinierte Bildungsarbeit fördern.
7. Auflage eines gesonderten Programms bei Eintritt in den Betrieb
8. Sicherstellung eines effizienten, regelmäßigen und schnellen internen Informationsflusses. Gibt es ein Umwelthandbuch ?
9. Integration der Umweltkomponente in das betriebliche Vorschlagswesen
10. Anwendung vielfältiger Formen der Mitarbeiterbeteiligung
11. Angemessene Beteiligung der Personalvertretung sicherstellen

Abbildung 57:   Checkliste umweltorientiertes Personalmanagement

Bei der Gewinnung von Personal, müssen über bestimmte Indikatoren wie z.B.:
- Aufgeschlossenheit gegenüber Fragen des Umweltschutzes; positive Einstellung in Bezug auf die Vermittlung zwischen Ökonomie und Ökologie,

- innere „Passion" an der Entwicklung zu einem sozial- und umweltgerechten sowie profitablen Unternehmen mitwirken zu können; Interesse und Ideen zur Verbesserung des „Umweltprofils" des Unternehmens in der Öffentlichkeit,
- umweltbezogenes Fachwissen,
- Berufserfahrung im Umweltbereich; gezeigtes Umweltengagement im außerberuflichen Bereich,
- Verständnis für System/Umweltbeziehungen, usw.

Auch das Instrument der *Personalentwicklung* muss konsequent auf den Umweltgedanken hin fortentwickelt werden. So setzt z.B. die Mitwirkung der Beschäftigten am betrieblichen Umweltschutz eine qualifizierte Aus- und Fortbildung voraus.

8.2   Umweltschutz in der betrieblichen Aus- und Fortbildung

Damit Mitarbeiterinnen und Mitarbeiter am betrieblichen Umweltschutz aktiv mitwirken und ihrer jeweiligen Umweltverantwortung gerecht werden können, müssen sie auch über entsprechende Qualifikationen und Kompetenzen verfügen, die permanent aktualisiert werden müssen. Sie müssen Zusammenhänge erkennen und praxisorientiert handeln können.
Unternehmensseitig sollten deshalb Ausbildungs-, Fortbildungs- und Anpassungsprogramme zielgruppenspezifisch entworfen und durchgeführt werden, damit die benötigten Fähigkeiten und Kenntnisse erworben und weiterentwickelt werden können.
Betriebliche Bildungsmaßnahmen haben das „lernende Unternehmen" zum Vorbild, in dem Lernprozesse nie als abgeschlossen, sondern als fortdauernder Prozess betrachtet werden können.

Auch die VO (EG) Nr. 761/2001 verweist auf den Stellenwert der Aus- und Fortbildung im Umweltbereich. So werden mit dem Hinweis auf die Bedeutung der Auswirkungen des Verhaltens der Beschäftigten auf die Umwelt Vorkehrungen verlangt, die gewährleisten, dass sich die Beschäftigten auf allen Ebenen bewusst sind über
- die Bedeutung der Konformität ihres Verhaltens mit der Umweltpolitik und den zugehörigen Verfahren sowie mit den Forderungen des Umweltmanagementsystems;
- die möglichen Auswirkungen ihrer Arbeit auf die Umwelt und den ökologischen Nutzen eines verbesserten betrieblichen Umweltschutzes;
- ihre Rolle und Verantwortung bei der Umsetzung betrieblicher Umweltschutzziele

- ihre Rolle im Rahmen der betrieblichen Unfallvorsorge und Notfallplanung."[91]

Im Rahmen der Umweltpolitik, von Umweltprogrammen und bei Umweltbetriebsprüfungen sollen „Informationen und Ausbildung des Personals in bezug auf ökologische Fragestellungen" berücksichtigt werden. (EG-VO, Anhang I.)

Ausreichend qualifiziertes und fachkundiges Personal benennt auch die DIN V 33921 als eine wichtige Voraussetzung für den Erfolg des betrieblichen Umweltschutzes. Aufgabe der Organisation ist deshalb, Verfahren zur Ermittlung des Unterweisungs- und Trainingsbedarfs einzuführen und diese aufrecht zu erhalten. Ebenso sollen Bildungsprogramme entwickelt und angeboten sowie kontinuierlich weiterentwickelt werden.[92]

8.2.1 Ermittlung des Weiterbildungsbedarfs

Die Ermittlung des Ausbildungsbedarfs und die Durchführung einschlägiger Ausbildungsmaßnahmen für alle Beschäftigten, deren Arbeit bedeutende Auswirkungen auf die Umwelt haben kann, gehört zu den dauerhaften Anforderungen an ein Umweltmanagementsystem bzw. an ein umweltorientiertes Personalmanagement.
Die Ermittlung des Ausbildungsbedarfs, um die es hier gehen soll, sollte alle Beschäftigten des Unternehmens, also Auszubildenden, Mitarbeiter mit abgeschlossener Berufsausbildung und Führungskräfte einschließen.

Zur Ermittlung des Qualifikationsbedarfs bieten sich z.B. an:
- Einschätzung der Vorgesetzten und der Umweltbeauftragten
- Externe Experten
- Vorhandene Stellenbeschreibungen mit umweltrelevantem Anforderungsprofil
- Fragebogenaktionen und Interviews, die Wissens- und Informationsdefizite im Bereich des betrieblichen Umweltschutzes und seiner Organisation oder den Wunsch nach Weiterbildung erkennen lassen
- Auswertung der Ergebnisse des betrieblichen Umweltvorschlagswesens, der Ökozirkel und anderer Informationen aus dem Bereich der Mitarbeiterbeteiligung
- Ergebnisse des Öko-Audits und dabei offensichtlich gewordene Wissenslücken, Mangel an Verantwortungsbewusstsein und aktiver Mitwirkung, Kommunikations- und Interaktionsproblemen

---

[91] Vgl. VO (EG) Nr. 761/2001 Anhang I A.4.2
[92] Vgl. DIN V 33921, 1995, S. 9-10

Weitere Hinweise auf Bildungsbedarfe ergeben sich aus Störfällen oder aus dem Zurückbleiben hinter gesetzte Umweltschutzziele. Schulungsbedarf ergibt sich auch immer dann, wenn umweltrelevante Rechtsvorschriften neu erlassen bzw. geändert wurden.

8.2.2 Mitarbeiterqualifikation: Entwicklung von Urteils- und Entscheidungsfähigkeit, Handlungskompetenz und Mitverantwortung

Ziel betrieblicher Umweltbildung, ob sie nun im Bereich der Aus- oder Weiterbildung einsetzt, ist die Entwicklung von Urteils- und Entscheidungsfähigkeit, Handlungskompetenz und Mitverantwortung. Bezugspunkt für betriebliche Bildungsmaßnahmen bilden die Unternehmensleitlinien und Handlungsgrundsätze bzw. die Ergebnisse der Bildungsbedarfsanalyse, aber auch die zur Verfügung stehenden finanziellen Mittel.

- Vermittlung von Fähigkeiten und Fertigkeiten zur Erfüllung der umweltbezogenen Aufgaben
- Verbesserung der Motivation, Vergrößerung des Innovationspotentials und der Anpassungsfähigkeit. Stärkung der Indentifikation mit dem Betrieb
- Veränderung zu umweltverträglichem, kompetenten Berufshandeln
- Anpassung an Organisationserfordernisse (z.B. Restrukturierung)
- Reaktion auf veränderte Kundenanforderungen
- Vermeidung von Unfällen und Risiken
- Schaffung von Möglichkeiten personaler Entfaltung und des beruflichen Aufstiegs

---

Abbildung 58:   Hauptziele betrieblicher Umweltbildung

Der handlungskompetente Mitarbeiter soll nicht nur über das erforderliche Fachwissen und andere kognitive Kompetenzen wie z.B. analytisches Denken, kontextuelles Denken (Verstehen von Zusammenhängen und Interdependenzen) oder kritisches Denken verfügen. Zugleich soll er über sozial-kommunikative und organisatorische Fähigkeiten verfügen. Ein so qualifizierter Mitarbeiter vermag komplexe Problemstellungen zu erkennen und zu verstehen, mit seinen Kollegen in kooperativer Weise zu Entscheidungen zu gelangen sowie die anstehenden Aufgaben im Rahmen seiner beruflichen Tätigkeit eigenverantwortlich zu bewältigen.

Entwicklung von kognitiven, sozial-kommunikativer und aktionalen Kompetenzen

Wo immer im betrieblichen Alltag Handlungsentscheide zu treffen sind, ist man auf entsprechende Sachinformationen angewiesen. Mitarbeiter brauchen Wissen, um angemessen mit Aufgaben und Problemen umgehen zu können.
Sämtliche Schulungen im Unternehmen müssen auf ihrer inhaltlichen Ebene um die ökologische Dimension erweitert werden. Dabei sollte auf Gleichgewichtigkeit wirtschaftlicher und sozial-ökologischer Aspekte geachtet werden.

Wichtige Aspekte und Inhalte der betrieblichen Umweltbildung können sein:

1. Überbetriebliche Aspekte
   - Sensibilisierung der betrieblichen Akteure für die Bedeutung intakter Ökosysteme für die menschliche Existenz
   - Biosphäre als vernetzte und natürliche, nicht beliebig belastbare Lebensgrundlage allen Lebens begreifen
   - Thematisierung der Spannungsverhältnisse zwischen Ökonomie und Ökologie
   - Auseinandersetzung mit aktuellen Konzepten der Umweltpolitik; national wie international
   - Erörterung neuer Regelungen im Bereich der Gesetzgebung

2. Betrieb, individueller Arbeitsplatz:
   - Kenntnis der konkreten ökonomischen und ökologischen Auswirkungen des Gesamtbetriebes
   - Einblick in die Umweltpolitik und Umweltleitlinien sowie in das Umweltmanagementsystem des Unternehmens; Kenntnis der Organisation des betrieblichen Umweltschutzes
   - Einblick in die normative Grundlage der Umweltpolitik (Umweltethik) gewinnen, Erhöhung des Verantwortungsempfindens
   - Kenntnis der konkreten ökonomischen und ökologischen Auswirkungen der eigenen beruflichen Tätigkeit, Mitarbeiterinnen und Mitarbeiter müssen über die ökologischen und ökonomischen Konsequenzen jedes einzelnen Arbeitsgangs orientiert sein
   - Wissen um Betriebsanweisungen z.B. im Umgang mit Gefahrstoffen, für die Durchführung der Abfalltrennung usw.
   - Information über Möglichkeiten zur Vermeidung von Umweltbelastungen im betrieblichen Alltag
   - Meldewege im Rahmen des Katastrophenschutzes
   - Fortlaufende Aufklärung über die mit der Arbeit verbundenen Risiken für die eigene Person
   - Wissen um neue umweltschonende Techniken und Verfahren.

Neben den fachbezogenen, inhaltlichen Aspekten betrieblicher Umweltbildung, geht es auch um Lernprozesse, die auf die Erhöhung sozial-kommunikativer Kompetenzen abzielen (Teamfähigkeit, dialogische Verhaltensweise, Diskursfähigkeit usw.). Diese sind nicht nur für die Identifizierung und erfolgreiche Bewältigung der anstehenden (Umwelt-) Probleme oder für die Auseinandersetzung mit externen Anspruchsgruppen von Bedeutung. Ebenso bedarf es sozial-kommunikativer Kompetenzen in bezug auf ein gedeihliches Miteinander der Betriebsangehörigen und für die Mitwirkung bei der Entwicklung von Zielen bzw. Strategien betrieblichen Umweltschutzes in Arbeitsgruppen.

Ein wichtiges Ziel wäre auch die Erweiterung der Beratungskompetenz der Beschäftigten und ihrer Fähigkeiten, Kunden gezielt und sachgerecht auf umweltverträglichen Produkte hinzuweisen und deren Vorzüge zu erläutern. Auch sollten Beschäftigte Kunden über die betriebliche Umweltvorsorge und betriebliche Umweltleistungen informieren und kritische Anfragen konstruktiv beantworten können.

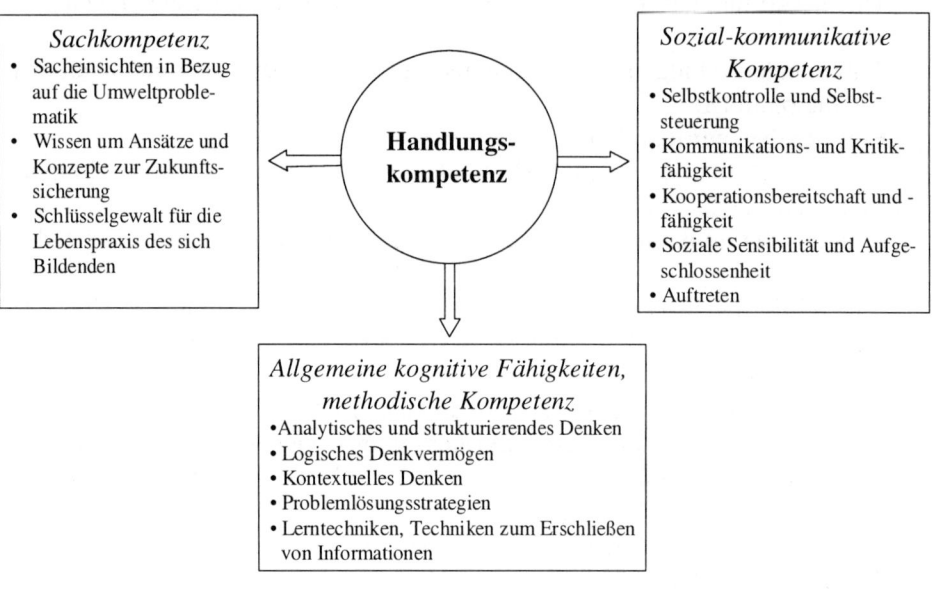

Abbildung 59:   Komponenten von Handlungskompetenz

Betriebliche Umweltbildung versteht ihre Adressaten als handelnde Akteure. Praktische Übungen, Trainings im Bereich des jeweiligen Arbeitsumfeldes, z.B. zur Abwehr von betriebsbedingten Umweltbelastungen, gehören deshalb zum Programm. Mitarbeiter müssen die Fähigkeit entwickeln getroffene Entscheidungen in berufliches Handeln in ihrem konkreten Arbeitsfeld umzusetzen. Die

„aktionale Komponente" versucht die Trennung zwischen Theorie und Praxis abzubauen, den „Weg" zwischen Kopf und Hand zu verkürzen. Praktische Übungen und Trainings entfalten ihre Wirksamkeit aber erst dann, wenn sie nach Abschluss auf das zuvor formulierte Handlungsziel hin ausgewertet werden.

8.2.2.1   Didaktisch-methodische Fragestellungen

Folgende didaktisch-methodischen Aspekte sollten Planung und Konzeption betrieblicher Umweltbildung Berücksichtigung finden:

- Organisation der Bildungsmaßnahmen
  - On the job (Lernen am Arbeitsplatz)
    Einsatz von Lernprogrammen, Arbeitsunterweisungen, job-rotation, cross-training, Projektgruppen, Einsatz eines Coaches
  - Near the job
    Qualitätszirkel, Umweltzirkel, Lehrwerkstatt, Fachmessen, Schulungen
  - Off the job
    Lehrvorträge, Fallstudien, Fernunterricht, Planspiele und Simulationen, Rollenspiele
  - Schriftliche Information
    Aushänge, Mitarbeiterzeitung, Merkblätter, Umweltberichte, Umweltbibliothek
- Lernen anhand authentischer Probleme des Betriebs und in alltäglichen Situationen (Erfahrungsorientierung), in denen Entscheidungen getroffen und zu vertreten bzw. Nicht-Handeln zu reflektieren ist.
- Regelmäßige Evaluation der Bildungsmaßnahmen und Programme
  - Auswirkungen auf die betriebliche Zielsetzung ? (z.B. Absenkung des Risikos, der Unfallhäufigkeit, Verbesserung der Qualität, Kosteneinsparungen).
  - Individuelle Auswirkungen ? (z.B. Kompetenzerweiterung, Verhaltens- und Einstellungsänderungen, Verbesserung der Kooperation und Zusammenarbeit).
  - Überprüfung von Inhalten und eingesetzten Methoden.
  - Reaktionen der Geschäftsleitung.
  - Überprüfung der Kosten des Bildungsprogramms.
- Interdisziplinarität
  Bildungsmaßnahmen müssen interdisziplinär angelegt sein. Relevant sind z.B. umweltrechtliche Aspekte (Umweltgesetzgebung, Haftungsrecht usw.), naturwissenschaftliche Fragestellungen (ökologische Grundlagen), Technik (Umweltschutztechnologie), Betriebswirtschaft (Analysen, Bilanzen, Öko-Controlling, Öko-Audit), Volkswirtschaft (Verfügungsrechte, externe Effekte und gesamtwirtschaftliche Auswirkungen, Sozialwissenschaften (psychologische,

politische, sozial-gesellschaftliche Aspekte) oder Philosophie (Umweltethische Implikationen betrieblicher Tätigkeiten).
- Auf Erreichbarkeit der Ziele achten, die durchaus ambitioniert sein sollten.
- Beachtung des individuellen Lerntempos und unterschiedlicher Ausgangssituationen (z.B. Alter, formale Bildung).
- Anreize für Lernfortschritte (Geld, Beförderung) geben.
- Transferperspektiven zwischen Gelerntem und betrieblichem Alltag schaffen.
- Förderung der Umsetzung des Gelernten in der betrieblichen Praxis durch die Vorgesetzten. Regelmäßige Wiederholung und Aktualisierung des Erlernten.

8.2.3 Mitwirkung der Personalvertretung

Bei der Planung der betrieblichen Aus- und Fortbildung ist nach §§ 96 und 97 Betriebsverfassungsgesetz (BtrVG) der Betriebsrat hinzuzuziehen. Die geplanten Maßnahmen sind zwischen ihm und der Geschäftsleitung zu beraten. Dabei bezieht sich die *Beratungspflicht* auf die Einrichtung und Ausstattung betrieblicher Einrichtungen zur Berufsbildung, die Einführung betrieblicher Berufsbildungsmaßnahmen und die Teilnahme an außerbetrieblichen Berufsbildungsmaßnahmen.
Der Betriebsrat kann auch eigene Vorschläge zur Ausbildung der Beschäftigten in Umweltfragen einbringen und z.B. die Einrichtung von Lernzirkeln anregen.

Mitbestimmungsrechte zur beruflichen Bildung werden dem Betriebs- oder Personalrat durch § 98 BtrVG und § 75 Personalvertretungsgesetz (BPersVG) zugesprochen. Sie beziehen sich auf die
- Maßnahmen selbst (z.B. Zweck, Inhalt, Lernziele, Dauer, Lernzielkontrollen),
- eingesetzte Lehrkräfte,
- Teilnehmer (Zahl, Auswahl).
Insgesamt ist für den Betrieb die Einbeziehung der Personalvertretung bei der Ausgestaltung der betrieblichen Umweltbildung ausgesprochen erstrebenswert. Zum einen erhalten die Bildungsbemühungen dadurch eine weitere personalseitige Unterstützung. Zum anderen können Personalvertretungen zur Informationsbörse zu umweltbezogenen Fragestellungen werden.
Empfehlenswert ist in diesem Zusammenhang ein Qualifizierungsangebot an die Personalvertretung. Die chemische Industrie z.B. hat einschlägige Fortbildungsprogramme für Betriebsräte geschaffen, die diese zu ihrer Fortbildung nutzen können.

8.2.4 Aktuelle Tendenzen

Dass Umweltschutz von Betrieben zunehmend gezielt in ihre Bildungsarbeit ein-
bezogen wird, zeigt eine Umfrage des *Kuratoriums der Deutschen Wirtschaft für
Berufsbildung*. Sowohl bei der Ausbildung als auch bei der Weiterbildung der
Beschäftigten und Führungskräfte, ist das Thema Umweltschutz Gegenstand der
Bildungsveranstaltungen.
Wie Umweltschutz in die betriebliche Aus- und Weiterbildung einbezogen wird,
orientiert sich dabei an unterschiedlichen Branchen, Qualifikationszielen und
Zielgruppen.

Insgesamt zeigten sich große Teile der Akteure, die in der beruflichen Bildung
tätig sind, sehr aufgeschlossen für die Integration des Themas Umweltschutz in
den beruflichen Ausbildungskontext. Die Umfrage verdeutlichte auch einen Qua-
lifizierungsbedarf beim Ausbildungspersonal. Außerdem fehlen für wichtige
Bereiche noch Ausbildungsunterlagen und Handreichungen für Ausbilderinnen
und Ausbilder. Auch über zu geringe finanzielle Mittel für eine systematische
und kontinuierliche Bildungsarbeit wurde geklagt.

Trotz positiver Entwicklungen zeigte eine Umfrage des *Bundesinstituts für
Berufsbildung* unter Verantwortlichen für berufliche Umweltbildung in Unternehmen, dass die Behandlung von umweltbezogenen Themen im Betrieb oft noch
eine sporadische Angelegenheit ist, die je nach Lage oder Begebenheit eine Rolle
spielt oder auch nicht. Die Auseinandersetzung mit Umweltfragen wird dann in
erster Linie als Reaktion auf einen Vorgang oder ein Ereignis verstanden.[93]

Wegen der Relevanz einer angemessenen Handlungskompetenz der Beschäftigten für die Umsetzung der Umweltschutzziele des Unternehmens, sollte die
umfassende Ausbildung der Beschäftigten im Umweltbereich nicht als lästige
Angelegenheit, die nebenher erledigt werden kann, angesehen werden. Auch eine
sporadisch einsetzende Bildungsarbeit dürfte kaum anhaltende Erfolge bringen.
Umweltfragen sollten vielmehr systematisch angegangen und längerfristige, ab-
gestufte, auf die jeweilige Zielgruppe und ihre Tätigkeiten zugeschnittene Bildungsprogramme aufgelegt werden. Das Unternehmen kann so wichtige Voraussetzungen dafür schaffen, dass ihre Mitarbeiterinnen und Mitarbeiter schrittweise
eine „Umweltkompetenz" entwickeln, die es ihnen ermöglicht, Umweltbelastungen im Zuge ihrer beruflichen Tätigkeiten und Zuständigkeiten möglichst
zu vermeiden bzw. auf anstehende Umweltprobleme angemessen zu reagieren.
Zugleich ergibt sich für die Beschäftigten noch eine Verbreiterung ihrer Möglichkeiten am Arbeitsmarkt.

---

[93] Vgl. Bundesinstitut für Berufsbildung, 1992, S. 35

Literaturverzeichnis

Altner, Günter: Naturvergessenheit; Grundlagen einer umfassenden Bioethik, Darmstadt 1991.

Ankele, Kathrin/Meyerhoff, Jürgen: Ökonomisch-ökologische Bewertung. Verfahren zur Bewertung, in: Ökologisch Wirtschaften Nr. 3/4, Berlin 1997.

Becker: Betrieblicher Umweltschutz zwischen Wollen und Wettbewerb, in: BDI (Hrsg). Umweltschutz als Wirtschafts- und Standortfaktor, Köln 1995.

Belz, Frank-Martin: Integratives Öko-Marketing, Wiesbaden 2001.

Bernauer, Thomas: Weltpolitik im 21. Jahrhundert: Kein Vorwärts in die Vergangenheit, in: Deutsche Gesellschaft für die Vereinten Nationen (Hrsg.), Zeitschrift für die Vereinten Nationen Nr. 2, 45. Jahrgang, Baden-Baden 1997.

Beyer/Fehr/Nutzinger: Vorteil Unternehmenskultur; Partnerschaftlich handeln - den Erfolg mitbestimmen, Gütersloh 1995.

Bick, Hartmut et al.: Weltweite Umweltprobleme, in: Deutsches Institut für Fernstudien (Hrsg.), Funkkolleg Mensch und Umwelt, Studienbegleitbrief Nr. 12, Tübingen 1982.

Bick, Hartmut: Ökologie, Stuttgart 1993.

Bick/Hausmeyer/Olschowy/Schmook: Angewandte Ökologie, Mensch und Umwelt, Stuttgart 1984.

Bickenbach/Soltwedel: Trends in Führungsphilosophie und Unternehmensorganisation, Gütersloh 1995.

Birnbacher, Dieter (Hrsg.): Sind wir für die Natur verantwortlich ? in: Ökologie und Ethik, Stuttgart 1980.

Boutros Boutros-Ghali: Opening Statement, UNCED, New York 1992.

Bringezu, Stefan: Strategien des vorbeugenden Umweltschutzes, Koblenz 1996.

Brundtland, Gro Harlem: Vorwort zum Bericht der Weltkommission für Umwelt und Entwicklung, in: Hauff, Volker (Hrsg.), Unsere gemeinsame Zukunft, Bonn 1987.

Breidenbach, Raphael: Herausforderung Umweltbildung, Bad Heilbrunn 1996.

Breidenbach, Raphael: Informationsmanagement, Koblenz 2000.

Breidenbach, Raphael: Sozial-gesellschaftliche Dimension nachhaltiger Entwicklung, Koblenz 1999.

Briam, Karl-Heinz: Unternehmenskultur als Erfolgsfaktor, Gütersloh 1995.

BUND/Miserior (Hrsg.): Zukunftsfähiges Deutschland; Ein Beitrag zu einer global nachhaltigen Entwicklung, eine Studie des Wuppertal-Institus, Basel 1996.

Bundesinstitut für Berufsbildung: Berufliche Umweltbildung im Urteil von Experten der beruflichen Bildung, Berlin 1992.

Bundesinstitut für Berufsbildung: Umweltschutz in der Beruflichen Bildung, Berlin 1992.

Bundesumweltministerium (Hrsg.): Umweltpolitik; Konferenz der Vereinten Nationen für Umwelt und Entwicklung im Juni 1992 in Rio de Janeiro, Dokumente: Agenda 21, Bonn 1992.

Bundesumweltministerium (Hrsg.): Umweltpolitik; Klimakonvention, Konvention über biologische Vielfalt, Rio-Deklaration, Walderklärung, Bonn 1992.

Bundesumweltministerium (Hrsg.): Folgeprozeß zur UN-Konferenz für Umwelt und Entwicklung, Bonn 1993.

Bundesumweltministerium/Bundesumweltamt (Hrsg.):Handbuch Umweltcontrolling, München 1995.

Bundesumweltministerium: Bericht über die Umsetzung des 5. EG-Umweltaktionsprogramms „Für eine dauerhafte und umweltgerechte Entwicklung" in Deutschland, Bonn 1995.

Bundesumweltministerium (Hrsg.): Umweltbewußtsein in Deutschland; Ergebnisse einer repräsentativen Bevölkerungsumfrage, Bonn 2000.

Bundesumweltministerium: Auf dem Weg zu einer nachhaltigen Entwicklung in Deutschland, Bonn 1997[1].

Bundesumweltministerium (Hrsg.): Schritte zu einer nachhaltigen, umweltgerechten Entwicklung; Berichte der Arbeitskreise anläßlich der Zwischenbilanzveranstaltung, Bonn 1997[2].

Bundesumweltministerium (Hrsg.): Ökologie; Grundlage einer nachhaltigen Entwicklung in Deutschland, Bonn 1997[3].

Bundesumweltministerium (Hrsg.): Förderung von Umweltmanagementsystemen in Deutschland, Bonn 2000.

Bundesumweltministerium: Nachhaltige Entwicklung in Deutschland. Entwurf eines umweltpolitischen Schwerpunktprogramms, Bonn 1998.

Bundesumweltministerium: Ziele des Naturschutzes und einer nachhaltigen Entwicklung in Deutschland, Bonn, 1998[2].

Bundesumweltministerium: Umweltbericht 1998, Bonn 1998[3].

Bundesumweltministerium: Umwelt, Nr. 1, Bonn 1998[4].

Bundesumweltministerium: Umwelt, Nr. 11, Bonn 1998[5].

Bundesumweltministerium: Lokale Agenda 21 im europäischen Vergleich, Berlin 1999.

Bundesumweltministerium: Aus Verantwortung für die Zukunft; Umweltpolitik als globale Herausforderung, Berlin 2000.

Bundesumweltministerium: Pressemeldung Nr. 2305 „Altauto-Verordnung", Berlin 2001

Bundesverband der Deutschen Industrie e.V.: Umweltschutz als Wirtschafts- und Standortsfaktor, Köln 1995.

Bundesverband der Deutschen Industrie e.V.: Der betriebliche Umweltschutzbeauftragte, Köln 1996.

Bundesverband der Deutschen Industrie e.V.: Zukunftsfähigkeit: Eine doppelte Herausforderung für die Industrie, Köln 1996.

Bundesverband der Deutschen Industrie e.V.: Freiwillige Vereinbarungen und Selbstverpflichtungen der Industrie im Bereich des Umweltschutzes, Köln 1996.

Burschel, Carlo/Claes, Thomas/Hallay, Hendric/Pfriem, Reinhard: Umweltpolitik in kleinen und mittleren Unternehmen, München 1999.

Chung, Chris/Gillespie, Brendan: Globalisation – New Challenges for the Public an Private Sectors, in: OECD (Hrsg.), Globalisation and the Environment; Perspectives from OECD and Dynamic Non-Member Economies, Paris 1998.

Clausen, Jens: Umweltbericht - Umwelterklärung: Praxis glaubwürdiger Kommunikation von Unternehmen, München 1996.

Coenen, Reinhard/Klein-Vielhauer, Sigrid/Meyer, Rolf: Integrierte Umwelttechnik – Chancen erkennen und nutzen, Berlin 1996.

Commission on Sustainable Development: Global Change and Sustainable Development; Critical Trends, Report of the Secretary General, New York 1987.

Croft, Suzi/Bevesford, Peter: Partizipation und Politik, in: Neue Praxis, Nr. 23, Neuwied 1993.

Dauphinais, William G./Price, Collin (Price Waterhouse): Straight from the CEO, London 1998.

Deutsche BP AG, Zentrale Koordination Umweltschutz: Der Umweltschutzbeauftragte, 1985.

Die Bundesregierung: Umweltschutz schafft Arbeitsplätze, Bonn 1996.

Die Gruppe von Lissabon: Grenzen des Wettbewerbs; Die Globalisierung der Wirtschaft und die Zukunft der Menschheit, Neuwied 1997.

DIN-Koordinierungsstelle Umweltschutz: Leitfaden für die Berücksichtigung von Umweltaspekten bei der Produktentwicklung, Berlin 1993.

DIN 33922, Umweltberichte für die Öffentlichkeit, 1995.

DIN EN ISO 14001, Umweltmanagementsysteme, Spezifikation mit Anleitung zur Anwendung, 1996.

DIN EN ISO 14040, Produkt-Ökobilanz, Prinzipien und allgemeine Anforderungen (Entwurf), 1996.

DIN EN ISO 14012, Leitfaden für Umweltaudits, Qualifikationskriterien für Umweltauditoren, 1996.

DIN EN ISO 14011; Leitfaden für Umweltmanagementaudits, 1996.

DIN EN ISO 14004, Allgemeiner Leitfaden über Grundsätze, Systeme, Hilfsinstrumente, 1996.

Dyllik, Thomas/Hamschmid, Jost: Wirksamkeit und Leistung von Umweltmanagementsystemen. Eine Untersuchung von ISO 14001-zertifizierten Unternehmen in der Schweiz, Zürich 2000.

Doktoranden-Netzwerk Öko-Audit e.V. (Hrsg.): Umweltmanagementsysteme zwischen Anspruch und Wirklichkeit, Berlin 1998.

Endres, Alfred/Querner, Immo: Die Ökonomie der natürlichen Ressourcen, Darmstadt 1993.

Endres, A./Finis, M.: Umweltpolitische Zielbestimmung im Spannungsfeld gesellschaftlicher Interessensgruppen, in: Siebert, H. (Hrsg.), Elemente einer rationalen Umweltpolitik; Expertisen zur umweltpolitischen Neuorientierung, Tübingen 1990.

Enquête-Kommission „Vorsorge zum Schutz der Erdatmosphäre" des Deutschen Bundestages (Hrsg.): Schutz der Erde; Eine Bestandsaufnahme mit Vorschlägen zu einer neuen Energiepolitik, Band I, Bonn 1990.

Enquête-Kommission "Schutz des Menschen und der Umwelt": Die Industriegesellschaft gestalten; Perspektiven für einen nachhaltigen Umgang mit Stoff- und Materialströmen, Bonn 1994.

Enquête-Kommission „Vorsorge zum Schutz der Erdatmosphäre" des Deutschen Bundestages (Hrsg.): Schutz der Grünen Erde; Klimaschutz durch umweltgerechte Landwirtschaft und Erhalt der Wälder, Bonn 1994.

Enquête-Kommission „Schutz des Menschen und der Umwelt" des Deutschen Bundestages: Konzept Nachhaltigkeit; Fundamcnte für die Gesellschaft von morgen, Bonn 1997.

Europäische Union: Gemeinschaftsstrategie im Bereich der Klimaänderungen – Schlußfolgerungen des Rates v0m 16/17.06.1998, Ratsdok 9702/98, Brüssel 1998.

Evangelischer Pressedienst: Kontrolleure ohne Macht, in: epd-Entwicklungspolitik, Nr. 14, Frankfurt a.M. 1994.

Ewen, Joachim: Den Gürtel enger schnallen, in: Institut für angewandte Ökologie (Hrsg.), Öko-Mitteilungen, Nr. 4, Freiburg 1994.

Faix, W./Buchwald, C./Wetzler, R.: Der Weg zum schlanken Unternehmen, Landsberg 1994.

Fees, Eberhard/Steeger, Ulrich: Nachhaltigkeit und Globalisierung, in: GAIA, Nr. 1, Konstanz 1998.

Fichter, Klaus: Die EG-Öko-Audit-Verordnung: Mit Öko-Controlling zum zertifizierten Umweltmanagementsystem, München 1995.

Fischer, Guido: Ökologie und Management; Ein Einführung für Praxis und Studium, Zürich 1996.

Fischer, H.P. (Hrsg.): Impulse in der Organisation setzen, in: Agogik, Zeitschrift für Fragen sozialer Gestaltung, Nr. 4 1992.

Forum Umwelt & Entwicklung (Hrsg.):Fünf Jahre nach dem Erdgipfel; eine Bilanz, Bonn 1997.

Freimann, Jürgen: Betriebliche Umweltpolitik, Bern, Stuttgart, Wien 1996.

Freimuth, J./Straub, F.: Demokratisierung von Organisationen, Wiesbaden 1996.

Glaap, Winfried: Umweltmanagement leichtgemacht, mit und ohne Audit-Verordnung, München/Wien 1995.

Goodland, Robert/Daly, Herman/El Serafy, Salah (Hrsg.): Nach dem Brundtlandbericht: Umweltverträgliche wirtschaftliche Entwicklung, Bonn 1992.

Grohe: Fit für die Zukunft - offensiver Umweltschutz im Unternehmen, in: BDI (Hrsg.), Umweltschutz als Wirtschafts- und Standortfaktor, Köln 1995.

Gundlach/Klodt/Langhammer/ Soltwedel: Fairneß im Standortwettbewerb ? Auf dem Weg zur internationalen Ordnungspolitik, Gütersloh 1995.

Haber, W.: Tragende Elemente des Naturhaushalts, in: Bundesumweltministerium (Hrsg.), Ökologie, Grundlage einer nachhaltigen Entwicklung in Deutschland, Bonn 1997.

Hamel, G./Prahalad, C.K.: Wettlauf in die Zukunft, Wien 1995.

Harborth, Hans-Jürgen: Dauerhafte Entwicklung statt globaler Selbstzerstörung; Ein Einführung in das Konzept des Sustainable Development, Berlin 1993.

Hardes, Heinz-Dieter/Krol, Gerd-Jan/Rahmeyer, Fritz/Schmid, Alfons: Volkswirtschaftslehre - problemorientiert, Tübingen 1995.

Hasel, Kurt: Forstgeschichte, Ein Grundriß für Studium und Praxis, Hamburg und Berlin 1985.

Hentze, Joachim: Personalwirtschaftslehre, Band I und II, 6. Auflage, Bern, Stuttgart, Wien 1994.

Hentze/Kammel/Lindert: Personalführungslehre, 3. Auflage, Bern, Stuttgart, Wien 1997.

Henkel, Hans-Olaf: Globalisierung der Wirtschaft: eine Herausforderung für die internationale Gemeinschaft, in: Zeitschrift für die Vereinten Nationen, 43. Jahrgang, Nr. 5-6, Bonn 1996.

Hey, Christian/Schleicher-Tappeser, Ruggero: Nachhaltigkeit trotz Globalisierung; Handlungsspielräume auf regionaler, nationaler und europäischer Ebene, Heidelberg, 1997.

Hillyard/Hines/Lang: Who Competes ? Changing Landscapes of Corporate Control, in: The Ecologist, Vol. 26, Nr. 4, London 1996.

Hirche, Walter: Die ökonomische und ökologische Bedeutung des EG-Pilot-Projekts für KMU, in: A.v. Röpenack (Hrsg.), Ökoaudit in kleinen und mittleren Unternehmens, Berlin 1997.

Hobbensiefken, Günter: Ökologieorientierte Volkswirtschaftslehre, München 1989.

Hoffmann: Umweltschutz, Strukturwandel, gesamtgesellschaftliche Aspekte, in: BDI (Hrsg.), Umweltschutz als Wirtschafts- und Standortfaktor, Köln 1995.

Hopfenbeck, W.: Allgemeine Betriebswirtschafts- und Managementlehre. Das Unternehmen im Spannungsfeld zwischen ökonomischen, sozialen und ökologischen Interessen, Landsberg 1990.

Hopfenbeck, W.: Umweltorientiertes Management und Marketing, Landsberg 1994.

Hopfenbeck, W./Roth, P.: Öko-Kommunikation; Wege zu einer neuen Kommunikationskultur, Landsberg 1995.

Hopfenbeck, W./ Willig, M.: Umweltorientiertes Personalmanagement, Landsberg 1996.

Hucklenbruch, Gabriele: Umweltrelevante Selbstverpflichtungen – ein Instrument progressiven Umweltschutzes ? Berlin 2000.

Hübner, Kurt: Triadisierung statt Globalisierung, in: Institut für ökologische Wirtschaftsforschung (Hrsg.), Ökologisches Wirtschaften, Ausgabe 1, Berlin 1997.

Hüpers, Frank: Umwelthaftungsrecht, in: W. Kahl/A. Voßkuhle (Hrsg.): Grundkurs Umweltrecht, Heidelberg 1995.

If-industrieforum Design Hannover: Ökologie und Design, Hannover 1996.

Institut für ökologische Wirtschaftsforschung: Ökologisches Wirtschaften, Nr. 3/4, Berlin 1998.

Institut für Ökologie und Unternehmensführung e.V. (Hrsg.): Evaluierung von Umweltmanagementsystemen zur Vorbereitung der 1998 vorgesehenen Überprüfung des gemeinschaftlichen Öko-Audit-Systems, Oestrich-Winkel 1998.

Institut für praxisorientierte Sozialforschung (IPOS): Einstellungen zu Fragen des Umweltschutzes, Mannheim 1994.

Jänicke, Martin/Carius Alexander/Jörgens, Helge: Nationale Umweltpläne in ausgewählten Ländern, Heidelberg 1997.

Jänecke, Martin: Nachhaltigkeit als politische Strategie; Notwendigkeiten und Chnacen langfristiger Umweltplanung in Deutschland, Bonn 1997.

Jones, Tom: Economic Globalisation and the Environment: An Overview of the linkages, in: OECD (Hrsg.), Globalisation and the Environment; Perspectives from OECD and Dynamic Non-Member Economies, Paris 1998.

Kahl, W./Voßkuhle, A. (Hrsg.): Grundkurs Umweltrecht, Heidelberg 1995.

Kirchenamt der Evangelischen Kirche in Deutschland/Sekretariat der Deutschen Bischofskonferenz: Zur wirtschaftlichen und sozialen Lage in Deutschland, Bonn 1995.

Koller, Peter: Gesellschaftsauffassung und Gerechtigkeit, in: Frankenthal, G. (Hrsg.): Auf der Suche nach der gerechten Gesellschaft, Frankfurt 1994.

Kommission der Europäischen Gemeinschaft: Medienpaket europäischer Umweltschutz, Brüssel 1995.

Kommission der Europäischen Union: Wachstum, Wettbewerbsfähigkeit, Beschäftigung; Herausforderungen der Gegenwart und Wege ins 21. Jahrhundert, Luxembourg 1993.

Korndörfer, Wolfgang: Unternehmensführungslehre; Wiesbaden 1990.

Kramer, Rainer: Umweltinformationsgesetz, Stuttgart 1994.

Kuan Yew, Lee: Interview, in: ZEIT-Punkte, Nr. 4, Hamburg 1995

Kühner, Gabriele: Erste Erfahrungen deutscher Unternehmen mit der ISO 14001, 1998.

Küng, Hans: Projekt Weltethos, München 1990.

Küng, Hans: Weltethos für Weltpolitik und Weltwirtschaft, Tübingen 1997.

Kuratorium der Deutschen Wirtschaft für Berufsbildung: Umweltschutz in der betrieblichen Bildungsarbeit, Bonn 1994.

Liebel, H./Oechsler, W.: Handbuch des Human Resource Management, Wiesbaden 1994.

Luttmann, L. (Hrsg.): Die Unternehmenskultur. Ihre Grundlagen und ihre Bedeutung für die Führung der Unternehmung, Heidelberg 1990.

Matschke, J./Jaeckel, U./Lemser, B: Betriebliche Umweltwirtschaft; Eine Einführung in die betriebliche Umweltökonomie und in Probleme ihrer Handhabung in der Praxis, Herne/Berlin 1996.

Meffert, Heribert/Kirchgeorg, Manfred: Marktorientiertes Umweltmanagement. Konzeption, Strategie, Implementierung, München 1998.

Meyer-Abich: Aufstand für die Natur, München 1990.

Meyer-Abich: Von der Umwelt zur Mitwelt, in: Scheidewege, Jahresschrift für skeptisches Denken, Weinsberg 1988.

Meadows, Dennis: Die Grenzen des Wachstums; Bericht an den Club of Rome zur Lage der Menschheit, Reinbek 1972.

Meadows, Donella und Dennis/Randers, Jorgen: Die neuen Grenzen des Wachstums, Stuttgart 1992.

Menzel, Ulrich: Die postindustrielle Revolution; Tertiarisierung und Entstofflichung der postmodernen Ökonomie, in: Deutsche Stiftung für internationale Entwicklung (Hrsg.), Entwicklung und Zusammenarbeit, Nr. 4, Frankfurt 1995.

Meyersen, Klaus: Die Institutionalisierung des Wandels, in: Freimuth/Straub: Demokratisierung von Organisationen, Wiesbaden 1996.

Moser, Andreas: Umsetzung einer ökologieorientierten Unternehmenspolitik, Bern 1996.

Necker, T.: Umweltschutz als Wirtschafts- und Standortfaktor, in: BDI (Hrsg.), Umweltschutz als Wirtschafts- und Standortfaktor, Köln 1995.

Nunnenkamp, Peter: Winners and Losers in the Global Economy; Recent Trends in the International Division of Labour and Policy Challenges, Kiel 1996.

Odum, Eugene: Grundlagen der Ökologie, Band 1, Stuttgart 1983.

Organisation für wirtschaftliche Zusammenarbeit und Entwicklung (OECD): Neue Dimensionen des Marktzugangs im Zeichen der wirtschaftlichen Globalisierung, Paris 1996.

Organisation für wirtschaftliche Zusammenarbeit und Entwicklung (OECD): Globalisation and the Environment; Perspectives from OECD and Dynamic Non-Member Economies, Paris 1998.

Organisation für wirtschaftliche Zusammenarbeit und Entwicklung (OECD): Nachhaltige Entwicklung; Politikkonzepte der OECD für das 21. Jahrhundert, Paris 1998[2].

Organisation für wirtschaftliche Zusammenarbeit und Entwicklung (OECD): Umweltschutz und Beschäftigung, Paris 1998[3].

Petrick, Klaus/Eggert, Renate: Umwelt- und Qualitätsmanagementsysteme. Eine gemeinsame Herausforderung, München/Wien, 1995.

Petschow, Ulrich/Hübner, Kurt/Dröge, Susanne/Meyerhoff, Jürgen: Nachhaltigkeit und Globalisierung; Herausforderungen und Handlungsgrundsätze, Heidelberg 1998.

Pfeffer, Jeffrey: The Human Equation; Building Profits by putting People first, Harvard Business School, Boston 1998.

Rat der Sachverständigen für Umweltfragen: Umweltgutachten 1994 - Für eine dauerhaft-umweltgerechte Entwicklung, Stuttgart 1994.

Rat der Sachverständigen für Umweltfragen: Umweltgutachten 1996, Stuttgart 1996.

Remmert, Hermann: Ökologie, Berlin, Heidelberg, New York 1992.

Rennings, Klaus/Hohmeyer, Olav (Hrsg.): Nachhaltigkeit, Baden-Baden 1997.

Richter, Günther: Führungsinstrument Kommunikation. Die sozialen Beziehungen im Unternehmen partnerschaftlich gestalten, Wiesbaden 1996.

Sattelberger, Thomas (Hrsg.): Die lernende Organisation, Wiesbaden 1996.

Schmid, Carl-Heiner: Planung von Unternehmenskultur, Wiesbaden 1995.

Schmid, Klaus-Peter: Schlank aus der Krise, in: DIE ZEIT, Nr. 42, Hamburg 1994.

Schmidheiny, Stephan: Kurswechsel; Globale unternehmerische Perspektiven für Entwicklung und Umwelt, München 1993.

Schreiner, Manfred: Umweltmanagement in 22 Lektionen, Wiesbaden 1996.

Schulte-Zurhausen, Manfred: Organisation, München 1995.

Shiva, Vandana: Population growth wrongly blamed for ecology problems, in: Deutsche Gesellschaft für die Vereinten Nationen e.V. (Hrsg.), Weltbevölkerung und Entwicklung, Bonn 1994.

Simarmata, Djamester: Free Trade and the Global Environment, in: OECD (Hrsg.), Globalisation and the Environment; Perspectives from OECD and Dynamic Non-Member Economies, Paris 1998.

Streit, Bruno: Ökologie, Mannheim 1995.

Stroetmann, Clemens: Natur in Deutschland in der Krise ? in: Bundesumweltministerium (Hrsg.), Umwelt, Nr 3, Bonn 1994.

The Economist (Hrsg.):World Trade Survey, in: The Economist, Oktober, London 1998.

Ulrich, Peter: Integrative Wirtschaftsethik; Grundlagen einer lebensdienlichen Ökonomie, Bern, Stuttgart, Wien 1998.

Umweltbundesamt: Umweltschutz - ein Wirtschaftsfaktor; Sieben Argumente gegen eine Vorreiterrolle im Umweltschutz, Berlin 1995.

UNDP (Hrsg.): Bericht über die menschliche Entwicklung, Bonn 1994.

UNFPA: Weltbevölkerungsbericht 1994, Bonn/New York 1994.

van Dieren, Wouter: Mit der Natur rechnen, Basel, Boston, Berlin 1995.

VDI: Richtlinie 2243, Konstruieren recyclinggerechter, technischer Produkte, Düsseldorf 1991.

Verband der chemischen Industrie: Umweltleitlinien, Frankfurt 1992.

Viola, Eduardo: Globalisation, Environmentalism and New Transnational Social Forces, in: OECD (Hrsg.), Globalisation and the Environment; Perspectives from OECD and Dynamic Non-Member Economies, Paris 1998.

Voßkuhle, Andreas: Prinzipien und Instrumente des Umweltrechts, in: W. Kahl/A. Voßkuhle (Hrsg.): Grundkurs Umweltrecht, Heidelberg 1995.

Weinschenk, Günther: Agrarökonomie zwischen praktischer und theoretischer Vernunft, in: Berichte über die Landwirtschaft, Band 72, Münster 1994.

Weizsäcker, Ulrich von: Umweltpolitik nach Rio, in: Deutsche Stiftung für internationale Entwicklung (Hrsg.), Entwicklung und Zusammenarbeit, Nr. 8, Frankfurt 1992.

Weizsäcker, Ulrich von (Hrsg.): Umweltstandort Deutschland; Argumente gegen die ökologische Phantasielosigkeit, Berlin 1994.

Weltkommission für Umwelt und Entwicklung: Auf dem Weg zu einem globalen Bewußtsein; Der Bericht der Weltkommission für Umwelt und Entwicklung, in: Hauff, Volker (Hrsg.), Unsere gemeinsame Zukunft, Bonn 1987.

Wicke, Lutz: Umweltökonomie, München 1993.

Wiesenthal, Helmut: Folgen und Dimensionen der Globalisierung; Einige Koordinaten auf unbekanntem Terrain, in: Institut für ökologische Wirtschaftsforschung (Hrsg.), Ökologisches Wirtschaften, Ausgabe 1, Berlin 1997.

Winter, Georg: Das umweltbewußte Unternehmen; Ein Handbuch der Betriebsökologie mit 28 Check-Listen für die Praxis, München 1993.

Wissenschaftlicher Beirat der Bundesregierung „Globale Umweltveränderungen, Welt im Wandel": Wege zu einem nachhaltigen Umgang mit Süßwasser, Bonn 1998.

GABLER **vieweg** **West-deutscher Verlag** **Teubner** **DUV**

Fachinformation auf Mausklick

Das Internet-Angebot der
Verlage **Gabler, Vieweg,
Westdeutscher Verlag,
B. G. Teubner** sowie des
**Deutschen Universitäts-
verlages** bietet frei zugäng-
liche Informationen über
Bücher, Zeitschriften, Neue
Medien und die Seminare der
Verlage. Die Produkte sind
über einen Online-Shop
recherchier- und bestellbar.

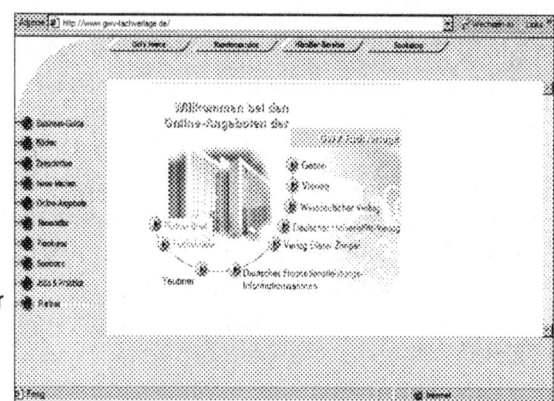

Für ausgewählte Produkte werden Demoversionen zum Download, Leseproben,
weitere Informationsquellen im Internet und Rezensionen bereitgestellt. So
ist zum Beispiel eine Online-Variante des Gabler Wirtschafts-Lexikon mit über
500 Stichworten voll recherchierbar auf der Homepage integriert.

Über die Homepage finden Sie auch den Einstieg in die Online-Angebote der
Verlagsgruppe, so etwa zum Business-Guide, der die Informationsangebote der
Gabler-Wirtschaftspresse unter einem Dach vereint, oder zu den Börsen- und
Wirtschaftsinfos des Platow Briefes und der Fuchsbriefe.

Selbstverständlich bietet die Homepage dem Nutzer auch die Möglichkeit mit
den Mitarbeitern in den Verlagen via E-Mail zu kommunizieren. In unterschiedlichen Foren ist darüber hinaus die Möglichkeit gegeben, sich mit einer „commu-
nity of interest" online auszutauschen.

... wir freuen uns auf Ihren Besuch!

www.gabler.de
www.vieweg.de
www.westdeutschervlg.de
www.teubner.de
www.duv.de

**Abraham-Lincoln-Str. 46
65189 Wiesbaden
Fax: 0611.7878-400**